Jon Sörensen

Fridtjof Nansens Saga

Sörensen, Jon

Fridtjof Nansens Saga

ISBN: 978-3-86741-648-1
Auflage: 1
Erscheinungsjahr: 2011
Erscheinungsort: Bremen, Deutschland

© Europäischer Hochschulverlag GmbH & Co KG, Fahren-
heitstr. 1, 28359 Bremen

www.eh-verlag.de

JON SÖRENSEN

Fridtjof Nansens Saga

Aus dem Norwegischen

von

WOLFGANG SONNTAG

5.—8. Tausend

1 9 4 2

HOFFMANN UND CAMPE VERLAG · HAMBURG

FRIDTJOF NANSEN

In einem Brief vom 30. März 1885 schreibt Fridtjof Nansen: „Sollte sich jemand veranlaßt fühlen, an einen persönlichen Schutzgeist zu glauben, so müßte ich es sein . . ." Dieser Schutzgeist wollte, daß die reichen Gaben, die ihm in die Wiege gelegt waren, zur vollen Entfaltung und Anwendung kommen sollten, oder, wie Nansen weiter in diesem Briefe schreibt: „. . . Gerade an den kritischen Punkten in meinem Leben sind oft seltsame Ereignisse eingetroffen, die mir gleichsam den Weg gewiesen haben . . ."

Wenn wir nun, nachdem sein Leben abgeschlossen ist, seine Lebensbahn überschauen, müssen wir einräumen, daß die Vorsehung auf wundersame Weise über den kühnen Schritten seines tatenreichen Lebens gewacht hat — bis zu dem Augenblick, wo sie sanft und schmerzlos sein Herz anhielt, als er draußen auf dem Altan in der Sonne saß und den Blütenschnee der Bäume betrachtete.

Dieser starke Willensmensch, den man ohne Bedenken den Schmied des eigenen Glückes nennen möchte, hat sich durchaus nicht als ein solcher souveräner Schmied gefühlt. Das stolze Selbstbewußtsein der Jugend beugte sich früh zu demütiger Erkenntnis. Er wußte, wie sehr er seinem Genius für die reichen Gaben, die er mitbekommen hatte, und für die Taten, die er ausführen durfte, zu Dank verpflichtet war.

Ein Aladin aber war er nicht. Durch zähes Üben und strenge Arbeit mußte er sich seine Siege erringen — durch ein unbeugsames „Niemalsaufgeben" — nach Carlyle das Wahrzeichen und die Voraussetzung des Genies.

Er selbst konnte — auch in späteren Jahren — ein Gefühl haben, als fehle seinem Leben der Zusammenhang. Auf so vielen Gebieten machte er Vorstöße. Auf jedem einzelnen vollbrachte er große Taten — erst als Zoologe, dann als Polarforscher — der größte aller Zeiten —, wurde Bahnbrecher in der Ozeanographie, war ein Führer in der Schicksalsstunde der Politik Norwegens und wirkte zuletzt in der Weltpolitik als der Samariter des Weltkrieges, als der große Apostel der Völkerversöhnung.

Sein Genius, hellsichtiger als er selbst, gönnte ihm nicht die Ruhe und das Glück, sich in einer Bahn zu sammeln und sich da zu vertiefen. Dieser Schutzgeist schleppte ihn von Feld zu Feld, weil er in erster Linie nicht an das Wohlergehen seines Schützlings dachte, sondern an seine Sendung und ihn gerade da einsetzte, „wo es auf seine Anwesenheit ankam".

Zum Schluß sah Nansen, daß eben dieser Genius ihm den Lebensweg abgesteckt hatte, daß dieser Weg, so verschlungen er ihm selbst erschien, ihn doch immer gerade dahin geführt, wo man ihn nötig hatte, und wo seine größten, seine edelsten Gaben ihre Auslösung fanden. Ein großes tatenreiches Leben durfte er leben.

Als Noel Baker als Abgesandter des Völkerbundes kam, um Nansen die Leitung der internationalen Hilfsarbeit zu übertragen, fühlte Nansen voll Besorgnis, daß er nun wieder aus seiner eigentlichen Bahn herausgerissen, seiner Lebensaufgabe, der wissenschaftlichen Forschung, entzogen wurde. Doch der Schrei der unermeßlichen Leiden siegte über den Ruf der Wissenschaft, und von dem Augenblick an, wo er in dieser neuen Aufgabe seine Pflicht erkannte, trat er für sie ein mit seiner ganzen Kraft. Er nahm die größte Rettungsarbeit auf sich, die je ein Mensch auf sich genommen hat.

Mit seiner Aufgabe weitete sich sein Blick, und er sah seine Arbeit in einem größeren Zusammenhange — es ging um mehr, als den Opfern des Krieges zu helfen, als Millionen von Menschenleben zu retten. Die Wurzel allen Elends galt es auszureißen; sein großes Ziel war die Abrüstung der Gemüter, die Abschaffung des Krieges.

Das Wahrzeichen einer neuen Zeit pflanzte er auf — ein altes Banner, zu Boden getrampelt und blutbesprengt —, das Banner eines Heeres mit tausend Niederlagen, aber eines unbezwinglichen Heeres. Und mit Nansens Stimme erschallt der Heerruf: „Wir müssen die Fanale anzünden, daß sie über alle Berge leuchten. Wir müssen unsere Fahnen in allen Ländern erheben. Wir müssen eine Bruderkette um die ganze Erde schmieden. Die Regierungen müssen mit heran — zur ehrlichen Arbeit für eine neue Zeit.

Noch niemals hat die leidende und verirrte Menschheit mit größerer Sehnsucht den Friedensfürsten erwartet, den Fürsten der Menschenliebe, der das weiße Banner erhebt, darauf in Gold das eine leuchtende Wort steht: Arbeit.

Jeder von uns kann Mitkämpfer werden in seiner Schar, kann mitwirken, ein neues Geschlecht zu erwecken, Nächstenliebe zu pflanzen, Arbeitswillen und Arbeitsfreude den Menschen zurückzugeben, ihnen den Glauben an die Morgenröte zu bringen."

Gegen die Morgenröte einer neuen Zeit hebt sich Nansens Gestalt ab; höher und klarer ragt sie empor und wächst zum Symbol des Kommenden.

VOM STAMMBAUM

Als erste Verheißung dessen, was man von diesem Stamme zu erwarten habe, taucht der berühmte Bürgermeister von Kopenhagen in den Jahren 1658—60 vor uns auf: Hans Nansen, 1598 in Flensburg geboren, 1667 gestorben. Er ist der Stolz des Stammbaumes, und in seinem Nachkömmling ist er wiedererstanden, wie er leibte und lebte.

Im Alter von 16 Jahren fuhr Hans Nansen mit dem Schiff seines Onkels hoch hinauf ins Weiße Meer. Das war in jenen Tagen eine wirkliche Abenteuerfahrt. Karten und Instrumente gab es kaum; an Kanonen und Säbeln besaßen sie gerade das Notwendigste. Zweimal wurden sie von Engländern überfallen und ausgeplündert. Den Winter auf Kola benutzte der Junge, um sich Russisch anzueignen, und als der Onkel im folgenden Sommer heimkehrte, folgte Hans nicht mit. Er wollte weiterfahren. Ganz allein wanderte er durch Rußland und landete schließlich im September wieder in Kopenhagen — ein unruhiges, wissensdurstiges und verwegenes Bürschlein.

Nur 20 Jahre alt, erhält er von König Christian IV. den Auftrag, eine Polarexpedition nach der Gegend von Petschora zu leiten. Das Eis zwingt ihn, noch einmal auf Kola zu überwintern. Hier empfängt er vom russischen Zaren den Auftrag, die Küste des Weißen Meeres zu erforschen. Erst in Archangelsk kommt er wieder an Bord seines eigenen Schiffes.

18 Sommer steht er im Dienste der Isländischen Kompanie, weitere zehn Jahre ist er Direktor der Gesellschaft.

Er ist eine geborene Führernatur mit dem Drang des Entdeckers, zu untersuchen, zu beobachten, Aufzeichnungen zu machen und das Erworbene durch Lesen und Studium zu vervollständigen.

Als er eines Tages seine „Extrakte und Register" durchliest, geht ihm auf, daß auch andere Freude und Nutzen an ihnen haben könnten, und „um denselbigen zu dienen, ließ ich diesen kurzen Extrakt im Druck erscheinen" (1663).

Im Alter von 40 Jahren wird dem Eismeerschiffer ein größeres Schiff anvertraut, die „Stadt Kopenhagen". Er wird Ratsherr, danach einer der vier Bürgermeister und schließlich Oberbürgermeister in den kritischen Jahren, als das „Sein oder Nichtsein" des Vaterlandes von dem Schicksal der Hauptstadt abhing.

Von seiner Mutter erhielt Fridtjof Nansen Wedelblut als Erbe. Der erste Wedel kam kurz nach Einführung des Absolutismus (1660) nach Dänemark. Ein jüngerer Bruder, General Gustav Wilhelm von Wedel, kaufte im Jahre 1683 eine Grafschaft bei Tönsberg in Norwegen, und damit ward er Graf von Jarlsberg. Später wurde er zum Oberbefehlshaber des norwegischen Heeres ernannt und leitete die Befestigungsbauten längs der Grenze. Sein Vater war im Dreißigjährigen Kriege der Führer eines schwedischen Reiterregiments gewesen und hatte den Beinamen „der Wagehals" erworben.

Die männliche Linie des Nansengeschlechtes kam mit Ancher Antoni Nansen nach Norwegen, der 1761 im äußeren Sognefjord Amtsrichter wurde. Er war mit der Jungfer Leindahl aus der Familie Geelmuyden vermählt. Ihr einziger Sohn war Hans Leindahl Nansen, 1809 Amtsrichter in Guldal und auf Jaeren*).

Er wird als ein heller Kopf geschildert, als eine aufrichtige und mutige Natur und als warmer Patriot, unerschrocken mit dem Mund und der Feder, mit einer köstlichen Ironie. In zweiter Ehe war er mit einer Tochter des Hofbuchdruckers Möller in Kopenhagen verheiratet. Sie wird geschildert als „eine selten begabte und tüchtige Dame, mit gediegener Bildung, literarischen Interessen, großen Sprachkenntnissen und einer nicht geringen stilistischen Begabung."

Von dieser Großmutter väterlicherseits hat er wohl das ausgeprägte Interesse und die Vorliebe für Kunst und Dichtung erhalten, seine Künstlerbegabung, die in seinen Schilderungen und Zeichnungen zutage tritt.

---

*) Eine ebene Küstenfläche südlich von Stavanger.

JUGENDJAHRE

Vater und Mutter

Fridtjofs Vater war Rechtsanwalt Baldur Fridtjof Nansen, 1817 in Egersund in Südnorwegen geboren. „Er war fleißig", erzählt man, „brav und in allen Stücken vorbildlich. Streng und zur Genügsamkeit erzogen, unter dem Einfluß seiner tüchtigen Mutter angespornt, hatte er alle Examina mit der blanken Eins bestanden und war ein gründlich ausgebildeter Jurist. Er besaß nichts von dem Esprit und dem Humor seiner Eltern, doch hatte er ein so durch und durch gebildetes und zuvorkommendes Auftreten, daß dies bei Angaben über seinen Charakter stets in den Vordergrund gerückt wird. Seine Hauptarbeit bestand in Eigentumsübertragungen und Verwaltung von Geldgeschäften. Er genoß ein unbegrenztes Vertrauen."

Von Gestalt war er klein und schmächtig, trieb keinen Sport, und Abenteuer in Wald und Gebirge lockten ihn in keiner Weise. In dieser Art stellte er einen Gegensatz zu seinen langen, wagemütigen Söhnen dar. Doch war er nicht wie die Henne mit den Entenküchlein. Er war ein kluger, verständiger und guter Vater; er verstand seine Kinder, ließ sie sich frei in Spiel und Sport tummeln. Galt es aber die Zucht zu wahren, so zeigte er kein Nachgeben. Streng war er, ein Herr der alten Schule. Doch wohnte in ihm ein feines, empfindsames Gemüt; er war von liebevoller Strenge — ein geliebter Vater.

Fridtjof Nansen, der sich dessen bewußt war, was er seinem Vater zu verdanken hatte — Erbe, Erziehung, Beispiel —, sagte einmal in einem Vortrag, den er 1900 in der Pädagogischen Gesellschaft in Oslo hielt: „Selbst bin ich weich von Natur. Was ich an Charakter besitze, habe ich der strengen Erziehung in meiner Jugend zu verdanken. Wille und Charakter wachsen sich oft erst unter strenger Behandlung stark.

Die Erziehung muß zur Selbstzucht anleiten. Auf diesem Gebiete kann das Beispiel der Eltern und Lehrer von außerordentlicher Bedeutung sein. Mein Vater hat in dieser Einsicht starken Einfluß auf mich ausgeübt. So entsinne ich mich eines Vorfalles.

Aus Gesundheitsrücksichten war meinem Vater geraten worden, vormittags im Büro ein Glas Wein zum Frühstück zu trinken. Das tat er eine Zeitlang, und es bekam ihm gut. Als ich aber eines Morgens bei ihm im Büro war, fiel mir auf, daß er sein Glas Wein nicht mehr trank. Ich fragte ihn nach dem Grunde, und er erwiderte: ‚Ich bemerkte, daß ich nach dem Weine stets so guter Laune wurde. Das konnte ich nicht werden, hätte er nicht stimulierend gewirkt; diese Stimulanz aber betrachte ich als nicht richtig, und so machte ich Schluß damit.‘ Ich entsinne mich, welchen unvergeßlichen Eindruck dies auf mich machte."

Glänzende Intelligenz hatte er seinem Sohne nicht zu geben, doch gab er ihm Charakter, Willen, Selbstzucht, Ausdauer beim Training und bei der Arbeit, Umsicht und Vorsicht, Geduld, Pflichtgefühl im Großen wie im Kleinen und jene Eigenschaften, die seine Samariterarbeit nach dem Kriege auszeichneten, Rechtschaffenheit und Einfühlungsvermögen.

Rechtsanwalt Nansens zweite Frau war Adelaide geborene Wedel Jarlsberg. Sie war groß und kräftig, geradezu und bestimmt. Sie trotzte dem Wunsche ihres adligen Vaters und heiratete in erster Ehe einen Bäckerssohn.

Sport schickte sich damals nicht für Frauen. Doch sie setzte sich über die öffentliche Meinung hinweg und ging frisch und fröhlich auf Schneeschuhen. Vor keiner Arbeit drückte sie sich; sie grub ihren Garten um wie ein Mann und war der Schneidermeister ihrer Jungen. Sie hatte Hände, die alles konnten, und schonte sie auch nicht — eine ausgezeichnete, tüchtige Hausfrau.

Und mitten in ihrer geschäftigen Hauswirtschaft fand sie Zeit, ihre Kenntnisse zu erweitern und ihren geistigen Interessen nachzugehen. Eine solche Mutter hatte reiche Erbgüter zu verschenken.

Als Rechtsanwalt Nansen sich mit ihr vermählte, zog er auf ihr Gut Store Fröen im westlichen Aker, 3 km nördlich von Christiania.

Store Fröen war ein richtiger Gutshof mit Pferden, Kühen, Schweinen und Hühnern, Skihügeln rund herum und dem Frognerfluß gleich dabei, damals ein frischer Forellenfluß mit Stromschnellen und geheimnisvollen Tiefen. Ein schöneres Daheim und einen prächtigeren Tummelplatz kann niemand sich wünschen.

Und schön lag der Hof, mit dem üppigen Akerstal, der Stadt und dem Fjord zu Füßen, und das herrlichste von allem war der unermeßliche Wald, die Nordmarka, gleich hinter dem Hause.

Fridtjof Nansen steht von Kindheit an in einem unmittelbaren Verhältnis zur Natur. Für ihn ist sie das Übungsfeld seiner Jugend, der Schauplatz seiner Heldentaten im Mannesalter, sie ist der Gegenstand seiner Forschungen. Ein unversiegbarer Jungborn sein ganzes Leben hindurch, der Klangboden seiner Seele, der Tempel seiner Religion.

Auf Store Fröen wurde Fridtjof Nansen am 10. Oktober 1861 geboren. Hier wuchs er auf. Die Zügel wurden von festen und wahrsamen Händen geführt, die auch verstanden, Zaum und Zügel abzunehmen und das Fohlen frei in den Wald hinauszulassen. Er entwickelte sich zeitig zu einem abgehärteten, selbständigen Burschen. Die Lebensweise war einfach und gesund. Zum Frühstück gab es Brot und Milch, zum Abendbrot Wassergrütze und Milch. Bisweilen geschah es, daß Marte ihnen nachher „eine Scheibe Grütze" zuschanzte, ein Stück Butterbrot. Das mußte langsam genossen werden — möglichst lange erst mit den Augen —, wurde mit ins Bett genommen, und so kam es vor, daß das Sandmännchen ihnen einen Streich spielte, ihnen Augen und Mund zudrückte und ihnen „die Scheibe Grütze" für den nächsten Morgen aufbewahrte.

Von seinem 12. Lebensjahre an war die Nordmarka Fridtjofs Tummelplatz, wo er sich für den Sport abhärtete. Hier entwickelte

14

sich in ihm der Natursinn, der stets als ein so starker Zug an ihm hervortrat. Vor allem übte er sich in den Sportarten, die man draußen im Freien treiben kann — Schlittschuh- und Schneeschuhlaufen, Jagd, Fischfang. Kein Kanalschwimmer hat Erstaunlicheres geleistet als Nansen, da er im Eismeer die davonschwimmenden Kajaks einholte.

In der Natur und in der Körperertüchtigung suchte er stets Erquickung, wenn die Arbeit ihn zu lange eingesperrt hatte. Sportbetätigung in der Jugend erschließt eine Kraftquelle fürs Leben, eine Kraftquelle zur Arbeit und Lebensfreude. Ohne körperliche Ertüchtigung in der Jugend hätte er nicht das Übermenschliche leisten können, was er geleistet hat, wäre er nicht imstande gewesen, den ungeheuren Druck auf Nerven und Sinne solange auszuhalten.

Sein Heim lag auch noch in anderer Beziehung günstig; es war nämlich nicht weit zu einer der besten Schulen im Lande, Aars' und Voß' Schule in Christiania. Da erhielt er seine volle Schulbildung. Drei Kilometer zählten nicht in dieser Familie, wo kerngesunde Füße Erbgut waren. In der Sommerzeit kamen täglich 5 km hinzu. Da gings hinunter zum Fjord, um zu schwimmen. Das machte den ganzen Sommer hindurch täglich hin und zurück 16 km, und dann noch Balgereien auf dem Heimweg mit den Jungen von Balkeby (einer Vorstadt).

Um das Hin- und Herzerren vor der Schlacht, ,,Notenaustausch'' vor Friedensbruch, kümmerte er sich nicht, erzählt sein Bruder; darüber war er erhaben. Doch kam es zur Schlacht, so stand er seinen Mann. Und wurde er im Ernste böse, war mit ihm nicht zu spaßen. Einmal hatten die Balkebyjungen Steine an Riemen befestigt und schlugen damit seinen Bruder Alexander über den Kopf, daß das Blut floß; da wurde Fridtjof wütend und jagte die ganze Bande in die Flucht.

Von Nansens Kindheit sind manche bezeichnende Züge zu berichten. Das Kind ist ja der Vater des Mannes.

Als Stöpsel von fünf Jahren stieß er zum erstenmal ernstlich mit dem Eise zusammen. Auf dem Hofplatze fiel er hin und schlug mit der Stirn aufs Eis. Das Blut rann, daß nicht ein weißer Fleck im Gesichte zu sehen war. Ruhig kam er zu Marte in die Küche hereingeschlendert. Weinen? Bewahre! Er wollte nicht gescholten werden.

Einmal als er angelte, nahm der Haken den verkehrten Weg und hinein in die Unterlippe. Die Mutter nahm das Rasiermesser und schnitt resolut den Haken heraus. Nicht einen Mucks tat der Junge.

Fridtjofs später so berühmtes Gedächtnis hatte schon in seiner Kindheit eine für ihn bezeichnende Schwäche: wenn eine Feindschaft oder ein Streit redlich ausgetragen war, so war bei ihm alles wie aus dem Gedächtnis geblasen.

In der zweiten Klasse der Kleinkinderschule war Fridtjof der stärkste in der Klasse. Da kam ein neuer Junge, Karl hieß er. Der war auch stark. In der Pause machte er sich den Spaß, seinen Schulkameraden mit einem Ball eins aufzubrennen. „Das darfst du nicht!" herrschte Fridtjof ihn an. „Darf ich nicht?" spöttelte Karl und ging auf einen anderen los. Es kam zu einer Balgerei, daß die Fetzen flogen und das Blut floß. Da erschien Aars, der Schulleiter, auf dem Schlachtfeld, packte sie beim Kragen und steckte sie in ein leeres Klassenzimmer. „Hier könnt ihr sitzen und euch aneinander satt sehen und euch schämen!" Ob sie sich schämten, weiß man nicht. Als Aars hereinkam, saßen sie umschlungen da und lasen gemeinsam in einem Buche. Von da an waren Fridtjof und Karl (der spätere Admiral K. Dawes) unzertrennliche Freunde.

War er in eine Sache vertieft, vergaß er alles um sich herum. Eines Tages am Eßtisch rief eines seiner Geschwister: „Aber Fridtjof, dein Ei ist ja ganz grün!" So war es auch. Er hatte es gar nicht gemerkt.

Sein Grübeln konnte geradezu ausarten. Morgens zwischen dem ersten und dem zweiten Strumpfe konnte lange Zeit verstreichen. Die anderen hänselten: „Seht bloß diesen Trödelfritze! Junge, aus dir wird niemals was werden, wenn du so weitertrödelst!"

Alles mußte er auskundschaften. Er konnte fragen, daß seine älteren Geschwister ganz erschöpft wurden von seinem ewigen Warum denn? — warum denn? — warum denn? Als eine Nähmaschine auf den Hof kam, war da allerdings ein Warum, das nur auf die Weise gelöst werden konnte, daß man die ganze

Die Eltern

Das Geburtshaus, Gut Store Fröen

Maschine in ihre einzelnen Teile zerlegte. Die Mutter kam gerade hinzu, als dies vollbracht war. Die Sage berichtet, daß er nicht locker ließ, bis er die Maschine wieder richtig zusammengesetzt hatte.

Die ersten Skier und das erste Skispringen

Von seinen ersten Skiern und dem ersten großen Sprung erzählt er selbst: „Ich meine nicht meine allerersten Schneeschuhe. Die waren recht armselig, umgemodelt aus anderen Skiern, die meinen Geschwistern gehört hatten. Nicht einmal gleich lang waren sie. Doch der Buchdrucker Fabritius hatte Mitleid mit mir. ‚Du sollst ein Paar Skier von mir kriegen‘, sagte er. So kam der Frühling und der Sommer, und selbst mit dem besten Willen konnte man nicht Schneeschuhlaufen. Fabritius’ Worte sangen und klangen weiter in mir, und kaum war der Herbst gekommen mit Reif auf den Feldern, so pflanzte ich mich mitten auf dem Wege auf, wenn er dahergefahren kam. ‚Nu, was wird’n aus mein’ Skiern?‘ — ‚Du wirst sie schon kriegen‘, sagte er und lachte. Ich war aber Tag für Tag zur Stelle mit meinem: ‚Nu, was wird’n aus mein’ Skiern?‘

Der Winter kam. Ich sehe noch meine Schwester mit einem langen, langen Paket in der Stube stehen. Das sei für mich, sagte sie. Es waren die Schneeschuhe von Fabritius. Rotlackierte Skier aus Esche waren es mit schwarzen Streifen; und dann war da ein langer Stock mit blanken, blaulackierten Rädchen. Diese Skier hatte ich zehn Jahre lang. Auf denen stand ich, als ich auf der Husebyschanze meinen ersten großen Sprung tat. Hier wurden früher die großen Preisskispringen abgehalten. Dahin gehen durften wir Brüder nicht. Auf allen übrigen Hügeln und Schanzen ringsum durften wir unser Heil versuchen; die Husebyschanze war verboten. Doch wir konnten sie von Fröen aus sehen, und sie lockte, bis wir nicht länger zu widerstehen vermochten. Zu Anfang lief ich von der Mitte der Schanze wie die meisten anderen Jungen auch, und das ging gut. Dann sah ich aber, wie der eine und der andere von ganz oben lief. Das mußte ich versuchen. Ich sauste also auf gut Glück los, kam in rasender Fahrt zum Absprung, schwebte lange Zeit in der Luft und rannte mich in einer Schneewehe fest. Damals pflegten wir die Skier nicht festzubinden. So blieben sie im Schneehaufen stecken, während ich in hohem Bogen durch die Luft fuhr. Noch hatte ich eine solche Fahrt, daß ich mich bis zum Leib in den Schnee hineinbohrte. Totenstill wurde es auf der Schanze. Die Jungen glaubten, ich hätte den Hals gebrochen. Als sie aber sahen, daß Leben in mir war und ich hervorkrabbelte, da erscholl ein Hohngelächter, ein endloses Hohngelächter über den ganzen Hügel.

Später war ich mit beim Wettspringen auf der Husebyschanze und gewann einen Preis. Ich brachte ihn aber nicht nach Hause. Denn ich schämte mich zugleich. Zum erstenmal sah ich die Burschen von Telemark auf den Skiern, und ich begriff: alles, was ich konnte, war nichts gegen ihre Leistungen. Sie brauchten keinen Stock; sie fuhren und sprangen darauf los und verließen sich allein auf die Kraft ihrer Muskeln und die feste und geschmeidige Haltung ihres Körpers. Ich begriff: das war das einzig Richtige. Ehe ich das gelernt hatte, wollte ich keinen Preis haben."

Auf Jagd und Fischfang in Nordmarka

Von seiner ersten Angeltour in Nordmarka erzählt er: „Das war ein Jubel, als wir mit Kaffeekessel und Angelrute abzogen, um ein Robinsonleben in den Wäldern zu leben. Nie werde ich die Tage da oben vergessen. Ich sehe noch die Blockhütte am Langlisee vor mir mit den Sturzfelsen im Hintergrunde und den Fichten um die Hütte herum. Da oben war Freiheit. Ein richtiges Trapperleben. Kein Vater, keine Mutter, die uns zu Bett oder zum Essen riefen. Die Nacht war hell und lang, und der Schlaf war kurz.

Gegen Mitternacht krochen wir in unsere Hütte, lagen ein paar Stunden auf der Pritsche, und lange bevor die Sonne auftauchte, standen wir an unserem Fischplatz und angelten Forellen. Wir wateten im Flusse, sprangen über Stock und Stein. Ich entsinne mich, wie ich hinter Ola Knut herspringen wollte von einem Stein zum andern. Auf diesen Steinen war kaum Platz für einen, geschweige denn für zwei. Weiter ging's in solcher Fahrt, daß ich zum Schluß im Flusse liegen blieb mit einem Stein unter dem Nacken und einem in den Kniekehlen, während das Wasser mir über den Bauch sprudelte.

Als halbwüchsiger Bursche war ich wochenlang allein im Walde. Eine besondere Ausrüstung mochte ich nicht haben. Ich schlug mich mit einer Brotrinde durch und briet meinen Fisch in der glühenden Asche. Ich liebte es, wie ein Robinson Crusoe in der Wildnis zu hausen."

Oft war er auch zusammen mit seinem Bruder und einem älteren Verwandten, einem urechten Fischer und Jäger. In kalten Herbstnächten hatte man gute Gelegenheit sich abzuhärten. Als die Jungen groß genug waren, um mit auf die Hasenjagd im Krokwald zu gehen, dehnten sich die Märsche noch länger aus, und die Strapazen wurden noch härter. Oben bei Fylla lagen die Brüder einmal elf Tage auf der Hasenjagd. Es wurde knapp mit dem Proviant, nur ein paar Kartoffelpuffer waren zuletzt noch übrig; sie hungerten alle drei — sie und der Hund. Als sie aber heimkehrten, baumelten auf Fridtjofs Rücken sieben Hasen, während sein Bruder sechs trug.

Tagebuchblatt vom 27. 11. 1899:

„Draußen wirbelt der Schnee hernieder. Windstöße fegen graukalt über den Fjord. Dampfendes Winterwetter.

Eva singt, und mit einem Mal steigen alte Sommererinnerungen auf.

Ich war mit Peter Kragh am Bärensee. Die Angel tanzte leicht und verführerisch über dem Wasserspiegel, aber die Fische wollten an dem zitternd heißen Sommertage nicht recht anbeißen. Der Junge, der uns ruderte, meinte: ,O nein, jetzt beißt er nicht an, aber im Vorsommer, da schnappte er zu! Vor einigen Wochen war ein junger Kerl drüben bei der ,Katzennase', — der verstand es. Eine Nacht kriegte er so viele Fische, daß er sie kaum schleppen konnte — wenigstens 60 Pfund waren es.'

,Wie hieß er denn?'

,Ich erinnere mich nicht recht, aber er war mit 'nem Baron verwandt. Ich glaube, sie riefen ihn Nansen oder so was.'

Wir lachten; das Ganze war natürlich übertrieben. Ich erinnere mich gut an den Ausflug. In jener Nacht biß der Fisch den ganzen Fluß entlang gut an; aber mehr als 20—30 Pfund hatte ich kaum.

Und wenn ich auch ganz gut angeln konnte, mitunter vielleicht ausgezeichnet — ein wirklich tüchtiger Angler wurde trotzdem nie aus mir —, d. h. so richtig viel bekam ich nicht. Dazu, glaub' ich, nahm ich es allzu gründlich.

Ja, diese Nacht und dann der Tag von der ‚Katzennase' bis zur Stadt, das war ein hartes Stück. 24 Stunden — eine Brotrinde, etwas getrocknetes Pferdefleisch und ein Schluck Milch, das war alles. Ich entsinne mich noch, wie ich vom Maridalsee hinunterschritt und die Stadt im Morgengrauen liegen sah."

In der Schule des Sports

Als Knabe und als junger Bursche war er stets mit bei den Schlittschuh- und Skiwettkämpfen, immer unter den Besseren oder Besten, oft der Beste. 1882 errang er den zweiten Preis im nationalen Schlittschuhwettkampf auf der Eisbahn unter der Akershusfestung, dem Wahrzeichen von Christiania. Dieser Preis gewinnt besondere Bedeutung, wenn man hört, daß der erste der berühmte (6 Jahre ältere) Schlittschuhläufer Axel Poulsen war, der spätere Weltmeister und Erfinder des Schnellaufschlittschuhes.

Die Schneeschuhe aber waren und blieben seine größte Liebe. Seine lange Gestalt war für einen Skispringer kein Vorteil; doch erlangte er auch im Springen bedeutende Fertigkeit und war wegen seines eleganten Stiles bekannt.

Das Husebyrennen, das Holmenkollenrennen von damals, fand zum erstenmal 1879 statt.

1880 errang Nansen hier den siebenten Preis. Im selben Jahre gewann er auch einen Sonderpreis als bester Skiläufer von Christiania. In einem anderen Wettspringen gewann er den Damenpokal. 1882 siedelte er nach Bergen, der Regenstadt, über. Hier wurde nicht viel aus dem Skitraining, vor allem war zum Springen wenig Gelegenheit. 1884 lief er auf Schneeschuhen ganz allein über das Gebirge (über das wilde und öde Hochgebirgsmassiv führt auch heute noch kein Weg) und errang im Huseby-Rennen im Wettkampf mit den Burschen von Telemark und anderen der besten Skiläufer Norwegens den 9. Preis. Nach dem Wettkampf zog er auf Skiern wieder übers Hochgebirge zurück nach Bergen (ungefähr 500 km von Oslo bis Bergen). Damals verband noch keine Eisenbahn die zwei größten Städte des Landes. Als Gymnasiast war er Mitglied des Christiania-Turnvereins. Man erzählt sich noch von seinen gewaltigen Sprüngen mit der Trampoline über den Langen Tisch.

Auch in der Schule gehört der Sportsmann keineswegs zu den Nachzüglern. Besonders in Physik und Chemie, Zeichnen und Mathematik ist er hervorragend. Einen leidenschaftlicheren Angler, Jäger und Sportsmann als diesen Gymnasiasten kann man wohl kaum finden. In den Ferien zieht er hinauf ins Hochgebirge. Natürlich geht's die Felswände hinauf, und Gipfel müssen erklommen werden, die zu besteigen keinem anderen einfällt. Und es kommt vor — wie 1878 am Schwarztalpiek —, daß sein Schutzgeist den Unverständigen beinahe im Stich läßt. Es überkommt ihn die Lust, einen steilen Gletscher zu überqueren. Er kommt ins Rutschen und wäre um ein Haar in die Tiefe gestürzt.

Er lernte jedoch bald die Kunst, mit Vorsicht unvorsichtig zu sein.

Er verstand auch das eine: von älteren, erfahrenen Freunden Lehren anzunehmen. Einmal war er mit dem späteren Oberst Gregersen auf der Jagd. Sie hatten eine besonders anstrengende Fahrt hinter sich, saßen am offenen Kamin und warteten auf das Essen. Nansen verfiel darauf, versuchen zu wollen, wievielmal er auf einem Bein in die Kniebeuge gehen konnte. 17mal brachte er es fertig, und Nansen war stolz. Da sagte Gregersen trocken: „Jetzt, glaub ich, könnte Ihre Eitelkeit als Sportsmann befriedigt sein, und nun könnten Sie etwas Vernünftigeres tun." Diese Worte machten auf Nansen einen tiefen Eindruck.

Der junge Nansen bedurfte bisweilen eines Warnungsrufes, und den hat er bei Gelegenheit in Schrift und Wort weitergegeben.

In einer Versammlung der pädagogischen Vereinigung in Christiania sagte er im Jahre 1900 über Körperkultur u. a.:

„Die körperliche Ertüchtigung hat einen Teil ihres Wertes verloren, indem die Wettkampflust allzu stark in den Vordergrund gerückt ist. Damit ist das Ganze zum Sport entartet, und alles was Sport und Rekorde heißt, ist nicht von Vorteil. Anstatt gesunde, unabhängige Männer zu schaffen, erzeugt der Sport Eitelkeit. Die Aufgabe der Leibesübungen sollte die sein: Körper und Seele zu bilden und zu stärken — und uns gleichzeitig hinaus in die Natur zu führen. Viele unserer Sportsleute sind aber Muskelmaschinen geworden, ‚Rennpferde', die sich auf großen Treffen bemühen, Rekorde zu schinden oder zu schlagen, einer ein paar Meter vor dem anderen."

Seine gesunde Ansicht über Körperertüchtigung und Sport verficht er schon frühzeitig. So zieht er kräftig gegen diejenigen zu Felde, die den Skistreckenlauf abschaffen wollen. Kommt es doch im Grunde nicht darauf an, ein paar Meter weiter zu springen. Welchen Wert hat es, immer wieder auf die Sprungschanze hinaufzuklettern, um dann herabzusausen. Das sagt er, der ausgezeichnete Skispringer. Er zeigt ihnen die Vorteile des Langlaufes und öffnet ihnen die weiten Fluren, den Wald; das ist Gelände für Langlauf. Draußen in der frischen Natur kann man Geschick, Mut und Geistesgegenwart erproben. Ist es nicht das eigentliche Ziel der körperlichen Ertüchtigung, des Sportes, eine Jugend mit starken, geschmeidigen Körpern und gesunden, aufgeweckten Sinnen heranzubilden!

Dieselbe Ansicht über das „wahre Ziel des Skisportes" hob er auch nach der Grönlandfahrt bei einem Vortrag im Studentenbund hervor. Da begnügte er sich nicht mehr mit „Feld und Wald"; ins Hochgebirge mit seinen unermeßlichen Weiten führt er die Skiläufer hinauf, damals noch ein verschlossenes Reich. Es war, als wichen die Wände, und die Schneegebirge winkten und lockten. Und er selbst, wie er so dastand, schlank und rank, stark und geschmeidig, wirkte wie eine Verkörperung der Lehre von der Macht und Wirkung der Leibeskultur. In der Schule der Natur und der körperlichen Ertüchtigung mit ihrer Abhärtung wurde Fridtjof Nansen ein Mann.

Noch in den zehn schweren Jahren der Hilfsarbeit flüchtete der Sechzigjährige hinaus in die Natur, ins Freiluftleben, sobald er vorübergehend die Bürde für einen Augenblick ablegen durfte. Natur und Sport, in denen er sich in jungen Jahren erprobt hatte, verliehen ihm nun Stärke zu der Arbeit, bei der er seine Kräfte bis zur Neige erschöpfen mußte — bis das müde Herz eines Tages aufhörte zu schlagen.

Aber das Ziel war erreicht. Der Lauf seines Lebens hatte mit einem glänzenden Siege geendet. Natur und Sport halfen ihm; sonst wäre er schon längst zusammengebrochen.

Die Körperertüchtigung wurde in Nansens Leben nie zum Selbstzweck; sie blieb stets nur ein Mittel, das Körper und Geist zum starken Werkzeug für den Kampf und das Werk seines Lebens schmiedete.

Am liebsten ging er in Sportskleidung, einem eng anliegenden Anzug, der seinen kräftigen, schlanken, geschmeidigen Körper hervortreten ließ. Einen Mantel brauchte er nie. Ein eitler Geck, dachte wohl mancher. So umherzulaufen war damals nicht üblich. Eitel? Natürlich freute er sich seines herrlichen Körpers. Ein wohlgestalteter Körper ist doch von allem Erschaffenen das Schönste. Er achtete und ehrte ihn, pflegte und übte ihn; aber dafür konnte er auch das Äußerste von ihm verlangen.

Als Erik Werenskiold, der berühmte norwegische Maler, das Bild Olav Trygvasons, des Königshelden der norwegischen Geschichte, malte, nahm er Nansen als Modell.

Als wir einmal über Nansen sprachen, stellte Werenskiold ihm ein noch ehrenvolleres Zeugnis aus, als er es schon dadurch getan hatte, daß er ihn als Modell für eine Königsgestalt wählte. Er sagte: „Dieser Mann hat nie ein unwahres Wort gesprochen."

Nansens Gestalt und Persönlichkeit ist — wie Olav Trygvason — Heldengestalt und Mannesideal der Norweger geworden.

Er war 1.90 m groß. Sein geschmeidiger, hagerer Körper wog zwischen 80 und 90 kg. Er war also ein „Schwergewichtler", wirkte aber trotzdem nicht „schwer"; in seinem ganzen Leben blieb er schlank und elegant. Ihn trugen ein Paar prächtige Beine, muskulös und gelenk, mit federnd weichen Bewegungen. Er ging nicht die Treppen hinauf, sondern nahm sie in großen Sprüngen.

Auch noch im höheren Alter, in Genf, rannte er in seinem Hotel mit dem Fahrstuhl um die Wette auf sein Zimmer hinauf.

Die Arme waren verhältnismäßig kurz, die Hände ebenso, ein Paar kräftige Männerfäuste. Und er wußte sie zu brauchen, ganz gleich, ob es sich um Harpune, Axt, Säge, Hobel, ein feines Mikroskop, den Zeichenstift oder den Stichel beim Lithographieren handelte.

Ein ausgesprochen germanischer Typ war er, mit blondem Haar und heller Haut, doch mit wettergebräuntem Antlitz. Das Gesicht war lang mit derben, offenen Zügen; der Schädel nicht rein langköpfig, eher ein Mischtyp. In späteren Jahren, als „die Stirne sich bis zum Hinterkopf ausgedehnt hatte", und das Gesicht hagerer geworden war, wirkte der Schädel noch größer, der Sitz eines gewaltigen Gehirns.

Die Stimme war tief, klangvoll, kräftig, die Augen waren graublau, ausdrucksvoll, in stetem Wechselspiel, stahlhart, blank und strahlend, verschleiert und träumend, zart und mild, besonders wenn er mit Kindern sprach.

Und was in dieser Heldengestalt an geistigem Reichtum wohnte, war nicht geringer. Oft ist die geniale Begabung auf ein einziges Feld beschränkt, oft mit Unfähigkeit auf anderen Gebieten erkauft. Nansens geniale Begabung lag in der Gesamtheit vieler großer Fähigkeiten, in dem Gleichgewicht und dem Zusammenspiel zwischen ihnen. Er war ein „all around man" an Geist und Körper. Er erinnert an die allseitig begabten Genies der Renaissance, mit denen er oft verglichen worden ist.

Sein Außenleben war reich an dramatischen Ereignissen, Spannungen, Gefahren. Auch in seinem Innenleben fehlte es nicht an Wogengang; sein empfindsames Gemüt kannte alle Arten von Wetter. Doch brachten Krisen, die Brandungen des Lebens, nie sein Boot zum Kentern. In ruhiger Entwicklung gestaltete sich sein Innenleben, dem Harmonischen und Gesunden seines Wesens entsprechend.

Sein ganzes Leben hindurch ist er merkwürdig jung geblieben. Es ist so, wie Prof. H. Koht sagt: „In seinen jüngeren Jahren spielten wohl Ehrgeiz und seine eigene Persönlichkeit eine große Rolle. Doch habe ich nie einen Mann gesehen, der zu einer so edlen

Demut im Dienste großer Aufgaben emporgewachsen war. Aus seinem Selbstvertrauen waren aller Ehrgeiz, alle Ich-Forderungen gewichen. Sein ganzes Leben für eine Tat einzusetzen, war ihm alles geworden. Der Weltruhm, den er gewonnen hatte, die Autorität, die Großtaten ihm verliehen, alles war für ihn nur Hilfsmittel, um neue Taten im Dienste der Menschheit auszuführen. Der Gedanke an die Mitmenschen, an ihre Leiden und Entbehrungen, erfüllte seinen Sinn und erhöhte die Pflichtforderung in ihm, und so ward es zu einem tiefsten Drange, zu helfen, Gutes zu tun und alle im Kampfe für das Gute um sich zu scharen. Auf diese Weise ist er zu dem großen, harmonischen Menschen herangewachsen, dem Manne, der mehr als ein anderer sein Volk, ja, die ganze Welt in Bewunderung und — was von allem das Größte ist — in Liebe und Dankbarkeit um sich vereinigt hat."

Nach Nansens Tode schrieb der Maler Erik Werenskiold: „Nansens hoher und umfassender Intelligenz entsprach ein ebenso erhabener Charakter. Er besaß in vollem Maße die Eigenschaften, die wir mit Helden verbinden: Mut, Ehrlichkeit, Gerechtigkeitsgefühl, ein warmes Herz, Hilfsbereitschaft, Rücksichtnahme, Selbstbeherrschung und ein sicheres Taktgefühl. Keine persönliche Eitelkeit, keine Rücksicht auf eigenen Vorteil trübte jemals sein Urteil."

Als Beispiel für die Größe seines Charakters führt er an: „Ein hoch angesehener Mann, der nun verstorben ist, erzählte mir, daß er einmal bei einer Gelegenheit Nansen schwarz auf weiß beweisen konnte, daß ein anderer die Schuld für einen Fehler, den er selbst begangen hatte, auf Nansen schob. Mein Gewährsmann wies Nansen das Schreiben vor und sagte: ‚Lies! Willst du dir das gefallen lassen?' Nansen las, schwieg eine Weile, dann erwiderte er: ‚Ach ja, ich kann einen Puff besser vertragen als er.' Soviel ich weiß, hat er die Sache vor niemand erwähnt."

IM EISMEER

Bei Nansens allseitigen Anlagen und Fähigkeiten war es für ihn nicht leicht, einen Lebensweg und ein spezielles Studium zu wählen. Physik und Mathematik zogen ihn stark an. Er wählte Zoologie, weil er glaubte, hier die meiste Gelegenheit zu haben, in der freien Natur zu leben.

Professor der Zoologie R. Collett gab dem angehenden Zoologen den Rat, mit einem Robbenfänger hinauf ins Eismeer zu fahren; er wußte ja, daß Nansen ein tüchtiger Schütze und Sportsmann war. Dabei sollte er seine erste Schulung als Naturforscher erhalten und Beobachtungen und Aufzeichnungen über Wind und Wetter, See und Eis und Tierleben machen.

Mit allen möglichen Apparaten für seine wissenschaftliche Arbeit ausgerüstet, richtete sich Nansen an Bord des neuen großen Segelschiffes „Viking" ein.

Am 11. März 1882 bei Sonnenaufgang segelte das Schiff aus dem Fjord hinaus. Wehmütig sah er zurück auf die Inseln, Landzungen und Hügel im vergoldeten Sonnennebel. Der erste Frühling, in dem er nicht zwischen den Inselchen und Schären plätschern und die Zugvögel begrüßen, nicht den Birkhahn balzen und den Kuckuck im Walde rufen hören konnte.

Doch vor ihm lag ein größeres Abenteuer und lockte, die See, und hoch oben im Norden das Eismeer.

Sieben Sturmtage lang kämpfen sie sich über das gewaltige Nordmeer. An einem verlassenen Wrack fahren sie vorüber. Wie Berge wälzen sich die Seen über das Schiff. Sie segeln, daß die Großrahe bricht.

Nansen, der nie seefest geworden ist, leidet fünf Tage die Qualen der Seekrankheit. Dann läßt sie nach, und als der Ruf erschallt „Eis voraus!", eilt er voll Spannung aufs Deck. Schwarze Nacht. Da, etwas großes Weißes schießt auf der Finsternis hervor, treibt heran auf dem pechschwarzen Meer. Und nun tauchen mehrere auf und gleiten vorbei; Wellen plätschern darüber hinweg. Andere prasseln gegen das Schiff, werden in die Höhe gestaut, zur Seite geworfen oder unter dem starken Bug zersplittert. Es knackt und kracht in allen Fugen. Das ganze Schiff erzittert, daß man sich festklammern muß, um nicht umgeworfen zu werden. Hoch oben im Norden erscheint ein seltsames Leuchten, am stärksten unten am Himmelsrand, geheimnisvoll und gespensterhaft wie der Widerschein einer fernen Feuersbrunst. Das ist das Eislicht, der Abglanz in der Nebelluft über den Eisfeldern. Und das Dröhnen vom Kampf zwischen Meer und Eisschollen erfüllt die Luft.

Die Wirkungsmittel der Eismeernatur sind nicht zahlreich, aber gewaltig: Eis, Meer, Himmel.

Die Natur des Eismeeres mit ihrer eintönigen, mächtigen Stimmung nimmt seinen empfindsamen Natursinn ganz gefangen. Vor allem das Lichterspiel in der Luft, über See und Eis bezaubert ihn. In dem Buch „Unter Robben und Eisbären" schreibt er: „... der Nordhimmel ist ein Strahlenbad von Farben, bald hell erleuchtet vom Widerschein des Eises, bald dunkel über dem offenen Meere, bald rot von der Sonnenglut, dann wieder gelblicher, worin das Rot sich mit dem Schneelicht mischt. Einige niedrige Purpurwolken mit Goldrand. Höher oben ein fahles Grün, in das bleiche Blau des Raumes übergehend. Auf der blanken dunklen Wasserfläche treiben weiße Schollen. In der Nähe erhalten sie Form und Farbe, bald grün im Wasser glänzend, bald an Kanten und Rissen blau schillernd; ultramarin an einigen Stellen in den tiefen Höhlen, die die See unten in die schwimmenden Berge von Eis gefressen hat.

Sie sind so unwirklich, so zart und rein, diese Farben. Und da hinein strecken sich die endlosen weißen Gefilde von treibendem Eis — und draußen die endlose dunkle Meeresfläche.

Eine vereinzelte Eismöve rudert mit leichtem Flügelschlag durch den weiten, lichten Raum. Eine Blaumöve schwebt weit in der Ferne. Man hört den langgezogenen, wehmütigen Flötenton.

Ein großer, schwarzer Seehundkopf taucht lautlos aus der blanken Meeresfläche hervor, glotzt mit seinen runden Augen auf das Schiff, streckt das Maul in die Höhe und gleitet ebenso lautlos wieder zurück.

Hier ist das große Gefilde der Einsamkeit. Alles Menschenwerk verschwindet wie die Fahrrinne des Schiffes im Eise."

Wochenlang fuhr die „Viking" umher, ohne den Liegeplatz der Robben zu finden. Sturm, Orkan bekamen sie zu kosten. Ein wahrer Totentanz zwischen Eisschollen und Wellen.

Krefting, der Kapitän, war ein Wagehals, wenn es zu segeln galt. Aber eines Tages, als das Schiff unter Sturmes- und Eisstößen schlingerte und rollte, daß die Mastspitze große Bogen beschrieb, und er Nansen vom Mastkorb herunterklettern sah, da erschrak selbst Krefting.

Sonntag, den 26. März, wurde gemeldet: „Segelschiff in Lee!"

Das war die berühmte „Vega", die drei Jahre zuvor Nordenskiöld durch die Nordostpassage gebracht hatte. Jetzt war sie auf Robbenfang. Sie nahm sich gut aus, wie sie da vorüberglitt und das hohe, schlanke Takelwerk sich schwarz gegen den bewölkten Himmel abhob, an dem eben der Mond hervorbrach.

Lange stand Nansen da und betrachtete das berühmte Schiff.

In seinem Buche „Unter Robben und Eisbären", wo er von seiner Begegnung mit der „Vega" berichtet, verrät er nichts von dem, was er dachte und träumte. Doch sieben Jahre nach der „Vikingfahrt" stand Nansen in der schwedischen Gesellschaft für Anthropologie und Geographie und empfing von König Oskar die Vega-Medaille für die ausgeführte Grönlandfahrt.

Am 2. Mai erblicken sie Spitzbergen; am 25. landen sie für kurze Zeit auf Island.

Fünf Wochen später kommt es endlich zum Robbenfang. Und nun geht's an die Arbeit — Tag und Nacht. Der Wissenschaftler verwandelt sich in einen Robbenfänger. Das ist ein Leben für ihn. Bald zeigt es sich: keiner handhabt das Gewehr rascher und sicherer als er. Eins der größten Fangboote wird ihm als Führer und Schützen anvertraut. Die Fangberichte zeigen von Tag zu Tag, daß sein Boot eines der besten, oft das beste ist. Das verschafft ihm Respekt.

Seine sportlichen Leistungen und seine Stärke machen Eindruck. Eines Tages, als sie sich damit belustigen, ihre Kräfte zu erproben, bearbeitet er alle 61 Mann der Reihe nach im „Rumpfhaken" (einer altisländisch-norwegischen Kraftprobe) so, daß sie nur so über das Deck kollern.

Der gelehrte Herr mit allen seinen raren Sachen, Gläsern und Instrumenten und Schöpfnetzen, die an der Schiffsseite entlang hingen und mit denen er allerlei unappetitliche Sachen herauffischte, in denen er tagelang unterm Mikroskop herumwühlte, dieser gelehrte Herr war gleichzeitig der beste Robbenfänger und Bootsführer, ein tollkühner Eismeerfahrer.

Die Matrosen mochten ihn gern leiden. Bis tief in die Nacht saß er bei ihnen im Mannschaftslogis und schwatzte und plauderte mit ihnen. Diese Fahrt von 1882 lebte in der Erinnerung der Eismeergasten mit einem eigenen Glanz weiter. Ja, das war damals, als sie mit auf der „Nansentour" waren.

Ende Juni froren sie ein und trieben mit dem Eise auf Grönland zu, dann an der grönländischen Küste entlang, bis sie sich endlich am 17. Juli freimachten und heimkehrten. Diese verlorene Zeit bedeutete für die Reederei einen schweren Schaden; für Nansen aber war das eine herrliche Zeit.

Nun konnte er seinen Kraftüberschuß an Bären auslassen.

In seinem Tagebuch hat er lebhafte Schilderungen von diesen Bärenjagden gegeben.

Vom Mastkorb ertönt es: „Bär in Lee!" Morgens in der Koje schreit ihm einer ins Ohr: „Nun könnt Ihr austörnen. Wir haben einen Bären an der Schiffswand!"

Eines Abends, als Nansen oben in der Tonne saß und die grönländische Küste malte, schrie die Wache: „Seht bloß — ein Bär!" Da unten gerade vorm Bug stand ein Bär. Nansen sauste die Pardune hinunter, daß es in den Händen nur so brannte. Schnell eine Büchse. Aber der Bär war weg. Der Kapitän zog Nansen ordentlich auf: „Du bist mir der Richtige! Hockt er oben im Korbe und sieht den Bären nicht, trotzdem er ihm grad vor der Nase vorn am Bug sitzt!" Aber vier Tage später wetzte er die Scharte wieder aus. Ein riesiger Bär hinkte davon. Drei Mann hinterher. Nansen war wie gewöhnlich leichter gekleidet als die anderen, in Turnschuhen, Wollweste und ohne Überjacke. Die anderen umgehen eine breite Wake, aber Nansen nimmt Anlauf zum Sprung; die Kante bricht ab, und Nansen stürzt kopfüber ins Wasser, schwimmt hinüber, schleudert das Gewehr aufs Eis hinauf. Es gleitet zurück ins Wasser; er taucht und erwischt es wieder, wirft es höher aufs Eis, schwimmt zu einem niedrigen Rande. Kurze Überprüfung des Gewehres und der Patronen. So geht's weiter, um einen Eishügel herum. Da steht Meister Petz. Der wirft sich seitwärts, bekommt den Schuß in das Hinterteil, stürzt sich ins Meer und schwimmt tief unter Wasser davon. Nansen will über die Wake setzen, um dort den Bären zu empfangen. Mitten in der Wake schwimmen zwei Eisschollen. Anständige Sprünge! Wirklich, er erreicht die erste — sie trägt ihn gerade noch —, er wankt, gewinnt mit Mühe das Gleichgewicht wieder; da taucht neben der anderen Eisscholle der Bär auf. Es geht ums Leben. Doch Nansen ist rascher als der Bär. Er brennt ihm eins auf. Der Schuß geht durch die Brust. Ehe der Bär sinkt, erwischt Nansen ihn bei den Ohren und hält ihn über Wasser, bis Hilfe kommt.

Der Kapitän jagt ihn an Bord zum Umziehen. Er ist ja bis auf die Haut durchnäßt. Aber in der Nähe der „Viking" erblickt er zwei Schützen, die hinter drei Bären her sind. Den einen haben sie angeschossen — und der läuft auf und davon. Da greift Nansen ein. Er setzt hinter ihm her und trifft ihn tödlich. Dann kommt der nächste dran. Es entspinnt sich ein Wettrennen, von dem diese Wikinger später gern erzählen. Die schwergekleideten Männer bleiben bald zurück. Der Bär und Nansen sind allein. Der eine springt ums Leben, der andere um die Ehre. Es geht über Eisschollen, Rinnen und Waken. Sind sie zu breit, stürzt er sich hinein und schwimmt hinüber. So geht es zwei Kilometer, fünf Kilometer. Als sich die Jagd den zehn Kilometern nähert, beginnt der Bär zu ermüden. Nansen kommt näher an ihn heran und streckt ihn mit zwei Schüssen nieder.

Da stand er nun mit seinem toten Bären, einem Gewehr ohne Patronen und einem Taschenmesser als einziger Waffe. Mit dem machte er sich daran, ihm das Fell abzuziehen, und war bereits ziemlich fertig, als Oluf angekeucht kam. Dann zogen sie heimwärts und schleppten ein Bärenfell mit Speck gefüllt hinter sich her, eine schwere Bürde. Da schickte der Kapitän Leute mit Essen und Bier. Es schmeckte wundervoll. Das war die letzte Jagd.

Am 26. Juli tauchte Norwegen aus dem Meere auf. „Das norwegische Gebirge, wenn es so aus dem Meere heraussteigt, ist wohl schöner als alles andere."

Und einige Tage später gingen sie im Hafen von Arendal vor Anker. Die erste Eismeerfahrt der „Viking" und auch Nansens erste Fahrt war zu Ende.

Nun hatte das Eismeer einen Platz in seiner Welt errungen — mit der ganzen Anziehungskraft seiner Schönheit und Wildheit, seiner Rätsel und harrenden Aufgaben.

24 Tage an Grönlands Küste entlang: für die anderen eine Straße des Todes, der Schrecken aller Robbenfänger, die hier hinuntergeschraubt wurden; für ihn die Eintrittshalle zum Märchenland. Die Zinnen und Gletscherberge, von keinem Menschenfuß je betreten, glitzerten da drinnen hinter dem Treibeis. „Abends und nachts, wenn die Sonne auf ihrer Himmelsrunde sie berührte und Luft und Wolken dahinter in Brand steckte, trat ihre wilde Schönheit noch bezaubernder hervor."

Die Sehnsucht und die Lust danach, dieses mächtige unbekannte Land hinter der ungastlichen Barriere von Eisströmen und abschreckenden Gletschern zu erforschen, war schon an Bord der „Viking" so stark in ihm, daß er an Land gehen wollte. Dazu erhielt er jedoch nicht die Erlaubnis.

Aber sein Genius hatte ihm das Land gezeigt.

IN BERGEN. 1882—1887

Bei Nansens Heimkehr bot Prof. R. Collett ihm die Konservatorstellung der zoologischen Abteilung am Museum in Bergen an. Der 21jährige junge Mann hatte sich noch durch kein wissenschaftliches Werk bewährt; Collett hatte nun aber einmal einen so festen Glauben an dessen Fähigkeiten und Willenskraft.

Der Leiter des Museums war der berühmte Dr. Danielsen, ein hervorragender Zoologe, eine hochbegabte, originelle und warmherzige Persönlichkeit.

Er war als Arzt weltbekannt durch seine grundlegenden Arbeiten über die Lepra, ein Mann mit vielseitigem Interesse, war Stortingsmann (Reichstagsabgeordneter) gewesen und noch immer eine führende Persönlichkeit im kulturellen und kommunalen Leben Bergens, eine gewaltige Arbeitskraft, von unbeugsamem Lebensmut trotz schwerer Schicksalsschläge und mit seinen 67 Jahren geistig noch jung. Dieser Mann war für Nansen gerade die rechte Persönlichkeit, als Vorgesetzter sowohl wie als Freund. Und bald begriff Dr. Danielson, was in diesem langen, blonden Riesen mit den kräftigen Zügen und den starken Augen wohnte.

Das Verhältnis zwischen ihnen beleuchtet ein Brief von 1893: „Lieber Danielsen! Alles, was ich Ihnen zu sagen habe, will ich beiseiteschieben und Ihnen nur noch einmal für alles danken, was Sie mir gewesen sind, lieber väterlicher Freund. Das Schicksal hat unsere Wege getrennt, so daß wir nicht länger zusammen arbeiten konnten . . . Doch ob bei Ihnen oder entfernt von Ihnen, so besitzen sie meine ganze Ergebenheit und meine ganze Bewunderung. Sie stehen nun am Lebensabend; aber ein schöner Lebensabend ist es, und schön und groß ist das Werk, auf das

Als Gymnasiast

In Bergen

Als Gardist

Eine Zeichnung von Lenbach

Die Kameraden von der Grönlandfahrt

Der Stapellauf der „Fram"

Sie zurückblicken können. Ich stehe noch mitten in meiner Lebensarbeit und habe wohl noch etwas auszurichten. Sie werden aber allezeit als ein leuchtendes Vorbild vor mir stehen. Werde ich müde und schlapp, werden Ihre Willensstärke und Ihre stets ungeschwächte Tatkraft vor mir herleuchten — wie für so viele andere.

Ein herzliches Lebewohl und auf ein glückliches Wiedersehen.

Ihr treuer und ergebener

Fridtjof Nansen."

Man sollte glauben, daß der Übergang vom frischen Freiluftleben mit Bärenjagd und Spannung zu dem eingekapselten Leben im Laboratorium, ans Mikroskop gebunden, ihm schwerfallen müßte; aber der wissenschaftliche Forscherdrang war stark in ihm.

Er hatte sich zur Astronomie und Mathematik stark hingezogen gefühlt, hätte gern im Teleskop die Himmelskörper durch den Weltenraum verfolgt. Jetzt in den Welten unter dem Mikroskop erblickte er das Große im Kleinen, ahnte eine gewaltige Welt von Unbekanntem, von Rätseln und Aufgaben, die zu lösen ebenso spannend war wie die Verfolgung eines Bären auf den Eisgefilden.

Natürlich nimmt er keine kleinen Aufgaben in Angriff, wie sie für einen Anfänger passen. Auf die größten und schwierigsten wirft er sich, und was er in der kurzen Zeitspanne von fünf Jahren ausgerichtet hat, vorgelegt in großen, preisbelohnten Abhandlungen, wird von den Männern der Fachwissenschaft gerühmt — unter besonderer Anerkennung seines Scharfsinnes, seiner Selbständigkeit und Energie. So große Hoffnungen knüpften die Fachgelehrten an seine Zukunft, daß sie ihn mit Betrübnis sein Laboratorium verlassen sahen, um Polarforscher zu werden. Bereits im Jahre 1883 bemühte sich ein englischer Zoologe, der im Museum zu Bergen viel mit ihm verkehrte, ihn für einen Stab jüngerer Wissenschaftler zu gewinnen, den ein berühmter Paläontologe (Paläontologie = die Wissenschaft von Versteinerungen), Prof. O. Charles Marsh an der Yale Universität um sich gesammelt hatte, und 1887 wurde ihm unter sehr günstigen Bedingungen eine Stellung an einer anderen amerikanischen Universität angetragen.

Solche Angebote lockten und zogen. Noch lange Jahre später war es nicht so leicht, an der Gewißheit festzuhalten, daß der gewählte Weg der richtige sei, derjenige, der ihn dem fernen, unklaren Ziel, „dem großen Unbekannten", möglichst nahe bringen würde. Hinauskommen, weit hinaus, hieß für ihn gleichsam sich selber finden. Doch vorläufig arbeitete er mit aller Macht an den Aufgaben, die ihm hier gestellt waren. In einem ungedruckten Teil seines Tagebuches schreibt er von seinem Arbeitsleben in Bergen: „Von allem Leben um mich herum abgeschlossen, lebte ich nur für mein Studium. Tag und Nacht arbeitete ich an meinem Mikroskop; es war wie ein Fieber, und selten hat ein Mensch härter gearbeitet. Ich wollte an nichts anderes denken."

Seine Schwester Ida schreibt 1885 von einer Photographie, die er ihr geschickt hatte: „Die will mir gar nicht recht gefallen. Du bist ja ganz abgemagert, gleichst völlig einem Asketen."

Sein Vater war niemals besorgt gewesen, daß der leidenschaftliche Jäger, Fischer und Sportsmann seinen Körper nicht genügend pflegen würde; doch jetzt wurde er es, und der Sohn konnte ihn damit trösten, daß er nicht nur in einem, sondern in zwei Turnvereinen aktives Mitglied war. Von Zeit zu Zeit fuhr er hinauf ins Gebirge, um ordentlich Luft zu schöpfen.

Eines Samstagabends im Januar 1884 — es regnete Bindfaden, wie üblich in Bergen — las er im Sportblatt: Preis-Skirennen auf der Huseby-Schanze am 4. Februar. Es ergriff ihn mit unwiderstehlicher Gewalt: „Da stand der Fichtenwald lockend weiß unter der Schneelast, die Dörfer an den Bergeshängen, die Hügel und Fjelle lagen blank und weiß da und glitzerten in der Sonne. So frisch und leicht in der klingenden Winterkälte . . ."

Er bekommt Urlaub und fährt los: auf Skiern von Voß nach Oslo, nimmt an dem Huseby-Skispringen teil, erringt einen Preis und läuft dann über das Fjell zurück, allein mit seinem Hund. Damit ist eine solche Hochfjellüberquerung zum erstenmal unternommen worden. Diese Skifahrt übers Hochgebirge leitet tatsächlich eine neue Ära des Skisports und des Freiluftlebens ein.

34

Die Rückreise, auf der er den schwierigeren, aber schöneren Weg einschlug, war besonders spannend. Morgens um $^1/_2$3 Uhr brach er auf. Er verirrte sich. Die Sennhütte, die er erreichen wollte, war eingeschneit. Nach einem Marsch von 18 Stunden grub er sich im Schnee ein und schlief $5^1/_2$ Stunden, versuchte dann eine Erkundigungsfahrt; doch der Mondschein war gefährlich. Wieder grub er sich ein und schlief, bis der Morgen graute. Als er nachts Vossevangen erreichte, lag ein schwerer Tagesmarsch hinter ihm mit manchen spannenden Augenblicken: sturzsteile Abhänge hinunter, Kehrtschwenkungen am Rande des Abgrundes, mit dem Skistock am Vorsprung hängend, unter ihm der Wasserfall oder bodenlose Tiefe. Ausdauer, Geschick, Mut — alles was er in seinen Jungen- und Burschentagen fleißig geübt hatte, wurde nun auf die Probe gestellt. Ohne Skisport und Hochfjell hätten wir keinen Fridtjof Nansen und keinen Roald Amundsen.

Wenn Nansen nach solchen Ausfahrten wieder still über seinem Mikroskop saß, fühlte er sich wie verjüngt und empfand eine Weile Frieden in seiner Seele. Die Sportleistungen lösten seine unverbrauchten Kräfte aus. Doch das schönste Geschenk des Hochgebirges war die Einsamkeit, die Stille, die Größe.

Hinter diesen norwegischen Fjellandschaften schaute er ein verborgenes Landschaftsbild — ein Firnenland hinter dem Treibeisgürtel mit Gipfeln und Gletschern, die kein Fuß je betreten hatte — „das große Unbekannte".

Eines Abends, als er so dasaß und gleichgültig dem Vorlesen der Tageszeitung folgte, wurde er mit einemmal wach. Ein Telegramm berichtete, daß Nordenskiöld von einem Vorstoß ins Inlandeis von Grönland zurückgekehrt sei; zwei seiner Lappländer seien weit in die unendlichen Schneefelder vorgedrungen, und es herrschten günstige Schneeverhältnisse.

„Wie ein Blitz zündete das in mir: eine Expedition auf Skiern quer durch Grönland von Küste zu Küste. Der Plan war fertig, so wie er später vorgelegt und ausgeführt wurde."

Der erste schriftliche Entwurf zur Grönlandfahrt ist ein Brief vom 17. Juni 1884 an den Kapitän A. Maurier in Kopenhagen. Darin schreibt er: „Besonders seit Nordenskiölds letzter Expedition, doch auch lange vorher schon, habe ich ständig über dem

Plane gebrütet, und ich kann nicht anders glauben, als daß er verwirklicht werden kann, nämlich das Innere Grönlands auf Skiern zu überqueren.

Nach allem, was ich verstehe, nach allen Auskünften, die ich mir über Grönland beschaffen konnte, nun nach Nordenskiölds letzter Expedition und nach meiner — ich darf wohl sagen — nicht unbedeutenden Vertrautheit mit den Schneeschuhen als Beförderungsmittel, nach all dem kann ich nichts anderes in meinen Schädel hineinkriegen, als daß dies eine verhältnismäßig leicht ausführbare Aufgabe sein müsse, eine der vielen interessanten Aufgaben, die die Forschung in den Polargebieten zur Zeit stellt. Sollte eine solche Expedition unternommen werden, geschähe es am besten in Verbindung mit einer Expedition zur Ostküste. Es muß ja unbedingt das beste sein, vom Osten nach Westen zu gehen, da man an der Westküste jederzeit damit rechnen kann, bewohnte Plätze anzutreffen, und sich somit nur für die Zeit zu verproviantieren braucht, welche die Überquerung wahrscheinlich beanspruchen wird, und die kann, glaube ich, mit einer kleinen ausgewählten Mannschaft von ausgezeichneten Skiläufern kaum sehr lange dauern. Proviant müßte auf Skischlitten mitgenommen werden."

Die fünf Jahre in Bergen waren für ihn eine Zeit der Vorbereitung auf die verheißungsvolle Aufgabe. Sein beharrliches Freiluftleben, Sommer wie Winter, und vor allem die langen Skifahrten im Hochgebirge stellten ein ganz bewußtes Training dar.

Auch durch fleißiges Studieren der Erdkunde und Geschichte Grönlands rüstete er sich zur Fahrt.

Es ist bezeichnend für ihn: die Idee kommt blitzartig, aber er läßt sich Zeit, alles gründlich auszuarbeiten und vorzubereiten — wie der große Moltke: erst wägen, dann wagen.

Vierundeinhalb Jahre verstrichen, ehe der Plan ausgeführt werden konnte. In einem Brief an seinen Vater schreibt er, wie sehr er sich danach sehne, hinauszukommen, wieder etwas zu erleben, und wie schwer die Unruhe sich dämpfen ließe. Doch die Arbeit sei eine gute Medizin und werde mit Erfolg angewandt.

Zwei Dinge vor allen verzögerten den Grönlandplan: eine große wissenschaftliche Arbeit, die er erst ausgeführt sehen wollte und die bekunden sollte, wer er war, und was er konnte, und dann die Krankheit seines alten Vaters. 1883 wurde dieser vom Schlage getroffen und starb im April 1885, während der Sohn sich auf dem Wege zu ihm befand.

Aus den Briefen des Alten ersieht man, wie er seinem Sohn in seiner Arbeit zu folgen sucht und sich über dessen Vorwärtskommen freut.

„Wenn ich einen Brief von Dir erhalte, brechen oft die Tränen hervor, doch nicht aus Kummer, sondern aus wehmütiger Freude. Ja, Gott segne Deine Arbeit und führe Dich zu guten Ergebnissen."

Sein Freund Dr. L. Grieg, der in Bergen viel mit ihm zusammen war, gibt einen Beitrag zur Charakteristik Nansens:

„Ich bewunderte die Art, wie er seiner Überzeugung folgte und sie durchführte. Kompromisse gab es für ihn nicht. Der Grund, daß die ihm Nahestehenden ihn so gern hatten, obgleich er oft wenig Rücksicht nahm und recht starrköpfig zu sein vermochte, war der, daß man zu anderen Zeiten ein so überaus feines und warmfühlendes Herz dahinter verspürte, das, wenn es zum Vorschein kam, sich auf ungewöhnlich schöne und für sein tiefes Gemüt bezeichnende Weise offenbarte. Das Kind war stets stark in ihm. Ich entsinne mich, wie wir in den Weihnachtsferien zu Hause mit dem Kuchenkorb zwischen uns sitzen und uns um die Reste streiten konnten, während wir dem Gesang meiner Schwester lauschten. Da kam das Beste und Wärmste in ihm an die Oberfläche, und nie war er so liebenswürdig wie da. Stundenlang konnte er stillsitzen und mit wehmütig lauschendem Ausdruck den zartesten und weichsten Stimmungen nachhängen. Schumann und Schubert mit ihrer starken Leidenschaft zogen ihn an; doch richtig wohl fühlte er sich erst, wenn er norwegische Dichter und Komponisten zu hören bekam. Die feinen und sanften Stimmungen überraschten bei einem solchen jungen Burschen, der im nächsten Augenblick so stark und stählern war. — Er liebte Musik und Poesie.

Selten findet man in jenem Alter eine so ausgeprägte Liebe und ein solches Streben nach dem, was recht und rein ist, und selten ein so unerschrockenes Draufgängertum, dem als wahr Erkannten bis zu den äußersten Konsequenzen zu folgen. Das Suchen war bei ihm verbunden mit steter Unruhe, Sehnen und Kämpfen. Eine Sache allem und allen zum Trotz durchzuführen, war ihm höchste Lust, im Großen wie im Kleinen."

Alle die Jahre in Bergen wohnte Nansen bei Pfarrer Holdt. In diesem Heim, erfüllt von Liebe und Güte, lebte Nansen wie ein Sohn des Hauses. In Frau Marie Holdt erhielt der junge Mann, der seine Mutter im Alter von 16 Jahren verloren hatte, eine mütterliche Freundin, von der er später immer mit Liebe und Dankbarkeit sprach.

Pfarrer Holdt und Nansen waren in manchem verwandte Naturen. Holdt fühlte sich stark zu sozialer Hilfsarbeit hingezogen. Er suchte die Kranken und Kummervollen seiner Gemeinde auf und scheute keine Mühe, um denen auf der Schattenseite des Lebens Licht und Erleichterung zu bringen. Viele Jahre hindurch war Holdt Pfarrer bei den Aussätzigen und zeigte für diese Unglücklichen eine unermüdliche Fürsorge; sie liebten ihn auch wie einen Vater. Diese Samariterarbeit für die Aussätzigen und andere Unglücklichen hat auf Nansen gewiß einen tiefen Eindruck gemacht.

Wie konnte zwischen zwei Männern mit so verschiedener religiöser Einstellung eine so warme Freundschaft entstehen? Holdt war orthodoxer Lutheraner. Ein Freund erklärt sich dies aus ihrem hohen Idealismus und ihrem ausgeprägten Altruismus, der ihre Arbeit beseelte und die religiösen Fragen in den Hintergrund drängte. Das Gebot der Liebe war für Holdt der Kern des Christentums, und hier fand er bei Nansen etwas Verwandtes.

Beim Tode Nansens schrieb Holdt im Norwegischen Kirchenblatt:

„Das waren gute und lichte Jahre, die wir zusammen verlebten. Und das Band, das damals zwischen uns geknüpft wurde, wuchs mit der Zeit an Stärke und Innigkeit. Fridtjof Nansen war ein reiner, von Idealen erfüllter junger Mensch. In ihm steckte eine Arbeitslust und Arbeitskraft, die zu sehen mir Freude bereitete. Welche Entbehrungen er sich auferlegen und aushalten konnte, ohne zu klagen, dafür erhielt ich einige recht bezeichnende Beweise. Darum mußte ich ihm sagen, als er die Grönlandreise plante: ‚Wenn du schon Leute dazu bekommen kannst, dir auf dieser Fahrt zu folgen, dann darfst du nicht damit rechnen, daß du an sie dieselben Forderungen stellen kannst, die du an dich stellst.'"

Die Jahre in Bergen und nicht zum wenigsten das Leben in Holdts Heim haben Nansens Entwicklung gewiß mehr beeinflußt, als man bisher glaubte. In den Briefen an Holdt drückt er tiefe Dankbarkeit aus für die unvergeßliche Zeit in seinem lieben Heim in Bergen. So schreibt er in einem Briefe von 1902: „Ihr beiden treuen Seelen gabt mir ein gutes, sicheres Heim, waret stets so liebenswürdig. Mit Euch verbindet sich das Beste und Schönste in meinem unsteten, anstrengenden Leben."

Als Nansen den Nobelpreis erhielt, sandten ihm die beiden alten Freunde von Bergen in kräftig malenden Worten Gruß und Huldigung:

Die Weltesche

Ygdrasil zittert — der Unterwelt Mächte
verheeren wütend die stöhnende Erde.
Kriege, Gewalttat, zerrissene Pakte
sä'n wuchernd wachsende Saaten der Rache.

Sie dankten dem großen Samariter für das leuchtende Beispiel, das er der Welt in einer haßerfüllten Zeit gab.

Am folgenden Tage kam Nansens Dankbrief:

„Liebe Freunde!

. . . Ich muß Euch beiden von ganzem Herzen danken. Wie wünschte ich doch, ich könnte Euch alten Freunden in Treue die Hand drücken und von guten alten Tagen sprechen, als der Lebensbaum grünte, als man noch Gesang im Wipfel zu hören glaubte, als die Sonne dem jungen Sinn noch Glauben und Wärme spendete. Doch Euer schöner Gruß gab dem alten Sinn Freude und stärkte Mut und Willen zu allem guten Streben. Ja, es ist wahr: es ist, als zittre Ygdrasil, als verheerten der Unterwelt Mächte die stöhnende Erde, und keine Besserung ist zu sehen: denn die Diplomaten und Politiker werden wahrhaftig nicht viel helfen. Doch Mut und Hoffnung dürfen ja nicht verzagen. Hier wie überall gilt es wohl, nicht aufzugeben. Selbst wenn das Eis sich noch so hoch staut, hat es doch seine Grenzen, und auch das dickste Polareis muß schließlich schmelzen. Meine wissenschaftlichen Studien haben mich mehr und mehr davon überzeugt, daß sich alles in Perioden, in Wellen bewegt. Das ist mein Trost: mögen auch die Niedergangsperioden lang und die Wellentäler tief sein, so muß es doch einmal wieder aufwärts gehen, wenn man nur warten kann. Doch wieviel muß erst zugrunde gehen? Noch scheint es schwer, dies einzusehen, aber um so notwendiger ist es, daß alle, die irgendwie können, sich um diese Arbeit für eine bessere Zukunft scharen. Selbst nach dem Ragnarök erstand ja eine neue Erde.

Ja, innigen Dank und viele Grüße

von Eurem dankbaren Freund

F. N.‟

Das ist Nansen.

In Neapel

Um seine wissenschaftlichen Untersuchungen weiterzutreiben, als es mit den ihm bekannten Methoden möglich war, reiste er im Frühling 1886 nach Italien, nach Pavia und Neapel. Die längste Zeit verbrachte er an der biologischen Station am Golf von Neapel, die unter Leitung des energischen und genialen Forschers Dohrn aus Jena stand.

Heute wissen alle, was eine biologische Station ist. Damals wußte es niemand. Es war Dohrns Idee. Und weil sie neu war, kostete es ihn ein ganzes Vermögen und vier Jahre Kampf mit den größten Hindernissen sowohl von deutscher als auch italienischer Seite, ehe er die erste biologische Station einweihen konnte. Früher studierte man Seetiere in Form von toten entstellten Exemplaren in Spiritusgläsern. Das Leben der Tiere war ein versiegeltes Buch. Nansen schildert, wie „die Naturforscher viele Stunden vor den großen Behältern zubrachten, die seltensten Seetiere in ihrem natürlichen Lebenselement beobachteten und in dieser Zeit mehr von der Welt des Lebenden lernten als beim Durchackern vieler Bände gedruckter Weisheit oder beim Durchwühlen toter Museumsschätze".

Nansen sah ein, welche Bedeutung eine solche Institution für Norwegen haben würde, und schlug deshalb vor, eine biologische Station in Bergen zu errichten. Die Grönlandfahrt verhinderte weitere Arbeit an diesem Plan. Später war er mit dabei, die biologische Station in Dröbak bei Oslo einzurichten.

Die Frühjahrsmonate an der schönen Bucht von Neapel waren für den jungen Kämpen eine heiße und befruchtende Zeit. Die Arbeit an der biologischen Station gab ihm wissenschaftliche Anregungen. Dohrns gewaltiges Lebenswerk und nicht minder die Persönlichkeit dieses Mannes blieben nicht ohne Einfluß auf Nansen, der in seinem Vorgesetzten das Ideal verkörpert sah, dem er selbst nacheiferte und das er selbst in seinem späteren Leben verwirklichte. Die verschwenderisch schöne Landschaft, das muntere Volksleben, die Lebensfreude der Südländer, ihre Kunst, ihre Geschichte — alles dies senkte sich befruchtend in den tiefen, empfänglichen Boden seiner Seele.

Einer seiner Freunde an der Station schildert ihn folgendermaßen: „Der blonde Wiking mit dem schlanken, geschmeidigen und durchtrainierten Körper war in Gesellschaft ein flotter Tänzer und eine muntere Seele. Jedes Abendbrot ward ein kleines Fest, ein sorgenloses, musikalisches, in höchstem Maße erquickendes Zusammensein. Einmal wollten wir nach Sorent und mieteten uns einen Wagen, um die berühmte Landstraße entlang zu fahren. Unterwegs kam ein anderer Wagen mit zwei Damen hinter uns her. Sie machten sich ein Vergnügen daraus, uns zu überholen und uns auszulachen. Da sprang Nansen aus dem Wagen und lief eine lange Strecke neben dem Wagen her. Auf diese Weise holten wir die Damen unter stürmischem Jubel von beiden Seiten wieder ein.

Zu anderen Zeiten war er still und in sich gekehrt, saß stundenlang da, ohne ein Wort zu sprechen. Ich sehe ihn am Fuße des Vesuvs zwischen den Ruinen und öden Lavafeldern von San Sebastian. Dieser Ort wurde 1874 beim Ausbruche des Vesuvs vernichtet, nur eine Kirche blieb verschont. Stunde auf Stunde sehe ich ihn da auf einem Lavablock sitzen, ohne sich zu rühren. Er saß nur da und starrte in die Ferne. Einmal nach dem anderen wollten wir aufbrechen und riefen ihn; er rührte sich nicht, und auf dem Heimwege, als wir Arm in Arm zusammengingen und ich etwas aus ihm herauszulocken suchte, schwieg er nur — war still und ruhig, sagte kein Wort."

Zwei Jahre später sitzt er auf dem Grönlandseis vor dem Zelte und kaut Schiffszwieback mit Schnee und Zitronensäure; da tritt ihm ein anderes Land vor die Augen — „wo die Zitronen blühn" —, eine warme Sommernacht am Golf von Neapel.

Nansens wissenschaftliche Arbeiten in Bergen

1885 kam Nansens erste größere Arbeit heraus: „Beiträge zur Anatomie und Histologie der Myzostome", ein großes Werk von 86 Folioseiten mit einer Menge von ihm selbst ausgeführter Zeichnungen. Myzostome sind eine Gruppe von Würmern, die als Parasiten auf gewissen Strahlentieren leben und auf Grund ihrer Lebensweise merkwürdige Veränderungen durchmachen. Eine Reihe bedeutender Forscher hatte mit diesen Lebewesen gearbeitet. Nansen stellt die Ergebnisse seiner Vorgänger richtig und führt sie weiter. Er beweist, daß er die technischen Hilfsmittel seiner Zeit zur Vollkommenheit beherrscht, stellt nach den neuesten Methoden Präparate her, zeichnet hervorragend und beherrscht alle möglichen Reproduktionstechniken. Er ist reich an Initiative, energisch und zäh und besitzt die seltene Fähigkeit, den Kern einer Sache zu sehen und auf diesen loszusteuern, ohne Achtung vor anderen Autoritäten als der der Wahrheit.

1886 legt er eine neue Arbeit vor: „Studium über die feinere Struktur des zentralen Nervensystems".

Diese Untersuchungen erstrecken sich nicht nur auf Würmer, sondern auch auf Krustentiere, Weichtiere und niedere Wirbeltiere, den Lanzettfisch und den Schleimaal. Dies war ein Gebiet, das trotz der Anstrengungen vieler Forscher noch im Dunkel lag. Die Jagd nach den Fäden und Zellen des Nervenlebens brachte ihn dem großen Unbekannten näher: dem verborgenen Geheimnis des Lebens.

Nansen wirft sich mit aller Kraft auf diese schwierige und wichtige Aufgabe, bis die mangelhaften Hilfsmittel, über die er verfügt, ihn an weiterem Vordringen hindern. Darum sieht er sich nach neuen Arbeitsmitteln und Auswegen um.

Er hört von dem Italiener Golgi, der neue Methoden erfunden hat, um Nervenzellen und Ausläufer freizulegen. Die meisten tun das Neue mit scharfer Kritik ab. Nansen jedoch fährt nach Pavia, um an Ort und Stelle Einblick in Golgis Methoden zu gewinnen. Diese Methoden wendet Nansen mit gutem Erfolg an — weitergehend als Golgi selbst —, nämlich beim Studium des Nervensystems der wirbellosen Tiere. Er ist der erste, der das auf diesem Felde getan hat.

Und da gelingt es Nansen, tiefer als irgendeiner seiner Vorgänger in die Geheimnisse des zentralen Nervensystems einzudringen.

Seine große auf Englisch erschienene Abhandlung „The Structure and Combination of the Central Nervous System" wird darum allezeit eine angesehene Stellung in der Literatur dieses Gebietes einnehmen, erklärt der Fachmann auf diesem Gebiete, Prof. G. Retzius.

Nach dieser Arbeit wirft er sich über ein anderes Problem, das den Forschern bisher getrotzt hatte: nämlich die Entwicklung des Schleimaales, eines Musterbeispiels des primitiven Wirbeltieres. Nansen fand heraus, daß die Schleimaale in der ersten Zeit Männchen sind und später zu Weibchen werden. Noch sind die Fragen über dieses merkwürdige Tier nicht völlig geklärt, doch Nansens Arbeit bedeutet einen wesentlichen Schritt vorwärts.

Zuletzt ging er auf ein anderes Problem los, das ihn lange interessiert hatte: die Entwicklung des Wales. Dieses merkwürdige Säugetier stammt von Tieren ab, die früher auf dem Lande lebten. Hier blieb noch viel zu klären.

Mit der üblichen Beharrlichkeit schafft er das notwendige Material herbei, indem er die Sammlung von Walembryos vergrößert. Nach seiner Heimkehr von Grönland nimmt er das Studium wieder auf, diesmal zusammen mit einem anderen Forscher auf diesem Gebiete: Prof. G. Guldberg.

1894 erscheint der erste Teil des Werkes „On the Development and Structure of the Whale, Part I, by Gustav Guldberg and Fridtjof Nansen".

Die Freunde der biologischen Forschung nährten immer noch die Hoffnung, äußerte Prof. G. Retzius, daß Nansen nach seiner Großtat am Nordpol seinen Sinn wieder ungeteilt auf das Forschungsgebiet richten möchte, auf dem er bereits eine so bedeutende Arbeit vollbracht und wo eine Begabung von seiner Größe alle Aussichten hatte, die wichtigsten Aufgaben zu lösen.

Nach der Grönlandfahrt versuchte Danielsen, Nansen wieder an das Museum in Bergen zu knüpfen, doch Nansen antwortete: „Im Augenblick fühle ich mich für eine solche Stellung vollkommen ungeeignet. — In meinem Gehirn gären Pläne zu neuen Expeditionen. Ich bin jung und habe — wie Sie einmal sagten — wohl drängendes Wikingblut in den Adern. Ein allzu ruhiges Leben sagt mir nicht zu; und vielleicht kann ich meinem Lande auch auf andere Weise dienen."

Was in ihm gärte, sprach er 1926 als Universitätsrektor vor den schottischen Studenten aus: „Tief verwurzelt in unserer Natur, in jedem von uns steckt der Abenteurergeist, der Ruf der Wildnis zittert unter allen unseren Handlungen und macht das Leben tiefer, höher und edler."

Die Abenteuerlust ist das Wesen der großen Geister. Dieser Wagemut, dieses „spirit of adventure" verleiht Nansen jenen eigenen Glanz — dem Wissenschaftler, dem Polarforscher und Meeresforscher und auch dem Samariter in seinem gigantischen Kampf gegen Not und Tod. Den „einzigen Helden des heutigen Europa" nennt ihn Romain Rolland.

Einer der wenigen noch lebenden Mitarbeiter Nansens aus den Bergenjahren ist der Konservator am dortigen Museum, J. A. Grieg. Sie waren die beiden letzten Jahre zusammen, als Nansen am Museum arbeitete. Nansen war in diesen Jahren, so berichtet Grieg, mit seiner Doktorabhandlung und den Vorbereitungen zur Grönlandfahrt stark beschäftigt. Die ersten Proben mit dem Schlafsack und der anderen Ausrüstung wurden im Gebirge in der Nähe von Bergen vorgenommen. J. A. Grieg begleitete ihn oft auf Skiausflügen, auf der Schnepfenjagd und zum Fischen. In dieser Zeit ließen sie sich ab und zu in den Fjellen bei Bergen sehen. Eines Tages hörte Nansen von Bären in den wilden Gebirgsgegenden nach dem Hardangerfjord zu. Er zog los und blieb im fürchterlichsten Wetter einen Tag und eine Nacht weg — eine Erfrischungspause in der Museumsarbeit. Nansen war übrigens ein eifriges Mitglied in Bergens Jägerverein.

1883—84 brauchte eine Mädchenschule in Bergen eine Vertretung in Naturfächern, und der junge Konservator erhielt den Posten.

Eine seiner Schülerinnen von damals erzählt, daß er sehr verlegen war und bei den geringfügigsten Anlässen rot wurde. Oft nahm er die Klasse mit ins Museum. Da fühlte er sich besser zu Hause. Natürlich entging er nicht dem Geschick, daß die gesamte Klasse sich in den jungen Naturfachlehrer stürmisch verliebte.

Als er im August 1904 auf einer Ausfahrt mit der „Veslemöy" die Stadt Bergen wiedersieht, schreibt er ins Tagebuch:

„Bergen — wie wunderlich, hier wieder umherzugehen, wo ich $5\frac{1}{2}$ einsame Jahre verbrachte, — Jahre, die vielleicht für das ganze Leben grundlegend waren. Die wenigen Freunde, an die ich mich anschloß, sind verschwunden; hier lebtest du dein Eremitenleben mit deinen vielen Träumen. Wie reich und verheißend war das Leben damals doch!

Woher kommt es nur? — Wenn ich schöne Musik höre oder mich in Schönheitsreiche fortträume, so wird es ein Schärenhof im Westen nach Sonnenuntergang, das Meer — blank wie ein Kupferspiegel; luftige, blaue Inselchen schwimmen weit draußen auf dem Kupfer, und darüber wölbt sich der Himmel hoch und klar mit goldverbrämten Wolken. Ich selbst werd' sacht auf Traumeswogen hinüber in schwebende Ätherreiche getragen — alles Erdreich versinkt."

Nach 16 Jahren sah er die Stätte wieder, „doch das Elfenland, das fandest du nicht".

Nein, das war nicht mehr da, aber in ihm lebte es; Welhavens Gedichte und Kjerulfs Lieder, von Eva gesungen, vermochten es hervorzuzaubern, das Elfenland der Jugend an der westnorwegischen Küste.

DIE GRÖNLANDFAHRT

Vor der Fahrt

Auf dem Feld, das er vorläufig verließ, konnten andere seinen Platz einnehmen. Auf dem Felde, das er jetzt erobern wollte, das große Unbekannte, hatten sich alle Anstrengungen seiner Vorgänger als unzulänglich erwiesen.

Und hinter der neuen Aufgabe lag eine noch größere: die Erforschung des Nordpolgebietes. Die Geschichte der Vorgänger war eine Reihe von entsetzlichen Tragödien.

Mit der Befähigung des Genies löst er beide Aufgaben.

Seine Wachstumsjahre, seine Jugend, die Jahre in Bergen waren gleichsam eine lange Vorbereitungszeit. Die Allseitigkeit seiner Begabung, die seltene Vereinigung von Sport und Wissenschaft war die Vorbedingung.

An eine solche Vereinigung in einer Person war man damals nicht gewöhnt. Der Sportsmann stand dem Wissenschaftler tatsächlich im Wege; man begegnete dem körpertüchtigen Wissenschaftler mit Argwohn. Sah er doch nicht wie ein Wissenschaftler aus! Trug keine Brille, hatte keinen langen Bart; er lief in kurzer Jacke, in Sportskleidung umher. Im Winter ging er allein auf sinnlose und unnütze Skifahrten ins Hochgebirge, war Fischer und Jäger, Schwimmer, Gymnast; überall da zeichnete er sich aus, wo er sich mit dem Körper hervortun konnte. Daß in diesem Äußeren ein Wissenschaftler und dazu einer von hohem Range stecken sollte, schien zu unwahrscheinlich.

In der „Fin-de-siècle"-Zeit, der Bohème-Zeit, mußte ein Mann wie Nansen geradezu aufreizend wirken. Wenn die Stammgäste im „Grand-Café" die grau gekleidete Sportgestalt am Fenster vorbeigehen sahen, mußten sie ihre Gereiztheit in einem extra tiefen Schluck ertränken. Und wenn die jungen Blüten der Intelligenz dieselbe Gestalt mit bloßem Kopf draußen auf der Straße im Trainingslauf vorübereilen sahen, so war, nach dem Bekenntnis eines Vertreters dieser Gattung, die Verachtung für diesen albernen Kerl unbeschreiblich. Die „Intelligenz" weidete sich ordentlich an dem Gedanken, daß dieser Sportidiot ja nur ein Stümper in der Wissenschaft sei.

Und übrigens — mit der Doktorabhandlung sei er gerade noch so hindurchgeschlüpft. Hätte er nicht vorgehabt, sich auf Grönland umzubringen, würde man sie nicht angenommen haben, hieß es. Die Opponenten hatten viel auszusetzen; die Zuhörer erhielten den Eindruck, daß die Abhandlung schlecht sei. Ein im Volke lange verbreitetes Mißtrauen gegenüber Nansens Wissenschaft rührt von dieser Zeit her.

Die Sache war jedoch die, daß die Opponenten sich auf die Dinge, die sie zu beurteilen sich anmaßten, nicht verstanden. Als Nansen später nach der Fahrt mit der „Fram" auf einer Vortragsreise in Amerika war, wurde ihm einmal mitgeteilt, daß im Hörsaal nebenan der bedeutendste amerikanische Biologe eine Vorlesung über die „epochemachende Entdeckung" hielt, die Nansen mit seiner Doktorarbeit gemacht habe.

Eines Abends im Winter 1887 erschien Nansen bei seinem guten Freunde Dr. Grieg und legte ihm seine Pläne vor. „Er wollte nach Stockholm. ‚Was willst du denn da?' ‚Nordenskiöld aufsuchen und ihn bitten, meinen Plan zu prüfen. Erst will ich im Frühling meinen Doktor machen und dann nach Grönland gehen.' — ‚Das wird hart, Junge.' — ‚Ach was, es wird schon gehen.' Und er zeigte mir auf der Karte, wo er das Land zu überqueren gedachte — hoch oben im Norden, und zwar von der Ostküste aus — der menschenöden Ostküste, die keine Verbindung mit der Außenwelt hatte, also keine Möglichkeit eines Rückzuges. Das war das Einmalige an dem Plane, oder das Wahnwitzige, wie die meisten seiner Zeit meinten. Für Nansen lagen jedoch die Vorteile seines

Planes klar auf der Hand. Ging man vom Westen nach Osten, würde man an eine unbewohnte Küste gelangen und wieder umkehren, also den Weg zweimal machen müssen. In unseren Tagen haben die Verhältnisse sich etwas geändert, nachdem Angmagsalik, die einzige Eskimosiedlung an der Ostküste, eine regelmäßige, jährliche Verbindung mit Europa erhalten hat. Aber damals hieß es, das Leben einsetzen, um hinüberzugelangen. Rückzug gab es nicht.

Es war eine Offenbarung, in jenen Bohèmetagen von einem Mann der Tat zu hören, der bereit war, sein Leben für seine Idee hinzugeben."

So zog er also nach Stockholm, um Nordenskiöld aufzusuchen, den großen schwedischen Bahnbrecher der Polarforschung.

Die norwegischen Professoren W. C. Brögger und Wille waren damals an der Stockholmer Universität.

Eines Tages meldet der Wachtmeister dem Prof. Brögger, ein junger Norweger sei dagewesen und habe nach ihm gefragt, doch ohne seinen Namen zu nennen. Er sei lang und blond und — fügte er mit einem Lächeln hinzu — ohne Wintermantel. Das sei wohl wieder ein Seemann oder „so was", der einen Wintermantel brauchte.

Dann kam er selbst. Rank und schlank, lang und licht, das blonde, etwas struppige Haar aus der hohen Stirn gestrichen. „Er reichte mir die Hand mit einem eigentümlich wärmenden Lächeln und stellte sich selbst vor.

Sie wollen nach Grönland?

Ich habe die Absicht.

Unbeschreiblich sicher und vertrauenerweckend stand er da — mit dem guten Lächeln in dem grobgeschnittenen kräftigen Gesicht. Trotzdem er die ganze Zeit über derselbe blieb, einfach und schlicht, beinahe etwas linkisch in seinem Wesen, war es doch, als wüchse er mit jedem Wort. Dieser Plan — von der Ostküste aus auf Skiern —, der mir noch vor einem Augenblick als verrücktes Hirngespinst erschienen war, wurde mir während unseres Gespräches das Natürlichste von der Welt. Und mit einem Male ging mir auf — unfehlbar sicher: er wird es schaffen, ebenso sicher, wie wir hiersitzen und darüber sprechen.

Dieser junge Mann, dessen Namen ich vor zwei Stunden nicht einmal gekannt, war mir in diesen wenigen Minuten so nahegetreten, als ob ich ihn schon immer gekannt hätte; es war mir, als müßte es so sein, und ich fühlte, ohne zu überlegen, wie es zuging, daß ich stolz und glücklich sein würde, sein Freund fürs ganze Leben zu werden."

Nordenskiöld allerdings hielt den Plan für tollkühn, wenn auch durchaus nicht für undurchführbar. Nansen machte einen starken Eindruck auf ihn; er interessierte sich immer mehr für ihn und gab ihm manchen guten Ratschlag. Als sie sich zwei Jahre später wieder gegenüberstanden, war der tollkühne Plan ausgeführt und das Grönlandeis zum ersten Male überquert.

Am 11. November 1887 richtete Nansen an das akademische Kollegium ein Gesuch um einen Beitrag von 5000 Kronen für die Expedition. Es beginnt folgendermaßen: „Ich habe die Absicht, im Sommer eine Reise über das Inlandeis Grönlands von der Ostküste zur Westküste zu unternehmen." Und er schließt mit der Anführung der Worte Nordenskiölds: „Die Erkundung der wirklichen Beschaffenheit Grönlands hat für wissenschaftliche Zwecke eine so große und durchgreifende Bedeutung, daß man für eine Polarexpedition z. Z. kaum ein wichtigeres Ziel aufstellen könnte als eben die Erforschung der Naturverhältnisse im Inneren dieses Landes."

Das Kollegium empfahl seinen Antrag aufs wärmste, doch die Regierung sagte nein. Ein Regierungsblatt schrieb: es bestehe kein Grund dafür, das norwegische Volk eine so große Summe wie 5000 Kronen bezahlen zu lassen, damit ein Privatmann eine Vergnügungsreise nach Grönland unternehmen könne. Andere meinten, es sei geradezu eine Sünde, jemand beim Selbstmord zu helfen. Andere wieder machten sich über Nansen lustig — wie das Witzblatt in Bergen, das folgende Anzeige einrückte:

„Schaustellung.

Im kommenden Juni gibt Konservator Nansen auf dem inneren Grönlandeis eine Vorstellung von Schneeschuhlauf mit Weitsprung. Numerierte Sitzplätze in den Gletscherspalten. Rückfahrkarte wird gespart."

Außerhalb der Jugend und eines Teiles der Wissenschaft war die allgemeine Auffassung die, daß Nansens Plan die reine Tollheit sei.

Expeditionen dreier Länder hatten das Binneneis von der Westseite her zu bezwingen gesucht, darunter Polarexpeditionen wie die von Peary und Nordenskiöld. Doch alle mußten unverrichteterdinge umkehren. An der Ostküste müßte ein Kehrtmachen den sicheren Tod bedeuten. Dazu kam, daß viele Sachverständige, frühere Grönlandfahrer, die die Verhältnisse kennen sollten, meinten, daß schon die Landung an der Ostküste praktisch ein Ding der Unmöglichkeit sei.

Die Ostküste entlang treibt ein starker Strom nach Süden, der Massen von altem, grobem Polareis mit sich führt. Einige Male früher hatte man vergeblich versucht, an der südlichen Ostküste, südlich des 66. Breitengrades, an Land zu gelangen. Höher oben im Norden ist es leichter heranzukommen, doch erst 1883 glückte es Nordenskiöld, mit einem Dampfschiff bei Kap Dan zu landen.

1717 war die gesamte Walfängerflotte im Eis nahe der Ostküste festgefroren. Ein Schiff nach dem anderen wurde zermalmt. 320 Mann kamen um. 155 Leute trieben auf Eisschollen nach Süden um das Kap Farvel und wurden gerettet.

1868 wurde der deutschen Nordpolexpedition unter Koldewey dasselbe Schicksal zuteil.

In diesem unheimlichen Eisstrom trieb Nansen 1882 mit der „Viking" 24 Tage lang. Er kannte ihn; er wußte, daß er für die anderen unbezwinglich gewesen war. Aber gerade die Tatsache, daß es anderen unmöglich gewesen war, war die Triebfeder und die Größe der Leistung seiner beiden Polarfahrten.

Im Januar 1888 erhielt das Kollegium aus Kopenhagen die Mitteilung, daß der Staatsrat Gamél die fehlenden 5000 Kronen gespendet habe.

Dar wurde ein harter Frühling mit Vorbereitung und Anfertigung der Ausrüstung zur Fahrt.

Bald ist er in den Fjellen, in der Nähe von Bergen oder auf langen Skitouren im Hochgebirge, um Schlitten, Schlafsäcke,

Kochapparate auszuprobieren; bald ist er in Bergen und hält Vortrag über Grönland und die Fahrt; am 28. April steht er auf dem Katheder in Oslo und verteidigt seine Doktorabhandlung, und am 2. Mai geht's über Kopenhagen nach Grönland.

Die Kameraden

Vierzig Männer meldeten sich zur Fahrt. Um eine wesentliche Bedingung zu erfüllen, mußte man ein guter Skiläufer sein. Er wählte drei Norweger und zwei Lappen aus. Er glaubte fest, daß Fjell-Lappen, vertraut wie sie sind mit Schnee und Strapazen im Gebirge, mit ihren Orientierungssinn für die Expedition von besonderem Nutzen sein würden.

Als die Lappen endlich kamen, erfüllten sie nicht ganz die gestellten Bedingungen. Der eine war kein Berglappe, und der andere war 46 Jahre alt, was er nicht sein durfte — und verheiratet, was er erst recht nicht sein durfte. Um den Sinn der Fahrt kümmerten sie sich nicht. Auch der Gedanke, bei einer wissenschaftlichen und sportlichen Großtat mit dabei zu sein, hatte sie nicht gereizt. Sie meldeten sich dazu, um Geld zu verdienen. Doch unterwegs, als sie von der Gefährlichkeit des Unternehmens hörten, erschraken sie und wären am liebsten wieder heimgekehrt. Auch Nansen hätte sie gern durch andere ersetzt; nun war es aber zu spät. So fuhren sie mit. Nansen munterte sie auf, so gut er konnte, und es ging gut. Sie waren zäh und ausdauernd, nett und gutmütig, und Nansen mochte sie gern. Doch an Orientierungsvermögen hatten sie auf Grönland den Norwegern nichts voraus.

Die Norweger waren:

Otto Sverdrup, Schiffskapitän, 1854 geboren, allseitig: Bauer, Fischer, Jäger, Seemann, stets ruhig und nie ratlos. Kapitän der „Fram" 1893—95, ihr allein verantwortlicher Führer von 1895 bis 1896. Leiter der zweiten „Fram"-Fahrt 1898—1902; dabei entdeckte er 300000 qkm Land, nahm sie topographisch auf und beschrieb die Fahrt in seinem vortrefflichen Werk „Neues Land". Später leitete er mehrere Polarfahrten, außerdem eine Reihe

Rettungsexpeditionen. Als letzter des großen norwegischen Kleeblattes — Nansen, Amundsen, Sverdrup — starb er am 26. November 1930.

O. Chr. Dietrichson, Leutnant, 1856 bei Levanger geboren, war der meteorologische Beobachter, Feldmesser und Topograph der Expedition. Ungewöhnlich abgehärtet und ausdauernd; hat den größten Teil Norwegens — Täler und Gebirgsübergänge zwischen Telemark und Trondheim — auf Schneeschuhen durchstreift, meistens allein, z. B. den Gebirgsübergang in den Rörosgefilden — über 100 km weit — in 17 Stunden bei 50 Grad Kälte.

K. Kristiansen, Bauer und Seemann, 1865 in Steinkjer geboren, ein handfester und zuverlässiger Bursche.

Balto, 27 Jahre, ein festansässiger Flußlappe von Karaschok, für einen Lappen von großer Gestalt, kräftig, aufgeweckt und standhaft.

Ravna war 45 oder 46 Jahre alt, Berglappe, verheiratet, Vater von fünf Kindern, sehr klein, aber unglaublich stark und zäh.

Die Ausrüstung

Auf dieser Fahrt, bei der die Männer ihre eigenen Zugtiere zu sein hatten, mußte die Ausrüstung leicht und trotzdem solide sein. Dabei kam Nansen seine praktisch-mechanische Begabung gut zustatten. Er konnte die Sachen selbst konstruieren und sie mit eigenen Händen ausführen. Jetzt konnte er Erfahrungen von seinem Freiluftleben anwenden, und ebenso die Ratschläge und Auskünfte von Nordenskiöld und dem dänischen Kolonieleiter Dr. Rink in Kopenhagen.

Alle wichtigeren Gegenstände konstruierte er selbst, so die Zugschlitten, 2,90 m lang und 0,50 m breit. Die früheren Expeditionen hatten schwere, plumpe Schlitten mit schmalen Kufen verwendet, die im Schnee tief einsanken. Nansen nahm den norwegischen Skischlitten als Modell. Dieser ruht auf breiten skiartigen Kufen. Er ist leicht, stark, hält sich gut an der Oberfläche und gleitet leicht bei allen Schneeverhältnissen. Nansen baute ihn aus Esche mit dünnem Stahlbeschlag unter den Kufen. Der Schlitten wog mit Stahlbeschlägen 13,75 kg. Keine Nägel, nur Bindungen. Dadurch wurde er elastischer und widerstandsfähiger. Hinten war ein Bügel aus Esche, der als Griff zum Lenken und Schieben diente. Dann gehörten natürlich auch Skier mit Riemenbindungen, indianische Netzskier und Skibrettchen zur Ausrüstung. Bei steilem Aufstieg in weichem Schnee erwiesen sich Netze und Brettchen den Skiern überlegen. Die „dreischläfrigen" Schlafsäcke bestanden aus Renntierfell. Der Kochapparat war besonders wichtig: ein Ergebnis langen Experimentierens.

Kleider: Dünne Wollunterkleidung, darüber eine isländische Wolljacke, Kniehosen, Joppe und dicke Lodensocken. Saumgenähte Skistiefel, Lauparschuhe, Finnenschuhe aus Beinhaut von Renntierochsen, Strümpfe, Socken aus Ziegenhaaren, gefütterte Fäustlinge, Handschuhe aus Hundefell, winddichte Trachten mit Kapuze*). Schneebrillen aus Glas und Holz, rote Schleier, das Zelt mit der Unterlage zusammengenäht, um dem Hereinwehen des Schneegestöbers vorzubeugen — alles war bedacht und bis ins kleinste durchgeführt.

Der Proviant bestand aus Pemmikan, Keksschokolode und Leberpastete, Knäckebrot, Fleischpulver, Fleischkeks, Butter, Weizen, Käse, Erbswurst, Schokolade, kondensierter Milch, etwas Tee, etwas Kaffee, noch weniger Tabak — und Alkohol überhaupt nicht. Kaffee und Tee hielt man bei großen Anstrengungen weder für nützlich noch für schädlich, Alkohol dagegen für ausgesprochen schädlich. Tabak für eine Pfeife jeden Sonntag und bei besonders festlichen Anlässen.

Außerdem mußte ein ganzes Teil Werkzeuge verstaut werden, wissenschaftliche Instrumente, Planen, Bambusstäbe, Zündhölzer, Kerzen, Medizin und Verbandsachen, zwei Gewehre und Munition.

In einem Punkte bestand ein wesentlicher Mangel. Es erwies sich, daß das Pemmikan kein Fett enthielt. Die Folge davon war ein verzehrender Fetthunger. Sie fühlten sich ständig wolfshungrig.

---

*) Nansens Erfindung: Windzeug über Wolljacken zu tragen, ist seitdem bei den Skiläufern der ganzen Welt gang und gäbe geworden.

Sonst im großen ganzen erwies sich die Ausrüstung als gut, in vieler Beziehung bedeutend besser als die früherer Expeditionen. Die Ausrüstung der Grönlandfahrt und die dabei gesammelten Erfahrungen bildeten die Grundlage für die vorbildliche Ausrüstung der „Fram"-Fahrt und aller späteren Polarausrüstungen. Das letzte Rüstzeug war ein kurzer Kursus in Eskimoisch bei Rinks.

Am letzten Abend begleitete Frau Rinks Nansen zur Tür. „Sie müssen auch einmal zum Nordpol." Als wäre es ein altgehegter Gedanke, erwiderte er mit Nachdruck und Ernst: „Das wird geschehen".

Quer durch Grönland

Am 2. Mai reiste Nansen von Oslo über Kopenhagen nach Schottland, wohin die anderen mit der gesamten Ausrüstung direkt gereist waren, von dort nach Island, von wo sie der Robbenfänger „Jason" nach Grönland hinüberbringen sollte. Doch die Belange des Robbenfanges sollten denen der Expedition gegenüber den Vorzug haben.

Am 11. Juni waren sie vor dem Kap Dan, von wo aus Nansen zu starten gedacht hatte. Doch der Eisgürtel war 75 km breit. Endlich am 17. Juli, 19 km vom Lande entfernt, stiegen sie in die Boote. Vom Mastkorb sah Nansen näher am Lande klares, offenes Wasser. Wäre das Glück ihnen hold, würden sie bald das Land erreichen. Das Glück ließ sie aber im Stich. Ein Boot wurde beschädigt. Sie mußten auf eine Scholle, um auszubessern. Währenddessen trieben sie hinaus in den starken Eisstrom. Mit reißender Fahrt ging es vom Lande ab nach Süden, zehn Tage und zehn Nächte südwärts, von 65,30—61,40 Grad nördlicher Breite, hinunter bis zur Insel Kutdleck. Am 29. Juli setzten sie ihren Fuß aufs Land. Viele Tage waren unwiederbringlich verloren.

Das Treiben auf der Eisscholle hatte seine Spannung gehabt. Die Nacht zum 20. Juli wäre beinahe die letzte Nacht der Expedition geworden. Der Eisstrom riß ihre Scholle hinaus gegen die

Brandung zwischen Meer und Eisstrom. Die Grenze zwischen Leben und Tod war da draußen mit der weißen Linie der Brandung gezeichnet. Da kommandiert Nansen seine Leute in die Koje, damit sie sich vor dem Kampf mit der Brandung durch kurzen Schlummer kräftigen, während Sverdrup Wache hält. Die Eisscholle wird näher und näher an die Brandung herangetrieben. See und Eisstücke spülen herauf. Die Scholle birst, wird kleiner und kleiner. Es sieht böse aus. Sverdrup geht zum Zelt, macht einen Knopf auf, bedenkt sich, wartet — nicht unnötig früh wecken! —, knöpft wieder zu, wandert auf und ab und beobachtet Eis und Wogen. Mehrmals ist er am Zelteingang, öffnet und schließt ihn wieder. Die im Zelte schlafen. Nansen erwacht, hört, wie die See um die Zeltbahn spült und hereinsickert. Doch er vernimmt die ruhigen Schritte des Wächters da draußen und schlummert wieder ein. Nerven von Stahl. Als er wieder erwacht, sind sie landwärts getrieben — weg von der Brandung.

Das war ein abschreckender Anfang, und der beste Teil des Sommers war vorüber. Nordenskiöld hebt mit Recht als den besten Beweis der Energie dieser Männer hervor, daß sie nicht einmal auf den Gedanken verfielen, das nahe Frederiksdal aufzusuchen, um dort bis zum nächsten Jahre zu warten, sondern sogleich nordwärts ruderten — und zwar 500 km — bis zum Sermilikfjord.

Die Ruderfahrt nach Norden ging am Lande entlang, vorbei an Fjordmündungen und Landzungen, bald an kahler Küste, bald an unersteigbaren Gletschern vorüber, die sich ins Meer stürzten. Gletscherblöcke kamen angeschwommen, gewaltige Eisgebirge, phantastisch schön — aber heimtückisch. Wenn niemand etwas Böses ahnte, kenterte plötzlich einer und versetzte die See in Aufruhr. Oder ein Eisturm, eine Zacke kam herabgestürzt — einige hundert Tonnen auf einmal. Und kenterte ein solcher Block, dann kenterten gern gleich mehrere im Seegang. Dann gab es ein Getöse wie beim Jüngsten Gericht, und mitten in diesem Getöse zwei Nußschalen mit einer Handvoll Menschen. Was wollten sie auch hier in diesem Eisjungferntanz!

Die Lappen fühlten sich nicht recht wohl dabei. An so etwas waren sie auf ihren Finmarkebenen nicht gewöhnt.

Sie schinden sich an den Rudern ab, haben nichts Warmes zu

essen, nur kaltes Wasser, trockene Kekse und trockenes Fleisch. Eines Abends landen sie an einer kleinen Insel. Der Fjord liegt blank wie ein Spiegel vor ihnen. Also rastlos weiter! Sie müssen möglichst viel rudern, möglichst wenig schlafen und so wenig und so selten wie möglich essen. Aber Nansen sagt, daß Essen genug vorhanden sei, und das hilft.

Eine andere Nacht liegen sie auf einer Schäre, die so klein ist, daß sie nicht einmal das Zelt aufrichten können. Der Platz reicht gerade für die beiden Schlafsäcke aus.

Sie rudern, sie schleppen das Boot lange Strecken übers Eis, zwängen sich zwischen heimtückischen Eisschollen hindurch, müssen ständig auf der Hut sein vor hinterlistigen Eisblöcken, die beim Umkippen Ruder und Rudergabel zertrümmern und die Eisscholle zersplittern, auf der Nansen und seine Kameraden gerade stehen. Zuweilen prasseln plötzlich gewaltige Eismassen auf die Stelle hernieder, wo das Boot vor 2 Minuten noch gewesen ist.

Am 10. August abends zogen sie die Boote zum letztenmal aufs Land, im Umivikfjord. Und Nansen kochte Kaffee — die zweite warme Mahlzeit seit zwölf Tagen.

Am nächsten Morgen kletterten Nansen und Sverdrup aufs Gebirge, um eine Stelle für den Aufstieg auszukundschaften. Der Gletscherfuß unter der sich vorwärtsschiebenden Eisdecke an der grönländischen Küste ist durchfurcht von gefährlichen Spalten und Rissen. Also war größte Vorsicht geboten. Die anderen machten sich indessen mit Ausbessern und Umpacken zu schaffen.

Mit Skibrettern, Seil und Eisaxt wateten und kletterten die beiden fast den ganzen Tag vorwärts, aufwärts. Ab und zu barsten die Schneebrücken über den Spalten. Doch Eisaxt und Seil schafften es. 20 km vom Lager in der Höhe von 900 m machten sie kehrt und schlugen einen anderen Rückweg zum Lager ein. Um 5 Uhr morgens waren sie unten. Die Aufgabe war gelöst. Einige Tage vergingen mit Vorbereitungen, und dann brachen sie in der Abenddämmerung des 16. August auf. Nachts war der Schnee nicht so naß. Das Meer da draußen, vor vier Wochen von Treibeis völlig blockiert, lag offen und eisfrei da, soweit das Auge reichte. Landwärts wölbte sich das Binneneis, durchbrochen von

„Nunataken" (Felszacken, die aus dem ewigen Eise herausragen), und mit Wandergletschern unter sich. Zuweilen ertönte gewaltiges Getöse wie von riesigen Mörsern — gleich einem Salutschießen der ewig wandernden Gletscher.

Die erste Nacht schleppten sie sich 5 km vorwärts. Das Gepäck, 600 kg, auf fünf Schlitten verteilt, verursachte ihnen reichlich Arbeit in dem losen Schnee und dem steilen rissigen Gelände.

Regengüsse und Unwetter bannten sie drei Tage und drei Nächte in ihre Zelte. Sie schliefen soviel wie möglich und aßen nur das Notdürftigste — eine Mahlzeit am Tage. Am 22. August in 900 m Höhe überraschte sie der erste Nachtfrost. Die Schlitten glitten leichter, doch das Eis war uneben. Das Schlittentau ruckte und zuckte am Oberkörper, daß die Schultern schmerzten, als wären sie verbrannt. Von nun an bis zur Westküste bekamen sie kein anderes Trinkwasser als den Schnee, den sie in Blechflaschen auf der Brust auftauten. Bei 30—40 Grad Kälte waren das sauer verdiente Tropfen. Geschirrspülen mit Wasser war undenkbar. Das besorgten Finger und Zunge. Blieb dann noch etwas übrig, so war das eine willkommene Zugabe zum nächsten Mahl. Den Körper zu waschen, wäre Selbstmord gewesen. Vom Verlassen der ‚Jason' bis nach Godthaab konnte von Waschen keine Rede sein; auch an Kleidungswechsel war nicht zu denken. Die Reinlichkeitsvorschriften schränken sich bei 40 Grad Kälte von selbst ein und erübrigen sich auch; denn in dieser Temperatur gibt es keine Bakterien, nicht einmal genug, um den Schnupfen kriegen zu können. Abgesehen vom Erfrieren der Glieder, dem quälenden Durst und dem Fetthunger war die Gesundheit die ganze Zeit hindurch ausgezeichnet. Nicht ein einziger Krankheitsfall war zu verzeichnen.

Dieses harte Leben hatte auch seine lichten Stunden. „Mußten wir uns bisweilen auch schinden und plagen, so wurde unsere Mühe doch in diesen Nächten mit Nordlicht und Mondenschein reichlich vergolten. Auch dieser Teil der Erde hat seine Schönheit. Wenn das ständig wechselnde Nordlicht seinen leichten, märchenhaften Tanz über den südlichen Himmel antrat, vielleicht in strahlenderer Pracht als irgendwo sonst auf der Erde, da geschah es, daß man alle Mühe und alle Beschwerden vergaß. Oder wenn der

Mond aufstieg und seinen stillen Weg über den sternenübersäten Himmel antrat, auf den Gipfeln über den Eiskämmen spielte und die ganze erstarrte Eiswelt in ein Silberbad tauchte, da senkte sich Friede über alles, und das Leben wurde Schönheit. Ich bin sicher, daß diese nächtlichen Wanderungen über das Inlandeis Grönlands auf alle, die mit auf dieser Fahrt waren, einen unauslöschbaren Eindruck gemacht haben."

„24. August. Elende Schneeverhältnisse. Der Schnee zäh und lose wie Sand. Steile Steigung. Alle zwei Kilometer werden mit einer Tafel Fleischpulverschokolade belohnt. Marschleistung dieses Tages 10 km.

Abends Haferkeks mit Schnee und Zucker, übergossen mit Zitronensäure und Zitronenöl, das belebendste Dessert, das man sich denken kann. Das ähnelt stark dem italienischen Gericht ‚Granita‘. Eine eigene Stimmung, draußen vor dem Zelte zu sitzen, dieses Gericht in kleinen Bissen zu genießen und den Mond über den Schneemassen spielen zu sehen, während die Gedanken dahin zurücksuchen, wo man zuletzt ‚Granita‘ speiste; doch das war eine warme Sommernacht am Golf von Neapel, da spielte der Mond über den dunklen Fluten des Mittelmeeres."

Am nächsten Tage geht es weiterhin steil bergauf, und der Schnee ist noch schlimmer. Um Zeit zu sparen, bringt man den Kochapparat während der Fahrt auf dem Schlitten in Gang. Die Suppe kocht. Man hält an, schlägt das Zelt auf, trägt den Apparat hinein, doch da stößt ihn Nansen um, und die Suppe mit allen ihren herrlichen Sachen, Spiritus und Schneeklumpen vom Wassergefäß ergießen sich über den Zeltboden. Alle springen auf, werfen alles nicht Eßbare hinaus und heben den Zeltboden an den Ecken in die Höhe, so daß sich die Suppe in der Mitte sammelt, gießen sie zurück ins Kochgefäß und kochen sie weiter. „Kaum ein Tropfen ging verloren. Die Suppe schmeckte ausgezeichnet; der Brennspiritus verlieh ihr nur einen würzigen Beigeschmack."

Am nächsten Tage herrscht Schneegestöber und Sturm. Eingepackt in alles verfügbare Windzeug mit verschnürten Kapuzen gleich vermummten Mönchen, arbeiteten sie sich höher und höher hinauf, während der feine Schnee durch die Poren in die Sachen drang. Das war eine nasse Geschichte, wenn der Schnee im Schlafsack schmolz. Am nächsten Morgen erwachten sie in Schnee begraben, der während des nächtlichen Sturmes das Zelt angefüllt hatte. Die Schlitten draußen und das Zelt waren im Schnee beinahe verschwunden; doch der Schnee machte es angenehm warm, und sie verlebten einen gemütlichen Sonntagmorgen mit Kaffee und Frühstück im Bett. Am nächsten Morgen ging es so steil bergauf, daß sie zu dreien jeden Schlitten hinaufbugsieren mußten. Als es nach einer Weile wieder abwärts ging, sagte Kristiansen, der selten seinen Mund aufmachte: „Herrgott, warum Menschen sich bloß selbst soviel Böses antun mögen, wie wir hier!"

Am 27. August: Zeltarrest wegen Sturmes. Nansen sah nun ein, daß sie bei diesem Wetter und diesen Schneeverhältnissen das letzte Schiff in Christianshaab nicht erreichen würden. Darum beschloß er, den Kurs zu ändern — und zwar nach Godthaab. Das bedeutete kürzeren Weg, mehr Hilfe vom Wind und Hoffnung, das letzte Schiff zu erreichen.

Den nächsten Tag banden sie die Schlitten zu zwei Flößen zusammen, takelten zwei Maste auf und nähten Planen zu Segeln zusammen, eine kalte Arbeit, sieben Stunden mit bloßen Fäusten.

Doch das sauerste Stück Arbeit oben auf dem Eise war, das Zelt aufzurichten; denn das mußte mit bloßen Händen geschehen. Zweimal erfroren Nansen alle Finger. Das letztemal tauten sie erst im Schlafsack auf. „Fast unerträgliche Schmerzen", äußert er, und dann sind sie bestimmt schlimm gewesen. Einmal erfroren ihm die Nase und die Kehle, er entdeckte es jedoch rechtzeitig. Am schlimmsten war bei Sturm die Magenpartie der Kälte ausgesetzt. Ein Filzhut war die Rettung. Für das Gesicht war in dieser Luft die Sonne ebenso unangenehm wie die Kälte. Kristiansens Wangen schwollen von Blasen und Frostwunden an. Die Lappen wurden schneeblind, bis sie Schleier und Brillen zu gebrauchen lernten.

Am 31. August verschwand die letzte „Nunazacke" hinter ihnen am Horizont, und bis sie am 21. September wieder Land erblickten, dehnte sich vor ihnen Woche auf Woche die unendliche, ebene Eiswüste. Ein Tag nach dem anderen verstrich in zermürbender Eintönigkeit und unaufhörlichen Anstrengungen.

Von diesem Tage an war die Schneeoberfläche glatt wie ein Spiegel ohne andere Unebenheiten als die Skispuren. Der Schnee war klebrig, so daß die Tagesmärsche nur zwischen 10 und 20 km lagen. Wären sie im Hochsommer hier heraufgekommen, hätten sie glatten Firnschnee gehabt; nun aber lag feiner, trockener Neuschnee, der sich zu Pappschnee zusammenballte, rauh wie Sand. Je mehr die Kälte zunahm, um so schlimmer wurde es. Und jetzt im September wurde es kalt: —40 Grad im Zelt, —45 Grad draußen, die niedrigste Temperatur, die man zu dieser Jahreszeit auf dem Erdball gemessen hat. Sogar im Schlafsack war es so kalt, daß der Kopf am Morgen in Reif und Schnee eingehüllt lag. Bart und Haar froren an den Kleidern fest, und es kostete Mühe, den Mund so weit aufzumachen, daß man zu sprechen vermochte. In der dünnen Luft brannte die Mittagssonne sogar in dieser Kälte oft derart, daß der Schnee pappte und das Schuhzeug feucht wurde. Am Abend konnten leicht die Füße erfrieren. Stiefel, Haferlsocken und Strümpfe waren oft zu einer Masse zusammengefroren. Zwischen Tag und Nacht konnte der Temperaturunterschied mehr als 20 Grad betragen.

An einem solchen Abend auf dem Binneneis — fast so hoch wie die Zugspitze — war Dietrichson nicht zu beneiden. Mit einer Widerstandskraft und einer Willensstärke, die selbst Nansen bewundern mußte, führte er unentwegt seine meteorologischen Beobachtungen aus, und zwar mußten diese mit bloßen Händen vorgenommen werden. Seine Hände sahen auch schlimm aus vor Frost.

Schwere körperliche Anstrengungen bei derartiger Kälte und der dünnen Luft wirken außerordentlich unangenehm und ermüdend, und wenn dann zu diesen 40 Grad Kälte noch Sturm einsetzte, da fühlten sogar diese abgehärteten Burschen, was Grönlandeis besagen will. Einmal hielt ein solches Wetter vier Tage an, doch nur einen Tag blieben sie im Zelt. Der Schnee begrub das Zelt; so saßen sie warm und gut und trösteten sich mit einer Pfeife. In dieser Zeit quälte sie der Fetthunger besonders arg, und eines Tages fragte Sverdrup, ob es nicht anginge, Schuhschmiere zu schlürfen — altes, abgekochtes Leinöl. Gegen Durst entdeckte Nansen ein probates Mittel, nämlich das Kauen eines

Holzspans. Das hielt den Mund feucht. Er und Sverdrup haben auf diese Weise ziemlich alle norwegischen Skibrettchen aufgegessen.

Vom 14. September fing es allmählich an abwärts zu gehen. Der höchste Punkt war 2716 m über dem Meere. Jeden Tag spähten sie nach „Land" aus. Ravna machte von Tag zu Tag ein saureres Gesicht. Eines Abends im Zelt platzte er heraus: „Ich alt Fell-Lappe, ich dumm Esel, ich glauben, wir nicht niemals kommen zu die Westküste." Darauf erwiderte Nansen: „Ja, das ist wahr, Ravna; du dumm Esel." Da lachte Ravna laut. Eine solche Antwort gab ihm augenscheinlich Trost.

Am nächsten Tage zeigte das Thermometer 18 Grad Kälte. Das kam ihnen mild vor.

Der 17. war ein großer Tag. Gerade vor zwei Monaten hatten sie die „Jason" verlassen. Butter wurde ausgeteilt. Da kam eine Schneeammer, zwitscherte um sie herum und gab ihnen ein Stück Wegs das Geleite. „Wenn man an gute Engel glaubt, müßte man sicherlich diese zwei Schneeammern für solche halten, die eine, die uns an der Ostküste das Lebewohl gab, und nun diese, die uns hier willkommen hieß. Gesegnet seien sie für ihr munteres Gezwitscher. Sie brachten neues Leben in uns, und mit neuen Kräften zogen wir weiter."

Nun bekamen sie guten Rückenwind, setzten Segel auf, und so ging es mit fliegender Fahrt vorwärts — Meile auf Meile. Die Schlitten waren je zwei und zwei zusammengebunden, vorn mit einer Deichsel, an der ein Mann auf Skiern die Schlitten lenkte. Die anderen saßen entweder hintendrauf oder „fuhren Kette". Später am Nachmittag erblickten sie Land. Sie segelten weiter, schneller und immer schneller, bis dicht an das Spaltengelände heran. Hier hätten sie beinahe ihre letzte Segelfahrt gemacht. Plötzlich tauchte vor Nansen ein schwarzer Schatten auf. Im letzten Augenblick gelang es ihm aufzuluven — dicht am Rande einer mehrere hundert Meter tiefen Kluft im Eise. Im unsicheren Mondschein wagten sie nicht weiterzusegeln und schlugen das Lager auf. Nansen waren die Finger erfroren, und er verbrachte eine schreckliche Nacht, bis ihn endlich der Schlaf von den Schmerzen erlöste.

Als sie am nächsten Morgen erwachten, lag das ganze Land südlich vom Godtbaabsfjord vor ihnen ausgebreitet. „Erinnerst du dich, wie du als Kind zum erstenmal das Hochfjell mit seinen glitzernden Firnen und Gletschern vor dir daliegen sahest; entsinnst du dich, wie sie lockte, diese ganze unbekannte Welt? Ja, da wirst du verstehen, was wir beim Anblick dieses Landes empfanden. Wir waren wie Kinder; irgend etwas stieg im Hals empor, während die Augen den Tälern folgten und vergebens nach einem Schimmer vom Meere suchten. Es war ein schönes Land, wild und gewaltig, ganz wie Norwegens Westküste."

Diesen Tag und die folgenden hieß es, die Zähne zusammenbeißen. Die Gletscherspalten der Randzone waren oft nahe daran, sie zu verschlingen. Ein paarmal wären die schweren Schlitten um ein Haar in die Tiefe hinabgeschossen; die Männer selbst hingen mehrmals in der Luft überm Abgrund und konnten nun ihre Künste am Tau und am Schwebebaum ausnutzen. Hier konnten sie die Kippe und die Stemme üben. Nun kam es auf Geschwindigkeit, Kraft und Geschmeidigkeit an. An jedem Finger mußten sie ein Auge haben, und die Nerven mußten in Ordnung sein. Der besagte Schutzgeist hatte alle Hände voll zu tun, hatte aber seine helle Freude dran; denn hier galt es, die Wagehälse wirklich über „des Teufels Tanzdiele" hinüberzulotsen.

Eines Tages fanden sie in einer Eisklamm Wasser. Nansens Schilderung strotzt geradezu von Lyrik über die wassergeschwollenen Bäuche.

Endlich am 24. September lag das Eis hinter ihnen, und sie setzten ihren Fuß auf trockene Erde. „Worte können unmöglich beschreiben, was es für uns bedeutete, Steine und Erde unter den Füßen zu fühlen, dieses Wohlbehagen, das den Körper durchrieselte, als wir das Heidekraut unter den Sohlen federn fühlten und den wundervollen Duft von Gras und Moos einatmeten."

An diesem Tage lagerten sie zum erstenmal wieder auf bloßer Erde. Welch ein Genuß, sich in dem weichen Heidekraut auszustrecken. Ein riesiges Feuer aus Heidekraut vor dem Eingang wirft einen rembrandtschen Schimmer in das Zelt, wo die Grönlandfahrer sich satt und froh essen. Es ist ein herrlicher Abend, erfüllt von milder Luft. Nansen liegt auf dem Rücken im Heide-

kraut und träumt, und Sverdrup raucht einen Pfeifenkopf voll
Moos. Das war der wundervollste Abend in seinem ganzen Leben,
sagte Sverdrup.

Godthaab auf dem Landwege zu erreichen, war nicht möglich.
Am nächsten Tage trugen sie ihr Gepäck durch das Austmanna-
tal hinab zum Ameralikfjord. Inzwischen bauten Sverdrup und
Nansen ein Boot — und zwar aus dem Zeltboden, der über ein
Gerippe von Weidenruten gespannt wurde, mit Rudern aus Zweigen, Ruderblättern aus Segeltuch, und Klötzen als Ruderbänken.
Es war nicht gerade ein elegantes Fahrzeug, aber sie ruderten los,
und am sechsten Tage, am 3. Oktober, waren sie in Godthaab,
wo ein Salut ihnen entgegendröhnte, als man erfuhr, wer sie
waren.

Eine anständige Ruderfahrt! An einem Tage saßen sie zwanzig
Stunden auf den Bänken, bis sie einfach nicht mehr sitzen konnten.
Das Wetter war gut, mit prachtvollen Sonnenabenden und Nordlicht. Mit dem Essen wurde nun nicht länger gespart. Sie schossen
große Blaumöwen und aßen sie auf, bis keine Faser mehr übrig war.
Zum Nachtisch gab's Krähenbeeren. Die stopften sie in sich hinein
erst stehend, dann sitzend, endlich liegend; zum Schluß wurden
die Finger zu faul; da pflückten sie die Beeren mit dem Munde,
bis sie einschliefen. „Wenn es wahr ist, daß Schlemmerei zu den
ärgsten Sünden gehört, haben wir, die wir an jenem Tage im
Amelikfjord Krähenbeeren aßen, eine böse Strafe zu gewärtigen."
Die Vitaminforscher von heute stehen mit dem Ablaßzettel bereit.

Das Schiff aber hatte Godthaab schon vor zwei Monaten verlassen. Und das nächste Schiff war 700 km entfernt und sollte in
einigen Tagen abgehen. Zwei flinke Kajakfahrer erreichten es mit
Briefen von Nansen und Sverdrup.

Die vier Mann wurden unter Jubel den Fjord hinaufgeleitet
und erreichten am 12. Oktober das Ziel. Die Fahrt war zu Ende.

„Wir hatten uns geschunden, hatten gewiß Schlimmes durch-
kosten müssen, um unser Ziel zu erreichen — aber welches Gefühl
erfüllte uns jetzt! Fühlten wir uns als die glücklichen Sieger?
Nein, das Ziel, dem wir so lange entgegengesehen hatten, kam
nicht überraschend genug. Die Freude lag ja in der Tat selbst, im

Kampf ums Ziel. Als es erreicht war, bestand die Freude darin, sich den Bauch vollzuschlagen, sich in einem ‚richtigen Bett' auszustrecken und den Kopf tief in ein Waschbecken zu tauchen. Ist der Gipfel erklommen, späht das Auge weiter — nach einem neuen Ziel." Dieses hatte Nansen schon vor Augen gestanden, als er Frau Rink erwiderte: „Das wird geschehen."

Nansen und seine Kameraden mußten also in Godthaab überwintern, wo die dänischen Familien ihnen die größte Gastfreundschaft angedeihen ließen.

Nansen verbrachte die meiste Zeit damit, die Eskimos zu studieren — und zwar, indem er wie ein Eskimo lebte. Dies ist für seine Art zu studieren bezeichnend. Wochenlang wohnte er in ihren Hütten, arbeitete mit ihnen, ging mit ihnen auf lange Reisen, lernte das Kajakrudern und ihre Geräte und Waffen gebrauchen, aß ihr Essen, lernte ihre Sitten und Gebräuche und beherrschte ihre schwierige Sprache bald so weit, daß sie einander bald gut verstanden. Er gewann sie lieb und sie ihn.

Es machte Eindruck auf sie, daß er sich als ein solcher Vollbluteskimo entpuppte. Die Sache war die: er brauchte seinem Wesen keinen Zwang anzutun, im Gegenteil, er brauchte sich nur freizumachen. Das Ursprüngliche, das Primitive in ihm, durch sein Freiluftleben zum voll bewußten Drang und Trieb entwickelt, machte ihm den Übergang zum Eskimo leicht. „Immer klarer wird es mir, daß es für einen Europäer gar nicht unmöglich wäre, ein Eskimo zu werden — wenn er nur Zeit hätte."

In seinem Buch „Eskimoleben" schildert er dieses Naturvölkchen voll Liebe und Verständnis.

Ihn erfüllt Bewunderung für dieses Volk, das eine so harte Natur überwunden hat. Die primitiven Völker vermögen sich allein zu helfen, solange es ihnen nur vergönnt ist, von den Segnungen der Zivilisation verschont zu bleiben. Sie leben glücklicher und besser ohne diese. Erst wenn sie mit den zivilisierten Menschen in Berührung kommen, gehen sie physisch und moralisch zugrunde.

Nansen meint, daß dies auch für die Eskimos gilt. Von Natur sind sie gut ausgestattet und von einer hohen Sittlichkeit durchdrungen. Er stimmt durchaus nicht mit dem Missionar Hans

Egede überein, der die Eskimos schildert als „idiotische, kalt-
blütige Wesen, in ihrer viehischen Dummheit ohne einen Begriff
von Gottesdienst, ohne Ordnung und Disziplin dahinlebend". —
„Wie stehen wir doch tief, wie sehr wären diese ‚Wilden' berech-
tigt, mit Verachtung auf uns herabzusehen, wenn sie wüßten,
daß man bei uns in der öffentlichen Presse die gemeinsten Schimpfworte gegeneinander gebraucht; nehmen sie doch selbst nie ein
Schimpfwort in den Mund, ja, es fehlt in ihrer Sprache überhaupt diese bei uns so reich entwickelte Wortgattung."

Seiner Meinung nach — und damit schließt das Buch — sollten
die Warenlager zusammengepackt und mit den Kaufleuten zurück
nach Dänemark befördert werden. Das werde sowieso einmal
geschehen müssen; dann aber wird wahrscheinlich kein Eskimo
mehr übriggeblieben sein. „In den langen Winternächten werden
die Toten ihr glitzerndes Spiel*) über der Totenstille ihres Schnee-
landes treiben."

Am 15. April 1889 kam das Schiff „Hvidbjörnen", und so schlug
denn die Abschiedsstunde. „Nicht ohne Kummer sagten mehrere
von uns diesem Ort und dem Völkchen Lebewohl, bei dem wir
uns so unsagbar wohlgefühlt hatten." Einer seiner grönländischen
Freunde sagt zu ihm: „Nun kehrst du zurück in die große Welt,
woher du zu uns kamst; da triffst du viele Menschen, erlebst
viel Neues und wirst uns bald vergessen; wir aber werden dich
niemals vergessen." Und die, welche Nansen kannten, wissen,
daß auch er sie niemals vergessen hat.

Ein kleiner Zug von ihm: jede Weihnachten schickte er dem
Eskimo, der ihn Kajakrudern gelehrt hatte, einen Gruß und ein
Weihnachtsgeschenk.

Am 21. Mai landeten sie in Kopenhagen. Vor einem Jahre war
Nansen ein Selbstmordkandidat gewesen, für den der norwegischen
Regierung 5000 Kronen zu viel waren — jetzt eine Weltberühmt-
heit.

Eine Woche Festlichkeiten in Kopenhagen — und dann eine
Heimkehr, wie sie noch keinem Norweger zuteil geworden war.
„Am 30. Mai, bei dem wundervollsten Wetter, ging die ‚Melchior'
vor der Akershusfestung vor Anker, von wo uns Salutschüsse

---

*) Das Nordlicht ist im Glauben der Eskimos das Spiel der Toten.

entgegendröhnten — Dampfer, Torpedoboote, weiße Segel zu Hunderten. Akershus und alle Kaie standen vollgepackt von Menschen. Sogar Ravna blieb nicht unberührt. ,Schau, sieht es nicht hübsch aus mit allen diesen Menschen?' sagte Dietrichson. ,Ja, hübsch', erwiderte Ravna, ,wenn es nur Renntiere wären.'"

Im Gedränge auf dem „Karl Johan", Christianias Hauptstraße, stand ein siebzehnjähriger Bursche, schwenkte die Mütze und rief Nansen und seinen Leuten feurige Hurras zu. In ihm aber sang es: „Die Nordwestpassage werde ich schaffen!" Und 17 Jahre später schaffte er es. Das war Roald Amundsen.

Über Nansen als Leiter der Grönlandfahrt und über sein Verhältnis zu den Teilnehmern schreibt Generalmajor Dietrichson in einem Briefe: „Nansens Plan der Grönland-Expedition und seine Vorbereitungen dazu waren so gründlich durchdacht, daß er jedes erdenkliche Hindernis in Berechnung gezogen hatte und ihm gegenüber gewappnet war." Weiter schildert er ihn: „. . . groß, schlank und kräftig, vorzüglich ausgerüstet, um körperliche Anstrengungen zu ertragen. Sein Temperament war ruhig und beherrscht. Klardenkend wie er war, fiel es ihm nicht schwer, rasche und gleichzeitig wohlerwogene Beschlüsse zu fassen. Er war abgehärtet, unerschrocken und besaß eine unbezwingbare Energie und eine bewundernswerte Arbeitskraft, eine einzigartige Willensstärke und zähe Ausdauer."

Besonders wichtig für das Gelingen einer solchen Expedition, bei der die Teilnehmer längere Zeit so dicht beieinanderleben, ist es, daß ein guter Geist zwischen ihnen herrscht, und das hängt im wesentlichen vom Expeditionsleiter ab. Mit seinem geraden, natürlichen und liebevollen Wesen und seinem lichten Humor wurde Nansen ganz von selbst der gute Kamerad aller Leute, ohne dabei etwas von seiner Führerautorität einzubüßen. Er stellte sich auf gleichen Fuß mit den Kameraden, teilte alle Mühsal und Entbehrungen mit ihnen, nahm oft den schwersten Teil auf sich und schonte sich nie. All das trug zu einem ausgezeichneten Verhältnis zwischen den Expeditionsteilnehmern bei. Und wir sahen zu Nansen nicht nur mit Achtung und Bewunderung auf als zu dem hervorragenden Chef, zu dem wir alle unbedingtes Vertrauen hatten, sondern wir umfaßten ihn auch mit warmer

Freundschaft, einer Freundschaft, die Nansen vollauf erwiderte. Für das große Publikum war an Nansens Grönlandfahrt die sportliche Leistung das Wichtigste. Der kühne, geniale Plan, die kraftvolle Durchführung, die Überwindung drohender Gefahren, der glänzende Sieg, das alles ist ein Heldenepos.

Doch dieses Epos stellt zugleich ein Kapitel in der Geschichte der wissenschaftlichen Forschung dar. Denn die Erkundung dieses gewaltigen Gebietes, das sich heute im selben Zustande befindet wie ganz Nordeuropa und Nordamerika zur Eiszeit, war von größter Bedeutung.

Zur Beurteilung der wissenschaftlichen Ergebnisse muß man sich vergegenwärtigen, daß es das große Ziel der Expedition war, Grönland von Küste zu Küste zu überqueren. Expeditionen von fünf Ländern hatten umkehren müssen, ohne die Frage des Grönlandeises lösen zu können. Den Grönländern selbst konnte der Gedanke nicht kommen, das Binneneis zu erforschen. Wozu auch? Da drinnen gab es weder Robben noch Wale, nur eine unermeßliche Eiswüste ohne eine Spur von Leben, ein Todesreich, wo die Seelen der Verstorbenen und böse Geister hausten. Darum war es nicht leicht, Eskimos mit aufs Eis hinauf zu bekommen.

Es lebte die Sage von einem eisfreien Inneren, und der große Polarforscher Nordenskiöld glaubte im Ernst, es sei mehr als eine Sage, nämlich eine Tatsache, die wissenschaftlich begründet werden könnte.

Nansen führte nun den Beweis. Das Eis bedeckt die ganze Insel als eine zusammenhängende Schicht, von Küste zu Küste reichend, ohne Oasen und eisfreie Strecken; auch keine Berggipfel durchbrechen es. Die Nunazacken kommen nur in den Randzonen vor. Das Innere der Schneegefilde hat eine ebene Oberfläche mit gleichmäßig schwacher Steigung bis zum Höhenzug des Gletschers, der als Mittellinie des Landes von Norden nach Süden verläuft. Spätere Expeditionen haben diese Form des Gletschers bestätigt. Die Oberfläche des Binneneises ist also keineswegs eine Kopie des Bodens. Die Dicke des Gletschers ist darum sehr verschieden. Über den tiefsten Tälern muß sie mindestens 2000 m betragen*).

---

*) Wegener fand mit Echolotung 2700 m.

Außer diesen Beobachtungen über Form, Ausdehnung und Bewegung des Gletschers, Beschaffenheit des Eises und Schnees bestanden die wissenschaftlichen Arbeiten in meteorologischen Beobachtungen, die man anstellen konnte, ohne die Fahrt der Expedition zu hemmen. Diese Aufgabe fiel im wesentlichen auf Dietrichson. Über dessen Arbeit schreibt Nansen: „Er führte sie mit einer Selbstverleugnung und einem Eifer aus, die mehr als bewundernswert waren; und was es heißen will, die Arbeit, die er geleistet hat, unter derartigen Umständen auszuführen, das vermag nur der zu beurteilen, der versucht hat, Observationen aufzunehmen und sein Tagebuch genau und pünktlich bei 30 Grad Kälte zu führen — auch wenn man todmüde ist —, wenn einem der Untergang von allen Seiten droht — oder einem die Finger durch Erfrieren so geschwollen und verbeult sind, daß man kaum einen Bleistift zu halten vermag —, ja, dazu gehört mehr als gewöhnlicher Charakter und Energie."

Zum erstenmal wurden fortlaufende Temperaturbeobachtungen in so großer Höhe vorgenommen. Die Wirkung der Wärmeausstrahlung in der dünnen trockenen Luft über dem Binneneise erwies sich als unerwartet stark. In den Nächten vom 11. bis 15. September sank die Temperatur bis auf — 45 Grad, stieg aber am Tage bis zu — 20 Grad. Die Wegener-Expedition, die auf dem Eise überwinterte, verzeichnete eine Kälte von — 65 Grad. Das bedeutet: auf dem Grönlandeis befindet sich der zweite Kältepol, im selben Abstand vom Nordpol wie der bisher bekannte in Sibirien. Die Temperaturverhältnisse über dem grönländischen Binneneis sind von außerordentlicher Bedeutung für die Wetterbildung über großen Teilen der nördlichen Halbkugel.

Als entscheidendes Ergebnis zeigte Nansens Expedition die Überlegenheit des Skiläufers bei der Polarforschung, und die von ihm ausgedachte und benutzte Ausrüstung und Technik ist seither das Vorbild für Expeditionen in allen Polargebieten geworden.

Nansens Grönlandfahrt war der Anlaß zur Gründung der Norwegischen Geographischen Gesellschaft.

Mit dieser Fahrt über das grönländische Inlandeis beginnt die wissenschaftliche Polarforschung.

Nansen als Ethnograph

Nansen war in der Methode der vergleichenden Kulturforschung zu Hause und wußte sie geschickt anzuwenden. Hier verdient sein Buch „Eskimoleben" einen hervorragenden Platz. „Eskimoleben", das im Jahre 1891 erschien, ist als die Fortsetzung des ersten Buches „Auf Schneeschuhen über Grönland" anzusehen, stellt jedoch keine Reiseschilderung dar. Es ist ein Stück Kulturgeschichte. Von beiden Büchern sagt der Grönländer- und Eskimoforscher Knud Rasmussen: „Es sind populärwissenschaftliche Bücher von höchstem Rang. Beide sind sie mit wissenschaftlichen Ergründungen und Darlegungen angefüllt, doch sind sie künstlerisch aus einem Guß, fesselnd und durchdrungen von einem so tief menschlichen Gefühl, daß man in der arktischen Literatur kaum etwas Gleichwertiges hat. Dies war auch der Grund, daß Nansen mit einem Schlage über den ganzen Erdball Leser und Bewunderer in allen Schichten und jeden Alters eroberte."

Als ein Beispiel dieser Nansenschen Gründlichkeit weist Knud Rasmussen darauf hin, daß er sich nicht damit begnügte, das Leben der Eskimos von den bequemen dänischen Heimen aus zu beobachten, sondern es als richtiger Eskimo selbst lebte. Und er fügt als für ihn bezeichnend hinzu: „Die Liebe zu dem primitiven Naturleben, die durch das ganze Buch geht, ist jedoch nicht — wie so oft in der Literatur — das künstliche Produkt eines dekadenten Skribenten, sondern es ist das Bekenntnis eines Mannes, dessen Herz für das einfache Leben schlägt, in dem er mitten drinsteckt. Mit seinem unermüdlichen Eindringen in die Verhältnisse gewann er nicht nur für immer die Herzen der Grönländer, mit denen er zusammen arbeitete, sondern das Ergebnis seiner Arbeit war auch ein leuchtendes Beispiel. So ist das Kapitel ‚Im Kajak aufs Meer' trotz aller modernen Grönlandforscher die richtigste und technisch gesehen gründlichste Schilderung der Kajakruderkunst, die wir bis jetzt besitzen, und Nansens Zeichnungen der Fanggeräte und der ganzen Ausrüstung gelten noch heute — 40 Jahre, nachdem ‚Eskimoleben' geschrieben wurde — als die vollkommenste und lehrreichste Darstellung, die es in der Literatur gibt."

„Eskimoleben" ist nicht nur Wissenschaft und Kulturgeschichte, es ist der Ausbruch eines Herzens, „erfüllt von Gerechtigkeitsgefühl, vor Entrüstung glühend, durchdrungen von dem brennenden Wunsch, der Welt die Wahrheit ins Gesicht zu schreien."

Die derbe Redekunst, die er im Völkerbund entfaltete, wenn es galt, die Naturvölker vor dem „Schutze" der Mandatmächte zu bewahren, stand ganz im Einklang mit dem, was er dachte und fühlte, als er während der langen, dunklen Nächte in den Erdhütten der Eskimos saß und in den düsteren Schein der Tranlampe starrte.

„Oft meinte ich, diese zähen Naturmenschen Schritt für Schritt vom Westen kommend auf ihren Hundeschlitten und in ihren sonderbaren Fellbooten die öde Eisküste entlang ziehen und rudern zu sehen. Mir steht vor Augen, wie sie sich vorwärts kämpften und nach und nach ihre sinnreichen Geräte entwickelten und erstaunlich tüchtige Robbenfänger und Fischer wurden. Jahrhunderte, Jahrtausende vergingen. Sippe auf Sippe unterlag im Kampfe, während andere, stärkere ihn überlebten. Tiefe Bewunderung für ein Volk, das eine so harte Natur überwunden hatte, erfüllte mich.

Doch in traurigem Gegensatz zu diesen leuchtenden Bildern der Vergangenheit steigt vor mir die Gegenwart und Zukunft herauf, beklemmender, hoffnungsloser Nebel. Auf Grönland begegneten die Eskimos den Europäern, vor 900 Jahren den ersten norwegischen Kolonisten unter Eirik Raude. Die Norweger wurden besiegt. Doch in der Neuzeit, als die Europäer mit Christentum und Kulturprodukten kamen, da unterlagen die Eskimos und sinken nun immer tiefer.

Aber auch dieses Volk hat Gefühle wie andere, auch dieses Volk freut sich am Leben, an der Natur — und blutet unter unseren eisernen Schritten. Jedesmal, wenn ich einen von ihnen all dem Elend erliegen sah, das wir auf sie herabbeschworen haben, fühlte ich den Drang in mir, der Welt die Wahrheit ins Gesicht zu schreien."

„...ich mußte mein Gewissen entlasten; es war mir eine heilige Pflicht, meinen geringen Beitrag zu leisten. Aber ach, meine Feder ist zu schwach. Was ich zutiefst fühle, vermag ich nicht in die rechten Worte zu kleiden. Nie habe ich den Mangel dichterischer Gaben schmerzlicher empfunden. Meine einzige Hoffnung ist, daß mein Ruf hier und da ein Gefühl für die Eskimos und Mitleid mit ihrem Schicksal erwecken möge."

Die Bedeutung des Buches liegt nicht nur in seinem wissenschaftlichen Wert, sondern ebenso in seiner Wärme und in der Form, die das glühende Gefühl schmiedete. Dieses Jugendwerk Nansens, das sich über die ganze Erde verbreitete, hat gewiß mit dazu beigetragen, „ein Gefühl zu erwecken", nicht nur für die Eskimos, sondern für die Naturvölker überhaupt.

Wie er 1925 im Völkerbund sagte, als er über das Mandatssystem sprach, das ihm besonders am Herzen lag: „Daher ist die Sorge für das Wohlergehen der niedriger stehenden Völker für die zivilisierte Welt eine heilige Aufgabe und Verpflichtung."

Der Schneeschuh im Dienste der Wissenschaft

Nansens Fahrt über das Inlandeis Grönlands ist, wie er selbst sagt, „voll und ganz dem norwegischen Skilauf entsprungen". Sie ist auch die erste wissenschaftliche Entdeckungsreise auf Skiern.

Bei seiner Grönlandexpedition nahm Nordenskiöld zwei Lappen mit, die auf Skiern Erkundungsfahrten in Gebiete unternehmen sollten, die die Expedition selbst nicht berührte. Außer den beiden Lappen konnte von Nordenskiölds Leuten niemand Ski laufen. Den gelehrten Herren und Polarforschern von damals war das eine unbekannte Kunst. Die Lappen liefen ihrer eigenen Schätzung nach in der Zeit von 57 Stunden 230 km auf das Eis hinaus und dann zurück. Skilaufbedingungen und Wetter waren ausgezeichnet. Nansen glaubte nicht, daß die Lappen so weit aufs Binneneis hätten vordringen können. Doch dieselben Lappen liefen im folgenden Jahr auf abgesteckter Bahn 220 km in 22 Stunden und 22 Minuten, und fünf andere brauchten weniger als 23 Stunden.

Die Langlaufleistung weckte Aufmerksamkeit über die ganze Welt und lenkte die Augen auf das Skilaufen als Sport.

Vom Skilaufen in Norwegen berichtet schon die graue Vorzeit. Doch die Skier waren lediglich Verkehrsmittel. Das Skilaufen war damals, abgesehen von wenigen Ländern, völlig unbekannt, und selbst in Nansens Vaterland wurde es hauptsächlich in gewissen Gebirgsgegenden in größerem Ausmaße betrieben. Erst in den Jahren 1870—80 gewann dieser Sport auch außerhalb dieser Gebirgstäler an Boden, als die Burschen aus Telemark in der Hauptstadt als Lehrmeister auftraten.

Nansen war der erste, der den Skilauf wissenschaftlicher Forschung unterzog. Mit seiner bezeichnenden Gründlichkeit studierte Nansen Skitypen und Skimaterial, Bindungen, Fußzeug, Stöcke, die Gleitfähigkeit der verschiedenen Holzarten und Metalle bei allem möglichen Wetter und bei verschiedenen Temperaturen. Diese Studien und Experimente wurden bei der Vorbereitung zur „Fram"-Expedition weitergeführt. Trotzdem ihn später andere Aufgaben stark in Anspruch nahmen, bestrebte er sich immer wieder, seine Untersuchungen auf diesem unbebauten Feld der Wissenschaft fortzusetzen.

Mit Nansens sportlichen und wissenschaftlichen Leistungen auf den Skiern verbreitete sich der norwegische Skisport — zugleich mit den norwegischen Namen Ski, Löipe, Slalom, Telemark- und Kristianiaschwung — über die ganze Erde und eroberte alle Länder, wo Wintersport möglich ist. Die Eroberung Europas für den Skisport — es begann in Deutschland, im Schwarzwald — soll in direktem Zusammenhange mit der Übersetzung von Nansens „Auf Schneeschuhen durch Grönland" gestanden haben. 1889 wurde der Schwarzwälder Skiverein gegründet und Nansen zum Ehrenmitglied ernannt.

Nansens Skifahrt quer durch Grönland ist die erste große Leistung der Schneeschuhe im Dienste der Wissenschaft. Und in seinem Buch „Auf Skiern durch Grönland" ist das ganze Einleitungskapitel „Das Skilaufen, seine Geschichte und Entwicklung" zugleich die Einleitung zur norwegischen Skiforschung.

ZWISCHEN DEN SCHLACHTEN

Ein paar Monate nach seiner Heimkehr verlobte sich Nansen. In der Nacht zum 12. August regnete es Sand und Steinchen gegen ein Fenster in der Eilert-Sund-Straße, wo Fridtjof Nansens Halbschwester wohnte. Ihr Mann war bitterböse und rief hinaus in die Nacht:

„Was gibt es denn!?"

Draußen stand ein baumlanger, grau gekleideter Kerl und schrie: „Ich will hinein!" Es regnete Schimpfworte. Aber der da unten blieb dabei: „Ich will hinein!"

Und nachts 3 Uhr stolzierte Fridtjof mit seinen langen Beinen im Schlafzimmer seiner Schwester auf und ab, die Hände in den Hosentaschen, und blickte die Schwester finster an. Sie setzte sich im Bette auf:

„Aber Fridtjof, was ist denn los?"

„Du, ich habe mich verlobt."

„Mit wem denn, Junge?"

„Mit Eva natürlich!"

Dann sagte er, er habe Hunger; also mußte der Schwager aus der Speisekammer Rinderbraten und aus dem Keller Champagner holen. Auf dem Bette der Schwester wurde gedeckt, und das neue Kapitel in Fridtjofs Leben wurde mit einem nächtlichen Festschmaus gefeiert.

Eva Sars war die Tochter des Pfarrers in Florö und Manger, des später berühmten Professors der Zoologie Michael Sars. Ihre Mutter war die Schwester des großen norwegischen Dichters Welhaven. Es war eine hochbegabte und lebenskräftige Familie mit vielen großen Namen im Geistesleben, der Kunst und der Wissenschaft Norwegens.

Die Sage berichtet, daß Nansen seine Eva in einer Schneewehe entdeckt habe. Eines Tages, erzählt Rolfsen, sah er zwei Schuhsohlen aus dem Schnee hervorgucken — oben auf der Frogneralm-Heide. Es interessierte ihn, wem sie gehören mochten, und als er näher trat, reckte sich ein weißgepudertes stolzes Köpfchen aus dem Schnee hervor — Eva Sars. Sie wirkte, als sei sie frisch aus einer Schneewehe geboren. Doch unter dem Schnee flutete warmes Leben. Sie war eine reiche Künstlerseele und wie ihre Schwester eine gottbegnadete Sängerin.

Eva war eine kecke und tüchtige Skiläuferin, lange bevor es zur Mode gehörte, und begleitete ihren Mann auf ziemlich anstrengenden Fahrten.

Wir lassen Nansen selbst von einer solchen Fahrt erzählen: „Es war gerade Silvester, und zwar 1890. Eva und ich waren zum Kröderen-See gefahren, um ein bißchen frische Luft zu schnappen, und wir waren uns einig geworden, daß wir das Norefjell besteigen müßten, die Spitze natürlich. Wir übernachteten auf Olberg, waren morgens nicht recht munter, und so wurde es ziemlich spät, bis wir weiterfuhren. Wir schlugen auch nur ein mäßiges Tempo ein, und inzwischen verstrich der Tag. Auch im Sommer ist es ja ein ganz schönes Stück da hinauf; doch im Winter sind die Tage kürzer, und da muß man sich ordentlich dranhalten, will man den Gipfel bei Lichte erreichen. So hatten wir denn eine Richtung eingeschlagen — vielleicht die geradeste, die kürzeste war es bestimmt nicht. Der Schnee lag sehr hoch, und einen Führer hatten wir nicht. So ein Gipfel ist zähe, ja, vor allem zur Winterszeit. Zum Schluß war es auf den Skiern unmöglich. Es wurde so steil, daß wir sie abschnallen und tragen mußten. Aber hinauf mußten wir; man kann doch nicht auf halbem Wege umkehren, und wenn der Schnee noch so eisglatt und schartig ist. Das letzte Stück war fast ganz unmöglich. Mit dem Stock mußte ich Stufe für Stufe einhauen, ich voran, Eva hinterher. Es war fast so, wie sie als Mädelchen im Schulaufsatz geschrieben hatte: ‚Für jeden Schritt vorwärts gingen wir zwei rückwärts. Endlich erreichten wir den Gipfel.‘

Ja, den Gipfel erreichten wir schon, aber da war es dunkel, und wir waren in einem Zuge von 10 Uhr bis abends um 5 Uhr gelaufen — dabei ohne Essen. Doch nun genossen wir dafür Gottes Segen: Molkenkäse mit Pemmikan gemischt. So setzten wir uns denn in den Schnee und kauten und stopften. Dicke Finsternis. Ja, nun saßen wir beide denn allein da oben auf dem Norefjell, ungefähr 1600 m über dem Meere. Der Schnee brannte ins Gesicht. Die Finsternis wurde immer undurchdringlicher. Und nun hinunter — so ungefähr in der Richtung auf das Eggetal zu. Von der Spitze bis hinunter ins Tal war es gegen 10 km — eine Kleinigkeit bei Tage. Aber jetzt da oben auf dem wilden Hochfjell — das war kein Spaß. Also los! Es mußte gewagt werden. Und hinunter ging's in die schwarze Nacht, ich voran, Eva hinterher. Wie der Sturmwind flitzten wir die Hänge hinab. Da hieß es, die Zunge gerade im Mund halten. Wenn man eine Weile draußen im Dunkel weilt, geht ein schwaches Leuchten vom Schnee aus; man kann es nicht gerade Licht nennen, aber es ist doch eine Art Schimmer. Ja, Gott weiß, wie wir es schafften! Aber hinunter kamen wir. Mit einem Ruck mußte ich plötzlich anhalten und Eva rufen. Es war zu steil für die Skier; man konnte nur auf dem Hintern rutschen. Das nimmt die Hosen arg mit, ist aber sicherer in der Finsternis. Der Schnee peitschte die Ohren, daß es brannte. Weiter ging's, bergab ins Tal. Ich war gerade in voller Fahrt, da nahm der Wind meinen Hut. Ich hatte einen kleinen grauen Hut, mit dem ich zu gehen pflegte. Ich mußte bremsen. Hoch oben meinte ich etwas Schwarzes im Schnee zu erblicken, kraxelte hinauf, griff zu und — schlug die Finger gegen einen Stein. Der Hut mußte weiter oben liegen. Richtig, da war er. Ich hieb wieder auf einen Stein. Doch im Schnee ringsherum wimmelte es von Hüten — Hut bei Hut —, einer neben dem anderen. Doch wenn ich ihn auf den Kopf setzen wollte, wurde er zu Stein. Steine für Brot mag schlimm sein, aber Steine für Hüte ist wahrlich nicht besser.

Da war nichts anderes zu machen, als ohne Hut abwärtszuschießen.

Eva saß da, wo sie sitzengeblieben war. ‚Eva‘, rief ich, ‚Eva!‘

Tief unten antwortete es. Die 10 km schienen kein Ende nehmen zu wollen. Ab und zu konnten wir wieder die Skier benutzen. So etwas wie Richtung hatten wir nicht mehr; wir wußten nur daß wir abwärts mußten. Zum Schluß standen wir nietnagelfest. Eva mußte sich wieder hinsetzen und warten, während ich nach einem Abweg tappte. Schritt für Schritt suchte ich in der schwarzen Finsternis und verirrte mich. Mit einem Male packte mich die Angst: Wenn Eva nur nicht einschläft! So etwas kommt vor — und müde mußte sie sein. Wenn sie erst eingeschlafen ist, dann ist's nicht leicht, sie wiederzufinden. ‚Eva, Eva!‘ schrie ich.

Na, Gott sei Dank! Da antwortete sie — aber hoch, hoch oben. Ich taste mich hinauf zu ihr und brachte den Trost mit, daß ich einen Bach gefunden hatte. Übrigens möchte ich sagen, daß das Bett eines Baches nicht gerade der beste Skihang ist, den man sich denken kann — besonders nicht in Pechfinsternis mit leerem Magen und schwerem Gewissen. Denn dies hier war leichtsinnig gehandelt. Aber es ist unglaublich, was man schaffen kann. Wir landeten unten in einem Birkenwäldchen; endlich fanden wir einen Weg, und da waren wir wieder obenauf.

Weiter drunten trafen wir auf eine Hütte. Ich meinte, sie sei gemütlich; aber Eva sagte, sie sei schwarz und häßlich. Und jetzt war sie frisch und munter. Nun wollte sie weiter. So sind sie.

Na, endlich erreichten wir den Küsterhof im Eggetal. Es war so spät geworden, daß wir die Leute herausklopfen mußten. Der Küster war geradezu entsetzt, als er hörte, daß wir vom Gipfel des Norefjell kämen.

Kaum hatte sich Eva in den Stuhl gesetzt, als sie auch schon fest eingeschlafen war; aber da war es auch Mitternacht, und 14 Stunden lang hatten wir uns tüchtig ins Zeug gelegt.

‚Das Bübchen, das du da bei dir hast, ist ordentlich müde‘, sagte der Küster. Eva ging in Skihosen und Skiweste.

‚Das ist meine Frau‘, sagte ich.

Da gab es aber ein Hallo.

‚Nun hört doch alles auf! Die Frau in der Neujahrsnacht über das Norefjell zu schleppen!‘

Doch das Essen kam, und als sie roch, daß es nicht Molkenkäse und Pemmikan gab, da erwachte sie.

Ein paar Tage danach fuhr ich mit dem ‚Bübchen‘ nach Kongsberg hinunter, und dabei wäre mir das ‚Bübchen‘ beinahe erfroren.

Es ist ganz gut, sich zwischendurch mal tüchtig abzurackern, damit man es nachher gut haben kann. Wer keine Kälte gekostet hat, weiß nicht, was Wärme ist."

1889 hielten Fridtjof Nansen und Eva Sars Hochzeit. Man erzählte sich, daß er, nachdem er sie um ihr Jawort gebeten hatte, hinzugefügt habe: „Aber zum Nordpol muß ich!"

Am Tage nach der Hochzeit zog er mit ihr hinaus auf Vortragsreisen — nach Gotenburg, Hamburg, London, Newcastle, Paris, später nach Stockholm, wo er die Vega-Medaille in Empfang nahm, eine große und seltene Auszeichnung. Im Herbst 1890 ging es wieder auf Vortragsreise, diesmal nach Kopenhagen, Berlin, Dresden, München und Hamburg. Er berichtete über die Grönlandfahrt und die Pläne zur neuen Entdeckungsreise. Überall fand er volles Haus und glänzende Feste. Folgt man in den Zeitungen seiner Fahrt, dann fällt einem auf, welch tiefen Eindruck Nansens Persönlichkeit hinterließ, besonders seine willensbetonte Männlichkeit und die ungewöhnliche Verschmelzung von Sportsmann und Wissenschaftler.

Als er von seiner zweiten Vortragsreise heimkehrte, erschien das letzte Heft des großen Werkes: „Auf Schneeschuhen durch Grönland", 700 Seiten in Großoktav. Dieses Werk und das zweite, „Eskimoleben", nahm die größere Hälfte seiner Zeit zwischen den großen Fahrten in Anspruch. Dazu übernahm er eine Stellung als Konservator am Zoologischen Museum der Universität zu Christiania.

In diese Zeit fällt auch die gewaltige Vorbereitungsarbeit zur Nordpolfahrt. Außerdem baute er sich ein Haus. In der Stadt wollte er nicht wohnen. Draußen vor der Stadt bei Lysaker kaufte er sich ein Stück Land, gerade dort, wo er als Junge gelegen und den Wildenten aufgelauert hatte. Hier war er — nicht weit von der Stadt — mitten in der wilden Natur. Während er baute, bewohnte er eine Art Bude bei dem Lysaker Bahnhof. Diese Bude — sie trug den stolzen Namen „Pavillon" — hatte nie jemand bewohnt, und nun zur Winterszeit wurde es anständig kalt. „Hier hat er mir das Frieren abgewöhnt", sagte Frau Eva. Das Waschbecken war des Morgens zu einem Eisblock gefroren. In dieser Hundehütte saß Nansen und schrieb das Buch über

Grönland. In den freien Minuten sprang er hinunter zur Svarte-bukta (Schwarzbucht) und besah sich den Bau. Evas Vetter, Architekt Hjalmar Welhaven, baute das Haus, und es wurde ein richtiges norwegisches Heim.

Björnsom war mit bei der Einweihung. Er erhob sich, schwang das Champagnerglas und taufte das neue Heim mit den Worten: „Godthaab (Gute Hoffnung) soll es heißen!"

In Mußestunden während dieser arbeitsüberladenen Jahre versammelte er gern seine Freunde zu einem Feste um sich. Für alle, die mit dabei sein durften, sind diese Stunden un-vergeßlich. Die Maler Erik Werenskiold, Munthe, Sinding und andere waren Kerle mit dem Herzen auf dem rechten Fleck, Leute mit Humor, Witz und Geist. Nansen und auch Frau Eva waren ja ebenfalls in der Malkunst zu Hause. Der alte Schiertz in Bergen, bei dem Nansen malte und zeichnete, meinte in vollem Ernst, Nansen sollte Künstler werden.

Bei solchem geselligen Beisammensein konnte Nansen plaudern. Er war ein Meister des Erzählens. Man sollte nicht glauben, was für ein glänzender, liebenswürdiger Gesellschafter dieser harte Willensmensch Nansen sein konnte.

IN NACHT UND EIS

Mit dem Strom

Beim Studium der Geschichte der arktischen Forschung war es Nansen klar geworden, daß man auf den bisher beschrittenen Wegen den unbekannten Eisregionen ihr Geheimnis schwerlich werde entreißen können. Im Februar 1890 legte Nansen der Norwegischen Gesellschaft in Oslo einen Plan für eine Polfahrt vor. Zunächst gab er einen Überblick über die Geschichte der Polarforschung und sagte dann: „Wenn wir auf die Kräfte in der Natur selbst achten und mit ihnen und nicht gegen sie zu arbeiten suchen, werden wir am leichtesten den Weg zum Pol finden. Es hat keinen Wert, gegen den Strom zu arbeiten, wie es die bisherigen Expeditionen getan haben. Wir müssen untersuchen, ob es nicht einen Strom gibt, mit dem wir arbeiten können. Gewichtige Gründe sprechen dafür, daß es einen solchen Strom gibt." Nansen legt nun diese Gründe dar. Er weist auf die Beobachtungen hin, die man in bezug auf die Drift in den Polargegenden gemacht hatte: Das Treibholz, das an der ganzen grönländischen Küste anschwemmt und eine Lebensnotwendigkeit für die Eskimos bedeutet, stammt aus Sibirien; Untersuchungen des Schlammes, den Nansen auf dem Treibholz östlich von Grönland gesammelt hat, ergeben, daß dieser Schlamm von den sibirischen Flüssen stammt; Payer trifft bei seinem Vorstoß ins Polarmeer auf südwärts schwimmendes Treibholz. Aus diesen und noch weiteren Beobachtungen kommt Nansen zu dem Schluß, daß die Strömung nördlich um Spitzbergen quer durch das Polarmeer verlaufen und daß es unter Ausnutzung dieser Strömung möglich sein müsse, den Pol zu erreichen.

Nansen beschreibt dann die Eigenschaften, die ein Schiff haben muß, um sich diesen Weg treiben zu lassen. Es muß klein sein, um sich leicht zwischen den Eisschollen hindurchsteuern zu lassen, aber auch stark, um den Eispressungen widerstehen zu können. Mit einem solchen Schiff wollte er an den Neusibirischen Inseln vorbei möglichst weit nach Norden vordringen, am Eis festmachen und sich in 2—3 Jahren über den Pol treiben lassen, und zwar mit einer auf 5 Jahre berechneten Ausrüstung für 12 Mann.

Ob man gerade über den Pol trieb oder ein Stück davon entfernt, habe weniger zu sagen. „Wir ziehen nicht aus, um den mathematischen Nordpunkt der Erdachse zu suchen; denn diesen Punkt zu erreichen hat an und für sich wenig Wert — sondern um in den großen unbekannten Teilen der Erde, die den Pol umgeben, Untersuchungen anzustellen; und die Untersuchungen haben ungefähr den gleichen wissenschaftlichen Wert, wenn sie vielleicht auch nicht genau auf dem Pol gemacht worden sind."

Zum Schluß hob Nansen die Bedeutung der Polarforschung für die Wissenschaften hervor — für die Geographie, für die Untersuchungen des Erdmagnetismus und der Luftelektrizität, des Nordlichtes, des Sonnenspektrums, der Dämmerung — für die physische Geographie des Meeres, für Meteorologie, Tierlehre und Wachstumslehre, Paläontologie und Geologie.

Wie zu erwarten war, stieß der Plan vor allem außerhalb Norwegens auf Widerspruch.

1892 sprach Nansen in der Geographischen Gesellschaft in London, wo fast alle Autoritäten der Polarforschung zugegen waren. Der berühmte Polarforscher Sir M'Clintock eröffnete die Diskussion mit den Worten: „Ich glaube, daß ich sagen darf: dies ist der kühnste Plan, der der ‚Royal Geographical Society' jemals bekanntgeworden ist."

Wenn er auch die Richtigkeit von Nansens Theorien einräumte, bezweifelte er doch ihre Durchführbarkeit. Und an das unzerbrechliche Schiff glaubte er erst recht nicht. Die meisten anderen Autoritäten meinten wie Sir M'Clintock, daß keine Aussicht bestehe, das Schiff jemals wiederzusehen. Abwesende Sachverständige sandten dem Kongreß Briefe ähnlichen Inhalts. General Greely, der Leiter der unglücklichen Expedition von 1881—84, schrieb in einer amerikanischen Zeitschrift: „Kein Hydrograph wird im Ernst Nansens Theorie diskutieren, und kein Forscher der Arktis wird sich dem Projekt anschließen wollen ... Arktische Entdeckungsreisen enthalten in ihren zuverlässigen und anerkannten Methoden gerade Tollkühnheiten und Gefahren genug — man braucht sich nicht mit Nansens unlogischem Plan der Selbstvernichtung zu belasten."

Andererseits erhielt jedoch Nansen mit seinem Plan Unterstützung von einer wissenschaftlichen Autorität, wie dem deutschen Professor Supan, dem schottischen Naturforscher John Murray, und auch der Präsident der Geographischen Gesellschaft in London, Sir Cl. Markham, stützte ihn. Zum Schluß wollen wir noch Kapitän Wharstons Worte auf der Tagung anführen: „Die Leute fragen bisweilen: Worin besteht der Nutzen der arktischen Forschung? Unter anderem — denke ich — ist ihr Nutzen der, daß sie Unternehmungslust anspornt und tüchtige Männer an die Front bringt. Ein glänzendes Beispiel sehen wir heute abend in Doktor Nansen. Ich kann ihm nur sagen: Gute Fahrt!"

Erst spät abends wurde Nansen das Wort zur Erwiderung auf alle Zweifel, Einwände und Warnungen erteilt. Seine Überzeugung von der Richtigkeit des Planes war unerschütterlich. Admiral Nares hatte bemerkt, daß eine arktische Expedition stets eine sichere Rückzugslinie haben müsse. Darauf antwortete Nansen: „Ich bin der entgegengesetzten Ansicht. Mit meiner Grönlandfahrt habe ich bewiesen, daß man auch ohne Rückzugslinie etwas ausrichten kann; denn damals verbrannten wir unsere Schiffe. Wir kamen trotzdem quer durch Grönland, und ich hoffe auch diesmal auf das Glück, wenn wir die Brücken hinter uns abbrechen werden."

Demselben Geist, der auf eine Rückzugslinie verzichtete, entstammt der Name des Schiffes: Fram, d. h. Vorwärts.

Vorbereitungen

Was sagte man nun in Norwegen zu dieser Polarfahrt? Im geheimen herrschte große Spannung, die nicht wenig Angst verbarg. Wenn die meisten die Geschichte der Polarfahrer auch nicht an den Fingern aufzählen konnten, so wußten sie doch zur Genüge von den tragischen Abenteuern in der Arktis — von den vielen, die um die Prinzessin im Glasberg geworben und mit dem Verlust von Nasen und Ohren und oft mit dem Leben hatten büßen müssen. Ob nun gerade Nansen der rechte Prinz war — wer konnte das wissen? Doch gab es viele, die von dem Plan begeistert waren und nicht daran zweifelten, daß Nansen der rechte Mann sei, um ihn durchzuführen.

Das Schiff selbst war der wichtigste Teil der Ausrüstung. Der bekannte Schiffskonstrukteur, der Schöpfer des modernen Lotsen- und Rettungsbootes, Colin Archer, übernahm diese wichtige Aufgabe. Das Schiff ist das erste, das mit dem Ziel gebaut wurde, von keiner Eispressung zermalmt werden zu können — mit einer solchen Form, daß es, wenn das Eis preßte, aus der Umarmung herausrutschte und durch den Druck selbst emporgehoben würde. Nie hatte man eine solche Sorgfalt auf die Konstruktion und den Bau eines Polarschiffes verwandt. Die traurigen Erfahrungen früherer Expeditionen stellten Probleme. Nansen gab die Idee zu ihrer Lösung, und Colin Archer berechnete und konstruierte die genauen Formen eines solchen Schiffes. Während des Planens wurde viel verhandelt, und hierbei zog man mit viel Erfolg den klugen und erfahrenen Sverdrup zu Rate.

Das Schiff faßte 402 Registertonnen, hatte weit ausladende Seiten und war kurz und breit. Es erinnerte an ein Lotsenboot, mit spitzem Vor- und Hintersteven. Steuer und Propeller waren besonders geschützt und konnten durch einen Schacht heraufgezogen werden. Die Schiffsseiten besaßen eine Dicke von 70 bis 80 cm. Um sie noch stärker zu machen, waren sie mit wuchtigen Balken und Streben, Knien und Verbindungen gestützt. Der Schiffsraum war in drei Abteilungen mit wasserdichten Schotten eingeteilt. Die Wohnräume bestanden aus einem Salon

achtern, umgeben von vier Einmanns- und drei Viermanns-
kajüten. Alles war getan, um die Leute gegen Kälte und Feuchtigkeit zu schützen. Elektrische Kraft für die Lichtanlage verschaffte die Dampfmaschine. Zwecks Brennstoffersparnis war auf
Deck ein Windmotor aufgerichtet, der bei ausreichendem Wind
die Dampfmaschine ablöste und die Dynamomaschine trieb. Das
Schiff hatte drei Boote und solide, warme Zelte — für den Fall,
daß man das Schiff verlöre und sich einer Eisscholle oder den
Booten anvertrauen müßte. Während der Fahrt wurden zu demselben Zweck Kajaks angefertigt.

Am 26. Oktober 1892 lief das Schiff auf Colin Archers Werft
in Rekevik bei Larvik vom Stapel.

„Nachts waren 10 Grad Kälte gewesen; es hatte geschneit,
und ein dünner, weißer Schleier deckte Tal und Höhe. Der
Nebel zerfloß. Die Morgensonne brach mit dem eigentümlich
gedämpften Glanz klarer Wintertage hervor.

Auf dem Bahnhof in Larvik empfängt Nansen die Eingeladenen.
Ein Walfangboot bringt die Gäste nach Rekevik. Dort steht ein
großer Schiffsrumpf, mit dem Achtersteven der See zugewandt.
Ein hohes breites Schiff, unten schwarz, oben weiß. Vom Deck
des Fahrzeuges ragen drei Fahnenmasten in den Himmel hinein;
der mittelste ist unbeflaggt. Daran wird bei der Taufe die Flagge
gehißt werden, die den noch unbekannten Namen des Schiffes
tragen soll.

Tausende von Menschen haben sich um die Werft angesammelt.
Tausende sind auf die Klippen geklettert.

Da steigt Fridtjof Nansen, gefolgt von seiner Frau, auf das
Gerüst am Bug. Frau Nansen tritt vor, schmettert mit kräftigem
Schlag eine Champagnerflasche gegen den Steven und sagt klar
und laut: ‚Fram (= Vorwärts) sollst du heißen‘. Im selben
Augenblick wird die Flagge gehißt und zeigt die weißen Buchstaben auf rotem Grund. Hastig werden die letzten Haltetaue
und Ketten gelöst, und das große, schwere Fahrzeug gleitet —
erst langsam, dann schneller und schneller — die Helling hinunter in die See.

Auf dem Gerüst neben seiner Frau steht Nansen, hoch und
rank und schaut hinaus. Aller Augen ruhen auf ihm. Doch in

Nansens hellem, ruhigem und freimütig-festem Blick ist keine Spur von Angst oder Zweifel zu lesen. Er besitzt den Glauben an seine Sache — und den Willen, der Berge versetzen kann."

Viele wollten ihn auf seiner Fahrt begleiten, Hunderte von Norwegern und 150 Ausländer. Nur norwegische Teilnehmer wurden ausgewählt. Natürlich mußte Otto Sverdrup der Führer der „Fram" sein. Die übrigen waren:

Sigurd Scott-Hansen, Premierleutnant; dieser übernahm die Leitung der meteorologischen, astronomischen und magnetischen Beobachtungen.

Henrik Blessing, der Schiffsarzt und Botaniker.

Theodor Claudius Jacobsen, der Steuermann der „Fram".

Anton Amundsen, Erster Maschinist.

Adolf Juell, Proviantverwalter und Koch.

Lars Petersen, Zweiter Maschinist.

Hjalmar Johansen, Reserveleutnant und meteorologischer Assistent.

Peder Henriksen, Eismeerschiffer.

Bernhard Nordahl, Elektriker, Heizer, Assistent.

Ivar Mogstad, Allerweltskerl.

Bernt Berntsen, Eismeer-Steuermann, der 13. Mann der „Fram".

Die sonstige Ausrüstung war genau so auserlesen wie Schiff und Mannschaft. Auf den Proviant wurde besondere Sorgfalt verwendet. Der Sachverständige für Nahrungsphysiologie, Professor Torup, half unermüdlich mit Rat und Tat. Der Fetthunger der Grönlandfahrt durfte sich nicht wiederholen, und das wohlbekannte Gespenst bei Polarfahrten, der Skorbut, setzte seinen Fuß nicht an Bord der „Fram". Für die wissenschaftliche Vorbereitung und Ausrüstung sorgten erste Autoritäten des In- und Auslandes.

Ein bekannter Sibirienfahrer beschaffte 59 in Sibirien gekaufte, ausgezeichnete Schlittenhunde und errichtete aus eigenem Antrieb auf den Neusibirischen Inseln drei Depots für den Fall, daß die „Fram" Schiffbruch leide und die Expedition genötigt sei, auf diesem Weg nach Hause zu kehren.

Noch nie war eine Polarexpedition mit einer solchen Ausrüstung ausgezogen, bei der alle nur denkbaren Möglichkeiten vorausgesehen und durchdacht waren. Nansen bereitete sich mit wissenschaftlicher Gründlichkeit vor. Alles wurde aufs peinlichste untersucht und erprobt: Skier, Schlitten, Kleidung, Lebensmittel.

Später wurde einmal Nansen gefragt, ob etwas eingetreten sei, was er nicht vorausgesehen habe. „Nein", erwiderte er, „ich hatte wenigstens fünfmal soviel vorhergesehen, als dann wirklich eintraf. Ehe wir abreisten, lag ich des Nachts und malte mir aus, was uns zustoßen könnte; dann zündete ich Licht an und notierte es mir. Das kam ja ziemlich oft vor, und schließlich sagte Eva einmal: ‚Willst du denn überhaupt nicht schlafen, Mann!‘ Aber es ist ja gerade das Geheimnis eines Führers, alle Möglichkeiten vorauszusehen und der Lage gewachsen zu sein. Nichts darf ihn überraschen."

Die Abreise

Am Johannistage 1893, einem grauen, trüben Tage, lag die „Fram" klar zur Ausfahrt.

Die jahrelange Rastlosigkeit war nun zu Ende; doch das Schwerste stand noch bevor: der Abschied von Zuhause, von den zweien dort. Lächelnd wurde die kleine Liv zu ihm getragen. Er schloß sie in seine Arme. „Ja, du lachst, Liv, aber ich —" er schluchzte. Doch der Abschied mußte ja sein.

Die „Fram" hatte schon lange auf den Tag der Abfahrt gewartet. Nansens Boot schoß auf das Schiff zu und legte sich längsseit. Rasch stieg er an Bord, begrüßte niemand, ging auf die Kommandobrücke und gab den Befehl zur Abfahrt.

Wer sein Gesicht sah, vergaß es nicht so bald — ruhig, steinhart, graubleich. Von der Kommandobrücke starrte Nansen hinüber zur Schwarzbucht — nach seinem Heim. An der Bank unter der Kiefer schimmerte eine lichte Frauengestalt. „Der dunkelste Augenblick der ganzen Fahrt." Und die anderen zwölf fühlten wohl jeder für sich dasselbe — Bande, die vereinten und nun zerrten und weh taten.

Bei stillem, heiterem Wetter ging es weiter bis Lindesnes, der Südspitze Norwegens. Da — wie 1882 mit der „Viking" — gab ihm das Meer ein kräftiges Willkommen. Die „Fram" war für Eis und Pressung gebaut, doch bei Seegang wälzte sie sich wie ein Baumstamm. Tonnen und Holzlast rollten von Reling zu Reling. „Seekrank stand ich auf Deck, opferte den Meeresgöttern und war bald um die Boote bange, bald um die Jungen, die sich da abmühten, um zu retten, was vorn auf dem Deck zu retten war. Oft sah ich nur einen Wirrwarr von treibenden Planken, Armen, Beinen und leeren Tonnen. Nun wälzte sich die grüne See herauf und schlug einem Jungen die Beine unterm Leib weg, daß er hintenüber fiel und der Gischt aufspritzte. Ich sah die Kerle zwischen rasenden Baumstämmen und Tonnen herumspringen, um sich dazwischen nicht den Fuß zu zerquetschen. Sie hatten nicht einen trockenen Faden am Leibe. Die eine Sturzsee nach der anderen brach über sie herein. Einmal tauchte die ‚Fram' mit dem Bug geradeswegs in die See hinein. Da hing und zappelte einer im weißen Strudel am Davit. Das war Juell. Wir hatten unsere liebe Not damit, unser Zeug zu retten. Alle die guten Petroleumfässer mußten wir über Bord werfen. Die schönen Baumstämme gingen einer nach dem anderen denselben Weg. Da stand ich und blickte ihnen betrübt nach, wie sie von dannen schwammen. Ich fürchte, daß in diesen Augenblicken die Aktien der Expedition sehr niedrig standen."

Doch das Unwetter ließ nach. Vom nächsten Tage an, wo sie nach der Stadt Bergen kamen, war das Wetter gut, und die ganze Abschiedsfahrt an der stolzen Küste Norwegens entlang war eine Lust und vor allem für Nansen eine willkommene Erholung. Bergen, diese wundervolle alte Hansastadt, empfing sie mit strahlender Sonne. In Bergen hielt Nansen einen Vortrag, und die Stadt feierte den Abschied bis zum Morgengrauen. Am nächsten Tag nahm die „Fram" einige Bergener Freunde mit an Bord, die ihr ein Stück das Geleit geben wollten.

Im Abendsonnenfeuer über Meer und Himmel ging's an dem Märchenlande der norwegischen Westküste entlang. „So müde ich auch war, ich mußte da oben stehen, um die ganze Schönheit in langen Zügen in mich einzusaugen. Und weiter zog diese eindrucksvolle Küste mit ihren wechselnden Bildern an uns vorüber — in sonnenerfüllten Tagen, und höher im Norden in Nächten, schöner als der Tag. Ein herrliches Land. Möchte wissen, ob es in der ganzen Welt eine Fahrt zu Wasser gibt wie diese hier. Jene unvergeßlichen Morgen, wenn die Natur zum Leben erwacht und der Nebelschleier weiß über den Fjellen schwebt — wenn die Bergspitzen gleich Meeresinseln darüber hervorlugen. Ein strahlender Tag über dem schimmernden Schneegebirge. Und dann die Abende bei Sonnenuntergang und im blinkenden Mondenscheine! Berge und Inseln schweigen und träumen wie die Sehnsucht der Jugend. Hier und da schwimmen kleine Häfen und Häuschen vorüber, lachend zwischen grünen Bäumen. Ach, sie wecken die Sehnsucht nach Leben und Wärme, diese trauten Heime im Schutz der Schären. Man mag den Kopf noch so hoch tragen und sich über Naturschönheit erhaben dünken; es ist für ein Volk doch etwas Großes, ein schönes Land zu besitzen, mag es auch sonst arm sein. Nie hat mir dies klarer vor der Seele gestanden als jetzt, wo ich es verlassen sollte."

Auf der ganzen Fahrt grüßende Menschen — auf Jachten, in Ruderbooten und Kähnen — Fischer und Bauern, Weiber und Kinder. Von allen Städten kamen Dampfer, vollgepackt mit Menschen, die grüßten und winkten und Glück zur Fahrt wünschten — und Musik und Gesang und Böllerschüsse.

Oben in Helgeland auf einer nackten Felsklippe stand eine alte Frau und winkte und winkte. Ihr Häuschen lag wohl hinter den Bergkuppen verborgen. „Möchte wissen, ob sie uns zuwinkt", sagte Nansen zum Lotsen. „Natürlich", antwortete der Lotse. — „Wie kann sie denn von uns wissen?" — „Oh, hier wissen sie in jeder Stube von der ‚Fram' und ihrer Fahrt. Und sie warten auch darauf, daß ihr wieder zurückkehrt — das könnt ihr glauben."

Am Abend sitzt er da, schaut hinaus und denkt: „Hier müht sich das norwegische Volk sein einsames Leben lang ab, im Kampf mit dem Gestein, im Kampf mit dem Meer. Dieses Volk sendet uns aus nach dem großen Unbekannten — diese Menschen, die dort in den Fischerbooten stehen und der ‚Fram' verwundert nachblicken, was denken sie eigentlich über die Fahrt, über ihren Nutzen? — Dämmert vielleicht eine neue, unfaßbare Welt vor ihnen auf, die Sehnsucht nach etwas Unbekanntem?

Und die Männer hier an Bord, die Frau und Kind zurücklassen. Welches Leid war nicht die Trennung; welche Leiden und Entbehrungen wird ihnen die Zukunft bringen?

Nicht um des Verdienstes, nicht um des Ruhmes willen ziehen sie hinaus — beides mag ziemlich spärlich ausfallen. Derselbe Drang zur Tat, dasselbe Trachten über die Grenzen hinaus, das zur Sagenzeit in den Menschen gärte, ist es wohl, was auch heute treibt. Trotz alles Ringens ums liebe Brot, trotz aller Krämerpolitik beherrscht wohl der Gedanke an den Nutzen noch nicht alles."

Am 19. Juli ist in Vardö das letzte Abschiedsfest — und das letzte Dampfbad, ehe das Eskimoleben beginnt.

Am 21. Juli in aller Herrgottsfrühe, während Stadt und Hafen noch schlafen, gleitet die „Fram" still aus dem Hafen hinaus, dem letzten norwegischen Hafen. „Das ist gerade die rechte Stimmung, um die Heimat zu verlassen. So wohltuend friedlich und still. Ohne Lärm von Menschen mit Hurras und dröhnenden Böllerschüssen. Eben bricht die Sonne durch den Nebel und lächelt über dem Strande. Hart, nackt und zerrissen und dennoch schön — hier und da ein paar Kutter, Häuschen — und ganz Norwegen dahinter. Langsam versinkt das Land im Himmelsdunst. Was wird mit uns geschehen, bis wir dich wieder aus dem Meer hervorsteigen sehen?"

Vier Tage durch Nebel — dicken, drückenden Eismeernebel. Dann die mildeste, klareste Stille mit Sonne über der blanken, leicht gekräuselten Meeresfläche. „Wundervoll ist es, Meeresfrieden in langen Zügen zu schlürfen."

Wieder ein Nebeltag, dann stießen sie auf das Eis — unerwartet früh. Bedrückende Aussichten. Doch als es aufklarte, war es nur ein Eisgürtel, an dem die „Fram" ihre erste Eisprobe machte und glänzend bestand.

„Wie ein ‚Knödel in der Suppenschüssel' wand und schlängelte sie sich in den Waken." — In Chabarowa an der Jugorstraße wartete ein Russe mit den bestellten Hunden. Das waren ordentliche Wildfänge. Nansen und der Russe fuhren eine Probetour auf Schlitten. Das war eine herrliche Fahrt und ein erfrischender Sport! Die Hunde wurden auf dem Vorderdeck festgebunden und sorgten für mehr musikalische Unterhaltung, als man verlangte.

Hier an der Jugorstraße zieht der Nomade mit seinen Renntieren über die Tundra. Ein herrliches, freies Leben! Wenn ihm der Sinn danach steht, schlägt er sein Zelt auf mit den Renntieren um sich herum — und wenn er Lust hat, zieht er weiter. „Ich beneidete sie fast."

Mit diesen Nomaden der Tundra, den Samojeden, stifteten sie Bekanntschaft. Gerade in den Tagen, als die „Fram" vor Anker lag, feierten sie mit wüsten Saufgelagen das Sankt Elias-Fest. Ihr Läusesegen war an Bord der „Fram" noch lange nachher der Inbegriff der Unsterblichkeit.

Mit dem Abschied von Chabarowa am 3. August zerriß das letzte Band zur Heimat. Ein Petroleumboot voran, das in dem seichten Fahrwasser loten sollte, ging es hinaus auf das gefürchtete Karameer. Das Petroleumboot hielt sie ständig in Spannung und bescherte ihnen die erste Überraschung. Das Öl fing Feuer, das Heck stand in einem Flammenmeer, und es hätte nicht viel gefehlt, so wäre mitsamt dem Boot Nansen selbst bei lebendigem Leibe verbrannt. Das Karameer brachte ihnen Sturm, Strömung, Eis und Stillwasser. In Stillwasser zu schwimmen ist kein Spaß; das sind gleichsam auf dem Salzwasser schwimmende Inseln von Süßwasser. Gerät man da hinein, schleppt man es mit sich und kann das Schiff kaum freibekommen.

Ab und zu wird Anker geworfen. Die Expedition geht an Land und tobt sich auf der Jagd nach Renntieren, Eisbären und Vögeln ordentlich aus. Dr. Blessing sammelt Pflanzen, und Nansen studiert geologische Formationen, Schichtenbildungen und Niveauveränderungen. Geographische Entdeckungen werden gemacht; Inseln erhalten Namen nach Expeditionsteilnehmern und Gönnern. Am 9. und 10. September umschiffen sie Kap Tscheljuskin, den nördlichsten Punkt der Alten Welt. Beim Passieren steigen die Flaggen empor, und Salutschüsse dröhnen.

„Von nun an lag vor uns der Weg offen nach unserem Ziel, dem Treibeis unweit der Neusibirischen Inseln. Großes Fest im Salon mit Punsch, Obst, Zigarren und Harmoniumspiel."

Dann kam die „Fram" unter vollen Segeln und mit Volldampf in Fahrt und überbot sich selbst an Schnelligkeit, als ob sie wüßte, was es galt.

Zum erstenmal seit Vardö bekamen sie Gebirge von mehr als 500 m Höhe in Sicht. Einen neuen Abschnitt in den Jagderlebnissen der „Fram"-Leute stellten die Walroßjagden dar. Eines Morgens in der Frühe meldete Henriksen, ein Fachmann der Eismeerjagd, Walrosse auf einer Scholle dicht am Schiffe. Nansen, Henriksen und Juell zogen los. „Bald waren wir so nahe gekommen, daß wir vorsichtig rudern mußten. Leib an Leib lagen sie dicht gedrängt auf der Scholle — mächtige Fleischkolosse. ‚Oh, du meine Güte, soviel Fleisch!' rief Juell, der Koch. Henriksen stand mit der Harpune bereit, ich mit der Büchse dahinter, und Juell manövrierte das Boot. Die Harpune wurde geschleudert, war aber zu hoch gezielt und sprang über die Rücken hinweg. Da kam Leben in die Gesellschaft. 10—12 dicke, häßliche Köpfe streckten sich mit einem Ruck gegen uns, die Fleischberge schnellten mit einer geradezu erstaunlichen Geschwindigkeit herum und kamen mit erhobenen Köpfen und dumpfem Gebrüll auf uns zu gewackelt. Es war unleugbar ein eindrucksvoller Anblick. Ich riß die Flinte an die Wange und nahm einen der größten Köpfe aufs Korn. Das Tier zuckte, schwankte, stürzte sich aber vornüber ins Wasser. Einem anderen jagte ich eine Kugel in den Kopf. Auch dieses Tier sank zusammen, konnte sich aber gerade noch von der Scholle wälzen. Und nun platschte die ganze Herde ins Wasser, daß es um uns herum nur so spritzte. Alles war das Werk einiger Sekunden. Doch bald erschienen sie wieder — rings ums Boot herum, der eine Kopf dicker und scheußlicher als der andere, die Jungen dicht neben sich. Aufrecht standen sie im Wasser und brüllten, daß die Luft bebte, warfen sich gegen uns, dann zur Seite, wieder in die Höhe, und neues Gebrüll erfüllte die Luft, wälzten sich herum, verschwanden mit einem Platsch und tauchten wieder auf. Das Wasser kochte und brodelte in weitem Umkreis. Es war, als sei die tote Eiswelt in eine tobende Raserei verwandelt. Jeden Augenblick mußten wir befürchten, daß ein Walroßzahn durch das Boot fahren oder daß das Boot hochgehoben und umgekippt wurde. Doch das Gepolter dauerte fort, und nichts geschah. Ich suchte mir meine Opfer aus. Sie brüllten und grunzten wie die anderen. Noch eine Kugel, und das eine sank in sich zusammen und trieb auf dem Wasser. Nun war Henriksen mit der Harpune bereit, warf und traf. Am Nachmittag wurden noch zwei erlegt."

Die Jagden waren auf der eintönigen Fahrt nicht nur eine erfrischende Abwechslung, sondern verschafften der Expedition zugleich einen willkommenen Vorrat an frischem Fleisch, das für Polarfahrten von so großer Bedeutung ist. Das Fleisch hielt sich in der kalten, bakterienfreien Luft ohne irgendwelche künstlichen Konservierungsmittel frisch.

„Dienstag, den 19. September: Das ist die schönste Seefahrt, die ich je erlebt habe. Nordwärts, ständig nordwärts, mit gutem Wind, was Segel und Dampf nur herhalten — offenes Meer, Meile auf Meile, Wache auf Wache — durch unbekannte Regionen; die See immer eisfreier. Wie lange wird das so bleiben? Jetzt hat der Plan seine Probe zu bestehen. Das Glück scheint mit uns ausgezogen zu sein."

Am 20. September treffen sie auf den Eisrand in der Höhe von 77° 44'. Am 22. vertäuen sie die „Fram" und überlassen sie dem Eis. Die Kälte bricht ein. Das Eis umschließt das Schiff immer dichter. Von einem Fahrzeug verwandelt sich die „Fram" in ein Quartier auf dem Treibeise.

Treibend im Eis

Im Vorwort zu dem großen Werke: „In Nacht und Eis" sagt Nansen: „Dieses Buch ist zu persönlich gefärbt, als daß es ein Reisebericht im gewöhnlichen Sinne sein könnte." Doch hoffte er, daß das Sachliche durch das Persönliche hindurchscheinen möge. Das Persönliche dieses Werkes ist derart mit dem Berichte verschmolzen, daß „In Nacht und Eis" niemals eine Reiseschilderung im üblichen Sinne werden wird; man müßte es denn völlig umschreiben. Doch gerade in der persönlichen Note liegt sein besonderer Wert.

Für das Tagebuch blieb von dem Abschied von Norwegen bis zum Vertäuen am Eise keine Zeit, um mehr als kurze Tagesberichte einzutragen. Nur einige Aufzeichnungen lassen den Träumer durchblicken. Eines Nachts nach einem sturmerfüllten Tage mit Renntier- und Bärenjagden, einer Ruderfahrt gegen den Strom, der schlimmsten in seinem Leben, und nachher ungewöhnlich vielem Kaffee und kaltem Tee, will der Schlaf nicht kommen; da tauchen Erinnerungen und Traumbilder auf: „. . . sonnige Fluren, lachende Äcker und Wiesen, grüne, laubreiche Bäume und Wälder und blaue Höhenzüge. Und wenn du es im Dampfrohr leise singen hörst, verwandelt sichs in Glockenklang — zu Kirchenglocken, die Sonntagsfrieden in den lichten Sommermorgen einläuten; und du gehst mit Vater zu Fuß über die Fluren von Vestre Aker, den Kirchweg mit den von der Mutter gepflanzten Birken hinauf zur Kirche, die da oben auf der Höhe thront, in die blaue Luft emporzeigt und ihren Klang über das Dorf ausschüttet. Von dort oben kannst du weit, weit schauen. Und feierlich grüßen die Leute, die denselben Weg an uns vorüberfahren. Glücklich, sonntagsfroh sehen sie aus. Damals schien es dir gewiß nicht so schön; du wärest lieber mit Pfeil und Bogen in den Wald gelaufen auf Eichhörnchenjagd; doch jetzt — wie wunderschön ist dieses sonnige, üppige Bild! Und die Eindrücke von Glück und Frieden, die wohl auch damals auf mich eindrangen, aber abglitten, jetzt kommen sie wieder mit doppelter Stärke, und die ganze Natur wird ein mächtiger, ergreifender Psalm. Steigt dies alles jetzt vor meinem Blick auf, weil es das Gegenteil darstellt zu diesem sonnenarmen, unfruchtbaren Nebelland aus Stein und Eis, ohne Baum und Strauch, zu diesem friedlosen Leben mit ewiger Schinderei und dem steten rastlosen Jagen nach Norden? Ach Gott, wie gut tut es, sich ein Stündchen Ruhe zu gönnen.

Man lebt von Erinnerungen. Wenn ich jetzt träume, dann niemals vom Eismeer, stets von Zuhause, manchmal von der Kindheit, manchmal von ihr daheim, von ihr, die hinter allem steht und den Träumen Tiefe verleiht. Nein, schlafe, schlafe, du hast es nötig. Und die Augen schließen sich. Ich denke an nichts und suche mich in Schlaf zu wiegen. Doch durch den Nebel taucht eine bergige Landspitze auf und eine Anlegestelle mit einem

leichten Boot, einem flachen Strand und Kiefern, und unter den
Bäumen steht sie in hellem Kleide; der große Strohhut beschattet
das Gesicht. Sie hält die Hände auf dem Rücken, blickt über die
blanke, blaue See und lächelt wehmütig. Dann kehrt sie um und
geht zum Hause hinauf. Ein großer schwarzer Hund hebt den
Kopf, schaut mit seinen treuen Augen zu ihr auf und folgt ihr.
Sie legt ihm spielend die Hand auf den Kopf. Dann kauert sie
nieder und spricht mit ihm. Da kommt jemand von oben mit einem
strahlenden Kinde auf dem Arme. Sie streckt die Hände nach dem
Kinde aus, hebt es hoch empor, und das Kind jubelt vor Freude
und fuchtelt mit den Ärmchen — dort liegt das Leben, des Lebens
Kern — das Heim und die Familie."

Drei Jahre lang blieb ihm viel Zeit zum Träumen und Sehnen.

Nun bereiteten sie sich auf die lange Winternacht vor, um sich
gegen die Wirkungen von Kälte, Treibeis und anderen Natur-
mächten zu wappnen, denen sie unterliegen würden, wie ihnen
geweissagt war. Die Maschine wurde auseinandergenommen, ge-
schmiert, geputzt, für eine lange Ruhezeit versorgt und das
Steuer heraufgezogen. Der Schiffsraum wurde als Werkstatt
eingerichtet, als Tischlerwerkstatt, Schmiede, mechanische Werkstatt, Klempnerwerkstatt, der Salon als Schuster- und Segel-
macherbude.

Von den feinsten Instrumenten bis zu Holzpantinen, Beil-
schäften, Skiern und Schlitten wurde alles an Bord der „Fram"
angefertigt. Gleichmäßige Beschäftigung für alle Mann. Müßig-
gang ist im Polarwinter ein Übel; das ist des Teufels Kopfkissen
und der beste Mitarbeiter des Skorbuts. Zu den Arbeiten kam
das Wichtigste von allem: die wissenschaftlichen Beobachtungen,
die einen großen Teil von ihnen in Anspruch nahmen. Die meteorologischen Beobachtungen wurden aller vier Stunden vorgenommen, bei Tag und Nacht. Jeden zweiten Tag wurden astronomi-
sche Beobachtungen gemacht, die alle mit größter Aufmerksamkeit verfolgten. Von anderen wissenschaftlichen Arbeiten
sind zu erwähnen die Untersuchung der Temperatur und des
Salzgehaltes der See, der Strömung, des Eises, des Meeresbodens.
Das Loten der überraschend großen Meerestiefen stellt eine zeit-
raubende Arbeit dar. Außerdem wurden Nordlicht und Luft-

elektrizität untersucht. Der einzige, der in seinem Fach wenig zu tun hatte, war Dr. Blessing. Es war nicht möglich, Patienten aufzutreiben. In der Verzweiflung stürzte er sich aufs Hundekurieren. Seine wissenschaftliche Arbeit bestand darin, jeden Mann jeden Monat einmal zu wiegen, die Blutkörperchen zu zählen, das Hämoglobin und den Farbstoff zu untersuchen und die Wirkung des Polarlebens, besonders der Winterfinsternis auf Blut und Gesundheit zu studieren. Dank der vorzüglichen Kost, der dauernden Beschäftigung und der Leibesübungen — bei gutem Wetter möglichst zwei Stunden Skilauf — befanden sich alle bei ausgezeichneter Gesundheit. Etwas Zahnweh, etwas Hexenschuß bei Nansen, einmal etwas Leibweh bei Sverdrup (er hatte zu lange auf dem Eise gelegen und auf Bären gelauert) war der wesentliche Inhalt des Krankenjournals. Was man tun konnte, war getan, um die Mannschaft in guter Form und bei guter Laune zu halten.

Auch muß man die große, allseitige Bücherei erwähnen. Manchen Abend widerhallte die „Fram" von Liedern, von Geigen-, Ziehharmonika-, Harmonium- und Grammophonmusik. Die Karten wurden auch rege benutzt.

Nansen legte Gewicht darauf, daß sie zu allen Mahlzeiten und in der Freizeit zusammen waren. Hatten sie einander satt, dann gab es genug Platz, um sich zurückzuziehen.

Das tägliche Leben verlief in strenger Ordnung: um 8 Uhr mußten alle Mann aus den Federn. Dann gab's Frühstück mit Hartbrot, Butter, verschiedenem Käse, Corned beef oder Hammelfleisch, Schinken, Zunge, Bacon, Kaviar, Anchovis, Haferkeks oder Schiffskeks, Apfelsinenmarmelade oder Gelee. Zu trinken gab es abwechselnd Kaffee, Tee oder Schokolade. Nach dem Frühstück ging jedermann an seine Arbeit. Um 13 Uhr war Mittag mit drei Gerichten. Zu Fleischgerichten gab es stets Kartoffeln oder Makkaroni. Zu Mittag wurden auch gewürzte Geschichten serviert. Vor allem war Berntsen ein unversiegbarer Quell von allerlei Schnurren. Täglich kam er mit neuen, war nie verlegen. Auch Sverdrup verstand es, allerlei Lustiges zusammenzuspinnen.

Spirituosen gab es nur bei ganz besonders festlichen Anlässen; da rückte der Doktor mit ein paar Tropfen aus der Medizinkiste heraus. In Salon und Kajüten war in der Regel das Rauchen nicht erlaubt. Die Arbeitszeit dauerte bis 18 Uhr. Das Abendbrot war ungefähr wie das Frühstück. Danach genehmigte man sich ein Pfeifchen in der Kombüse, und dann verwandelte sich der Salon in einen schweigenden Leseklub. Die wertvolle Sammlung von Büchern war eine wahre Wohltat und trug nicht wenig dazu bei, daß die „Fram" eine fruchtbare Oase in der Eiswüste wurde. Nach 20 Uhr holte man die Karten und sonstige Spiele hervor, und die Musikliebhaber musizierten. Gegen Mitternacht ging man zur Ruhe. Jeder Mann hatte eine Stunde Wache. Das Härteste auf der Wache war die Vornahme meteorologischer Beobachtungen. Aber im ganzen genommen „befanden wir uns bei diesen uns aufgezwungenen regelmäßigen Gewohnheiten unleugbar wohl".

Im Dezember 1893 las Nansen über die Kanesexpedition. Kanes klagt darüber, daß die Polarnacht schwächt und alt macht. Nachdem Nansen diese Nacht drei Monate lang erlebt hat, berichtet er, daß er von einer solchen Wirkung nichts verspürt habe: „Ich entsinne mich nicht, jemals körperlich so gesund und ausgeglichen gewesen zu sein wie jetzt. Ich möchte diese Regionen als ein vorzügliches Sanatorium für Nervenschwache und leiblich und geistig Zerrüttete empfehlen, das ist mein voller Ernst. Das ganze Geheimnis ist, sich vernünftig einzurichten."

Im Karameer hatte die „Fram" die Probe im losen Treibeise glänzend bestanden. Am 9. Oktober, während sie nach dem Mittag dasaßen und plauderten, setzte ein ohrenbetäubender Lärm ein, so daß die ganze „Fram" erbebte. Das war die erste Eisstauung.

Alle Mann eilten auf Deck. Doch die „Fram" wurde gut damit fertig. Das Eis preßte und preßte. Die „Fram" aber glitt aus der Umarmung heraus und hob sich ein paar Fuß (bei einer Stauung im Juni 1896 wurde die „Fram" 10 Fuß emporgehoben).

Am 11. Oktober fing es an der Schiffsseite entlang an leise zu knirschen und zu wimmern. Es durchlief alle Tonarten, jammerte laut singend; dann knurrte und brummte und krachte es, und das Schiff rutschte mit einem Ruck empor. Unaufhörlich nahm der Lärm zu; es war ein ganzes Orgelwerk. Das Schiff zitterte und schütterte und rutschte Ruck für Ruck in die Höhe. Man fühlte sich traulich geborgen, wie man so dasaß, dem Getöse lauschte und wußte, daß das Schiff stärker war. Andere wären längst zertrümmert gewesen. Eis wurde gegen die Schiffswand gepreßt, Schollen zersplitterten, stauten sich auf und wurden unter den unversehrbaren Rumpf hinuntergezwungen. Man lag wie in einem Bett. Dann begann der Lärm nachzulassen, das Schiff sank in seine alte Lage zurück, und alles war still wie zuvor.

Schließlich hielten sie es nicht mehr der Mühe wert, um einer Stauung willen aufs Deck zu gehen. Letzten Endes könnte doch nur das Eis Schaden nehmen, dachten sie wohl.

Die Stauungen traten zweimal täglich auf, in Verbindung mit der Flut, besonders bei Springflut und Neumond.

„Eine solche Stauung ist ein gewaltiges Schauspiel. Man hat das Gefühl, Riesen gegenüberzustehen. Wenn sie im Ernst einsetzt, möchte man glauben, daß es keinen Punkt mehr auf der Erde gäbe, der nicht erschüttert werden könnte. Anfangs hört man das Grollen eines Erdbebens draußen in der Öde. Dann dröhnt es von mehreren Seiten, kommt näher und näher. Die Riesenschlacht beginnt. Das Eis birst, türmt sich auf — und mit einem Schlage stehst du mitten drin. Ringsherum tost und kreischt es. Unter den Füßen fühlst du das Eis beben und krachen; alles ist in Bewegung. Schollen, drei, fünf Meter dick, werden zermalmt und übereinandergeschoben, als wären es Federbälle. Du springst zurück, um das Leben zu retten. Doch da zerbirst der Grund unter deinen Füßen. Ein Schlund gähnt; du wirfst dich zur Seite, doch da rückt ein neuer Berg von Eistürmen heran. Du schlägst eine andere Richtung ein. Wie der gewaltigste Wasserfall tobt und tost es von allen Seiten, donnert und dröhnt wie von Kanonensalven. Es zieht sich um dich zusammen. Deine Eisscholle wird kleiner und kleiner, Wasser sprudelt herauf. Da gibt's keine andere Rettung, als über die rollenden Eisstücke zu springen, um über den Staurücken hinwegzukommen. Aber da flaut es ab. Der Lärm zieht weiter und verliert sich nach und nach in der Ferne."

Diesen Pressungen konnte, so meinten früher die Polarforscher, kein Schiff widerstehen, ganz gleich, woraus es gebaut war. Mehr als jedes andere Schiff ist die „Fram" diesen Pressungen ausgesetzt

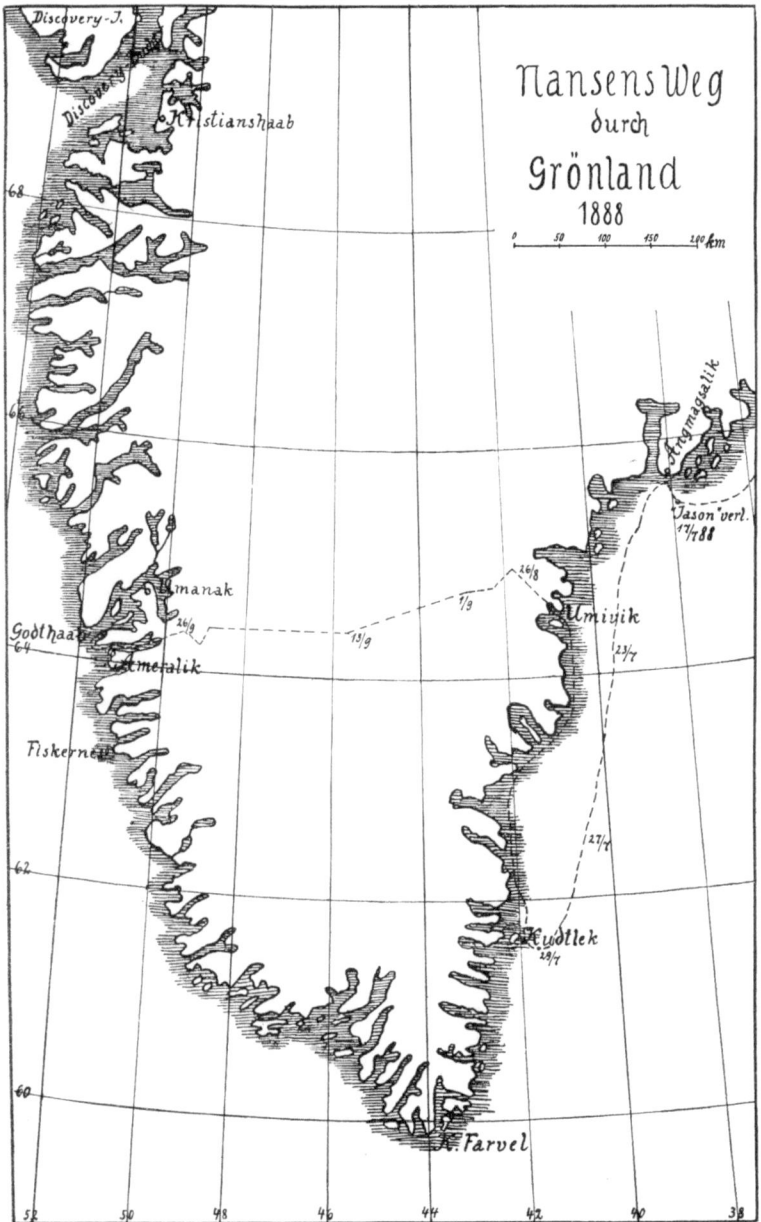

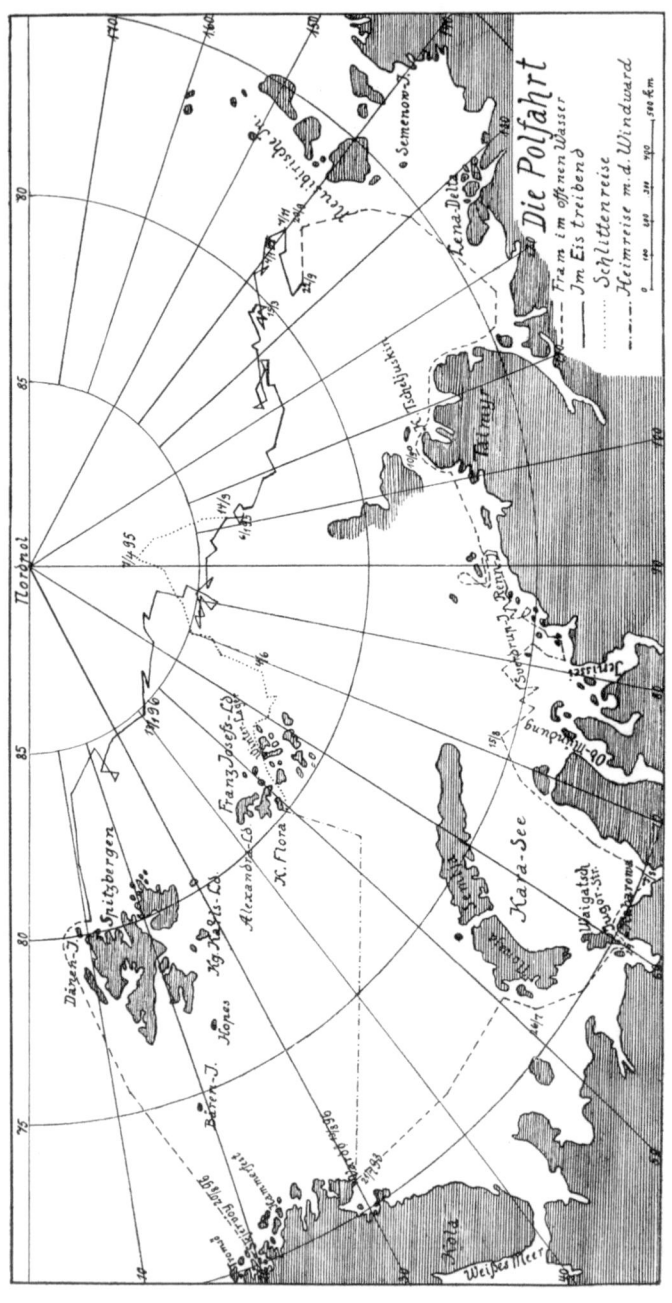

Die Polfahrt

—— Fram im offnen Wasser
—— Im Eis treibend
······· Schlittenreise
-·-·- Heimreise m. d. Windward

0   100   200   300   400   500 km

Nordpol

Spitzbergen

Franz-Josef-Ld.

Alexander-Ld.

Kg. Osk.-Ld.

Jonas

K. Flora

Kara-See

Waigatsch

Jugor-Str.

Asia

Weißes Meer

Diana-J.

Bären-J.

Jenissei

gewesen, ohne daß auch nur ein Span abgerissen wurde. Zermalmt konnte sie nicht werden. Doch bestand eine andere Gefahr, nämlich die, durch herabstürzende Eismassen in die Tiefe gedrückt und begraben zu werden. Am 3.—4. Januar 1895 schoben sich solche Staumassen von ungewöhnlicher Höhe und Stärke gegen die „Fram". Die Scholle unter der „Fram" war 9 m dick, gab aber unter dem gewaltigen Gewicht der Staumassen nach. Bei der Vorbereitung der Expedition war auch ein solches Ereignis vorgesehen. Das Schiff mußte geräumt werden. Boote und Zelte, Schlitten, Hunde, Skier, Proviant, Kleidung, Schlafsäcke und Geräte wurden an sichere Stellen auf dem Eise gebracht. In jener Nacht lagen alle angezogen auf dem Bett. Am 4. Januar kamen die Eismassen von Backbord bis 2 m über die Reling und begruben einen Teil des Schiffes. Die Zwölf standen draußen auf dem Eise und sahen zu. Sverdrup aber badete.

Das war der schwerste Angriff, mit dem das Eis die Stärke des Schiffes auf die Probe stellen konnte. Eine 3 m dicke Eisscholle wurde gegen die Mitte des Schiffes gepreßt. Jedes andere Schiff wäre zermalmt worden. „Fram" begegnete dem Stoß, wie vorausgesehen war, verwandelte den Rammbock in einen Hebebaum, wand sich los und hob sich. Die felsenfeste Seitenwand brach die Scholle in Blöcke und Splitter, an denen die Mannschaft wochenlang ihren Kraftüberschuß mit Hacken und Spaten auslassen konnte.

Damit war die Staueisprobe überstanden. Die Framleute hatten Respekt gekriegt vor der fürchterlichen Macht des Staueises — aber auch vor ihrer lieben „Fram" — und waren stolz auf den Sieg der Idee über die wilden Naturkräfte.

Eisbären trugen zur Ermunterung des Lebens auf der „Fram" bei. Dieser weit umherstreifende Robbenfänger ist überall auf dem Treibeis in den Polarregionen anzutreffen. Nansens Erzählerkunst berichtet von manchem Bärenabenteuer. Hungrige Bären fühlten sich stark zu der „Fram" hingezogen. Eine Bärennase vermochte eine Bratpfanne mit Butter und Zwiebeln viele Kilometer weit zu wittern. Eines Tages, als Scott Hansen, Blessing und Johansen ein Observationszelt auf dem Eise errichteten, kam ein Bär. „Scht, seid ruhig, damit wir den Bären nicht erschrecken", sagte Hansen. Sie kauerten sich zusammen und beobachteten ihn. „Ich denke, es ist am besten, ich schleiche mich an Bord und erstatte Bericht", schlug Blessing vor. Hansen war einverstanden. Blessing machte sich also vorsichtig auf den Zehenspitzen davon, um den Bären nicht zu verscheuchen. Inzwischen hatte Meister Petz Witterung bekommen, schöpfte Verdacht und kam geradeswegs auf sie zugetrottet. Da bemerkte der Bär, daß Blessing sich nach dem Schiff schleichen wollte, und folgte ihm. Blessing zögerte unschlüssig; doch kam er nach kurzer Überlegung zu dem Ergebnis, daß es in solcher Lage immerhin zu dreien gemütlicher sei als allein, und machte schleunigst kehrt. Der Bär schlug sofort dieselbe Richtung ein und beschleunigte sein Tempo. Hansen, dem dies bedenklich vorkam, vergaß ganz und gar seine anfänglich geäußerte Angst davor, den Bären zu erschrecken, und meinte, daß es nun an der Zeit sei, ein Mittel anzuwenden, das in irgendeinem Buch empfohlen wurde, nämlich mit den Armen zu fuchteln und mit aller Kraft, die die Lunge hergab, zu schreien. Dabei wurde er von den anderen tatkräftig unterstützt. Doch der Bär ließ sich nicht irremachen. Jetzt wurde die Lage kritisch. Jeder griff nach seiner Waffe, Hansen nach einem Eisbohrer, Johansen nach einer Axt, Blessing fand nichts Brauchbares. Aus Leibeskräften schrien sie: „Ein Bär! Ein Bär!" Gleichzeitig eilten sie, so schnell sie konnten, dem Schiffe zu. Der Bär behielt seinen Kurs in der Richtung nach dem Zelt bei, und erst, als er alles darin Befindliche gründlich untersucht hatte, setzte er in voller Fahrt den Flüchtlingen nach. Nansen, der ihnen entgegengelaufen kam, berichtet über diesen Vorfall: „Als er mich gewahr wurde, blieb er verdutzt stehen, als ob er dachte: ‚Was ist denn das für ein Wurm?' Ich ging dicht an ihn heran. Er stand ruhig da und glotzte mich an. Endlich drehte er den Kopf ein wenig zur Seite, und ich jagte ihm eine Kugel durch den Hals. Ohne sich weiter zu rühren, sank er zusammen."

Von dem Tage an und erst recht, nachdem ein Bär Peder in die Hüfte gebissen hatte, ging niemand mehr unbewaffnet aufs Eis.

Die Hunde — es wurden viele mit der Zeit — machten viel Spaß, aber auch viel Arbeit. Das war ein Leben im Lager, wenn sie losgelassen wurden und sich in närrischer Ausgelassenheit im Schnee tummelten. Oft wurden sie auf Ausflüge mitgenommen. Sie ließen sich gut an, wollten aber mit Bären lieber keine nähere Bekanntschaft machen.

Man mußte tüchtig auf sie aufpassen; ihr Spiel ging leicht in ernste Balgerei über. Beim Kampf fielen die anderen stets über den schwächeren her und bissen ihn tot, wenn nicht höhere Mächte mit rauher Hand eingriffen.

Die wilden Burschen zu Schlittenhunden abzurichten, war ein aufregender Sport. Die Hunde bestimmten alles selbst, Fahrtrichtung wie Tempo. Bald ging's hierhin, bald dahin, über Hügel und Blöcke, zurück zum Schiff, ums Schiff herum, über alle Abfallhaufen und Konservendosen, wobei Nansen willenlos mitgeschleift wurde, bald auf dem Hintern, bald auf dem Bauch, bald auf dem Rücken. Es war ein Anblick für Götter, der reinste Zirkus.

In der Eintönigkeit war jeder Anlaß zu einem Fest äußerst willkommen. Die Geburtstage wurden mit besonders gutem Essen, Tafelmusik und Reden gefeiert.

Am Geburtstage der „Fram" saß Nansen nach dem Fest allein für sich und ließ die Gedanken rückwärts schweifen. „Vor einem Jahre stand ‚sie' oben auf dem Gerüst, warf die Champagnerflasche gegen den Bug und sagte ‚Fram sollst du heißen', und da begann der schwere, starke Rumpf zu gleiten. Ich drückte ihr die Hand; die Tränen traten mir in die Augen, und der Hals schnürte sich zusammen, so daß ich kein Wort hervorbrachte. Niemals werde ich den Augenblick vergessen, wo wir zusammen dastanden und hinausblickten. Und nun — was ist alles in diesen vier Monaten geschehen! Getrennt, Meer und Land und Eis und kommende Jahre liegen zwischen uns. Wie lange wird es dauern? Es wird mir so schwer zu glauben, daß ich die Heimat nicht bald wiedersehen soll."

Am selben Tage nahm die Sonne für dieses Jahr Abschied, und die lange Polarnacht senkte sich herab.

Jeder passierte Breitengrad wurde gefeiert, ebenso Weihnachten, Neujahr und der Februartag, an dem die Sonne nach langer Nacht wieder erschien — und dann der 17. Mai, der norwegische Nationalfeiertag.

Der Weihnachtsabend war fröhlich und gemütlich. Ganze Kisten mit Weihnachtsgeschenken gab es und Weihnachtszeitung und Musik. Der Küchenchef übertraf sich selbst. Das Schiff erstrahlte von Lichtern. Eine etwas angestrengte Munterkeit mußte hervorgekehrt werden, um die heimwärts wandernden Gedanken zu verbergen. Die dreizehn auf der „Fram" wünschten, sie könnten ihren Lieben, die zu Hause bang warteten, mitteilen, daß sie hier gut und sicher in der uneinnehmbaren Festung der „Fram" saßen.

Im Februar feierten sie ein Fest ohne Wehmut, das Sonnenfest, ein Fest der Hoffnung, der Sehnsucht.

Und dann kam der große Tag des norwegischen Volkes: der 17. Mai. Selbstverständlich mußte ein Fahnenmarsch veranstaltet werden. Nansen voran mit der Flagge — blaues, weiß eingefaßtes Kreuz in rotem Feld —, dahinter der Kapitän, Otto Sverdrup, mit dem drei Meter langen Wimpel der „Fram"; dann kam die Musik auf Schlitten (das war Hjalmar Johansen mit der Ziehharmonika), und dann die übrigen mit allerhand Zeichen und Schildern, Harpunen und Kochtöpfen. Die vierbeinigen Teilnehmer am Schluß des Zuges schienen den Sinn der Prozession zu verstehen und schritten mit gravitätischem Ernst daher. Vom höchsten Eishügel herab wurde eine Rede auf die „Fram" gehalten, die sie über den 81. Breitengrad gebracht hatte. Dann ging's zurück zum Schiff, wo Nansen die Rede zu Ehren des Tages hielt. Und mit wehenden Fahnen, Hurrarufen und Salutschüssen wurde der Tag beendet.

Die von allen Forschern gefürchtete Polarnacht hatte für Nansen nichts Abschreckendes; im Gegenteil, sie erfüllte und ergriff seine Seele.

„Etwas Schöneres als die Polarnacht gibt es nicht. Ein Traumbild, gemalt in den feinsten Tönen — ohne Formen; alles ist dämmernde, träumende Farbenmusik, eine ferne, unendliche Melodie in gedämpftem Saitenspiel. Doch — ist nicht alles Lebens Schönheit hoch und zart und rein wie diese Nacht? Trage stärkere Farben auf, und es ist nicht mehr schön. Wie eine unermeßliche Kugel wölbt sich der Himmel über dir, oben blau, näher am Horizont grün und ganz unten am Himmelsrande lila, violett. An dem blauen Gewölbe blinken Sterne, friedlich wie immer, Freunde,

die nie versagen. Da schüttelt das Nordlicht einen silberglitzern-
den Schleier über das Gewölbe, bald gelb, bald grün, bald rötlich —
zerflattert, sammelt sich wieder mit unruhigem Jagen und wiegt
sich dann in leuchtenden Silberbändern mit reichen Falten.
Gleißende Strahlenwellen fahren darüber hinweg, und für einen
Augenblick schwindet der Glanz. Da spielt es mit Flammenzungen
hoch oben im Zenith. Plötzlich schießt ein kräftiger Strahl vom
Himmelsrand herauf — und der ganze Schleier schmilzt im Mon-
denglanze. Es ist, als höre man Seufzer entschwebender Geister.
Nur hier und da schwimmende Lichtwolken, undeutlich wie
Ahnungen. Doch da zucken neue Blitze auf. Ein endloses Spiel.
Und dann diese Stille, ergreifend wie die Symphonie der Unendlich-
keit. Ich habe nie zu fassen vermocht, daß diese Erde einmal erstarren und öde und leer werden soll. Wozu denn all diese Schön-
heit, wenn es hier kein Wesen mehr gibt, das damit beglückt
wird? Nun ahne ich es. Hier ist die kommende Erde, hier ist die
Schönheit und der Tod. Doch wozu? Ja, wozu all diese Erden?
Lies die Antwort draußen im blauen Sternenraum . . .‟

Während der drei langen Polarnächte hat manches Nordlicht
seine Sinne bezaubert. Wie Musik hat es auf sein Gemüt gewirkt,
als wäre der Raum eine Orgel, auf der der größte Bach aller Welten
unseres Herrgotts schönste und mächtigste Fuge spielte. Da
wünschte sich Nansen musikalische Schöpferkraft, um für seine
Eindrücke von dem Nordlicht und der Polarnacht einen Ausdruck zu finden.

Unter den Schilderungen der Polarnächte erhebt sich eine zu
einem Bilde von großer, plastischer Schönheit:

„Polarnacht, du bist wie ein Weib — mit den edlen Zügen der
Antike, doch auch mit ihrer Marmorkühle. Auf deiner hohen Stirn,
klar wie des Äthers Reinheit, gibt es kein Erbarmen mit den Leiden
des Menschengewürms; keine Gefühlsröte erwärmt deine bleichen,
wundersamen Wangen. In dein rabenschwarzes Haar, das in den
Raum hinauswallt, hat der Rauhreif glitzernde Kristalle gestreut.
Stolz reckt sich dein Hals; edel ist die Rundung deiner Schultern — doch so unbeugsam kalt. Die Keuschheit deines weißen
Busens ist gefühllos wie Eisschnee. Keusch, marmorschön und
stolz thronst du über dem erstarrten Meer. Der silberglitzernde

Schleier um deine Schultern, gewoben aus Nordlichtstrahlen, zittert über dem dunklen Gewölbe. Und dennoch — bisweilen ahnt man einen Schmerzenszug um deinen Mund, und tief in deinem dunklen Auge träumt unendliche Wehmut. Hast auch du das Leben gekannt — des Südens warme Liebe? Oder spiegelt sich darin nur meine eigene Sehnsucht? Ja, ich bin müde deiner kalten Schönheit. Ich sehne mich nach dem Leben, dem warmen, reichen."

Er sehnt sich. „Doch Sehnsucht ist nicht das schlimmste! Alles Schöne und Gute wächst in ihrem Schutz."

Noch gegen den Frühling muß er in seinem Tagebuch zugeben: „Es ist ein sorgloses Leben. Nichts bedrückt mich, keine Briefe, keine Zeitungen, nichts, was stören könnte. Hier ist ein Klosterleben, fern von der Welt. Davon habe ich in meiner Jugend geträumt, von einem Ort, wo man sich in Frieden seinen Studien widmen könnte. Und ich bin auch glücklich."

Doch Sehnsucht und Erinnerungen sind auf die Dauer zu passiv für eine Natur wie Nansen. In seinem reichen Gemüt grünten große Wälder mit Träumen und Verlangen, worin er umherschweifen konnte und träumen und dichten, nach harter Arbeit und fiebernder Spannung. Am liebsten ruhte er wie der Adler auf ausgebreiteten Schwingen. So war die Grönlandfahrt tatsächlich eine Erholung für sein rastloses Gehirn nach fünf Jahren anstrengender Arbeit.

In Wirklichkeit ist wohl dieser Spannungswechsel nur eine sehr bedingte Abspannung; doch eine Riesenkraft auf ihrer Mittagshöhe empfindet diesen Wechsel als Erholung.

Eine der vielen Voraussetzungen, auf die Nansen seinen Plan aufgebaut hatte, erwies sich als ein Irrtum.

Er hatte mit einem seichten Polarmeer gerechnet, in dem die Wassermassen der sibirischen Flüsse als ein sicherer Strom wirkten. Doch nun zeigte es sich, daß die Meßleine der „Fram" nicht auf den Meeresboden hinabreichte. Sie mußten auf dem Eise eine Seilerbahn einrichten und aus Draht vom Takelwerk der „Fram" Seile anfertigen. Da fanden sie, daß das Polarmeer 3000—4000 m tief war. Unter diesen Umständen konnten die Gewässer der sibirischen Flüsse nicht als Strom wirken, und der Wind erhielt größeren

Einfluß als angenommen. Die Karte über die Drift der „Fram" zeigt eine verwirrend unregelmäßige Zickzacklinie mit vielen Pausen des Stillstandes und des Rückwärtstreibens.

Im Frühling 1894 schreibt Nansen ins Tagebuch: „Wenn ich ein Besteck mache, ist es im Grunde, wenn ich ganz ehrlich bin, verdammter Dreck." Er rechnete aus, daß die „Fram" mit ihrem Dahintreiben 7—8 Jahre brauchen und dabei nicht annähernd so dicht an den Pol herankommen würde, wie er ausgerechnet hatte. Selbst wenn das Erreichen des mathematischen Poles keinen wissenschaftlichen Wert besaß, so war es doch für sie ein anspornender Wunsch, das eifrig erstrebte Ziel so vieler Versuche, für die große Menge die Sensation der Fahrt.

Dieses „sorglose Leben", dieses passive Dasein bei dem verzweifelt langsamen Vor- und Rückwärtstreiben war für Nansen eine härtere Geduldsprobe als Anstrengungen, die die Anspannung aller Kräfte erforderten.

„Diese untätige, leblose Einförmigkeit lastet schwer und niederdrückend auf mir. Kein Kampf, keine Möglichkeit eines Kampfes. Alls so still, so tot, in sich selbst versunken, unter dem Eis erstarrt. Oh, es dringt Eis in die Seele! Was gäbe ich für einen Tag voll Streit, für eine einzige Gefahr!

Noch muß ich warten und das Treiben beobachten. Doch falls es in der falschen Richtung geht, dann werden alle Brücken abgebrochen und alles für eine Fahrt übers Eis nach Norden eingesetzt! Dann ist der Tag des Handelns gekommen. Besseres weiß ich nicht. Das wird eine gewagte Fahrt; dann geht es vielleicht auf Leben und Tod. Aber habe ich eine Wahl? Es ist unmännlich, sich ein Ziel zu setzen und, wenn es zur Schlacht kommt, zu weichen. Es gibt nur einen Weg, und der heißt: Vorwärts.

Welche Freude hat man an seinen Kräften, wenn man sie nicht gebrauchen kann? — Was ist Berufung? Sind das die Kräfte, die einem die Geburt verlieh? Dann wehe dem Mann, dem die Natur mehr Kräfte gegeben, als nur die, sich mit dem Strom treiben zu lassen.

Oft muß ich an Shakespeares Viola denken, die voll bleicher Schwermut dasaß, gleich der Geduld, in Marmor gehauen. Stellen nicht wir, die wir hier auf dem Eise treiben und die Jahre an uns vorbeirollen lassen, diese Geduld in Marmor dar? Ich hätte Lust, ein solches Monument zu schaffen. Das müßte einen einsamen Mann im zottigen Wolfsfell darstellen; über und über mit Reif bedeckt, sitzt er auf einem Eishügel und blickt über die unendlichen Eisgefilde hinaus in die Finsternis, wartet auf Licht und Lenz."

Im zeitigen Frühjahr 1894 taucht in ihm der Plan auf, zusammen mit einem Gefährten einen Vorstoß nach Norden zu wagen, und zwar mit Hunden, Schlitten und Schneeschuhen, ein tollkühnes Unternehmen ohne Rückzugsmöglichkeit zur „Fram". Den Heimweg müßten sie über das Franz-Joseph-Land, Spitzbergen oder Grönland nehmen.

Lange ließ er sich den Plan durch den Kopf gehen, und erst im Spätherbst sprach er mit Sverdrup darüber. Sverdrup war mit ihm einer Meinung: diese Fahrt müßte ausgeführt werden.

Gerade diese tatenlose Zeit ließ in ihm den Plan zu neuer Tat reifen. Diese „tatenlose Zeit" war in Wirklichkeit die Zeit der Empfängnis. Nun galt es, sich selbst streng zu prüfen. In langen, gedankenschweren Stunden schwankte das Gemüt zwischen Glauben und Zweifel.

Am 26. März 1894 — am Ostermontag — schreibt er ins Tagebuch: „Ist denn nicht genug geopfert? Muß man alles opfern, nur weil man Willenskräfte in sich fühlt? Oh, wir sind nur Werkzeuge in der Hand höherer Mächte; für uns gibt es keine Wahl."

„Wenn der Glaube nur gleich einem Senfkorn wäre! Wie Kinder gingen wir durch das Leben. Mit der Zuversicht des Kinderauges folgten wir über Berg und Tal dem Stern, der uns winkte. Folge dem Rufe! Laß das Leben frei strömen. Im Sturme verlöschen alle Zweifel. Laß es biegen oder brechen. Glaube kann Berge versetzen, und den Glauben, den hab' ich. Es muß gelingen."

Er liest Evas Briefe und träumt sich heim zu ihr — zum Fjord, der den Himmel mit seinen wundervollen Abendfarben spiegelt. Nahe am Strande erblickt er das Inselchen, wo das Segelboot festgemacht ist.

„Bisweilen ergreift mich der Mißmut; doch du glaubst ja an mich. Du weißt, ich bin vom Schicksal ausersehen, und eines schönen, herrlichen Tages werde ich als Sieger zurückkehren."

Eine Abrechnung

Die „Fram" lag in ihrem Eisbett und trieb mit ihm. Ohne „die Leine" und Scott Hansens Observationen hätte man glauben können, das Schiff triebe überhaupt nicht, sondern läge fest vor Anker. Ja, da lag sie die ganze Zeit mit dem Bugspriet gegen Süden und trieb rückwärts, gleichsam widerwillig dem Unbekannten entgegen — sicher und breit, geradezu aufreizend ruhig — genau wie ihr Kapitän, dessen stahlblaue, feste Augen voll unergründlicher Geduld dreinblickten.

Der Chef selbst aber war inmitten dieser Ruhe von höchster Rastlosigkeit erfüllt. Es glimmte, funkelte und erlosch wieder in dem wechselnden Blick. Mit all seiner Willensmacht vermochte er nichts gegen Lauf und Fahrt des Stromes auszurichten. Dieses passive Sichtreibenlassen war nahe daran, ihn zu verzehren. Die Gedanken und Kräfte, die keine Auslösung fanden, quälten ihn und stauten sich in ihm zu einem zerfasernden, auflösenden Reflektionsleben auf. Das ist nicht so zu verstehen, als ob er nicht genug zu tun gehabt hätte. Ganz im Gegenteil. „Ein unablässiges, rastloses Eilen von einer Arbeit zur anderen. Alles soll gemacht, nichts versäumt werden — Tag für Tag, Woche für Woche. Und die Arbeitstage sind lang, selten enden sie vor Mitternacht. Doch durch alles hindurch dringt ein Gefühl von Entsagung und Leere, das man nicht merken darf. Manchmal aber läßt es sich nicht zurückhalten. Die Hände sinken willenlos in den Schoß, so müde, so unsagbar müde."

Mitten im ewigen Sonnenlicht sehnt er sich nach der Polarnacht, „nach dem ewigen Wunderland der Sterne mit dem geisterhaften Nordlicht und nach dem Mond, der durch das tiefblaue Schweigen dahinsegelt wie ein Traum, wie ein Gespenst im nebligen Traumland.

Dieses grelle Licht, das Sterne und Nordlicht, Dunkel und Träume und Mystik auslöscht — dieses Licht, das über der Einöde liegt, schneidet unbarmherzig in die Seele ein, erhellt die verborgensten Winkel, entblößt mein Innerstes, bis mir der ganze Lebenslauf nur als ein irres Rucken und Zucken erscheint — ohne Anrecht auf den Namen ‚Fram' (Vorwärts)."

In diesen Tagebuchblättern enthüllt sich unserem Auge ein reiches, tiefes Innenleben. Nun verstehen wir besser, was sein Freund und Mitarbeiter in der Gedenkrede über ihn sagte — nämlich, daß er kein Aladdin war. Obwohl nur wenige Menschen so viele Siege und Triumphe erleben durften und mit allen Ehrenkränzen der Welt überhäuft wurden, hat ihm trotzdem nicht etwa ein wohlwollender Geist die Äpfel in den Turban geworfen; er mußte sie sich selbst holen — oft durch Dornengestrüpp hindurch — auch durch das Dornengestrüpp seines Innern.

Aus dem Tagebuch vom 19. Juni 1894:

„Stets dasselbe unruhige Sehnen, keine Beständigkeit. Vor einigen Tagen betrieb ich eifrig das Photographieren, wurde dessen müde und habe nun wieder zu malen begonnen. Aber kaum habe ich richtig angefangen, dann gebe ich es schon wieder auf. Uff, dieses flatternde Fliehen, dieses Tasten vom einen zum andern. Nun sind die alten Zweifel über die eigentliche Aufgabe meines Lebens wieder aufgestiegen — dasselbe Suchen nach einem großen Gedanken, um den sich das ganze Leben sammeln, dem meine Geisteskraft, meine eingesperrte Energie sich opfern kann; denn daß sie da ist, fühle ich doch, oder bilde mir wenigstens ein, sie zu fühlen. Große Gedanken über meinen eigenen Wert haben mir wahrlich nie gefehlt. Aber noch nie habe ich ein Ziel gefunden, das sie ganz in Anspruch genommen und sie bis zum äußersten angespannt hätte. Das Ganze ist Flickwerk gewesen und wird so wohl bleiben bis zu meinem Todestage. Ich habe mich heute nachmittag in geistiger Schlappheit auf dem Sofa geräkelt, im ‚Schillingsmagazin‘ geblättert und Biographien großer Männer gelesen. In mir steigt ein bitteres Gefühl hoch. Ja, sie hatten eine große Aufgabe, um die sie sich sammelten, und darum haben sie auch etwas Ganzes zustandegebracht. Doch mein Leben ist zersplittert und vergeudet. Lese ich von einem großen Mathematiker und mathematischen Problemen, dann fühle ich einen Stachel in mir. Mir ist, als läge in mir eine ungenutzte Gabe, die ich verschmäht habe. Die Mathematik war meine erste Liebe. Treulos habe ich sie verlassen. Vielleicht war sie der mir zugedachte Lebensweg, den das Schicksal mich verfehlen ließ. Mathematik und Astronomie mit ihren unendlichen

Bahnen üben noch immer eine seltsame Anziehungskraft auf mich aus. Dort liegen Aufgaben, die zu lösen ein Leben wert sind. Aber das, mit dem ich mich abgab — jedoch auch wieder verließ —, war das genug, um ein Leben auszufüllen? Zu anderen Zeiten zieht mich die Geologie an, und Spekulationen über die Vorzeit der Erde. Mit fieberhaftem Eifer werfe ich mich über das Studium. Mit Macht und Gewalt will ich neue bahnbrechende Erkenntnisse finden. Doch ich lese und lese — und sie kommen nicht. (Wie sollten sie auch einem solchen Dilettanten kommen!) Ich ermüde und lasse es wochenlang liegen. Ach, ich bin kein Forschergeist, wie ich einst glaubte. Mir fehlt der göttliche Funke. Ich muß den Stoff mühselig zusammenklauben.

Der Stoff beherrscht mich nicht länger — wenn er es vielleicht auch einmal getan hat. Alles ist zu unwichtig — ebenso wie es mir als Junge zu unwichtig war, Nr. 1 in der Klasse zu sein. Ich möchte tiefer hinein, zum Kern der Dinge, und dahin führt kein Weg. Ich schmachte vergebens. Die Dinge, die hier meine Zeit in Anspruch nehmen sollten, sagen mir nicht zu. Ich führe die notwendigen Observationen aus; doch das geschieht nicht mit Lust, eher mit Überwindung. Ich muß mich dazu antreiben, weil ich weiß, daß es getan werden und die Gelegenheit, die vielleicht für lange Zeit nicht wiederkehrt, benutzt werden muß. Mit anderen Worten: es ist meine Pflicht, aber es ist wenig und uninteressant — eine Arbeit, die ich stets als Ameisenarbeit betrachtete. Nur ab und zu gelingt es dem Stoff, mich zu fesseln — z. B. als ich meinte, dem Golfstrom auf der Spur zu sein. Da arbeitete ich mit fieberhaftem Eifer, gönnte mir fast keinen Schlaf. Ich war im Zuge — so wie ich mir selbst am besten gefalle. Ich fand ihn; das war eine unbestreitbare Tatsache, und damit war auch der Reiz dahin. Die geringfügigen Einzelheiten einer Sache auszupinseln, interessiert mich nicht; doch ich tue es aus Pflicht. Indessen werfe ich mich über die Ozeanographie und glaube, hierin müssen große Aufgaben liegen und auf Lösung warten; aber ich finde keine, und so stirbt es hin wie alles andere. Inzwischen schleicht das Leben vorüber — mit den kleinen verstreuten Beobachtungen, die eine solche Reise mit sich bringt.

Da geschieht es bisweilen, daß ich plötzlich einhalte, gefangengenommen von einem schönen Anblick, einem zarten Gedicht in
Farben von Eis und Himmel — mit den einfachen Gegensätzen
dieser Natur. Mein Schönheitsdrang erwacht und möchte schaffen.
Ich gehe ans Werk — doch wie immer ist mir der Vorwurf zu
groß. Wohl sehe ich etwas Schönes, was ich gern darstellen
möchte, aber das Können versagt. Allzubald sehe ich ein, daß
ich nichts vermag, schleudere ärgerlich den Pinsel weg und
lasse wie immer die Skizze unfertig liegen. Ja, wann habe ich
überhaupt in meinem Leben eine Skizze zu Ende geführt! Ich
mache mir immer etwas vor: später einmal, wenn ich besser
aufgelegt bin, werde ich zu ihr zurückkehren — wenigstens die
leicht zu verbessernden Fehler ausmerzen; doch nie wird etwas
daraus. Wozu sollte es auch dienen — es wird ja sowieso nur eine
Karikatur von dem, was ich möchte.

Wieviel Schaden hat mir nicht dieser dumme Künstlerdrang
zugefügt. Hätte ich ihm mehr nachgegeben — wohin hätte es
geführt? Ich wäre wahrhaftig nicht mit wenig zufrieden gewesen — nur ‚schöne Bilder' zu machen, wäre für mich nichts
gewesen. Nein, groß muß es sein! Soll es einen Sinn haben,
muß es zumindest bahnbrechend sein! Doch die Höhe erreicht
die Einbildung erst, wenn ich mich auf die Schriftstellerei stürze
und ein bahnbrechendes philosophisches Werk über den Ursprung
und das drängende Leben des Menschengeistes schreiben will.
Ich ein Schriftsteller! Der ich nicht mehr schriftstellerisches
Talent besitze als das Papier, auf dem ich schreibe — der ich keine
originelleren Gedanken habe als diese Flasche mit photographi-
schem Entwickler, die vor mir steht — nein, nicht einmal soviel
wie dieser; denn der kann auf alle Fälle entwickeln, was ein
anderer aufgenommen hat. Was aber vermag mein Gedanke?
Oh, nur das, was hundertmal vorher gedacht und gesagt worden
ist. Bald werfe ich mich wohl wieder über die eine oder die andere
Wissenschaft. Gott weiß, was das nächste Mal an die Reihe
kommt. Wunderlich ist's mit meiner eigenen Wissenschaft. Sie
zieht mich jetzt am wenigsten an und besaß mich doch einmal
ganz. Fünf Jahre lang atmete und lebte ich für nichts anderes.
Damals waren meine kühnsten Gedanken damit zufrieden, Auf-

gaben innerhalb ihrer Grenzen zu lösen. Natürlich waren es die gewaltigsten Riesenaufgaben, auf die ich losging; geringer konnten sie unmöglich sein. Ein Ameisenknecht zu sein — nein, damit konnte ich mich nicht abfinden. Voll Mitleid betrachtete ich diese armen, so unsagbar nützlichen Ameisen, die Tag für Tag, Jahr für Jahr die winzig kleinen Fichtennadeln herbeischleppen, ab und zu eine fahren lassen, um eine andere, etwas bessere Nadel zu erhaschen. Und trotzdem bauen diese kleinen Wichte im Laufe der Jahre einen prächtigen Ameisenhaufen. Mich dazugesellen und ,nützlich' sein — nein, das war mir im Innersten zuwider. Ich mußte meine eigenen Gebäude bauen. Anstatt eines Knechtes, wozu ich wohl geboren bin, wollte ich der Gigant sein, der den Himmel stürmt und das Leben mit einem Werke erfüllt, das mir am Abend sagen könnte, es habe die ganze Erde, nein, am liebsten das ganze Universum in neue Bahnen geleitet. Pasteur. Da erst, meinte ich, werde ich befriedigt die Augen schließen und in die Ewigkeit eingehen können. Das erst schien mir eine Tat, der Geisteskraft wert. Nützlich sein — wozu sollte das auch dienen? Außerdem zweifelte ich zu sehr daran, daß Entwicklung vorwärtsführt — die führt ja eher vom Glück weg als zu ihm hin —, und das Glück ist doch das einzig Nützliche! Irgendein Zukunftsziel besitzt es nicht. Ziel ist nur Chimäre. Die Natur geht im ewigen Kreislauf.

Es war wohl Eitelkeit. Ach ja, eitel bin ich gewesen. Wie alle Jugend sehnte wohl auch ich mich danach, die Bewunderung meiner Mitmenschen zu erregen. Doch auch hier war ich nicht mit wenig zufrieden. Groß mußte alles sein. Sollte es der Anstrengung wert sein, mußte ich die Bewunderung der gesamten Menschheit erringen. Es war aber wohl nicht allein dies. Nun, da ich eine kleine Kostprobe davon gekriegt habe, so daß ich ahnen kann, welchen Wert sie eigentlich hat, trachte ich nicht länger danach. Mir scheint, daß sie eher lästig als angenehm sein muß. Und trotzdem lebt die Sehnsucht nach dem Unbekannten noch ebenso stark in mir. Sie muß wohl doch eine tiefere Wurzel in der Seele haben — sie wird wohl ein Naturtrieb sein, der Befriedigung verlangt —, doch halt! Wenn du wüßtest, daß die Erde in einigen Jahren verginge —, daß damit also der Ruhm verlöschte, — würdest du dann dieselbe Sehnsucht spüren? Kaum so stark. Es ist also doch Eitelkeit. Dein Name darf nicht mit dir sterben.

Oh, erbärmliche Menschenseele, wie gerne willst du dich selbst betrügen, wie gerne deine Motive ausschmücken! Die Natur ist oft wunderlich launenhaft in ihren Einfällen. Ich entsinne mich, daß ich in Gedanken die Koryphäen der Naturforschung vor mich hinstellte und mich fragte, ob ich damit zufrieden wäre, ihnen zu gleichen; aber keiner fand Gnade vor meinen Augen, nicht einmal Darwin. Kaum ein Newton war groß genug, und doch konnte ich nicht einmal meinen eigenen Lauf lenken.

Warum verließ ich die Zoologie, als ich eben im Ernste begonnen zu haben meinte? Nicht ich verließ die Zoologie; das Schicksal selbst bastelte mit äußerlichen Zufälligkeiten an meinem Leben herum, und sogleich nahm es einen neuen Lauf. Zwar redete ich mir ein, die Grönlandfahrt sei lediglich ein Erholungsausflug nach der Überanstrengung des Gehirns; aber das wurde eine lange Erholung, und nun sitze ich hier, sechs Jahre später, bin noch nicht zurückgekehrt, sondern trotte einen neuen Wüstenpfad entlang. Dies ist sicher der schlimmste Bruch meines Lebens, für den ich noch zu büßen haben werde, und der bewirkt, daß ich wohl kaum jemals wieder in meinem Leben eine Arbeit finden werde, die mich vollkommen und ausschließlich mit Beschlag belegen könnte. Diese Erkenntnis hat mein Leben in zwei oder vielleicht noch mehr Zweige des Äußerungs- und Betätigungsdranges gespalten, die sich nicht in Übereinstimmung miteinander bringen lassen wollen. Jeder von ihnen meint, daß der andere zuviel Zeit vergeude, die zur harmonischeren Gestaltung des Ganzen besser verwendet worden wäre.

Mein ganzes Leben lang hab ich gleichsam darauf gewartet, daß die große Idee, für die mein Leben ein Kampf sein sollte, wie ein Blitz in mich einschlüge. Hier und da habe ich etwas geahnt, doch der große Blitz ist niemals gekommen. Es waren Fünkchen einer künstlich geladenen Leydener Flasche. Ich tröstete mich stets damit, daß ich jung sei und die Zukunft ihn mir bringen werde, wenn ich mich nur unentwegt über meine Aufgaben stürzte. Doch nun hab ich zu zweifeln begonnen. Ich bin nicht mehr ganz jung.

Die Zeit der Blitze, wenn sie überhaupt einschlagen, ist Frühling und Sommer; doch die schwinden schnell, und die Zukunft läßt wenig Hoffnung. Oh, besser wäre es wohl, eine nützliche Ameise, flackerndes Nordlicht zu sein, dessen ganzes Leben ein Suchen nach seinem eigenen Gleichgewicht ist und das dahinschwindet, ehe es das Gleichgewicht gefunden hat — nur ein nutzloser Tanz ohne Ziel und Zweck über das sternenbesäte Himmelsgewölbe. Hätte es sich vereint, wäre es vielleicht ein Stern minderer Größe geworden. Wie wenig hätte dazu gehört, daß es sich geeint hätte, nur eine kleine Veränderung, ein Wort vielleicht nur, und mein Leben hätte sich harmonisch entwickelt wie ein stiller Fluß. Vielleicht säße ich immer noch als achtenswerter Zoologe da, hätte einmal mein Gleichgewicht gefunden. Natürlich wäre ich da auf die Aufgabe losgestürzt, die ich für die höchste ansah: dem Ursprung des Gedankenlebens nachzuspüren, die Erkenntnis vom innersten Bau und Zusammenhang des Nervensystems zu vertiefen. Schon glaubte ich, neue Bahnen zu ahnen; Ausblicke öffneten sich mir, die weiterzuführen schienen. Wer weiß, vielleicht hätten sie weitergeführt — noch stehen sie vor mir —, dieselben Visionen, die ich einmal zu ahnen glaubte und nicht vergessen kann. Es genügte, daß ein Anatom wie Retzius oder ein Zoologe wie Roghankaster zu mir sagte, es sei schade, daß ich die Zoologie und das Mikroskop verließe, und ich fühlte das ganze Gewicht meiner Schuld. Es gibt etwas, was Sünde wider die Natur genannt wird. Habe ich eine solche begangen? Nein — nein, ich folgte meiner Natur nur allzusehr. Eher ist es die Sünde gegen den Heiligen Geist, die nie vergeben wird.

Wäre ich aber glücklicher geworden, wenn der Bruch nicht gekommen wäre?

Was weiß ich?

O doch — das eine weiß ich: ebenso stark hätte etwas Unbefriedigtes in mir genagt. Da wäre das Gefühl zurückgeblieben, daß ich etwas auf anderen Gebieten hätte ausrichten können — Glänzenderes —, und das hätte an der Wurzel meiner Seele gezehrt, selbst wenn es nicht an die Oberfläche gekommen wäre. Als ich damals jenes Leben führte, war ich kaum glücklich. Von allem Leben um mich herum abgesperrt, lebte ich einzig und allein für mein Studium. Tag und Nacht arbeitete ich am Mikroskop; es war wie ein Fieber, und kaum hat ein Mensch je härter gearbeitet; ich wollte an nichts anderes denken; und doch brachen dieselben nagenden Zweifel immer wieder hervor: wozu sollte man seine Jugend, ja das ganze Leben an die Wissenschaft vergeuden, die nirgends anders hinführte als an unüberschreitbare Grenzen! — etwas kürzer oder länger könnte wohl nichts ausmachen, wo der Endpunkt des Weges doch im Unerreichbaren, im Unendlichen liegt. Wenn diese Zweifel aufstiegen, fühlte ich des Lebens ganze Bitterkeit — lechzte danach, meinen brennenden Durst in den Fluten der Schönheit zu löschen — den Durst nach einer alles vergessenden Liebe. Nein, jenes Leben hätte mir nicht mehr Glück oder Harmonie gebracht; denn das Glück besitze ich ja größer und ungeteilter, als ich jemals gedacht hatte — ‚Sie‘ wartet daheim auf mich.

Das ist also das Ergebnis eines Lebens, in dessen Jugend so große Träume geträumt wurden. Noch ist es wohl nicht zu Ende, aber ich sehe, anders wird es kaum werden. Und wenn ich mich auch hervortue — wenn ich den Nordpol erreiche, meinetwegen auch den Südpol —, was hilft's? Es wird doch nichts Vollkommenes. Nur zu gut fühle ich heute das Berechtigte der steten Warnungen meines Vaters, mich nicht so sehr zu zersplittern, kein Polyhistor zu werden, sondern mich auf ein Hauptfach zu beschränken. Er hatte wohl in dem Jungen viele verstreute Anlagen erkannt und machte sich Sorgen wegen der Zukunft. Ich selbst ahnte die Gefahr nicht — es schien ja auch gar keine vorhanden zu sein. Und als ich mich ernstlich an die Arbeit machte, konzentrierte ich mich wahrlich genug — ja, so stark, daß ich mir nicht einmal Zeit ließ, die Grundelemente der Zoologie zu lernen. Zu spät fühlte ich den Ernst dieser Warnung. Nun sitze ich hier als einer, der nie etwas von Grund auf gelernt hat, und dem das Gleichgewicht für immer versagt bleiben wird. Ich möchte wissen, ob es schlimmer ist, seinen Schatten zu verlieren als sein Gleichgewicht. Wenn ich nur hinuntersteigen und mich mit dem Kleinen zufriedengeben könnte! Da vermöchte ich wohl noch etwas zu schaffen. Doch ich fühle, daß dies das einzige ist, was ich nicht kann. Nur in einem bin ich nicht Dilettant —

Als Gesandter in London

Frau Eva Nansen

Mit Frau Sigrun

Der Nansenpaß
in natürlicher Größe

Zur Doktorpromotion an der St. Andrews Universität

allerdings ist das glücklicherweise der Kern des Lebens. In der Liebe zum Heim bin ich ganz — oder vielmehr zu ihr, die mein Heim ist, mein alles.

Könnte es nicht genügen, für dieses eine zu leben. Doch was zum Leben selbst geworden ist, kann nicht länger Lebensziel sein. Wir müssen gemeinsam auf etwas Neues zusteuern. Nimm es weg, und das Leben verblaßt. Doch gibst du es mir, so muß das Leben auch ganz und reich gelebt werden."

Den 30. Juli 1894. „Ja, die Wissenschaft ist ein guter Freund. Ich suche mich selbst zu vergessen. Zuweilen glückt es wohl auch. Doch sie ist kalt, und ich sehne mich so unsagbar nach Wärme.

Weh dem, der einen Augenblick das Leben geschaut hat. — Aber was sind Entbehrungen und Leiden des einzelnen, gemessen am großen Ganzen."

Den 26. Oktober 1894. „Ich war wohl wie das Kind, das sich das Unbekannte zu einem Märchen ausmalte und so lange davon träumte, bis es glaubte, es existiere wirklich. Und ich fand es — das große Märchen vom Eise, tief und rein wie die Unendlichkeit des Alls — von der verschwiegenen, sternenfunkelnden Polarnacht, von den Tiefen der Natur, dem Geheimnisvollen des Lebens selbst, vom ewigen Kreislauf des Universums — des Universums ewigem Tod, der Feierlichkeit des Todes ohne Leiden und ohne Entbehrungen. Hier, ja hier stehst du in deiner ganzen nackten Einfalt, Auge in Auge mit der Natur. Andächtig setzt du dich zu Füßen der Ewigkeit und lauschest, und du fühlst Gott, den Allbeherrschenden, den Mittelpunkt des Alls."

Den 14. November 1894. „Oh, mitunter drängt es mich, die Natur in Töne aufzulösen. Welche gewaltigen, einfachen Akkorde müßten das werden! Sie allein könnten ihr Wesen wiedergeben."

„Mir scheint, als gleite ich über diese Flächen hinein in den unendlichen Raum des Alls. Ist dies hier nicht ein Bild des Kommenden? Hier ist Friede und Ewigkeit. — Was bedeuten Forschung und unser Verstand inmitten dieser Unendlichkeit?"

Den 18. November 1894. „Zuweilen sagen meine Gedanken: Verstand, all unser Leben und Treiben ist elende Philisterweisheit, nicht einen Dreier wert. Im nächsten Augenblick werfe ich mich über eben diese Forschung, verzehrt vom Durst, alles in mich hineinzusaugen, neue Wege zu erspähen. Unzufriedenheit zernagt mich, weil ich nicht alle Aufgaben zu lösen vermag, die auf dieser Fahrt gelöst werden sollten. Ich brenne nach neuen Entdeckungen für die Menschheit, nach einer großen Aufgabe, um die sich meine Kräfte sammeln können."

„Als ob Unzufriedenheit, Entbehrung, Leiden nicht Voraussetzung des Lebens wären! Ohne Entbehrung kein Kampf, und ohne Kampf kein Leben. Das steht fest.

Doch nun soll der Kampf beginnen — der große Tag der Handlung — Kampf, Kampf mit allen Kräften. Dahinter winkt der Sieg."

„Die Abrechnung ist gemacht. Nun ist Schluß mit Selbstanalysen und dem Rundlauf der Schwermutsgedanken im ,Keller des Ichs'. Jetzt ist ,der letzte Schritt über die Brücke des Entschlusses' getan. Die so lang erwogene Fahrt nach Norden ist beschlossen und der Gefährte auserwählt. Verdammtes Getue mit dem ganzen Weltschmerz! Du bist glücklich, Mann, das ist alles!"

Hinauf aufs Deck. Die Hunde springen und tanzen um ihn herum — seine munteren und wilden Freunde, die mit ihm den Nordpol bezwingen sollen.

Auf Skiern dem Nordpol entgegen

Den ganzen Sommer 1894 hatte Nansen alle Möglichkeiten und Unmöglichkeiten des Planes erwogen, zu zweien auf Skiern mit Schlitten und Hunden zum Nordpol vorzustoßen.

Im Herbst legte er Sverdrup den Plan vor, und am 19. November fragte er Hjalmar Johansen, ob er mit ihm gehen wolle. Sverdrup kam nicht in Frage. Er war unentbehrlich an Bord als Führer der „Fram" und als Nansens Stellvertreter. Alle zwölf beneideten Johansen um diese Ehre und gönnten sie ihm zugleich. Ein prächtigerer Bursche war für eine solche Fahrt nicht leicht zu finden. Norwegens berühmtester Turner und

Gymnast, ein hervorragender Skiläufer, ausdauernd, kühn und stets fröhlichen Mutes.

Am nächsten Tage hielt Nansen vor versammelter Mannschaft einen Vortrag und gab eine Übersicht über das Ziel der Expedition — was bisher erreicht war, und was wahrscheinlich erreicht werden könnte. Allen schien das ein guter Gedanke.

Das würde eine schwierige, verwegene Fahrt werden, und ihr Ausfall hing von der Ausrüstung ab. Den ganzen Winter wurde emsig an der Vorbereitung gearbeitet. Die „Fram" verwandelte sich in eine rührige Werkstatt, in der Nansen mit einigen Kameraden Skier, Schlitten, Schlafsack, Kajak, Zelt, Stiefel und Schuhzeug herstellte und Hundegurte, Kochgeräte, Instrumente, Proviant und alles mögliche zusammenpackte.

Nun kamen ihm die Erfahrungen der Grönlandfahrt und des Eskimolebens gut zustatten. Er selbst baute den ersten Kajak. Leicht und stark mußte er sein. Die Kajaks wurden etwas kürzer und breiter als die der Eskimos. Nicht auf Geschwindigkeit kam es an, sondern auf Haltbarkeit und Tragkraft; auch mußten sie kurz sein, um auf der Schlittenfahrt nicht gegen Eisblöcke zu stoßen. Sonst wurden sie aber auf Eskimoweise angefertigt, mit einem Ringloch im Deck, so daß der Renntiermantel wasserdicht in den Ring eingeklemmt werden — und die See über Mann und Boot hinwegspülen konnte, ohne einzudringen und den Mann zu durchnässen. Wenn die Kajaks zusammengebunden waren, konnten sie außer der Bagage ein paar Schlitten und einige Hunde tragen. Kajaks und Schlitten waren in diesen Regionen ein ausgezeichnetes Amphibium.

Die Kleidung war ein schwieriges Problem. Pelzsachen waren wünschenswert gegen die Kälte, doch beim Wandern unmöglich. Am besten waren Wollsachen. Der Schlafsack war aus Renntierfell; an den Füßen trugen sie Finnenschuhe und Ledermokassins mit einer Einlage von Seegras, Haferlsocken und lange Strümpfe aus Loden.

Jedes Ding wurde sorgfältig ausprobiert. Nansen und Johansen zogen hinaus aufs Eis, lebten für sich im Zelt, bereiteten ihr eigenes Essen und erprobten alles aufs peinlichste.

Das war eine geschäftige Zeit. Nansen kam kaum vor den

Morgenstunden in die Koje. Alles auf der „Fram" mußte für die kommende Fahrt gewappnet sein. Auszüge aus dem Journal und von den Observationen mußten fertiggestellt und Briefe geschrieben werden. Da gab es tausend Dinge zu tun.

Am 25. Februar zogen die beiden mit sechs Schlitten und einem Rudel Hunde los. Doch sie mußten wieder umkehren. Ein Schlitten zerbrach — auch waren es zu viele Schlitten. Also zurück und die Schlitten absteifen. Aber noch einmal mußten sie kehrtmachen. Die Schlitten wurden bis auf drei ausrangiert, jeder mit neun Hunden bespannt und das Gepäck auf 600 kg herabgedrückt.

Am 14. März wurde zum letztenmal Abschied genommen. Nansens und Johansens Marsch dem Pol entgegen ist der Glanzpunkt der gesamten Polargeschichte — eine Fahrt ohnegleichen. Sie war aber nicht das Ergebnis zufälligen Glückes, sondern genialer Vorbereitung — ein Sieg des menschlichen Körpers und Geistes. Hier können wir von Helden sprechen, von Männern der Tat!

Die Beschaffenheit des Eises auf ihrem Wege erwies sich als außergewöhnlich ungünstig. Die Staumassen erreichten oft eine Höhe von 8—9 m, und wo man sie nicht umgehen konnte, verlor man unendlich viel Zeit. Obgleich sie drei Wochen später aufbrachen als beabsichtigt, herrschte strenge Kälte. Die Kleidung gefror ihnen am Leibe und scheuerte die Handgelenke wund. Erst im Schlafsack taute sie auf. Vor allem mußten sie auf die Fußbekleidung achten, die Mokassins wenden und das Seegras auf der Brust oder auf den Schenkeln zum Trocknen ausbreiten. Während der Kocher summte und das Wasser kochte, ging im Schlafsack unter heftigem Zähneklappern der Schmelzprozeß vor sich. Die Nächte waren oft so kalt, daß das Quecksilber gefror. Eines Morgens erwachte Nansen mit weißgefrorenen Fingern. Oft waren sie nach den harten Tagesmärschen so mitgenommen, daß sie sich beim Essen kaum wach zu halten vermochten, und es kam vor, daß sie mit dem Essen in der Hand einschliefen.

Das Eis wurde nicht besser, im Gegenteil immer schlechter. Nansen ging meistens voraus, um einen Weg an den unangenehmen Stauungen vorbei zu finden. Dann hieß es, den Hunden beim Ziehen zu helfen, und oft mußten die Schlitten über die Stauungen hinweggehoben werden. Lange Strecken bildeten ein einziges unübersehbares Geröllfeld von Eisblöcken, dazwischen weicher Schnee — manchmal auch Wasser, in das man hineinplumpste.

Es tat ihnen später bei dem Gedanken daran weh, wie hart sie gegen die ausgemergelten Tiere vorgehen mußten. Aber vorwärts mußten sie ja, durften weder sich selbst noch die Hunde schonen. Eines Tages stand es so schlecht um einen Hund, daß sie ihn losließen. Spät am Tage merkten sie erst, daß er am Morgen am Zeltplatz zurückgeblieben sein mußte. Obwohl jede Stunde kostbar war, ging Nansen zurück und holte den Hund.

Am 7. April war Nansen sich darüber klar, daß es so nicht weitergehen konnte. Auf Skiern lief er allein ein Stück nach Norden, doch von den höchsten Eisstauungen erblickte er nichts anderes als „aufgetürmtes Eis wie eine erstarrte Brandung", soweit er sehen konnte. Sie erkannten die Grenzen des Menschenmöglichen.

Am nächsten Tag, dem 8. April, hielten sie bei —38 Grad eine Festmahlzeit auf ihrem nördlichsten Zeltplatz, 86° 14' — 320 km nördlicher, als Menschen bisher vorgedrungen waren. Der Platz wurde mit norwegischen Flaggen geschmückt.

Nun ging es heimwärts mit dem Kurs auf das Franz-Joseph-Land. In der Luftlinie waren es 670 km, doch Waken, Stauungen und Ströme verlängerten den Weg beträchtlich. Weiter im Süden wurde das Eis besser, verschlechterte sich jedoch wieder im Mai. Der Frühling zerriß ihren Weg durch Rinnen und Waken; Schnee und Eis wurden matschig, und Schlitten, Mann und Hunde sanken tief ein. Der Proviant nahm beängstigend ab — die Rationen wurden kleiner. Um sie herum war leblose Öde. Weder Bären, Robben noch Vögel ließen sich sehen. Ende Juni tauchte ein großer Seehund in einer Wake auf. Er wurde geschossen und heraufgezogen, und die beiden glücklichen Jäger tanzten wie närrische Jungen um den Seehund herum. Er lieferte Frühstück, Mittag und Abendbrot für einen ganzen Monat. Sie hieben ein, daß der Tran an ihnen herunterfloß, und brieten Blutkuchen mit Tran, daß das Zelt Feuer fing und beinahe vor ihren Augen abgebrannt wäre.

Am 30. Juni machte Nansen die Entdeckung, daß sie im ganzen Monat nicht vorwärts gekommen waren. Das eröffnete ihnen die Aussicht, noch einmal überwintern zu müssen — doch nicht unter so trautem Dach wie dem der „Fram" — dabei fast ohne Proviant.

Am 6. Juli stellten sich drei willkommene Bären ein, und wieder war die Nahrungsfrage gelöst.

Die Temperatur wurde mäßiger. Wenn Nansen bei —29 Grad dasaß und seine Hose flickte, schien es ihm mild, und als die Temperatur auf —18 Grad „stieg", schwitzte er im Schlafsack, daß er kaum schlafen konnte. Vom 24. Juli berichtet das Tagebuch: „Endlich ist das große Wunder geschehen, an das wir fast nicht mehr glaubten: Land, Land! In der klaren Luft liegt es ganz nahe, höchstens eine Tagesreise entfernt."

Nach dreizehn harten Tagen hatten sie sich ans Land gearbeitet.

Es waren Tage voll Mühe — und voll Regen. Nansen hatte einen Hexenschuß. Drei Tage lang war er völlig hilflos. Jeder Schritt bereitete ihm entsetzliche Qualen. Naß bis auf die Haut verbrachten sie die Nächte im durchweichten Schlafsack. Die Füße waren wie Eisklumpen. Dabei hatten sie keinen trockenen Faden zum Wechseln. Johansen mußte Nansen wie ein Kind betreuen.

„Ich habe eine kleine Idee davon gekriegt, was es hieße, wenn ich ernstlich krank würde. Ich befürchte, daß unser Schicksal besiegelt wäre." Das Eis war ein einziges Geröllfeld von Blöcken. Nicht einmal ein ebener Platz zum Zeltaufschlagen war zu finden. Als sie endlich das Land erreichten, waren sie so ausgemergelt, daß sie erst mehrere Tage rasten mußten.

Einer dieser dreizehn Tage wäre beinahe Johansens letzter geworden. Im Nebel wurden sie von einer Wake aufgehalten. Plötzlich hörte Nansen hinter sich rufen: „Nimm die Flinte!" — „Ich drehte mich um und sah, wie ein riesiger Bär sich über ihn warf. Sie purzelten hintenüber. Ich griff nach der Flinte, die im Futteral auf dem Vorderdeck lag. Doch im selben Augenblick rutschte der Kajak ins Wasser — ich versuchte, ihn auf den hohen Eisrand heraufzuzerren, aber er war mit seiner Last zu schwer. Ich lag auf den Knien, zog und zerrte und reckte mich nach dem Gewehr. Mich umzusehen, was hinter mir vorging, dazu hatte ich keine Zeit. Da hörte ich Johansen ruhig sagen: ‚Nun mußt du dich beeilen, wenn du nicht zu spät kommen willst.‘ Jawohl, mich beeilen! Schließlich erwischte ich den Gewehrkolben, zog ihn hervor, warf mich herum und spannte in der Hitze des Gefechts den Hahn des Schrotlaufs. Doch da stand der Bär ein paar Schritte vor mir, eben im Begriff, sich an meinem Hund Kaiphas zu vergreifen. Ich hatte keine Zeit mehr, den anderen Hahn zu spannen. Er erhielt die ganze Schrotladung hinters Ohr und stürzte tot zwischen uns nieder.“

Vor dem Lande, das sich vor ihnen ausstreckte, blinkte offenes Wasser. Kajak und Schlitten mußten die Rollen tauschen. Sie banden die drei Kajaks zusammen und setzten die Schlitten quer darüber. Kaiphas und Suggen waren immer noch bei ihnen. Einmal nach dem anderen mußten sie wieder aufs Eis hinauf und ziehen und zerren. Doch endlich kamen sie an offenes, eisfreies Wasser. Da konnten sie ihre Hunde nicht länger gebrauchen. „Armer Suggen, so rührend, wie er gewesen war, und Kaiphas, wie stolz und prächtig war er bis zuletzt. Voll Treue und Ausdauer hatten sie sich auf der ganzen Fahrt für uns abgerackert. Sie wie die anderen zu schlachten, vermochten wir nicht. Wir opferten für jeden eine Patrone. Johansen erschoß hinter einem Eishügel meinen Hund, und ich seinen — eine harte Pflicht.“

Am 6. August erreichten sie einige dem nordwestlichen Franz-Joseph-Land vorgelagerte Inseln.

Am 15. August, also fünf Monate nach dem Aufbruch von der „Fram“, setzten sie ihren Fuß zum erstenmal auf feste Erde. Sie „genossen die Freuden des Landlebens“ in vollen Zügen, hüpften wie Kinder auf dem Gestein herum, pflückten Moos, Steinbrech und Mohnblumen und hißten die norwegische Flagge. Und da gab es Tang und Robben und Seevögel — und das liebe blaue Meer! —, ein irdisches Paradies für die eismüden Männer.

Das mußte mit einem Festmahl gefeiert werden — und zwar mit Pemmikan und Kartoffeln, den letzten, die sie extra für diese Feierstunde aufgehoben hatten; und als Nachtisch — die neue Hoffnung, noch im Herbst heimkehren zu können.

Doch nach einem Tag in den Kajaks mußten sie wieder aufs Eis. Nach langem Zerren und Schinden kamen sie wieder in offenes Wasser. Einen Tag und eine Nacht Bootfahrt, dann war wieder alles versperrt. Nun stand es fest: Sie mußten noch einmal überwintern.

Wieder schrumpften die Eßvorräte bedenklich zusammen. Da meldete sich eines Morgens ein Bär vor der Zelttür. Sogleich schob sich Nansens Gewehrlauf hinaus und hieß ihn willkommen.

Im Winterlager

Ende August landeten sie an der Küste von Franz-Joseph-Land und wählten hier einen Platz zum Winterquartier, ohne zu ahnen, daß die Expedition Mister Jacksons ihr Lager eine Monatsreise südlicher aufgeschlagen hatte. Zunächst galt es, Nahrung und Feuerung zu beschaffen. Bären und Walrosse mußten ihr Leben lassen; es gab genug davon. Die Kleider der Jäger wurden von Blut und Tran ganz glitschig und steif. Große Haufen von Fleisch und Speck wurden aufgestapelt und mit Segeltuch und Häuten bedeckt. Bären und Füchse versuchten, von diesen Haufen zu stehlen. Die Bären mußten das mit dem Leben bezahlen. Am schlimmsten aber waren die Füchse; denn sie schleppten alles mögliche fort, was sie gar nicht gebrauchen konnten — Thermometer, Draht, Harpunen und Leinen, ja, sogar mit dem Segeltuch machten sie sich davon.

Das schwierigste war der Bau des Winterhauses. Die Wände bestanden aus Stein und Moos, das Dach aus Walroßhaut, die über einen Treibholzstamm gespannt war, der als First diente. Als Spaten verwandten sie ein Walroßschulterblatt, das an einen Skistock gebunden war. Walroßzähne waren gute Hacken. Die Ausstattung war höchst einfach, aber praktisch: Zwei Steinbänke mit Bärenfellen, die als Unterlage für einen Schlafsack aus Wolldecken dienten. Die Steine waren allerdings ziemlich harte Sprungfedern; sie bekamen wunde Hüften, schliefen aber trotzdem gut. Über dem Herdplatz hing eine Kaminhaube aus Bärenhaut. Auf das Dach setzten sie einen Schornstein aus Schnee und Eis, der gut zog. Der Eingang war nach Eskimoart ein Kriechgang mit Eisblöcken als Dach und zwei Türen aus Fellen. Die Stube war zehn Fuß lang und sechs Fuß breit, so daß Nansen beim Liegen gerade die Wände berührte. Sie war so hoch, daß er beinahe aufrecht stehen konnte.

Am 25. September siedelten sie von ihrer Felsgrotte in ihr neues Winterquartier über. Heizung und Beleuchtung lieferten ihnen Tranlampen, zu denen Dr. Blessings Mullbinden ausgezeichneten Docht lieferten. Viel Wärme gaben sie nicht, doch konnte die Temperatur in der Mitte des Raumes bis zum Gefrierpunkt steigen, und das empfanden sie als angenehm warm.

Die Wände glitzerten von tausend Kristallen und wunderbaren Rauhreifblumen, so daß man sich in einer Marmorhalle wähnen konnte. Bei Wetterumschlag aber, oder wenn sie am offenen Herde etwas brieten und schmorten, rann die ganze Marmorpracht in Bächen an den Wänden herab und in die Schlafsäcke hinein.

Zweimal täglich gab es Bärenfleisch: des Morgens Suppe und zum Abendbrot Beefsteak. Davon verschlangen sie unheimliche Mengen. Neunzehn Bären haben sie aufgegessen und wurden es nie leid. Zwischendurch leisteten sie sich ,,Backwerk''. Das waren in Tran geschmorte Fleisch- oder Speckstücke, die sie aus der Tranlampe fischten. Diese waren ,,ungewöhnlich lecker'', und sie phantasierten davon, wie wundervoll es schmecken würde, wenn sie etwas Zucker dazu hätten.

Den Rest des Schlittenproviants von der ,,Fram'' hoben sie in einem Depot für die Heimfahrt auf.

Am 15. Oktober verkroch sich die Sonne, und die Bären verschwanden. Da legten sich auch unsere zwei norwegischen Bären zum Winterschlaf. Etwas Bewegung verschafften sie sich durch einen Spaziergang — wenn es das Wetter erlaubte. Oft herrschte ein so böser, eisiger Sturm unter den Felsenklippen, daß der Ausflug nur kurz wurde; denn ihre Kleider boten bei dem scharfen Wind und —40 Grad nicht mehr genügend Schutz, und das Windzeug war längst in Fetzen. Nansen hatte gehofft, an seinem Reisebericht schreiben zu können. Doch das Gehirn war stumpf und die Umgebung auch nicht gerade anregend. Das Tagebuch während der neun Monate im Winterlager ist ziemlich kurzgefaßt. Wochenlang nichts anderes als die allernotwendigsten meteorologischen Aufzeichnungen.

Aus dem Tagebuch vom 1. Dezember: „Ein wundervolles Wetter die letzten Tage. Man kann sich nicht satt sehen, wenn man draußen auf dem Platz auf und ab geht, während der Mond diese ganze Eiswelt in ein Märchen verwandelt. Da liegt die Hütte im Schatten unterm Berge, der finster und drohend darüber hängt. Über Eis und Fjord aber ruht das Morgenlicht wie ein Silberhauch, und alle Höhen und Schneekämme strahlen das Licht zurück. Eine geisterhafte Schönheit wie die einer abgestorbenen Welt, erbaut aus glitzerndem Marmor. Wie immer segelt der Mond langsam und leise auf seiner endlosen Bahn durch den toten Raum, und alles ist so still, so beängstigend still; die große Leere, die einmal kommen soll, wenn die Erde wieder öde und leer sein wird — wenn der Fuchs nicht mehr durch das Geröll huscht, der Bär nicht mehr draußen umherstreift — wenn nicht einmal die Winde mehr rasen — endlose Stille. In den Nordlichtflammen schwebt der Geist des Raumes über dem frostgebundenen Wasser. Die Seele beugt sich vor der Majestät der Nacht und des Todes."

Dienstag, den 24. Dezember. „2 Uhr nachmittags. —24 Grad Kälte. Cumulus 2. Wind 0,7 m. Das ist also Weihnachtsabend. Kalt und stürmisch ist's draußen — kalt und windig drinnen. Wie öde ist es! Niemals hatten wir wohl einen solchen Weihnachtsabend. — Nun läuten sie daheim den Heiligen Abend ein. Ich höre den Glockenklang durch die Luft von den Kirchtürmen schwingen. Wie schön das klingt. — Nun werden die Christbaumkerzen angezündet, die Kinderschar wird hereingelassen, und nun tanzen sie jubelnd um den Tannenbaum herum. Ich muß einen Weihnachtsschmaus für Kinder halten, wenn ich wieder zurückkomme. Jetzt ist Freudenzeit zu Hause und Fest in jeder Hütte.

Doch auch wir feiern das Fest mit unseren bescheidenen Mitteln. Johansen hat sein Hemd gewendet und das ‚Oberhemd' zum ‚Unterhemd' gemacht. Ich habe dasselbe getan, außerdem habe ich aber die Unterhose gewechselt und die andere angezogen,

die ich in warmem Wasser ausgewrungen hatte. Dann habe ich
mit einer Vierteltasse Wasser Körperwaschung vorgenommen —
und zwar mit der abgelegten Unterhose als Waschlappen und
Handtuch. Jetzt fühle ich mich wie neugeboren. Die Sachen
kleben nicht mehr so ekelhaft am Leibe. Zum Abendbrot hatten
wir danach Fischauflauf aus Fischmehl mit Maisflocken — dazu
Tran statt Butter. Morgen früh soll es Schokolade und Brot geben."
    Heiligabend und Silvester waren die einzigen Male, an denen
sie sich etwas vom Reisevorrat zu nehmen gestatteten.
    Am 31. Dezember. „Nun läuten sie daheim das alte Jahr aus.
Unsere Kirchenglocke ist der eisige Wind, der über Gletscher
und Eisgefilde heult, Schneegestöber in Wolken daherwirbelt
und alles auf uns herniederfegt."
    „Der Neujahrstag hielt seinen Einzug mit —41.5 Grad Kälte.
Klarer Mondenschein. Der Gletscher schoß mit mächtigem Dröhnen — wie von Kanonensalven — das alte Jahr aus und das neue
ein. Ein neues Jahr ist angebrochen, das Jahr der Freude und
Heimkehr.
    Am 8. Januar ist Liv 3 Jahre alt. Zum nächsten Geburtstag
kann ich wohl mit dabei sein. Wir werden gute Freunde werden!
Da machen wir ‚Hoppe, hoppe Reiter‘, und ich erzähle dir Märchen
vom Norden, von Eisbären, Walrossen und allen diesen wunder-
lichen Tieren dort oben im Eise."
    Das war gewiß ein seltsames Dasein, einen ganzen Winter
dort in einer Hütte unter der Erde zu liegen, ohne etwas zu
unternehmen. Wie sehnten sie sich nach einem Buch! Navigations-
tabellen und Almanach kannten sie auswendig; es war immerhin
ein Trost, Buchstaben zu sehen. Das gab ein Gefühl, noch ein
„zivilisierter Mensch" zu sein. Was sie einander zu erzählen hatten,
war schon längst gründlich erörtert. Doch konnten sie in ihrem
Schlafsack sitzen und einander stundenlang ausmalen, wie sie
in einen großen Laden eintreten, in dem die Wände voll reiner,
molliger Wollsachen hingen, und wie sie da umhergingen und
aussuchten, was ihnen gefiel. Und sie träumten von römischen
Bädern, von Seife, und wie sie des Lebens Güter hochschätzen
wollten: Essen und Trinken, Kleidung, Schuhe, Haus und Heim,
gute Nachbarn und dergleichen mehr. Sie träumten davon, alle

diese specktriefenden Fetzen vom Leibe reißen zu können. Überall klebten sie fest. „Am schlimmsten war es an den Beinen; wenn man ging, dann riß, zwickte und zerrte es an der Haut, daß die innere Schenkelseite ganz wund und blutig wurde. Bisher hatte ich nie recht begriffen, welche schöne Erfindung eigentlich die Seife ist. Wasser vermochte ja der Transchicht nichts anzuhaben — dann war es schon besser, mit Sand und Moos zu scheuern." Am besten aber reinigte warmes Bärenblut und Moos. Gesicht, Haar und Bart waren schwarz; weiß schimmerten nur die Zähne in diesen Wildemannsgesichtern aus der Steinzeit.

In diesem eintönigen dumpfen Winterschlaf verstrich die Zeit leidlich rasch. Die beiden hatten etwas von der Art des norwegischen Winterbären. Sie konnten fast die ganze Zeit schlafen, wach oder halbwach vor sich hindösen und träumen und sich auf die Zukunft freuen. Etwas von einer urwüchsigen Naturkraft liegt darin: die Fähigkeit, sich nach den Umständen einzurichten und sie auf diese Weise zu überwinden.

Trotz einförmiger Kost, drückender Finsternis, ewigen Frierens und Mangels an Bewegung waren sie die ganze Zeit bei bester Gesundheit und guten Mutes.

In Gedanken folgten sie dem Kurse der „Fram". Wo war die „Fram"? Nansen hatte berechnet, daß sie im August oder September wieder zu Hause sein müsse, und zu dieser Zeit hoffte er auch selbst zurück zu sein.

Aufbruch

Gegen den Frühling bereiteten sie sich auf die Weiterfahrt vor. Sie mußten neue Kleidung haben. Aus den Wolldecken vom alten Schlafsack fertigten sie Hosen und Jacken an. Aus einem Zelttuch gewannen sie Zwirn, und aus dem dünnsten Bärenfell machten sie einen leichten und warmen Schlafsack. Ein Zelt aber besaßen sie nicht mehr; das hatten sich die Füchse angeeignet. Ein notdürftiges Schutzdach bastelten sie sich trotzdem zurecht: Sie stellten die Schlitten auf — im Abstand von 6 Fuß —, mit den Kajaks obendrauf, dichteten die Unterlage und die Seiten mit Schnee ab, legten Skier und Bambusstangen darüber und breiteten über diesen „Dachstuhl" zwei zusammengebundene Segel, die zu beiden Seiten bis auf die Erde herabhingen.

Das meiste des Proviantes von der „Fram" war verschimmelt und verdorben; doch wie früher kamen die Bären wie bestellt. Die Jagd verschaffte ihnen Bewegung und ermunternde Abenteuer.

Zum Schluß schrieb Nansen einen Reisebericht, steckte ihn in einen Metallzylinder und hängte ihn unter der Dachfirst auf. (Dieser wurde 1902 von dem Polarforscher B. Baldevin in Nansens Winterquartier gefunden.)

Am 19. Mai 1886 sagten sie ihrem Winterlager Lebewohl und begaben sich auf die abenteuerlichste Fahrt, die Menschen je unternommen haben. Mit Kajak und Schlitten zogen sie los. Zughunde waren sie selbst.

Während eines plötzlich hereinbrechenden Unwetters mußten sie an Land flüchten. Nansen eilte voraus, um einen Zeltplatz zu suchen. Das Eis war trügerisch, von schneeüberdeckten Spalten zerrissen. Nansen brach ein. Mit seinen festgebundenen Skiern vermochte er sich nicht aus dem Schneematsch herauszuarbeiten; der Zuggurt hinderte ihn daran, sich umzudrehen. Sich mit dem linken Ellbogen gegen eine Eiskante und mit dem Skistock gegen eine andere stemmend, hielt er sich über Wasser und wartete auf Johansen, der damit beschäftigt war, das Seil der Kajaks abzutakeln, und auf Nansen nicht achtgegeben hatte. Doch die Eiskante begann nachzugeben. Das Wasser stand ihm bereits bis zum Leib. Er rief und juhute. Niemand antwortete. Tiefer und immer tiefer sank er ein. Schon ging ihm das Wasser an die Brust; bald würde es über seinem Kopfe zusammenschlagen. Da kam Johansen und zog ihn herauf. Seitdem ging er nie wieder mit festgebundenen Skiern über das tückische Eis.

Eines Tages im Juni nach einer langen Bootfahrt legten sie an einer Eiskante an und stiegen hinauf, um sich die Beine zu vertreten. Als sie oben auf einem Eishügel standen und Ausblick hielten, rief Johansen: „Sieh — da treiben unsere Kajaks ab!" „Wir rannten hinunter, so schnell uns die Beine trugen. Doch die

Kajaks waren schon ein Stück abgetrieben und entfernten sich rasch. — ‚Hier, nimm die Uhr‘, sagte ich zu Johansen und riß mir die Kleider vom Leibe, um leichter schwimmen zu können. Ich stürzte mich ins Wasser. Der Wind wehte vom Eis hinweg. In den leichten Kajaks mit der hohen Takelage fand er eine gute Angriffsfläche. Schon schwammen sie weit draußen und trieben rasch weiter. Das Wasser war eisig kalt. In Kleidern zu schwimmen kostete Kräfte. Weiter und weiter trieben die Kajaks ab, oft schneller, als ich zu schwimmen vermochte. Es sah mehr als zweifelhaft aus, daß ich sie einholen könnte. Doch da trieb ja unsere ganze Hoffnung. Alles, was wir besaßen, befand sich an Bord. Nicht einmal ein Messer hatten wir bei uns; ob ich also hier erstarrte und sank, oder ob ich ohne die Kajaks umkehrte, kam auf eins heraus. Ich schwamm also mit aller Kraft. Wenn ich müde wurde, schwamm ich auf dem Rücken. Ich sah, wie Johansen unruhig am Eisstrand auf und ab ging. Der arme Kerl vermochte nicht stillzustehen — und dabei nichts tun können, mußte zum Verzweifeln sein. Auch war wenig Hoffnung, daß ich es schaffen würde. Aber sich ins Wasser stürzen, konnte auch nichts nützen. Später hat er mir erzählt, das wären die schlimmsten Augenblicke seines Lebens gewesen. Als ich mich dann wieder herumwarf, sah ich, daß ich den Kajaks näher gekommen war. Da stieg der Mut, und mit neuen Kräften ging's drauflos. Doch nach und nach fühlte ich die Glieder erstarren und gefühllos werden. Ich merkte, daß es nicht mehr lange dauern würde, bis ich sie nicht mehr rühren könnte. Aber jetzt war es auch nicht mehr weit. Wenn ich nur noch ein Weilchen aushielt, waren wir gerettet. Also drauf! Matter und matter wurden die Züge, doch kürzer und kürzer wurde der Abstand. Endlich konnte ich die Hand nach dem Ski ausstrecken, der achtern quer über dem Kajak lag. Ich packte zu, zog mich an den Kajakrand und glaubte uns gerettet. Ich wollte mich hinaufziehen, doch der Körper war so steif vor Kälte, daß ich ihn nicht mehr in der Gewalt hatte. Einen Augenblick glaubte ich tatsächlich, es sei zu spät. Die Kajaks einzuholen hatte ich geschafft, war aber nun nicht mehr imstande hinaufzukommen. Endlich — nach einer Weile, gelang es mir, das eine Bein auf den Rand des Schlittens, der auf dem Deck stand, hinaufzuwerfen und mich auf diese Weise hinaufzuwälzen. Nun saß ich im Boot, war aber vor Kälte so starr, daß ich kaum rudern konnte. Ich zitterte, daß die Zähne klapperten. Doch allmählich vermochte ich die Ruder zu führen.

Da wiegten sich zwei Alke gerade vor dem Bug. Die Aussicht auf Vogelbraten zum Abendbrot war zu verlockend; es sah ja ziemlich trübe aus mit unserem Proviant. Ich packte die Flinte und erlegte beide mit einem Schuß. Bei dem Knall zuckte Johansen zusammen. Später erzählte er mir, er hätte nicht verstehen können, was ich da anstellte. Er hätte gedacht, es sei ein Unglück geschehen. Als er mich aber umherrudern und Vögel aufsammeln sah, glaubte er, ich hätte den Verstand verloren.

Ich konnte gerade noch aufs Eis krabbeln, und während ich zitterte und bebte, riß Johansen mir die nassen Fetzen vom Leibe, zog mir trockenes Zeug über, steckte mich tief in den Schlafsack hinein und häufte Segel und alles, was er finden konnte, darauf. Da lag ich lange; es schüttelte mich, und ich hatte den Schluckauf. Doch allmählich kehrte die Wärme wieder. Während Johansen das Zelt instand setzte und meine Alke zum Abendessen kochte, schlief ich sanft ein. Er ließ mich ruhig schlafen, und als ich erwachte, war das Abendbrot schon längst fertig und brodelte über dem Feuer. Die Alke und die warme Suppe löschten bald die letzte Spur des kalten Wettschwimmens aus."

Hjalmar Johansen berichtet: „Nansen sah schlimm aus, als er das Ufer erreichte. Fahl im Gesicht, mit nassem Haar und Bart und Schaum im Munde stand er zitternd da, vermochte kaum zu sprechen und sich auf den Beinen zu halten."

Noch einmal spielte Nansens Schutzgeist mit seinem Leben. Das Fahrwasser wimmelte von Walrossen; überall tummelten sie sich — im Wasser, auf den Schollen, und da sie Junge bei sich hatten, war mit ihnen nicht zu spaßen. Es haperte mit dem Vorrat, und so schossen sie ein paar Junge. Doch die Mütter nahmen die Jungen unter die Vorderflossen, stürzten sich mit ihnen ins Wasser und verschwanden. Das nächste Mal mußte eine Mutter ihrem Jungen in den Tod folgen. „Es war ein rührender

Anblick, wie sie sich, bevor sie selbst geschossen wurde, über das Junge beugte und im Tode noch die eine Vorderflosse schützend darüberhielt."

Vorsichtig mußten sie an einer Walroßherde vorbeimanövrieren. Es wimmelte geradezu von Walrossen. Auf einmal schoß ein Ungeheuer auf Nansens Boot zu, warf sich darüber, versuchte es zum Kentern zu bringen und stieß die Zähne in die Seitenwand. Nansen klatschte ihm mit dem Ruder auf den Kopf. Noch einmal ging es auf den Kajak los, warf ihn auf die Seite, schnellte rückwärts, erhob den ganzen mächtigen Körper und — Nansen griff nach seiner Flinte. Im selben Augenblick warf es sich herum und war weg. Doch zugleich füllte sich der Kajak mit Wasser; das Walroß hatte mit seinen Stoßzähnen den Kajak aufgerissen. Glücklicherweise waren sie dicht am Eisrand und schleppten das Boot aufs Trockene. An Bord war alles durchnäßt. Sie wrangen den Schlafsack aus und verbrachten darin „eine wundervolle Nacht."

Am nächsten Tag besserten sie den Riß aus und waren froh, daß nicht auch Nansens Schenkel einen Riß abgekriegt hatte.

Eine Begegnung

Es war am 17. Juni. Nansen hatte eben einen kleinen Spaziergang gemacht und lauschte nun dem Krächzen und Kreischen von Tausenden von Vögeln; da war ihm, als vernehme er Hundegekläff ... — Hunde? Hier? Unmöglich! Doch da hörte er es wieder. Deutlich. Es waren Hunde. Er rief Johansen. Der sprang erschrocken auf. Was, Hunde? Nicht möglich. Er glaubte, Nansen habe den Verstand verloren und leide an Halluzinationen. Nansen aber ließ sich nicht irremachen und eilte im Sturmschritt davon. Und wirklich — er findet Fährten — viele Hundefährten. Plötzlich ist ihm, als höre er eine Stimme, eine Menschenstimme. Er rennt auf einen Eishügel und juhut mit seiner ganzen, gewaltigen Stimme in die Eiswüste hinein. In dieser einen Menschenstimme, die er draußen in der Eiswüste gehört hat, klingt ein Gruß vom

Leben, von der Heimat — von daheim. Von weit draußen ertönt matt eine Antwort. Etwas winzig Schwarzes sieht er sich da drüben zwischen den Eishügeln regen. Er läuft darauf zu. Nach einer Weile stehen zwei Männer einander gegenüber. Der eine ist der englische Nordpolfahrer Jackson.

Jackson: „I am damn'd glad to see you."

Nansen: „Thank you, I am so too."

Jackson: „Have you a ship here?"

Nansen: „No, my ship is not here."

Jackson: „How many are there of you?"

Nansen: „I have one companion at the ice edge."

Nansen hatte Jackson gleich wiedererkannt und glaubte, auch Jackson erkenne ihn. Aber in diesem Wilden einen Europäer zu erkennen, war nicht so leicht. Doch plötzlich hält Jackson, der Nansen die ganze Zeit betrachtet hat, inne — und es fährt aus ihm heraus:

„Aren't you Nansen?"

„Yes, I am."

„By Jove, I am glad to see you."

Während ihm die Freude aus den dunklen Augen strahlte, schüttelte er Nansen kräftig die Hand. Nun hagelte es von beiden Seiten mit Fragen und Antworten, und sie hatten sich so viel zu erzählen, daß die Zeit wie im Fluge verging, bis sie Jacksons Lager erreichten. Hier hatte Jackson seit zwei Jahren mit Briefen für Nansen gelegen. Zu Hause ging alles gut. Nach drei Jahren dauernder Spannung zog unendlich erquickender Friede in sein Gemüt.

Es war eine Wohltat, die Güter der Zivilisation wieder genießen zu dürfen. Sie wurden gleich photographiert, diese beiden schwarzen, struppigen, speckigen und zerlumpten Wilden. Eigentlich sonderbar, daß Dreck und Lumpen richtige Kerle malerischer machen als ordentliche Kleider.

Jackson glaubte, die „Fram" mit den elf übrigen sei verunglückt; denn er meinte, einen betrübten Zug in Nansens Gesicht wahrnehmen zu können, als er nach dem Schiffe fragte, und in aller Stille bedeutete er seinen Leuten, nicht danach zu fragen. Doch bald kam der Irrtum an den Tag.

Über die „Fram" hatten die beiden sich genug Gedanken gemacht. Nansen berechnete, die „Fram" müsse zwischen Spitzbergen und Grönland vom Eise freikommen und im August oder September zu Hause sein. Die „Fram" und Sverdrup würden es schon schaffen.

Auf der Waage zeigte sich, daß Nansen 92 kg — oder 10 kg mehr als beim Abschied von der „Fram" wog, und Johansen 75 kg — d. h. 6 kg mehr. Dies stand im Widerspruch zu allen früheren Erfahrungen über das Leben im arktischen Klima.

Nansen sagte einmal: Es gilt nur, sich vernünftig einzurichten. Seine Polfahrt ist eine Demonstration dieser Vernunft, und alle arktischen Forscher, die in die „Nansensche Polarschule" gegangen sind, haben — mehr oder weniger — ein glückliches Ergebnis heimbringen können.

Heimwärts

Am 26. Juli kam Jacksons Dampfer „Windward", una zugleich konnte Jackson freudestrahlend berichten, daß in Nansens Heim alles wohlauf sei; die „Fram" habe sich allerdings noch nicht sehen lassen.

Am 7. August ging es heimwärts.

Aus dem Tagebuch an Bord der „Windward", den 9. August: „In langen Wogen rollt das Meer, soweit das Auge reicht. Über dem Horizont — fern im Norden strahlt der Gegenschein vom Eis —, der letzte Gruß von der Welt, die unsere Heimat war, unsere Freuden und Sorgen drei Jahre lang gesehen hatte. Wie wundersam — all das müssen wir weit hinter uns lassen — und vor uns — es ist wie ein schöner Traum. Gedanken segeln auf goldenen Wolken."

Fünf Tage später tauchte etwas Dunkles am Horizonte auf. Das war Norwegen. „Ich stand wie versteinert und starrte und starrte in die Nacht hinaus", schreibt er.

Am Morgen des 13. August glitt die „Windward" in den Hafen von Vardö (am nordöstlichen Zipfel von Norwegen). Noch ehe

Anker geworfen war, befand sich Nansen im Boot und eilte zum Telegraphenamt, legte einen gewaltigen Stoß Telegramme auf den Tisch, viele davon über tausend Worte lang, und bat um möglichst rasche Beförderung. Als der Amtsvorsteher die Unterschrift erblickte, leuchtete sein Gesicht auf, und bewegt begrüßte er den Heimgekehrten. Die Erledigung der Telegramme nahm mehrere Tage in Anspruch. Tag und Nacht wurde Nansens Name in die Welt hinaus getickt — an Nansens Frau, Johansens Mutter — an die Angehörigen aller Kameraden von der „Fram", an den König, die Regierung, an Gönner, Zeitungen — an die ganze Welt. Und dann strömten die Telegramme von draußen herein — zu Hunderten — von allen Ecken und Enden der Welt. Die armen Telegraphisten von Vardö und die gesamte Reservemannschaft haben nie wieder solche Tage erlebt.

Augenblicklich war ganz Vardö auf den Beinen. Fahnen wehten von allen Stangen und Masten. Wo die beiden sich zeigten, war es schwarz von Menschen.

Nansen erfuhr, daß Professor Mohn, sein guter Freund und Gönner, sich gerade in einem Hotel in der Stadt aufhielt. Nansen eilte hinauf und hinein ins Zimmer. Aus einer langen Pfeife schmauchend, lag Professor Mohn auf dem Sofa und las. Als sähe er Gespenster, fuhr er auf: „Gott sei gedankt, daß Sie am Leben sind!" Er brach in Tränen aus und warf sich Nansen in die Arme.

In Hammerfest trafen sie durch einen eigenartigen Zufall Nansens englischen Freund, Sir George Baden Powell, den Gründer und Führer der Pfadfinderbewegung, der mit seiner prächtigen Jacht „Otario" gerade im Hafen lag. Er war eben von einer wissenschaftlichen Expedition auf Nowaja Semlja zurückgekehrt und wollte nun an der Eisgrenze entlang nach der „Fram"-Expedition Ausschau halten. Nun stellte er Nansen seine Jacht zur Verfügung. Am Abend traf Frau Eva Nansen ein. Nach einem glänzenden Fest in Norwegens nördlichster Stadt siedelten sie auf die vornehme Jacht über.

Immer noch strömten die Telegramme herein.

Doch wo war die „Fram"? Mit Grauen dachte er daran, ob wirklich der Herbst ohne eine Nachricht verstreichen sollte.

Frühmorgens am 20. August, als er gerade beim Anziehen war,

pochte Sir George an die Tür — der Telegraphenvorsteher sei da mit einem Telegramm, das ihn vielleicht interessieren würde. Im nächsten Augenblick riß Nansen mit „etwas zitternden Händen" das Telegramm auf:

Skjaervö, 20/8 1896, 9 Uhr.

Doktor Nansen.

„Fram" eben in guter Verfassung hier eingetroffen. Alles wohl an Bord. Gehen sofort nach Tromsö ab. Willkommen in der Heimat.

Otto Sverdrup.

In Nansens erstem Telegramm stand: „Ich erwarte diesen Herbst die Heimkunft der ‚Fram'". Die Worte machten einen starken Eindruck. Einige hatten verlauten lassen, er habe die „Fram" preisgegeben, um seine eigene Haut zu retten. „Ich erwarte die Heimkunft der ‚Fram' mit den übrigen Teilnehmern im Herbst", war Nansens ruhiger Bescheid. Sieben Tage später lag die „Fram" im Hafen von Skjaervö.

Es war, als wolle es ihn ersticken. Er sagte nur: „Die ‚Fram' ist gekommen!" Baden Powell machte einen Luftsprung. Johansen strahlte wie die Sonne, Nansens Sekretär rannte auf und ab, und der Telegraphenvorsteher stand da und genoß die Wirkung seiner Meldung. Indessen verschwand Nansen in der Kajüte seiner Frau und rief: „Die ‚Fram' ist gekommen! Die ‚Fram' ist gekommen!"

Nansen mußte das Telegramm mehrmals lesen, ehe er sicher war, daß dies auch kein Traum sei.

Als die „Otario" am nächsten Tag um 4 Uhr in den Hafen hineinglitt, lag die „Fram" da, stark, breit und wettergebräunt. Beim Passieren des Hafeneinganges donnerten Kanonenschüsse und Hurrarufe. Als die „Otario" dicht an der „Fram" vorüberglitt, stieg Nansen auf die Reling und rief: „Das habt ihr gut gemacht, Jungens!" Dann dröhnten wieder die Kanonen, und Hurras schmetterten — von der „Fram", von der „Windward" und von allen Schiffen. Sobald der Anker sich ins Wasser senkte, enterten die wackeren „Fram"-Jungens die „Otario". Am Fallreep begrüßte und umarmte Nansen jeden einzelnen. „Das Wiedersehen will ich nicht zu schildern versuchen. Alle waren von dem einen Gefühl erfüllt: wir sind wieder beisammen — wir sind in Norwegen — wir haben unsere Aufgabe gelöst."

Die „Fram" war wie berechnet weitergetrieben. Beim Abschied Nansens lag sie auf 84° 4′ und 102° östlicher Länge in dreiundzwanzig Fuß dickem Eise festgepackt. Im Oktober erreichte die „Fram" ihre höchste Breite mit 85° 57′ und hatte mehrere böse Pressungen auszustehen. Alle wissenschaftliche Observationsarbeit ging ihren gewöhnlichen Gang.

Doch es ließ sich kaum leugnen, daß die dritte Polarnacht zuzeiten schwer auf den Leuten lastete. Es gab weniger Arbeit und seltener Jagd und frisches Fleisch. Auch die Abwesenheit der beiden war zu merken; die Anregung, die von einer Persönlichkeit wie Nansen ausgeht, fehlte spürbar. Doch als das Licht zurückkehrte, und es rasch west- und südwärts und heimwärts ging, da lebten sie alle auf, und willkommene Bären brachten Abenteuer, frisches Fleisch und neuen Appetit.

Am 13. August stach die „Fram" in offene See; am selben Tage sprangen Nansen und Johansen in Vardö an Land.

Sie begegneten einem Robbenfänger. „Sind Nansen und Johansen gekommen?" Das trostlose „Nein" bereitete ihnen eine schwere Enttäuschung. Man war überzeugt gewesen, daß die beiden jetzt zu Hause seien. Sie wollten nach Tromsö eilen, genaueren Bescheid einholen und dann nach Franz-Joseph-Land auf die Suche ausfahren. Das blieb ihnen erspart.

Der Staat schickte einen Schlepper, und wie auf einer Via triumphalis ging es südwärts an der 2000 km langen Küste Norwegens entlang. Von Fest zu Fest. „Überall, wohin wir kamen, schwoll uns das Herz des norwegischen Volkes entgegen. Dampfer voll festlich gekleideter Städter, aber auch die ärmsten Fischer in ihren Booten gaben uns das Geleite. Wir hatten das Gefühl, als sei Mutter Norwegen beinahe stolz auf uns, wie sie uns voll Wärme umarmte und uns dankte für das, was wir ausgerichtet hatten. Und was war es denn? Wir hatten lediglich unsere Pflicht getan und das ausgeführt, was wir uns vorgenommen hatten. Da fühlten wir zutiefst, wie nahe dieses Land und Volk unserem Herzen stand. Es hatte uns ausgesandt — ein Sonnenschimmer lag darüber — die drei Jahre waren gut angewandt."

„Man fühlte, welches Leben und welche Kraft in diesem Volke pochte, und wie ein Traumbild stieg die Zukunft herauf — groß und reich —, wenn die Kräfte, die jetzt gebunden sind, gelöst und frei werden."

Es ist bezeichnend: in den Berichten von den vielen Huldigungsfesten für Nansen heißt es, daß Nansen mit einer Rede auf das Vaterland antwortete. Man kann ohne jegliche Übertreibung sagen: das ganze Volk war tief ergriffen. Alle „fühlten die wunderbare, erhebende Macht, die in der Tat eines Mannes für ein ganzes Volk, ja, für die gesamte Welt liegt. Nansens Heldentat häufte Ehre und Ansehen auf sein Vaterland."

Am 9. September fuhr die „Fram" den Christianiafjord hinauf. Alles, was die Stadt und der Fjord an Dampfern und Schiffen aufbieten konnte, kam ihr entgegen, um den Polfahrern das Ehrengeleit zu geben. Kriegsschiffe und Torpedoboote bahnten den Weg; 130 beflaggte Dampfer — schwarz von Menschen — folgten der „Fram" in zwei Reihen. Mit stolzerem Gefolge im Kielwasser ist kein König in Norwegens Hauptstadt eingezogen. Und an jenem Tage war die Stadt nicht nur Norwegens Hauptstadt, da war sie auch sein warmes Herz, erfüllt von schwellender Freude, von Stolz über ihren Sohn Fridtjof Nansen und seine prächtigen Burschen. Tausende kamen zugereist, darunter viele Ausländer. Straßen und Kaie waren vollgepackt mit Menschen. Wäre der alte Ravna dabeigewesen, hätte er gewiß wieder gemeint, es sei „sehr hübsch, wenn nur alle die Menschen Renntiere wären".

Und nun donnerten alle Kriegsschiffe los — 13 Schüsse — und auch die Akershusfestung folgte mit 13 schweren Böllern, so daß das Echo die Höhenzüge entlang rollte.

Ein Boot mit jungen Seeleuten an den Rudern stieß von der „Fram" ab. Hoch, aufrecht und ernst stand Nansen im Boot. Am Ehrenkai legte es an, und Nansen stieg mit seinen zwölf Mann an Land. Ein mächtiger Chor stimmte an „Ein feste Burg ist unser Gott", und dann erklang die norwegische Nationalhymne „Ja, vi elsker dette landet" („Ja, wir lieben dieses Land") aus tausend Kehlen. Entblößten Hauptes standen die Menschen. Es war ein ergreifender Augenblick, den keiner je vergessen wird, der ihn mit erleben durfte.

Auf die Begrüßungsrede antwortete Nansen mit kräftiger Stimme: „Norwegische Versammlung! Es ist eine schwierige Aufgabe, den Gefühlen Ausdruck zu verleihen, die meine Kameraden und mich beseelen. Vor meinen Augen sehe ich den Tag, an dem wir hinauszogen. Regenschwer lag der Fjord da. Hart war es, Abschied zu nehmen, schwer die zu übernehmende Verantwortung. Wir fühlten Norwegens junges Glück an Bord — fühlten das eine: Wenn wir versagten, dann ließen wir das Land im Stich. Doch ich war gewiß, daß meine Leute ihre Pflicht bis zum letzten Blutstropfen erfüllen würden. Ich darf sagen: Mit stolzerer Gefolgschaft ist niemand gen Norden gezogen. Dank aus tiefstem Herzen für den Willkommensgruß — ein Gruß, wie er noch nie einem Norweger zuteil ward. Dank meiner Stadt Christiania. Wir haben nur unsere Pflicht getan. Darum ist dies Willkommen uns doppelt lieb. Es lebe die Hauptstadt! Möge sie oft ein Gefolge aussenden, wie sie es mir gab!"

Durch einen Triumphbogen — besetzt mit weißen Turnern und Sportlern — zog der Wagenzug durch die festlich geschmückte Stadt zur Universität, wo die Alma mater in Gestalt des Rektors sie willkommen hieß.

Aus Nansens Erwiderung ist folgendes hervorzuheben: „Es ist die volle Wahrheit, daß ich mich auf meiner Fahrt als ein Gesandter und Vorposten der wissenschaftlichen Forschung fühlte."

Mit Siegeskränzen umwunden, fuhren die dreizehn zum Schloß hinaus. Wie eine Brandung folgte ihnen der Jubel der Menschenmassen bis zum Tore des Königsschlosses. Und die Flut ebbte nicht ab; immer wieder schwoll sie an und brauste auf; immer wieder mußten Nansen und Sverdrup auf dem Balkon erscheinen.

Und Huldigung auf Huldigung, Fackelzug, Fest auf Fest folgten. Die wissenschaftlichen Gesellschaften entboten ihre Grüße; das junge erwachende Norwegen glühte; und als Ausdruck des Dankes und der Freude wurde der Nansenfonds zur Förderung der Wissenschaft gestiftet. Eine Viertelmillion war im Nu gezeichnet. Heute beträgt er über acht Millionen.

Festvorstellung im Theater, Festreden, Volksfest, Menschengewimmel. Björnson spricht. Scherzhaft beginnt er, indem er daran erinnert, wieviel Bärenfleisch sie vertilgen mußten. „Doch wenn ich jetzt zu Ihnen reden soll, habe ich das Gefühl, daß, wenn Sie jetzt die Wahl zwischen noch einer Rede und Eisbärenfleisch hätten, Sie gierig nach dem Eisbärenfleisch langen würden."

Doch es war ja Björnson. Nein, ein Wort von ihm wollten sie nicht gegen Bärenfleisch eintauschen. Er ließ den Leitgedanken dieser Fahrt aufleuchten und schaute den Zusammenhang mit dem Volke, aus dem er entsprang, und auf das er zurückstrahlte. „Es ist nämlich so: die Arbeit, die Treue und Selbstbeherrschung, die ein Volk im stillen übt, kommt einmal in einer Großtat zum Ausbruch, und dann ist die Großtat dasselbe, als ginge ein ganzes Volk zur Konfirmation."

Er richtet an die Jugend die Frage, ob sie nicht vor Selbstbeherrschung und Ausdauer größere Achtung bekommen — ob diese Tat ihr nicht mehr Mut eingeflößt habe, sich von nun an höhere Ziele zu setzen. Wenn die Wärme ihrer Vorsätze sich in Leben verwandle, dann würde Norwegens Nationalvermögen wachsen. Mit seiner Fahrt habe Nansen zur Jugend gesagt: „Stellt euch höhere Ziele. Sucht sie zu erreichen. Setzt eure ganze Kraft daran, doch setzt die Ziele nicht über eure Kräfte!"

Am Abend nach der Heimkehr stand Nansen daheim am Strande in der Schwarzbucht. Der Festlärm war verrauscht. Düster schweigend stand der Wald. Draußen auf der Schäre schwelte noch ein Freudenfeuer. Des Herbstabends Ruhe und Tiefe senkte sich über seine festmüde Seele. Zu seinen Füßen plätscherte und flüsterte die See: Nun bist du daheim. Er sieht vor sich jenen regenschweren Junimorgen, an dem er von hier wegzog. „. . . und in mir schluchzte und weinte es vor Dankbarkeit und Freude."

Das Eis und alle Mondscheinnächte mit ihren Mühen und Entbehrungen waren ein ferner Traum, der lebte und dahinschwand — „doch was ist des Lebens Ringen ohne Flug auf Traumesschwingen!"

Das Abenteuer des Eises durfte er erleben — das große Abenteuer seines Lebens. Ein Traum von einer anderen Welt am Rande der Ewigkeit. Die Eiswelt hatte unauslöschbare Spuren in ihn eingegraben.

Urteile über das Ergebnis der „Fram"-Expedition

Das wissenschaftliche Material der „Fram"-Fahrt ist von mehreren Wissenschaftlern bearbeitet worden und in sechs dicken Bänden erschienen unter dem Titel „The Norwegian North Polar Expedition. 1893—1896".

Nansen selbst übernahm den Band über die ozeanographischen Ergebnisse, die wichtigsten der Fahrt.

Die „Fram"-Reise hat die Richtigkeit von Nansens Theorien und Methoden bewiesen. Eine moderne Autorität wie Dr. Rudmose Brown bestätigt in „Geographical Journal", Juli 1930: „Viele arktische Forschungen sind seit der Fahrt der ,Fram' unternommen worden; doch ist es bemerkenswert, wie wenig seitdem zu unseren Kenntnissen über das arktische Bassin hinzugefügt worden ist." Und der Vizepräsident der „Royal Geographical Society", Dr. Hugh Robert Mill, bekennt: „Die wissenschaftlichen Ergebnisse waren zweifellos von weitestgehender Bedeutung, doch eines der Hauptverdienste der ,Fram'-Expedition war, daß sie mit der alten Art, Polarforschung zu betreiben, aufräumte. Seit der Zeit der ,Fram' ist die beste Polararbeit nach Nansens Muster von kleinen wohlgeübten und wohlausgerüsteten Gruppen unter der Leitung eines Mannes ausgeführt worden, der seinen eigenen Plänen und Methoden folgt."

Als eine Folge der „Fram"-Fahrt ist auch zu nennen, daß sie Nansen auf das Gebiet der Ozeanographie brachte, wo er ebenfalls ein Neuschöpfer, Organisator und Führer wurde.

Hierhin gehört auch das Urteil Knud Rasmussens, Nansens Erbe auf dem Felde der Grönlandforschung. Auch in seiner Geistigkeit, seiner allseitigen Begabung als Fachgelehrter und Künstler erinnert er an Nansen.

„Er war ein Häuptling", sagt Rasmussen, „dem gegenüber wir alle unsere Unterlegenheit erkannten. Nur wenige von uns haben nicht seinen Rat gesucht, und nie ist es vorgekommen, daß er nicht sein reiches Wissen freigebig verschenkte. Stets strahlte seine Güte über den aus, der vorwärts wollte — einen Einsatz machen wollte. Nansens Segen war wie die Taufe einer Expedition, eine Weihe, ein Ritterschlag. Dann lagen die Möglichkeiten offen. Doch sein Händedruck verpflichtete."

Über die „Fram"-Reise sagt er: „Nie hat eine Polfahrt ein so großes Beispiel von Mut aufgewiesen — nie haben Weiße so hervorragende Fähigkeiten gezeigt, sich unter allen Umständen durchzusetzen. Ihre eskimoische Abhärtung ermöglichte es ihnen, mit Proviant für drei Monate eine fünfzehn Monate dauernde Forscherarbeit durchzuführen.

So wurde die Fahrt ein Wendepunkt in der Bezwingung des ewigen Eises und der Polarregionen. Zum erstenmal hat ein Mann sein sicheres Schiff verlassen, um sich dem Eismeere völlig auszuliefern. Die Eiswanderung wurde auch das Vorbild aller späteren Expeditionen; denn man kann wohl ohne Übertreibung sagen, daß im letzten Menschenalter nicht eine Polarexpedition ausgezogen ist, die hinsichtlich Ausrüstung und Anordnung nicht auf den Erfahrungen der ‚Fram' fußte."

Er faßt die Ergebnisse der Fahrt zusammen und fügt hinzu: „Und dann das Buch ‚In Nacht und Eis'! Es begnügt sich nicht, wie alle anderen Expeditionsbücher, mit der Schilderung aller erlebten Abenteuer. Zum erstenmal wird hier die arktische Natur in die Literatur hineingetragen. Früher war sie nur ein Bild von Schrecken und Leiden. Nun erstrahlt sie im Reichtum ungeahnter Farben. Der erste weiße Mann hat dem Polarlande ins Herz geschaut und ihre Schönheit verstanden! Und nicht genug damit. Das Buch ist von Anfang bis Ende ein Epos des Willens und der Tat."

Erwähnenswert ist auch, wie der Franzose Dr. Charles Rabot Nansen schildert und würdigt. Dr. Rabot ist Geologe, Entdeckungsreisender, Schriftsteller, der Übersetzer von Nansens Werken und sein warmer Freund und Bewunderer. Dieser Mann besitzt alle Voraussetzungen, Nansens arktische Fahrten und seine übrige wissenschaftliche Arbeit beurteilen zu können.

„Als ich diese große, lichte Gestalt mit dem tiefen Blick aus den blauen, willensstarken Augen aus dem Abteil steigen sah, war mir, als erlebte ich den Mann der Fjorde. Ich habe noch keinen Menschen kennengelernt, der schon bei der ersten Begegnung in so überzeugendem Maße den Eindruck erweckte, die

Verkörperung der höchsten Eigenschaften seiner Rasse zu sein wie Nansen. Es war, als sei der norwegische Wiking verschwundener Zeiten wiederauferstanden. Und nicht nur mich beherrschte dieses Gefühl — es riß alle hin, die ihn damals sahen und hörten. Sein edles Antlitz mit den starken Zügen und dem eigentümlichen Ausdruck von Kraft und Willen bezauberte ganz Paris. — Manches Mal habe ich mich gefragt, ob das norwegische Volk eigentlich in vollem Umfang versteht, was es Nansen verdankt. Hat doch er Norwegen aus seinem unbemerkten Dasein herausgehoben und es in der Welt bekanntgemacht. Natürlich wußte man schon vorher, daß ein Land mit dem Namen Norwegen existierte, daß dieses Land hervorragende Köpfe erzeugt hatte, und man hatte von Fjorden und Fjellen erzählen hören; doch die mit Norwegen verbundenen Vorstellungen waren völlig unklar, gleichsam noch vom Nordmeernebel umlagert.

Da steigt plötzlich eine Heldengestalt aus der Sagennacht hervor, ein Held, dessen Ruhmestaten die ganze Welt in Bewunderung versetzen und den Völkern der Erde erzählen, was Norwegen ist und was es bedeutet.

Man muß selbst Zeuge des endlosen Jubels gewesen sein, der Nansen damals in Paris umbrauste, um wirklich verstehen zu können, in welchem Maße ihm das Verdienst für den ehrenvollen Platz Norwegens in der internationalen Runde gebührt. Ehe er nach Frankreich kam, hatte zwar Ibsen die Aufmerksamkeit auf Norwegen gezogen; es war aber nur der verhältnismäßig engbegrenzte Kreis der literarisch Interessierten, bei dem seine Werke Anklang fanden. Fridtjof Nansen dagegen, der abenteuerliche große Entdecker, eroberte den Durchschnittsmenschen und damit das gesamte Volk. Mehr als jeder andere ist Nansen der Botschafter seines Landes in Frankreich gewesen, und er hat seine Aufgabe mit einzigartigem Erfolg gelöst.

Ich glaube, daß Nansens außerordentlicher Einfluß mit einem Worte zu erklären ist: er besaß natürliche Autorität und erhielt dadurch Macht — nicht nur über intellektuelle Kreise, sondern über das ganze Volk.

Norwegen hat die Ehre gehabt, große Männer wie Björnson und Ibsen hervorzubringen. Björnson ist indessen eine nationale

Größe, und selbst Ibsens internationale Berühmtheit ist — wie gesagt — auf literarische Kreise beschränkt. Nansens einzigartige Stellung aber ist universell bedingt. Er war ein Genie, ein bewundernswerter Geist, einer der Übermenschen, die eine kurze Zeit die Geschichte der Menschheit kreuzen und leuchtende Spuren hinterlassen, die nie ausgelöscht werden.

Schon der Gedanke, das Binneneis Grönlands auf Skiern zu überwinden, zeugt von einer Intelligenz besonderer Art und von einer Kombinationsgabe, die das Mittelmaß weit überragt. Doch was soll man erst von dem Mann sagen, der an den Überresten der ‚Jeanette‘, die an der Südspitze Grönlands gefunden werden, die Gesetze der Meeresströme erkennt? Gehört er nicht zum Geschlecht eines Newton, eines Galilei und eines Darwin!

Nansen ist Entdecker — und ein großer Entdecker; spätere Beobachtungen haben die Richtigkeit seiner Theorie über die Polarströme vollauf bestätigt. Man lese seine wissenschaftlichen Werke, z. B. ‚The Norwegian Sea‘ oder seine Abhandlung über ‚The Continental Shelf‘ im 4. Bande des Werkes ‚The Norwegian North Polar Expedition. 1893—1896. Scientific results‘. Diese zwei — wie übrigens alle Abhandlungen aus seiner Feder — tragen den deutlichen Stempel des Genies, der Klarheit heißt. Überall, wo Nansen einen Gedanken in Worte kleidet, herrscht eine so vollkommene Klarheit, wie sie nur die geistige Elite besitzt. Der Gedanke leuchtet von selber.

Nicht weniger auffallend ist die Geschmeidigkeit, die Nansens Intelligenz kennzeichnet. Er gehört nicht zu den Naturwissenschaftlern, die sich lediglich in ein Spezialstudium vergraben, die für nichts außerhalb des Gesichtskreises ihres Mikroskops ein Auge haben. Als Wissenschaftler ist Nansen natürlich in erster Linie Geograph, Geologe und Ozeanograph; doch das hindert ihn nicht, seinen Geist für alle Wunder des Universums offenzuhalten.

Auch Nansens literarisches Talent ist bedeutend. ‚In Nacht und Eis‘ ist ein Meisterwerk, ein selbsterlebtes Abenteuer — die Verwirklichung Jules Vernes.

Bezeichnend für den Mann ist auch die wundervolle Einfachheit, mit der er selbst die größten und dramatischsten Erlebnisse und Ereignisse erzählt. Überhaupt verstand es Nansen stets, allem, was er erzählte, Leben einzuhauchen, so daß es fesselte; und es besteht kein Zweifel, daß ein Grund zu seinem außerordentlichen Erfolge in seiner Erzählerkunst zu suchen ist. In der gesamten Literatur der großen Entdeckungsreisen gibt es kein Werk, das mit ‚In Nacht und Eis‘ verglichen werden kann.

Nansen wird — das weiß ich — in der Geschichte als eine machtvolle Persönlichkeit mit starkem Eigengepräge stehenbleiben, und nicht zum wenigsten wird man die Universalität seines Geistes ehrfürchtig bewundern, den Reichtum und die Vielseitigkeit seiner Fähigkeiten und die Größe und Erhabenheit seines Charakters. Nansen ist der große Norweger des neunzehnten Jahrhunderts und einer der größten Europäer seiner Zeit.

Ich frage mich nun selbst, ob es mir gelungen ist, den Eindruck klar zu schildern, den Nansens gigantische Erscheinung auf meine Landsleute und auf mich persönlich gemacht hat — ob ich klar genug zum Ausdruck gebracht habe, was dieser Mann für Norwegen bedeutet, der seinem Land einen ehrenvollen Platz in der Welt verschafft hat.‘‘

Doch noch einen Zug muß er dem Bilde hinzufügen: „Ich erwähnte seine Skifahrt über das Grönlandeis. Auch hier erblicken wir etwas Bezeichnendes an Nansens Persönlichkeit. Dieser Riese in der Welt des Geistes verachtete durchaus nicht die praktischen Probleme, die das Leben stellt. Der Mann, der die geographischen und physikalischen Gedanken über die arktischen Regionen revolutionierte, vergaß nicht, sich die Frage ernsthaft zu überlegen, was für Riemen für die Schlafsäcke der Expedition wohl die vorteilhaftesten sein würden. Selbst die geringsten Einzelheiten fand er angespannter Aufmerksamkeit wert; und es besteht kein Zweifel, daß gerade darin eine wesentliche Ursache zu seinen Siegen und Fortschritten liegt, mit denen er die Polarforschung in neue Bahnen gelenkt hat.‘‘

Dieser Charakteristik fügt Dr. Rabot einige Worte über sein persönliches Verhältnis zu Nansen bei:

„Mein Herz wird stets sein Bild in sich tragen. Ich spreche aus Erfahrung, wenn ich sage: Kein Mensch kann in seiner Freundschaft treuer sein als er.‘‘

Diese Freundschaft hat einen schönen Ausdruck in dem Briefe gefunden, den Dr. Rabot beim Tode seiner einzigen Tochter von Nansen erhielt. Wir geben den Brief, in dem Nansens Herzenswärme so rührend zutage tritt, hier wieder:

„Lysaker, den 24. April 1911.

Mein lieber Freund!

Eben erhalte ich Ihren Brief mit der Nachricht von dem furchtbaren und unverständlichen Unglück, das Sie betroffen hat. Ich weiß nur allzu gut, wie hilflos Worte einem solchen Kummer gegenüber sind; trotzdem muß ich Ihnen schreiben und Ihnen sagen, lieber Freund, daß ich aus ganzer Seele mit Ihnen fühle. Ich weiß selbst, was Trauer ist — weiß, was es sagen will, wenn alles um uns erlischt, wenn das Leben nur eine Qual ist: Was uns Sonnenlicht brachte, ist für immer fort, und hilflos starren wir in die Nacht. Und darum kann ich wohl besser als viele andere Ihren Verlust nachempfinden. Wenn auch wenig Trost darin liegt, sollen Sie doch wissen, daß hier oben in der Einsamkeit ein Freund lebt, der Ihnen manchen liebevollen und mitfühlenden Gedanken widmet und wünscht, er könnte Ihnen eine Stütze sein. Aber leider vermögen wir ja so wenig zu tun. Die Trauer läßt sich nicht von anderen davontragen; man muß selbst Tag und Nacht mit ihr ringen. Aber die Zeit mildert, und die lieben Erinnerungen — jedes Lächeln, jedes lichte Wort — sind ein wundervoller Schatz.

Ach, wie kann doch das Leben so brutal erscheinen — daß einem gerade die, die am meisten dem Leben gehörten, so sinnlos fortgerissen werden. Doch so ist es — es mäht blind nieder, und fromme Ergebung ist eine schwer erlernbare Kunst.

Ich vermag heute nichts anderes zu schreiben, muß Ihnen nur diese Zeilen senden. Ich kann keine Worte finden für alles, was ich Ihnen gern sagen möchte, doch sende ich Ihnen und Ihrer Frau die liebevollsten und teilnahmsvollsten Grüße.

Ihr sehr ergebener Freund
Fridtjof Nansen.“

Wieder daheim

In der Steinhütte auf Franz-Joseph-Land scheint sich Nansen nach der Kraftprobe auf dem Eise an Leib und Seele ordentlich ausgeruht zu haben.

Bereits 1897 erscheint „In Nacht und Eis", ein dickleibiges Werk in zwei Bänden. Daran reiht sich die Herausgabe von wissenschaftlichem Material der „Fram"-Fahrt, eine Arbeit von mehreren Jahren. Hierzu kommen lange Vortragsreisen durch Europa und Amerika — eine Triumphfahrt für „die größte Mannestat des 19. Jahrhunderts".

Nansens Ehrgeiz ging jedoch mehr darauf hinaus, „Dinge zu tun", als alle Lorbeeren der Welt zusammenzutragen. Er mußte an die Worte seines guten Peder Henriksen denken, als sie auf der „Fram" den Drontheimsfjord hinauffuhren, um in einer neuen Stadt wieder neue Feste mitzumachen! „Du, Nansen", hatte Peder gesagt, „das hier mag ja ganz schön und gut sein, aber es ist zuviel Tamtam. Ich denke ans Eismeer. Ja, dort fühlten wir uns wohl."

Dort war Einsamkeit, Stille und Größe. Dahin sehnte er sich zurück — „wieder auf einen Eishügel steigen und nach einem Ausweg spähen — das ist Spannung, das ist Leben!"

Nansen schritt auf einer Via triumphalis einher, wie sie nur wenigen Menschen beschieden ist. Auf diesem Wege gab es Augenblicke, die er nie vergaß — als Griegs und Björnsons mächtiges Werk ihn im Dome zu Drontheim empfing — und in London, als Händels „Sieh, da kommt er" ihm entgegentönte, als wäre es für diese Feierstunde geschrieben. Das waren Höhepunkte des Lebens, die ihn aber nicht hochmütig werden ließen, sondern ihn in demütiger Ergriffenheit beugten — und in Dankbarkeit, daß er der Auserkorene war, dessen Tat förmlich ein neues geistiges Klima schuf.

Doch es ist nicht leicht, von des Lebens Höhe herabzusteigen — aus schäumender Brandung in glattes, ruhiges Gewässer.

Sein Freund Erik Werenskiold berichtet: „Nach der ‚Fram'-Fahrt war er ein anderer Mann als zuvor. Ein gewaltiger Ernst lag über seinem Gesicht, das beinahe unbeweglich ruhig war —

wie erstarrt, ohne ein Lächeln." Als er das erstemal wieder in eine Gesellschaft ging, sagte er: „Was soll ich unter all diesen Menschen, die mich nichts angehen!" Der Gegensatz zwischen der Einsamkeit da oben in der Eiswüste, wo es ununterbrochen um Sein oder Nichtsein ging, und dem täglichen Leben mit seinen ewigen Lappalien und aufgebauschten Gleichgültigkeiten war zu groß. Erst nach und nach taute er auf und bekam sein strahlendes Gesicht und seine Lebenslust wieder.

Auf seiner Triumphreise schrieb er ins Tagebuch: „Ich reise in eine große, öde Wüste, und das Leben ist leer." Er fühlte „die Seele wie ausgewaschen, geplündert, von Unberufenen durchstöbert, so daß man davonlaufen und sich verstecken muß, um sich selbst wiederzufinden".

Von den Reisen in Europa und Amerika, von Erlebnissen und Festen finden wir in diesen Aufzeichnungen aus den Novembertagen 1897 nicht eine Spur — nur sein eigenes leeres trauriges Innere spiegelt sich darin ab. „Bin ich so von Leiden, Entbehrungen und Sehnsucht mitgenommen? Immer weniger vermag ich die Fäden in meinem Gehirn zu entwirren. Hoffnungslos starre ich in die Leere. Und während wir über die Ebenen Kanadas dahinfahren, sitze ich da und schaue hinaus in die Nacht; doch ich finde keine Antwort —."

Nansen berichtet, daß ihm viele Leute in Amerika versichert haben, wieviel Freude ihnen sein Buch bereitet habe. Eine Dame schreibt ihm einen Brief, in dem sie erzählt, daß er sie im dunkelsten Augenblick ihres Lebens gerettet habe. Sie sei bodenlos unglücklich gewesen, schreibt sie, und berichtet ihm, was sie durchgemacht hat. Da sei ihr sein Buch in die Hände gefallen; sie habe Einblick in ein neues Leben gewonnen, und dies habe ihr über ihr eigenes Unglück hinweggeholfen. „Ich begreife nicht recht, wie", sagt Nansen, „aber ich muß es wohl glauben." — „Ist es nicht traurig, daß man imstande sein soll, anderen zu helfen, und dabei selbst so hilflos ist! Es ist verhängnisvoll, Wein einzuschenken, wenn man selbst die Fähigkeit zum Trinken verloren hat!"

Diese Jahre sind trotz Reisen und Geschäftigkeit ein Leben vor Anker. Sein Geist, der nicht für untätige Ruhe geschaffen ist, sucht rastlos in seinem Ich nach den eigenen Rätseln — nach dem Sinn des Daseins, dem Wert des Lebens.

Aus einer Aufzeichnung auf der Brandbu-Alm im September 1898: „Immer wieder dieselbe Frage, die einen anstarrt, sobald man sich Zeit nimmt, innezuhalten und sich umzuschauen: Ist's das Glück, das das Dasein lebenswert machen soll — das Glück, das spärlich in ein Meer von Entbehrungen tröpfelt? Sternschnuppen in der Nacht, die sie nur um so finsterer machen. — Ein unablässiger Durst nach dem, was wir nicht erreichen — ein Durst, der einmal stirbt, aber nie gelöscht wird. Ja, dieser gibt dem Leben Inhalt, aber kaum Sinn. Ein Jagen, das erst an der Schwelle zum Nirwana aufhört — wo alles still und erhaben wird und alle Menschennot in den Schoß des Großen zurücksinkt.

Hat das Leben ein zu hohes Ziel erhalten? Das Leben, das gar kein Ziel hat? Wehe dem, der die Jagd begonnen hat, er kann nicht mehr haltmachen. Die Gipfel sind erreicht, sie waren so niedrig. Die weiten Hochebenen sind zusammengeschrumpft, und die Gletscher schimmern nicht mehr — der Gebirgssee liegt nicht mehr hoch und einsam, und die weißen Schwäne — sie sind davongeflogen.

Aber einmal noch werden die Schwingen sich ausbreiten, noch ein Flug, und dann mit allen Kräften hinüber — jenseits der Hochebenen — jenseits der Gipfel und Gletscher — dorthin, wohin niemand folgt.

Oh, du mutiger Träumer!"

Diese Tagebuchstimmungen erinnern an die schwermütigen Abrechnungen mit sich selbst oben im Eismeer. Schwermut über die Leere der eigenen Seele. Doch diese Schwermut birgt in ihrem Schoß schon den Keim zu neuem Schaffen.

Ein Tagebuchblatt von Sörkje, Juli 1899: „Was ist das doch für eine Lust, wieder zu schaffen; so wie jetzt ist mir die Arbeit wohl nie von der Hand gegangen. Neue Gedanken und Gesichte quellen ständig hervor. Dinge, über die ich lange nachgegrübelt habe, klären sich nun allmählich. Es ist, als wäre ich im Nebel gegangen, ohne den Weg zu finden. Dann plötzlich zerreißt der Nebel, ich kenne mich wieder aus — es schwindet das Grau, immer mehr weitet sich mein Ausblick — schneller fast, als ich zu folgen vermag — und auf einmal liegt das ganze Gefilde sonnenhell und klar vor mir, weite Perspektiven eröffnen sich. Und jeder Schritt trägt mich näher zum Ziel — ja, da ist das Wandern eine Lust."

Oben im Gebirgswald, wo kein Mißklang von der Außenwelt ihn erreichen kann, hat er eine Stätte gefunden, über die er voll Freude sagt: „Hier kann ich mein Haupt zur Quelle des Daseins neigen; die drückenden Eisenbande lockern sich, und ich ruhe aus in Stimmungen wie damals, als ich Kind war und der Wald mein Paradies. Hier auf diesem Fleckchen von Gottes Erde habe ich mein Königreich gewählt — hier am Gebirgssee, von dunklem Nadelwald umkränzt, mit weißstämmigen Birken dazwischen und dem kahlen Hochgebirge darüber. Hier ist es nicht eng und eingeklemmt, doch auch nicht allzu weit. Von jenem niederen bewaldeten Höhenzug dort auf der anderen Seite des Sees kann man über Hänge und Wälder nach Telemark hinabsehen, mit dem Tinnsee und dem mächtigen Gaustakegel und den Lifjellen. Doch ich sehne mich nicht dahin, sehne mich nirgendwohin. Denn hier ist es wunderbar friedlich und milde und dabei ernst. Unmerklich schmilzt meine Seele mehr und mehr mit dieser Natur zusammen. Sie öffnet sich und schließt mich ein.

Keine Nachbarn — Wald und Fjell zu allen Seiten. Weit drüben auf der Höhe jenseits des Sees ist eine Waldlichtung. Dort liegt eine Telemark-Alm. Doch ich kann nur das Dach der Sennhütte sehen, und manchmal an stillen Sommerabenden dringen Axtschläge vom Walde herüber. Und ein paarmal habe ich unten am Strande auf der anderen Seite ein Feuer erblickt. Das waren Telemarker, die unbefugterweise fischten. Aber, Herrgott, es sind ja im Wasser Fische genug für uns alle!"

Das Waldgebirge mit dem erquickenden Jäger- und Anglerleben gibt ihm seinen Lebensmut wieder — wenn auch der Kobold mit seiner verzehrenden, schwermütigen Grübelei ihm bisweilen selbst hierher folgt. Er sehnt sich nach den Bergen, möchte wieder die Schneeschuhe unter die Füße schnallen.

Wenn Nansen von seinen Ausflügen zurückkam, war er ein neuer Mensch.

Er sprach aus eigener Erfahrung, als er 1926 in seiner Rektoransprache an der Universität zu Edinburgh sagte: „Der Ruf des Ödlandes zittert unter allen unseren Handlungen und macht das Leben tiefer, erhabener und edler."

„Wer Nansen nicht draußen in der Natur begegnet ist, hat ihn nicht gekannt", behauptet sein Freund und Begleiter auf Gebirgsfahrten in den späteren Jahren, Professor J. Worm-Müller. „Da wurde er ein ganz anderer Mensch, so völlig einfach und doch voller Nuancen: ein Kind mit offenen, treuherzigen, guten blauen Augen — ein munterer, ausgelassener Junge, der in Freude und Scherz jede Stunde des Tages genoß — und ein Mann, furchtlos und frei, bescheiden, und doch selbstbewußt, ehrlich, aufrecht und rein von Gemüt.

Kam er müde, abgespannt und mißmutig zur Hütte hinauf, so war er schon nach ein paar Tagen frisch und lebensfroh wie ein junger Bursche.

Dieses Jahr begleitete ich ihn zum letztenmal ins Gebirge. Er war diesmal müder als je zuvor, aber trotzdem froh und begeistert, daß er das Gebirge wieder sehen durfte.

Mir ist, als sähe ich ihn noch da draußen, wie er auf den Skiern stand und zum Rondanegebirge hinüberblickte — diese hohe Häuptlingsgestalt — den breitkrempigen Hut auf dem Kopfe, das kurze braune Lederwams auf dem geschmeidigen Körper — aufrecht und achtunggebietend."

Er brauchte keinen Wink von Rousseau, verstand die Sprache der Natur ohne Dolmetscher. Die Natur schenkte ihm, was er suchte: Stärkung und Frieden. Wie in Wergelands Gedichten kann man in Nansens Fahrtenbüchern aufschlagen, nicht zum wenigsten in „Freiluftleben", und sich an manchem Ausdruck ergötzen, der ein reiches, starkes Gemüt mit seiner schönen Sehnsucht und seinem kämpferischen Lebenswillen widerspiegelt.

An einem Julitage des Jahres 1900 im Nebel nördlich von Island schreibt er ins Tagebuch: „Nun segelst du wieder durch den Nebel hindurch, während das Meer dir entgegenwogt und dir Botschaft und Grüße von dem Ungeschauten bringt — du weißt nicht woher — und Sehnsucht — du weißt nicht wonach. Du ahnst bloß: da im Raum ist irgendwo etwas, wonach du dich sehnst — dahinten über dem Nebel, wo der Tag Sonne ist, die auf schimmernde Gipfel scheint."

Nicht in „Freiluftleben", sondern im Tagebuch erleben wir die Stunden vor dem Durchbruch, wo der Nebel nicht nur um ihn, sondern auch in ihm ist. Anfälle der alten, trüben Selbstanalyse. Doch er bezeichnet diese selbst als „kranke Stimmungen" und überläßt ihnen nicht die Walstatt.

Der Glaube an die Sonne hilft. In den bitteren Kämpfen zwischen Sonne und den Nebelschwaden offenbart sich uns eine wunderbar zusammengesetzte, reiche Seele. Er ist empfänglich für die feinsten, die innersten Regungen des Seelenlebens — ein Grübler, ein Träumer — und dabei ein Mann der Tat ohnegleichen. Das macht ihn nicht kleiner — im Gegenteil. Er kennt sich selbst, und mit seinem starken Willen hält er sich im Zaume. Er weiß auch, wo Erlösung zu finden ist: draußen in der Natur, im Tatenleben, im Dienste der Wissenschaft — überall dort, „wo es eben gilt".

Sein ganzes Leben wird zu einer einzigen großen und reichen Entwickelung, in der er immer weniger von sich selbst in Anspruch genommen wird, dagegen alle seine Kräfte für die Arbeit hergibt, eine Arbeit, die mehr und mehr darauf abzielt, den Menschen zu helfen, die Welt im Dienste der Nächstenliebe um sich zu sammeln. In diesem Dienst findet er, ohne zu grübeln, ein Leben voller Inhalt, ein Leben voller Sinn.

Was zieht uns zum Pol?

Aus der Einleitung zu „Nebelheim"

Jenseits des Sonnenunterganges und der Sterne, die sich im Westen baden, geht mein Weg, bis des Lebens Stern versinkt.   (Tennyson)

Im Anfang war die Welt für die Menschen ein Märchenabenteuer. Alles, was außerhalb des engen Kreises des Bekannten lag, verschwamm in einer geheimnisvollen Phantasiewelt, dem Tummelplatz der Fabelwesen aller Mythen. Doch am äußersten

Rande lag das Reich des Nebels und der Finsternis, wo Meer, Land und Himmel zu einer starren Masse zusammenflossen, und dahinter öffnete sich der unermeßliche Schlund des Abgrundes, der leere Raum des Schreckens.

Aus dieser Fabelwelt haben sich im Laufe der Zeiten die nüchternen Linien der nordischen Landschaft langsam herausgehoben. Mit unsäglicher Mühe ist das Menschenauge Schritt für Schritt nach Norden vorgedrungen — über Gebirge, Wälder, Tundren, durch den Nebel hindurch — längs den öden Eismeerküsten — in die große Stille hinein, wo so viele Kämpfe und Leiden, so manche bittere Niederlage, so mancher stolze Sieg spurlos unter der dämpfenden Schneedecke verschwand.

Wenn die Gedanken im Wachtraum durch die Zeiten zurückschweifen, zieht wie ein einziges gewaltiges Epos vom Menschengeiste, der die Kraft hat, alles für eine Idee hinzugeben, ein endloser Zug vor unserm Auge vorüber, ein Zug kämpfender, mit Reif bedeckter Gestalten, dick eingemummt — einige aufrecht und von Kraft erfüllt, andere gebeugt und so schwach, daß sie sich kaum noch vor den Schlitten herschleppen können, viele ausgezehrt, vom Skorbut ausgemergelt, vor Hunger und Kälte dahinsiechend; doch alle blicken sie hinaus nach dem Unbekannten jenseits der untergehenden Sonne, wo das Ziel des Kampfes winkt. — Was haben sie da in Eis und Kälte gesucht?

Vor allem beweist uns die Geschichte der Polfahrten, welch einzigartige Macht die Welt des Unbekannten auf die Menschen ausübt. Nirgends hat jeder neue Schritt soviel Mühe, Leiden und Entbehrungen gekostet; nirgends haben wohl die gewonnenen Entdeckungen weniger materielle Vorteile verheißen, und dennoch standen jederzeit neue Kräfte bereit, um weiterzustürmen und die Grenzen der Welt weiter hinauszurücken.

Die Eismeerfahrten haben den Menschen große materielle Werte geschenkt, z. B. reiche Fischzüge, Wal- und Robbenfang und anderes; sie haben durch das Kennenlernen unbekannter Regionen und Verhältnisse wissenschaftliche Werte ergeben; doch sie haben unvergleichlich mehr mit sich gebracht: sie haben den Menschenwillen zur Überwindung von Schwierigkeiten gestählt, sie sind eine Schule der Männlichkeit und Selbstüberwindung gewesen und haben der heranwachsenden Jugend Mannesideale vor Augen gehalten; sie haben der Phantasie Nahrung gegeben, dem Kinde Märchen geschenkt und die Gedanken des Erwachsenen aus den Alltagssorgen emporgehoben.

Erst später im vollen Tageslicht der Geschichte ziehen Männer mit der bewußten Absicht aus, das Unbekannte um seiner selbst willen zu erforschen. Neue Jagdfelder und Beute lockten sie wohl; doch sie alle hat, bewußt oder unbewußt, Abenteuerlust und Sehnsucht nach dem Unbekannten hinausgetrieben — so tief ist diese göttliche Macht, vielleicht die Triebfeder zu unseren größten Taten, in der menschlichen Seele verwurzelt. In allen Himmelsgegenden und zu allen Zeiten hat sie die Menschen auf der Bahn der Entwicklung vorwärtsgetrieben, und solange das Menschenohr die brandenden Wellen des Meeres vernimmt — solange das Menschenauge den Strahlen des Nordlichts über die schweigenden Schneegefilde folgt — solange wird das Abenteuer des Unbekannten vorwärts- und aufwärtsführen.

Neue Polpläne

Viele haben sich darüber gewundert, daß Nansen nicht auf seiner Bahn als Polarforscher weiterschritt.

Er wäre gern dabeigeblieben, und Pläne lagen fix und fertig im Schreibtisch, aber sein Schicksal warf ihn in neue Bahnen — brauchte ihn an anderer Stelle noch dringender.

Nach der Fahrt über das Grönlandeis war Nansen sich darüber im klaren, daß es verhältnismäßig leicht sein müßte, auf Skiern und mit Nansenschlitten das Innere der unbekannten Antarktis zu erforschen; er war nämlich überzeugt, daß sie ähnlich wie Grönland von Eis und Schnee bedeckt sei. Diese Aufgabe reizte ihn, doch wollte er zuvor die Nordpolexpedition unternehmen. Dem schottischen Naturforscher John Murray vertraute er vor der „Fram"-Fahrt an, daß er nach der Heimkehr den Südpol zu erobern beabsichtige. An Bord der „Fram" besprach er oft die Südpolreise mit Sverdrup, und Sverdrups letzte

Frage beim Abschied im März 1895 war die, ob Nansen auf die Südpolfahrt ziehen wolle, ehe die „Fram" zurückkäme. Im Winterlager auf dem Franz-Joseph-Land hatte er Zeit im Übermaße, um den Plan in allen Einzelheiten zu durchdenken, und als er heimkehrte, war der Plan fertig.

Emsig arbeitete er mit den wissenschaftlichen Berichten der „Fram"-Expedition, um die Südpolfahrt so bald wie möglich antreten zu können. In der „Royal Geographical Society" in London legte er 1898 seine Ansicht über die Erforschung der Antarktis dar und teilte mit, daß eine norwegische Expedition in Vorbereitung sei*).

Bei verschiedenen Anlässen erzählte er von seiner geplanten Fahrt — so zu den Teilnehmern der Jackson-Expedition, und er erhielt auch viele Gesuche von Bewerbern.

Während er an die internationale Meeresforschungsarbeit gebunden war, wurden inzwischen andere Expeditionen ausgerüstet. Bei dieser Forscherarbeit hatte sich Nansen der norwegischen Regierung gegenüber verpflichten müssen, seine Südpolfahrt auszusetzen. Nachdem er aber vier Jahre für die Meeresforschung hergegeben und sie gut in Gang gebracht hatte, nahm er die Vorbereitung zur Südpolfahrt wieder auf. Doch da brach die Krise mit Schweden herein, und das Vaterland nahm ihn in Beschlag. Nach 1905 versprach er der Regierung, die Botschaft in London zu übernehmen — allerdings nur für ein Jahr, weil er andere Pläne hege. In der Botschafterzeit arbeitete er weiter an den Vorbereitungen und gedachte, 1907 oder 1908 zur Südpolfahrt aufzubrechen.

Im Januar 1907 war Nansen einige Tage zu Hause auf „Polhögda". Da besuchte ihn eines Tages Roald Amundsen. Nansen war in Vorträgen dafür eingetreten, die Erforschung des Nordpolmeeres fortzusetzen. Nun legte Amundsen ihm einen Plan vor:

---

*) In einem Brief vom 26. November 1889 betreffs seiner Nordpolpläne führt Nansen aus: „Vor einigen Tagen erhielt ich eine Anfrage aus Australien, ob ich bereit wäre, eine antarktische Expedition zu leiten; aber ich antwortete: Wie sehr die unbekannten Gebiete mich auch reizten, so fände ich doch, daß uns Skandinaviern der Nordpol vorläufig näher läge, und daß ich möglichst erst zum Nordpol vordringen wolle."

er wolle mit einem kleinen Schiffe die Behringstraße durchfahren, sich dann dem Eise anvertrauen und sich in Hütte oder Zelt treiben lassen. Nansen aber meinte, daß auf diese Art schwerlich weitere Ergebnisse zu erzielen seien. Es müßte denn ein Fahrzeug sein wie die „Fram". Dem stünde aber im Wege, daß er die „Fram" selber brauche, und zwar zu einer Südpolfahrt. Amundsen fragte da, ob er an der Fahrt teilnehmen dürfe und danach die „Fram" für seine Nordpolfahrt erhalten könne.

Nansen war der Ansicht, es sei nicht ratsam, soviele Lebensjahre dem Eise zu opfern. Nach langen Erwägungen aber gelangte Nansen zu der Einsicht, daß es das richtigste sei, die „Fram" und seine eigene Expedition zugunsten des jüngeren Mannes aufzugeben. Auch kam der Nordpolfahrt bei weitem die größere Bedeutung zu. Amundsen war der rechte Mann, und wenn man ihm jetzt die Gelegenheit entzöge, würde die Fahrt vielleicht überhaupt nicht zustande kommen. Darum gab er Amundsen den Bescheid, daß er ihm die endgültige Antwort im Herbst geben würde, wenn Amundsen aus Amerika zurückkäme.

Nansen wußte, daß es ihn hart ankommen würde, die so lange vorbereitete Expedition aufzugeben, die — wie er hoffte — das Meisterstück seiner Laufbahn als Polarforscher werden sollte, wobei er seine gesammelten Erfahrungen in vollem Maße werde anwenden können. Und Nansen war sich ja nicht im unklaren darüber, daß dies für ihn nicht ein Aufschieben, sondern ein Aufgeben für immer bedeutete. Bis zum letzten Augenblick war Nansen unschlüssig — bis zu jenem Septembertag, als ihm im Turm gemeldet wurde, daß Amundsen unten in der Halle säße. Auf dem Wege hinab ging er durch Evas Zimmer.

„Ich weiß, wie es wird", sagte Eva, „du fährst wieder von mir." Nansen schaute sie an, sagte kein Wort und ging hinunter in die Halle. Als er in die Halle trat, sah er, wie gespannt Amundsen dasaß und wartete. Mit einem Male erkannte Nansen, was ein „Nein" für Amundsen bedeutete. Es würde diesem den einzigen Weg versperren, der ihm noch offenstand, während er selbst — wie er auch zu Amundsen sagte — Aufgaben in Hülle und Fülle hatte.

Am 7. Juni 1910 stand Nansen auf dem Turmdache von

„Polhögda" und sah die „Fram" mit Amundsen auf der Kommandobrücke zum Fjord hinausfahren. Eva war nicht mehr — im Dezember 1907 war sie von ihm gegangen. Nun zog die „Fram" von dannen. Und er selbst blieb zurück.

„Die bitterste Stunde meines Lebens." Viele Jahre später vertraute er dies seinem Sohne an. Ebenso schreibt er in einem Brief an Markham, daß er den Südpolplan „mit blutendem Herzen" aus der Hand gegeben habe.

Bei der Vorbereitung zur „Fram"-Expedition in die Antarktis erhielt Amundsen Nansens tatkräftigen Beistand. Ein Ausschuß wurde gebildet mit Nansen als Vorsitzendem. Auf Nansens Rat hin machte sich Amundsen 1907—1908 unter der Anleitung Prof. Helland-Hansens mit den Aufgaben und Methoden der Meeresforschung vertraut. Unter anderem galt es, verschiedene Ergebnisse der ersten „Fram"-Fahrt mit den genauen Untersuchungsmitteln zu kontrollieren, über die man jetzt dank Nansens Verbesserungen von Instrumenten und Methoden verfügte.

Unter dem Beistande Nansens und Helland-Hansens konnte Amundsen einen Plan vorlegen, der große Aufmerksamkeit erregte.

An einem Julitage 1912 stand Amundsen wieder in der Halle bei Nansen. Der Südpol war erobert. Nun konnte an die große Nordpolexpedition gedacht werden.

Zeitlebens war Amundsen von tiefer Bewunderung für Nansen erfüllt. 1926 in einer Rundfunkrede kurz vor seinem Polflug mit der „Norge" sagte er: „Dieser geniale Forscher, dieser klardenkende und weitblickende Wissenschaftler und Sportsmann führte eine vollständige Umwälzung in der Planung und Ausführung von Polarexpeditionen herbei. — Seine glänzende Methode ist zum Muster aller Polarfahrten geworden. Persönlich habe ich meine gesamte Arbeit darauf aufgebaut. Wenn die 23 Jahre, während derer ich in den Polarregionen gearbeitet habe, an mir vorüberziehen, kehren meine Gedanken immer wieder zu dem Manne zurück, der seit meiner frühesten Jugend als das höchste Ideal vor mir stand und mir später seine unschätzbare Hilfe leistete — Fridtjof Nansen."

Es war ein Erlebnis, bei dem Volksfest auf der Akersburg im gleichen Jahre die beiden großen Polarforscher Seite an Seite zu sehen — beide mit weißem Haar, doch jugendlich schlank und elastisch. Welch Leben voller Mannestaten lag hinter diesen beiden! Auf Nansens ergreifende Rede antwortete Amundsen. Mit Worten aus einem vollen Herzen sprach er zu Nansen — von Nansen. Er erinnerte ihn an ihre erste Begegnung. „Als ich zu ihm hereinkam, erhob sich Nansen mit einem breiten, warmen Lächeln, und von diesem Augenblicke an hat er mir geholfen und beigestanden. Wenn ich heute abend hier stehe, so geschieht das in tiefster Dankbarkeit zu Ihnen, die Sie mir den Weg zeigten. Hätten Sie mir damals den Rücken gekehrt — ich hätte es nie geschafft."

Es war, wie Nansen sagte: er hatte Aufgaben in Hülle und Fülle. Doch unter aller Arbeit, die ihn in Anspruch nahm, lagen die ungelösten Aufgaben des Nordpolmeeres und wühlten und rumorten in ihm. Immer wieder riefen ihn die weißen Flecke auf der Karte — die große, weiße Stille.

Die kühnen Sportflüge zum Pol ließen die wissenschaftlichen Aufgaben ungelöst. Doch dieselbe Technik, die sie ermöglichte, gab Nansen neue Mittel in die Hände. 1924 wurde eine internationale Gesellschaft zur Erforschung der Arktis mit dem Luftschiff gegründet, und zwar mit Nansen als Vorsitzendem und Herausgeber der Zeitschrift der Gesellschaft, der „Arktis". Darin veröffentlichte er im Oktober 1925 einen längeren Aufsatz: „Die Erforschung der unbekannten Polarregionen". Hierin setzte er die Probleme auseinander, die es zu lösen galt, und legte den Plan eines Fluges über das Polarmeer dar, an dem 15 Wissenschaftler unter seiner Leitung teilnehmen sollten.

Er versprach, ein Buch zum Besten der Fahrt zu schreiben, übernahm die persönliche Garantie für einen Teil ungedeckter Ausgaben, arbeitete emsig an der wissenschaftlichen Vorbereitung der Fahrt, leitete Verhandlungen in Berlin, Leningrad und Moskau, ließ in Norwegen und Alaska Ankermasten errichten und kletterte beim Bau des „Grafen Zeppelin" wie ein Akrobat im Schiffe umher, um sich mit jeder Einzelheit vertraut zu machen.

Indessen tauchten Schwierigkeiten auf. Die Sportflüge hatten der wissenschaftlichen Expedition den Wind aus den Segeln genommen, und das Sensationsinteresse des Publikums, das nie im richtigen Verhältnis zu der wissenschaftlichen Bedeutung einer Expedition steht, war ein schwerwiegender wirtschaftlicher Faktor. Die Fahrt mußte auf das nächste Jahr verschoben werden.

Er hatte sich auf diese Fahrt gefreut — hatte sich danach gesehnt, die öden Eisgefilde wiederzuschauen. Die „Fram"-Reise, die Skiwanderung dem Pol entgegen steigt vor ihm auf — noch einmal durchlebt er seine jungen Jahre voller Kampf und frischem Wagemut, voller Schaffensfreude und Schöpferglück. Nun kann man hoch über den Eishügeln durch die Luft jagen — in einer Woche hin und zurück. „Nicht das geringste kann uns zustoßen. Ja, wir nehmen vorsichtshalber Hunde und Schlitten mit. Doch das Ganze ist jetzt zivilisiert und vorbereitet und spezialisiert. Das ist alles ganz schön und gut. Aber die Romantik ist weg. Die kommt nie wieder. Die ‚Fram' kommt nie zurück."

Sein Genius ersparte es ihm, dieses „Niemals" zu erleben.

IM DIENSTE DER WISSENSCHAFT

Meeresforschung

Von der Fahrt mit der „Viking" im Jahre 1882 bis zur Grönlanddurchquerung war das Tierleben des Meeres Nansens Arbeitsfeld gewesen. Hier hatte er seine wissenschaftlichen Rittersporen erworben. Während der „Fram"-Fahrt wurde das Meer selbst sein Wirkungsfeld.

Ozeanographie, die Wissenschaft vom Meer, ist eine junge Wissenschaft, die erst in den siebziger Jahren des vorigen Jahrhunderts ins Leben gerufen wurde. Nansens Einsatz auf diesem Gebiet ist bahnbrechend und wird, wie eine der führenden Autoritäten auf diesem Gebiete, Professor Björn Helland-Hansen, urteilt, in der Geschichte der Wissenschaft zu allen Zeiten einen ganz hervorragenden Platz einnehmen.

Das Meer ist der Mutterschoß und die Wiege alles Lebens hier auf Erden. Im Meer wurde das Leben gezeugt, aus dem Meere stieg es auf und eroberte Land und Luft. Das Meer greift ein in alle unsere Verhältnisse, wir leben von seiner Gnade. Das Meer ist der große Wärmespeicher und Wärmeregulator der Erde. Es bestimmt die Luftverhältnisse, die Temperaturverteilung und den Wechsel von Wind und Wetter. Es schenkt dem Land die notwendige Feuchtigkeit, bedingt das Wachstum und alles Leben auf Erden. Ohne das Meer könnte jedenfalls der Mensch nicht bestehen.

Wenn wir Nansens Sinn und Wesen kennen, verstehen wir gut, warum das Meer ihn locken, warum gerade Ozeanographie seine Wissenschaft werden mußte. Besonders zog ihn die Ozeanographie an, weil es eine junge Wissenschaft war, die ein riesiges unbekanntes Gebiet umfaßte.

Wie er in der Einführungsvorlesung zu seinen Studenten sagte, ist das Wichtigste bei aller Forschung nicht nur das Ergebnis, das endgültig Festgelegte, sondern das Forschen selbst, der Kampf um die Ergebnisse. Das Verlockende liegt nicht so sehr im Wissen der Zusammenhänge als vielmehr im Ahnen, im Suchen.

Die Meeresforschung mit ihrer steten Abwechslung — von der Forscherarbeit hinaus aufs Meer, auf lange Fahrten — gab ihm den Wirkungsrhythmus, wie er für ihn paßte.

Nach der Heimkehr vom Pol wurde er zum Professor in seinem alten Fache ernannt, und zwar ohne Vorlesungspflicht, solange er mit der Bearbeitung der wissenschaftlichen Ergebnisse der „Fram"-Fahrt zu tun hatte. Er selbst übernahm, wie erwähnt, die Bearbeitung des ozeanographischen Materials, das die bedeutsamsten Ergebnisse der Expedition zeitigte.

„Bereits auf der Fahrt hatte er Beobachtungen gemacht, die ihn auf Problemstellungen und Arbeitshypothesen hinlenkten, die für die Meeresforschung von entscheidender Bedeutung werden sollten. Während der Bearbeitung vertiefte er diese und machte neue Funde. Tatsächlich haben viele, um nicht zu sagen die meisten der später behandelten Fragen, sich bereits bei der Sammlung und Bearbeitung der ‚Fram'-Observationen in ihm geregt." (Helland-Hansen.)

1900 eröffnete er seine Vorlesungen über Ozeanographie, und 1908 erhielt seine Professur auch diese Bezeichnung.

In den wissenschaftlichen Berichten über die Ozeanographie bedauert Nansen, daß die damals verfügbaren Instrumente nicht die notwendige Präzision aufwiesen, um das Meer wirklich studieren zu können. „Nun habe ich gelernt", sagt er, „daß alle zukünftigen Untersuchungen in der physikalischen Ozeanographie von geringem oder überhaupt keinem Werte sein werden, wenn man sie nicht mit erheblich größerer Genauigkeit vornehmen kann als bisher."

Die Instrumente, die er auf der „Fram"-Fahrt mithatte, waren die besten, die man damals schaffen konnte. Nun untersuchte Nansen alle erdenklichen Fehler an ihnen und verwandte große Mühe darauf, um sie zu beheben und die Arbeitsmethoden zu verbessern. Er konstruierte neue Wasserschöpfer, die imstande waren, zuverlässige Wasserproben aus jeder beliebigen Tiefe an die Oberfläche zu bringen. Nansens „Wendewasserschöpfer" ist heute allgemein im Gebrauch. Auch die Thermometer zur Messung von Meerestemperaturen verbesserte er; und wenn man jetzt imstande ist, die Temperatur in jeder beliebigen Tiefe mit einer Genauigkeit bis zu $1/100$ Grad zu bestimmen, so ist das in erster Linie Nansens Verdienst. Auch an anderen Instrumenten und Methoden der Ozeanographie hat er beachtenswerte Verbesserungen vorgenommen.

Eine andere Aufgabe von größter Bedeutung war die Schaffung einer internationalen Organisation für Meeresforschung. Das Meer ist groß, die Menge der Aufgaben unzählig und die Arbeit kostbar. Mit Eifer nahm Nansen am Aufbau einer solchen Organisation teil und war viele Jahre Mitglied des Internationalen Büros für Meeresforschung. Unter Nansens Leitung wurde 1902 in Oslo ein Zentrallaboratorium zur Verbesserung der Methoden der Meeresforschung errichtet.

Nun kam Schwung in die Ergründung des Meeres. Der norwegische Staat baute einen Dampfer für Meeresforschung, der „Michael Sars" getauft wurde — nach Norwegens erstem Meeresbiologen, Nansens Schwiegervater.

1901 ließ Nansen einen vorläufigen Bericht über die ersten Untersuchungen der norwegischen See mit modernen Methoden erscheinen. Nach einer Reihe von Streifzügen gab er 1909 zusammen mit Helland das umfassende Werk heraus: „The Norwegian Sea", das erhebliches Aufsehen erregte. Dieses Werk stellt die größte mit neuen Methoden vorgenommene Kartierung von Meeresströmen dar. In einer Beurteilung wird es als „der Grundpfeiler für unser Verständnis der Ökonomie des Meeres, der physischen Grundlage für Tier- und Pflanzenleben und für die Ausnützung der Meeresreichtümer durch den Menschen" bezeichnet.

Die Jahre 1900—1910 gelten als das goldene Zeitalter der

Meeresforschung. Es war eine Zeit des Neuschaffens, in der Norwegen mit einer Reihe führender Autoritäten — mit Nansen an der Spitze — das Zentrum der Meeresforschung bildete.

Professor Helland-Hansen hebt hervor, daß Nansens Arbeiten für die Verbesserung von Technik und Methoden der Meeresforschung und seine strengen Forderungen der Präzision grundlegenden Einfluß auf die spätere Entwicklung gewonnen haben. Seine Forderungen konnten übertrieben erscheinen, doch die Entwicklung hat ihm recht gegeben; neue Untersuchungen haben gezeigt, daß die Meeresverhältnisse ganz anders liegen, als man auf Grund früherer Untersuchungen mit ungenauen Methoden annahm.

Professor W. Werenskiold schreibt über Nansens wissenschaftliche Arbeit: „Sie wird geprägt von Ideenreichtum und der kräftigen und konsequenten Durchführung eines Leitgedankens, verbunden mit einem sicheren Gefühl für den gesetzmäßigen Zusammenhang der Naturphänomene."

Bei der „Fram"-Fahrt war es Nansen aufgefallen, daß der Weg des Eises stets von der Windrichtung nach rechts abwich. Das erklärte er sich als eine Folgeerscheinung der Erdumdrehung. Diesen Gedanken verfolgte er weiter und kam zu dem Ergebnis, daß die Windströmungen über dem Meer die Stromrichtung des Wassers in den verschiedenen Schichten verändern müßten, so daß diese in einer bestimmten Tiefe quer zur Windrichtung, und noch tiefer sogar in der dem Wind entgegengesetzten Richtung verlaufen müßte. Er ließ dieses Problem von dem Schweden W. Ekman mathematisch behandeln, und Ekman fand auch Formeln, die mit Nansens Schlußfolgerungen übereinstimmten. Ozeanographen und Physiker aller Länder protestierten dagegen und bewiesen, daß dies falsch sei; heute stehen „Ekmans Spiralen" in jedem ozeanographischen Lehrbuch. Nansens Folgerungen waren richtig, und diese haben zu völlig neuen Erkenntnissen über die Windströme und ihre Einwirkung auf das Meer geführt.

Wie vorher erwähnt, fand Nansen die Erklärung für das „Totwasser", in das die „Fram" an der sibirischen Küste geriet, und zwar an Stellen, wo eine Schicht Süßwasser über dem Salzwasser lagerte. Bei den Temperaturmessungen kam er zu dem

Schluß, daß in der Tiefe gewaltige Unterwasserwellen von 40 bis 50 m Höhe dahinrollen müßten, die jedoch an der Oberfläche nicht wahrnehmbar sind. Eine untere schwere Wasserschicht wogt in den darüberliegenden leichteren auf und ab. Der geringe Schwereunterschied bedingt die große Wellenhöhe. Mit den verbesserten Methoden konnte man nun die Ströme genau verfolgen und studieren. Im norwegischen Meere fand man gewaltige Wirbel, von denen man vorher nichts geahnt hatte, die jedoch viele biologische und andere Erscheinungen erklärten. Es zeigte sich auch, daß der Golfstrom bedeutenden jährlichen Wechseln unterliegt, die entsprechende Veränderungen der Lufttemperatur in den betreffenden Ländern hervorruft. Ein Temperaturwechsel von einem Grad in einem Kubikmeter Wasser wirkt sich im selben Sinne auf eine Luftmenge von 3000 cbm aus. Da kann man verstehen, welchen Einfluß der geringste Temperaturwechsel der Wassermassen des Golfstromes auf Wetter und Wärme in den nordischen Ländern haben muß. Bereits im Frühjahr müßte man daher aus der Temperatur des Golfstromes in der südlichen norwegischen See auf die Kälte des kommenden Winters schließen können.

Wo die Polarströme mit den darin enthaltenen Nährstoffen und den Keimen schlummernden Lebens, die sich in Kälte und Finsternis nicht entwickeln, auf wärmere Ströme treffen, da entfaltet sich das Planktonleben*). Das Plankton dient Krebstieren und Fischen als Nahrung; diese sind die Beute größerer Fische, welche dann wieder die Nahrung von Robben und Walen bilden, und schließlich kommt das gierigste Raubtier der Erde und fischt, fängt und jagt sie, um sie in Millionen Mark umzusetzen. Das Studium der Meeresströme ist somit für Fischerei, Robben- und Walfang von größter Bedeutung.

Nansen nahm an Fahrten in der norwegischen See und auf dem Atlantischen Ozean von den Azoren bis hinauf nach Spitzbergen teil — bis der Weltkrieg dieser Forschungsarbeit ein Ende machte. Außerdem hat er das Material vieler anderer Streifzüge bearbeitet und in Werken herausgegeben: „N o r t h e r n W a t e r s :

---

*) Plankton sind winzige Lebewesen, größtenteils nur unter dem Mikroskop sichtbar; einige leuchten im Dunkel — Meeresleuchten.

Captain Roald Amundsens Observations in the Arctic Seas in 1901". — „The Sea west of Spitzbergen, the Oceanographic Observations of the Isaachsen Spitzbergen Expedition 1910". — „Die ozeanographischen Untersuchungen mit der ‚Fram' im Nordatlantik 1910 und im Südatlantik 1911". — Die letzten beiden Werke hat er gemeinsam mit Professor Helland-Hansen herausgegeben. Später wandten sich die beiden Forscher der Frage zu, welcher Zusammenhang zwischen Luft- und Meerestemperatur bestehe. 1917 gaben sie darüber ein Werk auf Deutsch heraus, das 1920 in erweiterter Form auf Englisch erschien. Bei der Bearbeitung eines großen Materials kamen sie zu dem Ergebnis, daß die Veränderungen von Meeres- und Luftverhältnissen wesentlich vom Wechsel der Wärmeausstrahlungen der Sonne herrührten. Die Sonnenwärme ruft die Winde hervor. Bei der Veränderung der Sonnenwärme verändern sich auch die Winde und damit die Meeresströme. Die beiden Verfasser vertreten die Ansicht, daß „das fortgesetzte Studium dieser Verhältnisse dazu führen wird, daß man das Wetter nicht nur für Tage, sondern auch für ziemlich lange Zeit, Wochen und Monate, wird voraussagen können".

Welche ungeheure praktische Bedeutung diese Wissenschaft für Ackerbau, Fischerei und Schiffahrt besitzt, liegt auf der Hand. Wenn die Wettervorhersage von Norwegen heute als die zuverlässigste gilt und die norwegische Methode von vielen Ländern als die beste und erfolgreichste angesehen und übernommen ist, so ist dies in erster Linie ein Ergebnis der Arbeit Nansens.

Von Nansens ozeanographischen Werken sind weiterhin zu erwähnen: „The Waters of the North-eastern North-Atlantic" und „Spitzbergen Waters: Oceanographic Observations during the Cruise of the ‚Veslemøy' to Spitzbergen in 1912". Darüber hat er auch das große populärwissenschaftliche Werk geschrieben: „Eine Fahrt nach Spitzbergen". In diesem Buche sind wissenschaftliche Darlegungen mit wundervollen Reiseschilderungen verwoben und mit selbstverfertigten Zeichnungen geschmückt.

Als die „Veslemøy" am 23. August 1912 Spitzbergen verließ, befand sich an Bord reiches wissenschaftliches Material. Die abschließende Arbeit wurde zu Hause im Laboratorium und am Schreibtisch vorgenommen. Auf Unmengen von Blättern marschieren Kolonnen von Zahlenreihen, Berechnungen, Linien und Kurven auf. Eine langwierige, mühselige Arbeit war das — aber spannend; denn jetzt kamen die Ergebnisse zum Vorschein. Neue Eroberungen waren gemacht.

Am Schreibtisch und im Laboratorium arbeitet Nansen mit demselben Eifer und derselben Ausdauer, mit der gleichen peinlichsten Genauigkeit im Großen wie im Kleinen, dem gleichen Scharfsinn und derselben Tatkraft wie auf dem Arbeitsfeld draußen in der Natur. Auf diese Weise erzielt er seine Erfolge. Im ganzen genommen hat diese Spitzbergenfahrt seine Kenntnisse über die Wasserschichten und ihren Kreislauf im Polarmeer und der norwegischen See außerordentlich erweitert.

Durch die vielen großen Aufgaben, die Nansen vor, in und nach dem Weltkrieg auf sich nahm, erlitt die Meeresforschung empfindlichen Abbruch. Trotzdem brachte er es fertig, der wissenschaftlichen Arbeit bis zuletzt Zeit und Kraft zu opfern.

Doch auch auf anderen wissenschaftlichen Gebieten als der Meeresforschung hat Nansen Beachtliches geleistet. So hat er zum Beispiel auch Oberflächenformen der Erde studiert.

Bereits auf der Grönlandfahrt war er auf die Veränderungen aufmerksam geworden, die die Erdoberfläche und das Verhältnis zwischen Land und Meer erfahren haben müssen. Hier beobachtete er die breiten und ebenen Plateaus, die sich unter Wasser an den Küsten der nördlichen Polargebiete entlangziehen. Diese Plateaus, „die Sockel" vor der Küste von Spitzbergen, Sibirien und Norwegen, hat er viele Jahre hindurch studiert. Im wissenschaftlichen „Fram"-Bericht hat er die Frage der Entwicklungsgeschichte dieser Sockel, auf denen der Kontinent ruht, angeschnitten und einer gründlichen Untersuchung unterzogen. Er vertrat die Ansicht, daß sie einmal in gleicher Höhe mit dem Meeresspiegel gelegen hätten. Diese Probleme hat er 1922 und 1927 weiterbehandelt in der Arbeit: „The Strand flat and Isostazy"*).

---

*) Die Lehre vom Gleichgewichtszustand des Druckes in der Erdkruste.

Auf noch einem Felde hat seine umfassende wissenschaftliche Tätigkeit Spuren hinterlassen. Ein englischer Freund hatte ihn aufgefordert, eine Abhandlung über die Entdeckungsgeschichte der Arktis zu schreiben. Dieses Gebiet glaubte er zur Genüge zu kennen; dazu würde er nicht viel Zeit brauchen. Als er aber dieses unbebaute Feld beackerte, fand er eine weitgreifende Aufgabe vor, die so viel Arbeit erforderte und ihn derart fesselte, daß er ein großes Werk schreiben mußte, um selbst davon befriedigt zu sein.

„Nebelheim" erschien 1911. Es handelte von der Erforschung der arktischen Regionen von den ältesten Zeiten bis ungefähr 1500. Bis zu den eigentlichen Nordpolreisen gelangte er nicht. Hier schildert er, wie die verschwommenen Vorstellungen von einem „Nordheim" im Laufe der Zeit wechseln und in Mythen und Phantasiegebilden ihren Ausdruck finden. „Wir erhalten einen eigentümlichen Einblick in die Arbeitsweise des Menschengeistes bei seinem Streben, sich die Erde und das Universum untertänig zu machen."

Sich durch dieses Dickicht von Mythen und Sagen hindurchzuarbeiten, bis er endlich festen Boden unter den Füßen hatte, stellte eine große und schwierige Arbeit dar. Je mehr die Studien anwuchsen, um so mehr Rätsel entdeckte Nansen, und er ließ sich tiefer und tiefer hineinlocken.

In manchen Punkten gerieten seine Ergebnisse in Widerstreit mit den herrschenden Anschauungen. Darum mußte er nicht nur die Ergebnisse, sondern auch die Untersuchungen vorlegen. Großes Aufsehen erregte seine Darstellung der „Vinlandreisen", der Sage von der Entdeckung Amerikas durch die Wikinger Leif Erikson und Thorfinn Karlsevne, um die sich Märchen und Sagen in solchem Maße gesponnen hatten, daß in Nansens Augen wenig oder gar nichts Glaubwürdiges davon übrigblieb. Heute noch ist die Diskussion nicht völlig abgeschlossen, doch neigt man nach neueren Untersuchungen eher dazu, in diesem Falle Nansen unrecht zu geben.

Das Buch ist aus dem Drang des Wissenschaftlers nach Wahrheit geschrieben — ohne Rücksicht auf nationale Reliquien. Eine ungeheure Arbeit steckt darin. Das Literaturverzeichnis erwähnt mehrere hundert Werke in verschiedenen Sprachen. Es wird der bleibende Sockel aller zukünftigen geschichtlichen Polarforschung bleiben.

Das Buch ist illustriert mit Nansens eigenen Zeichnungen, die in ihrer schlichten, monumentalen Linienführung die sagenhafte Stimmung widerspiegeln. Dieses Werk nimmt in Nansens literarischem Schaffen einen zentralen Platz ein. Wenn er sein ursprüngliches Ziel auch nicht ganz zu erreichen vermochte, so hat er doch den größten und schwierigsten Teil der Arbeit vollbracht, in der sich Nansen nicht nur als Wissenschaftler, sondern auch als Künstler offenbart.

Fridtjof Nansen hat auch andere geschichtliche Studien auf naturwissenschaftlichem Felde vorgenommen — so über Klimawechsel in geschichtlicher Zeit, vor allem in Verbindung mit Besiedlung und Lebensbedingungen auf Grönland. Auch seine weitverbreiteten Reisebücher, sowohl über die wissenschaftlichen Expeditionen nach Grönland, dem Polarmeer und Spitzbergen, als auch über seine späteren Fahrten durch Sibirien, Rußland, Armenien und den Kaukasus sind reich an Beobachtungen und scharfsinnigen Darstellungen und Erläuterungen.

Die Sibirienfahrt

Ein Jahr nach der Spitzbergenreise fuhr Nansen auf Einladung des russischen Verkehrsministers und der Norwegisch-Russischen Gesellschaft nach Sibirien. Die Fahrt dauerte drei Monate, von August bis Oktober. Sie begann mit einer Fahrt auf der „Correct" um das Nordkap und durch das Weiße Meer und das Karameer bis zum Jenissei. Damit war die Frage der Eisnavigation für einen Handelsweg gelöst. Gerade darauf hatten viele ihr Augenmerk gerichtet — mehr als Nansen damals ahnte. Wenn ein Versicherungsdirektor sagte, er übernehme die Versicherung der „Correct", weil er auf „Nansens Stern" vertraue, so war das im Scherz gesagt, aber im Ernst gemeint. Nansens Rat und Anweisungen bei der Befahrung des Karameeres wurden befolgt, und es zeigte sich, daß die Hindernisse nicht unüberwindlich waren. Oft, wenn der Eislotse aufgab, fand Nansen einen Weg. Direktor Lied, der Leiter der Expedition, erzählt, welchen Eindruck Nansens körperliche Leistungen auf ihn gemacht haben. Ab und zu gingen sie an Land und auf Jagd. Das waren meist anstrengende Wanderungen. Lied, damals ein junger, durchgebildeter Sportsmann, war am Abend nach einem harten Tag mit langen Märschen in tiefem Moos so abgekämpft, daß er seine ganze Willenskraft anspannen mußte. Voll Neid und Bewunderung betrachtete er den 52jährigen Nansen, der vorn an der Spitze mit der „Büchse" über der Schulter aufrecht und leicht dahinschritt, ebenso frisch wie am Morgen bei der Ausfahrt. Lied schildert auch, wie Nansen bei der Walroßjagd sich auf die Zehen erhob, um mit der Kraft eines Riesen die Harpune zu schleudern.

Der Chefingenieur der russischen Eisenbahn, Wourtzel, schickte ein Motorboot von Krasnojarsk aus 2300 km den Jenissei hinunter, um Nansen zu holen — eine Entfernung wie von Berlin bis zum Nordkap. In Krasnojarsk und den anderen sibirischen Städten wurde er empfangen, als ob sein Besuch eine neue Ära der Geschichte Sibiriens einleiten sollte.

Von Krasnojarsk ging es mit dem Sibirienexpreß in einem Luxuswagen, den der russische Verkehrsminister Nansen zur Verfügung gestellt hatte, tiefer nach Sibirien hinein. Der Wagen befand sich am Ende des Zuges, und der Salon mit großen Fenstern gewährte nach hinten hinaus einen ungehinderten Ausblick auf die Bahnstrecke und die gesamte Landschaft.

„Auf dieser endlosen Reise nach Osten kam es mir vor, als weite sich die Seele und sauge nach und nach einen ganzen Erdteil in sich auf. Man hatte nur das beängstigende Gefühl, daß es nicht möglich sei, alle diese Eindrücke zu verdauen, einzuordnen und zurechtzulegen." — Ständig neue Ausblicke öffneten sich, doch ein Eindruck drang immer stärker auf ihn ein: „Es gibt noch Platz auf der Erde; sie wird nicht sobald übervölkert. Hier liegen endlose Ebenen mit großen Möglichkeiten und warten auf Ausbeutung."

Liest man in Nansens Buch über die Sibirienfahrt, dann ist

man überwältigt von der ungeheuren Fülle der Eindrücke, die Nansen in diesem Lande, in dem alles ins Gigantische wächst, in sich aufgenommen hat. Während wir durch das unermeßliche Land fahren und die Reise mit ihm erleben, überschüttet er uns mit ganzen Abhandlungen über die Kolonisation und Entwicklung Sibiriens. Bis nach Wladiwostok, dem Ende der russischen Welt, ging die Fahrt und dann wieder heimwärts nach Europa.

Die Bergstadt Jekaterinenburg im Ural war die letzte sibirische Stadt, die Nansen besuchte. Auf dem Bahnhof wurde er festlich empfangen. Er besuchte die Museen, in denen ihm die Zeit nur gar zu schnell verging. Die Geographische Gesellschaft veranstaltete ihm zu Ehren ein Fest. Er ließ sich dazu bewegen, einen Vortrag über die Jenisseireise zu halten. Man huldigte ihm als dem kühnen Forscher und überhäufte ihn mit Diplomen und Ehrengeschenken.

Und dann war die Sibirienfahrt zu Ende, eine gewaltige Fahrt über Tausende von Kilometern, durch achtzehn Breitengrade, über die gefrorene Tundra am Eismeer, durch die sibirische Taiga — den größten Wald der Erde — 2000 km von Norden nach Süden, vom Ural im Westen bis zum Stillen Ozean im Osten 6000 km. Es ist ein einförmiges Land, und „doch hat es seine Anziehungskraft. Die Gedanken fliegen dem weiten Himmelsrande zu. Die Sehnsucht zieht hinaus und folgt den Nomaden in ihrem freien, ungebundenen Leben auf diesen Ebenen ohne Grenzen."

Als sich die Fahrt dem Ende zuneigt, nimmt er mit den für sein Naturgefühl bezeichnenden Worten Abschied:

„Und nun ist bald Schluß. Wehmut kommt mich an, wenn ich von diesen großen Wäldern scheiden muß, von dieser herben, ernsten Natur mit den großen, einfachen Linien ohne verwirrendes Beiwerk. Ich habe es liebgewonnen, dieses endlose Land, gewaltig wie das Meer, mit seinen unendlichen Flächen und Gebirgen, mit der erstarrten Eismeerküste, der öden, freien Tundra, der tiefen, geheimnisvollen Taiga, der grasbekleideten, wogenden Steppe, den blauen, bewaldeten Gebirgen und dazwischen den kleinen Flecken, wo Menschen wohnen."

Nach der Sibirienfahrt beschäftigte ihn stark eine Reihe interessanter Fragen über geographische, ethnologische und meteorologische Verhältnisse in Sibirien. Er verhandelte mit russischen Behörden über systematische Untersuchungen der Tundrabildung und andere Fragen. Doch da brach der Krieg aus; darauf folgte die Revolution und schob seiner Arbeit einen Riegel vor.

Es war diese Sibirienfahrt unter „Nansens Stern", die der Welt die ungeahnten Möglichkeiten der Entwicklung Mittelsibiriens eröffnete. Die riesigen Entfernungen machten die Frachtbeförderung allzu teuer. Doch das gewaltige Netz der Wasserstraßen des Ob und Jenissei brachten in dem Augenblick die Lösung, als die Verbindung durch das Karameer hergestellt war.

Nansens großes Werk „Durch Sibirien" erschien 1915 und wurde in viele Sprachen übersetzt. Obgleich inzwischen der Weltkrieg ausgebrochen war, erregte das Werk erhebliches Aufsehen und rückte das unbeachtete Sibirien mit einem Schlage in den Mittelpunkt des Interesses — als das „Zukunftsland" (so lautet der Titel der deutschen und englischen Ausgabe). Die deutsche Ausgabe war bald vergriffen und mußte in vier Auflagen herauskommen.

Im Vorwort sagt Nansen: „Vielleicht kann dieser Weltkampf zu einer völligen Umwertung der Lebenswerte führen. Das alte Europa muß eine neue Rechnung aufstellen, von der wir noch nicht wissen, wie sie aussehen wird. Doch eins wissen wir: Sibiriens große Wälder, die endlose Taiga mit den mächtigen dahinziehenden Strömen und den wogenden Steppen liegt unberührt vom Kampfesgetümmel und wartet wie zuvor auf Menschen, bis sie fertig sind mit dem gegenseitigen Zerfleischen. — Was in dieser Schilderung dargestellt ist, wird auch weiterhin seine Gültigkeit haben."

Am 15. Februar 1889 war Nansen in die Akademie der Wissenschaften gewählt worden. Von 1889 bis 1906 war er in der mathematisch-naturwissenschaftlichen Abteilung bald Erster, bald Zweiter Vorsitzender.

Wenige Gelehrte sind auf ihrer wissenschaftlichen Bahn derart von großen und anspruchsvollen Aufgaben auf anderen Gebieten gehemmt worden wie Nansen. Voll Kummer mußte er sehen, wie diese anderen Aufgaben ihm ein Jahr nach dem anderen von seinem eigentlichen Lebenswerk nahmen. Während er lebte, ahnte die Menge nur wenig davon, daß Nansen auch ein Wissenschaftler von großem Ausmaß war. Doch obgleich sein Forschergeist viele Gebiete umspannte und er überall, wo er eingriff, als Neuschöpfer wirkte, hatte ihm die Natur so reiche Gaben verliehen, daß diese bei voller Entfaltung im Leben eines Menschen nicht Raum genug fanden und sein Leben einfach zu kurz war, um alle ihm vorschwebenden Pläne durchführen zu können. — „Aber", wie W. Werenskiold sagt, „er hat genug getan. Auf einer ganzen Anzahl von Gebieten wird kein Forscher ohne Nansens Werk auskommen können. Seine vielen originellen Ideen, sein Scharfsinn und seine gründliche Durcharbeitung der Fragen haben Werke geschaffen, die in der Wissenschaft dauernden Wert behalten werden."

NANSENS TAGEBÜCHER

„Die Sage von ihm ist wie ein Bild des
Menschengeistes selbst, unablässig suchend,
vor keinen Grenzen haltmachend, in ewigem
Jagen nach Höhen und höheren Höhen,
nach Tiefen und tieferen Tiefen — stets
weiter, weiter, weiter . . .“

F. N. über Alexander den Großen

Sorgfältige Tagebuchaufzeichnungen bilden die Grundlage für
Nansens Reisebücher. Einen besonderen Platz nimmt „Freiluftleben" ein — eine Blütenlese aus den Tagebüchern vieler Jahr-
gänge, von Jagd und Fischfang, Schiffahrten und Streifzügen auf
Skiern. Sowohl „Freiluftleben" als auch das „Fram"-Buch haben
ihren eigenen Reiz; sie lassen uns tiefer in den Menschen Nansen
hineinblicken.

Nansens Gemüt umspannt viele Oktaven, stimmungsreich und
wechselnd wie das Meer — mit Sonne und Wolkenwetter, mit
Sturm und Stille, Unbefangenheit und Schwermut.

Wenn man lediglich Bruchstücke der Tagebücher anführt, die
hier und da aus ihrem natürlichen Zusammenhang herausgerissen sind, dann läuft man leicht Gefahr, daß ein Zerrbild
entsteht, indem man einseitig die Wellenberge o d e r die Wellentäler verwendet und dabei übersieht, daß Nansen die ganze
Welle ist. Es sind insonderheit die nicht veröffentlichten Teile
der Tagebücher, die uns seinen für eine so tatkräftige Natur
merkwürdigen Hang zum Reflektieren, zum Grübeln und Träumen verraten. Aber sein Leben zeigt, daß in ihm gleichzeitig
ein von einer üppigen aktiven Kraft ausgehender Drang lebt,
der einerseits den Dingen ihre Geheimnisse entwinden, anderseits selbst Taten vollbringen will.

Wir entsinnen uns, wie er als Junge zwischen dem Anziehen
des ersten und des zweiten Strumpfes in Träumereien versinken

konnte. „Seht euch doch den Trödelfritz an", sagten die anderen, „aus dir wird nie etwas, wenn du so trödelst." In seiner frühen Jugend äußerte sich der Drang, Taten zu vollbringen, gelegentlich dadurch, daß er auf Unmögliches losging. So versuchte er es einmal, über einen mannshohen Zaun zu springen, — mit dem Erfolg, daß er hängenblieb. Dieser „grenzenübersteigende Drang" nahm später vernünftigere Formen an mit richtigerer Beurteilung der Schwierigkeit und des Könnens. Aber immer wieder sehen wir ihn drängen und treiben, um die Grenzpfähle des Unmöglichen weiter hinauszurücken. Die Grönlandfahrt und die Polfahrt waren in den Augen der Autoritäten unmögliche und leichtsinnige Unternehmungen. Doch das für andere Unmögliche und Leichtsinnige war eben das Geniale seiner Pläne. Jetzt kam der „Trödelfritz" über den Zaun.

Am stärksten entfaltete sich seine Aktivität beim Anlauf zum Sprung — über „Zäune", über Grenzen, in das „Unmögliche" hinein. Der grenzenübersteigende Trieb, der sich gleichmäßig auf Kunst, Religion, Wissenschaft, alle schöpferischen Kräfte, dichterischen Drang ausdehnt, wird nicht durch Erfolge befriedigt, durch neu-gewonnene Formeln und Dogmen, sondern nur durch neue Zäune, neue Grenzen, neue Klüfte und immer wieder neue Anstrengungen und Anläufe.

Ibsens „Brand" mußte stark auf den jungen Nansen wirken. Die ibsensche Kluft zwischen Sehnsucht und Kraft, Wille und Möglichkeit lebte als Grundproblem in seinem eigenen Geist. Die Qual der Ohnmacht wechselt in seinem Tagebuch oft mit großen Visionen ab. Bald schlingert das Schiff in der Stille auf ausebbenden Wogen nach dem Sturm, bald schießt es mit vollen Segeln neuen Fahrwassern zu. Am Rand einer Kluft geht er manchmal müde ins Zelt mit seinem treuen Begleiter: dem Traum, dem Grübeln und der Schwermut, und was Schwermut ihm ins Tagebuch diktieren kann, hat keine Grenzen. Am nächsten Morgen aber nach Abbruch des Lagers ist er wieder konzentrierte Energie und Kraft, und mit Freude und Zuversicht stürzt er sich auf die Schwierigkeiten — fram! — vorwärts!

Es ist durchaus erklärlich, wenn der Religionsphilosoph Bischof Dr. Eivind Berggrav, der Schöpfer der treffenden Bezeichnung

„grenzenübersteigender Drang" für den religiösen Urtrieb, offen bekennt, daß Idee und Bezeichnung ihren Ursprung dem Eindruck verdanken, den die Worte und die Persönlichkeit Nansens auf ihn ausgeübt haben.

Nansens Tagebuchaufzeichnungen, die er nicht in seinen Reiseschilderungen verwendet hat, spiegeln weniger sein tägliches Tun und Treiben, als vielmehr seine Gedanken und Stimmungen wider. Ständig ringt er mit den tiefsten Fragen des Lebens. Er stößt seine Jakobsleiter fest in die Erde; doch das andere Ende sucht nicht den bequemen Halt von Kirche und Konfession*).

„Jederzeit befinde ich mich auf der Wanderung nach etwas Unklarem, das ich nie erreiche. Womit ich auch arbeite, mag es eine Fahrt über das Polarmeer sein oder eine wissenschaftliche Aufgabe, es ist und bleibt alles nur etwas Vorläufiges, was aus dem Wege geräumt werden muß, um zu dem Eigentlichen zu gelangen, zu dem, was in Wirklichkeit das Leben ist. Und so wird es wohl bleiben, bis ich eines Tages zusammenknicke, ich wie die anderen. Das Eigentliche wird nie erreicht. — — Wie gewöhnlich, wenn dies auf mich einstürmt, sinkt alles, wofür ich arbeite, zu einem Nichts zusammen, und die Arbeit selbst wird zur Einöde. —

Das Leben ist nur eine Reihe von Augenblicken zwischen zwei Ewigkeiten, und trotzdem leisten wir uns die Verschwendung, dem Wesen des Lebens nachzuspüren, statt zu leben. (23. November 1902.)

*) Über Nansens Lebensanschauung siehe seinen Aufsatz in der Zeitschrift „Samtiden" 1908: „Wissenschaft und Moral" und einen Aufsatz, auf eine Weise sein Testament, im Dezember 1929 in der amerikanischen Zeitschrift „Forum": „What I believe", außerdem Professor Torups Aufsatz in „Samtiden" 1930: „Fridtjof Nansens Lebensanschauung".
In der Zeitschrift „Kirke og Kultur" schrieb Bischof Berggrav 1930: „Seine ehrliche Überzeugung hatte ihn aus der norwegischen Staatskirche herausgeführt. Es ist, als habe die Tiefe seines Gemüts einen Ausgleich darin gesucht, Opferdienst der Liebe in gigantischem Ausmaße zu üben. Wir können uns nicht der Tatsache entziehen, daß wir in Nansen den größten Liebeseinsatz unserer Generation haben; der Mann selbst sah sich jedoch genötigt, außerhalb der Kirche zu stehen. Diese Tatsache verlangt von uns nicht, daß wir Nansen bedauern, sondern sie ruft uns in erster Linie zur Besinnung auf uns selbst auf."

Auch ohne sein⌐ Tagebücher wissen wir, was die Natur für ihn war. Sie war mehr als ein Gegenstand seiner wissenschaftlichen Forschung; doch die Tagebücher führen uns tiefer ein in sein persönliches Verhältnis zur Natur.

Am 13. Juli 1900 schreibt er: „Die große Leere hüllt mich wieder ein — diese schreckliche Leere. Alles ist in Staub zerfallen — Vaterland und Pflichten, Leben und Tod — was ist es alles wert?

Meine große Entdeckung: ich habe die Hölle gefunden. Sie hat aber kein Feuer; sie ist das Land des kaltfeuchten Nebels. Wenn der Menschen letzte Eitelkeit dahin ist, dann ist das Leben die Hölle, die Leere.

Auf, Mann, du bist krank. Kampf oder Tod für alles, was schön ist. Vergiß nicht: es ist die Schönheit, die Wert besitzt; vergiß nicht deine alten Schönheitsreiche, wo alles kühler, in allen Regenbogenfarben schimmernder Kristall war; diese vermochte dir niemand zu rauben. Ein Mann ist von seinem Schönheitsreich erfüllt, unabhängig von anderen."

Zwei Tage danach streicht er oben im Gebirge am Ottafluß entlang. Die Stadt, das Ringen und die Leere liegen hinter ihm. Er sieht sich „wieder gesund an dem starken Willen, der ungehemmt von allen Hindernissen seinen singenden Siegeslauf durch das Tal nimmt. Er bricht sich selbst den Weg, tut sein Werk und ergießt sich still ins Meer. Und an seinen Ufern wächst zutraulich die geschmeidige Birke."

Am 16. Juli 1900. Auf dem Hochfjell bei Grjotli, unweit des Geirangerfjordes. „Wieder bin ich oben zwischen Fjell und Schnee. Eben ging die Sonne unter, drüben unter dem Bergeskamm glüht der Gletscher in tiefem Karmin, und die Ebene und der See liegen hier unten in kühlem Abendschatten. Kaum erblicke ich die Gletscher, so treibt der Lebensmut wieder Blüten. Was ist das für eine Zaubermacht? Als ich die finstere Schlucht da zum ersten Male sah, diese sturzsteilen Steinwände und die weißen Schneeflecke — verschlossen, streng und hart —, da kam das unheimliche Gefühl stärker als je über mich. Da reizten mich die üppigen Felder und Wiesen und die lächelnden Birkenwäldchen. Doch wenn ich jetzt hinüberschaue zu den Gletschern, die nun, wo die Sonnenglut verloschen ist, bläulichweiß und kalt daliegen, dann frage ich mich selbst, ob ich mich nicht nur hier wirklich heimisch fühle. Ich bin frisch und frei!"

17. Juli. Im Geirangerfjord. „Regen, Nebel über dem Gebirge — nichts zu sehen. Trotzdem ist es schön, Mensch zu sein. Du bist im Grunde ein sonderbares Wesen; in Regen und schlechtem Wetter wird dir stets leichter zumute. Erfrischt vielleicht die feuchte Luft dein Grauwetter dadrinnen? Jetzt hat es sich völlig verzogen."

1. Oktober. Auf Sørkje im Gebirge. „Unsere Ziele sind das, wozu wir sie selbst machen. Sie sind alle gleich gut geeignet, das Leben auszufüllen, wenn nur wir selbst von ihnen ganz erfüllt sind. Ist's der Kampf um die Ziele, der die Menschen glücklich macht? Ist für einen Eskimo das Ziel, sein Kampf gegen die Natur, nicht ebenso groß, und erfüllt er ihn nicht ebenso stark, wie es einen Newton erfüllte, dem Gesetz der Schwere nachzuspüren, oder wie es einen Forscher erfüllen würde, das Rätsel des Daseins zu lösen! Gewährt es dem Eskimo nicht ebenso große Befriedigung wie dem Kulturmenschen, Schwierigkeiten zu überwinden, das Ziel zu erreichen und sich im Kampfe überlegen zu fühlen! Ja, die Größe ist von uns selbst abhängig."

— „Draußen gleitet der Mond hinter dem Velebuberg hinab. Durch die Kiefern hindurch glänzt es im schwarzen Wasser. Ein kalter Silberstreifen zieht sich von drüben herüber dem Strande zu. Schwarz liegt der Waldhügel auf der anderen Seite. Einige dunkle, silbergeränderte Wolken streichen nahe an dem halben Mond vorüber. Alles ist finster, doch so wohltuend entfernt von all dem ständigen Flackern, dem Jagen, all dem Verzehrenden, Kleinlichen; groß — einfach — stille ist alles und erfüllt von Ausgeglichenheit und Schönheit.

Der große Raum mit seinem Inhalt, das Unveränderliche von Jahrtausenden, wogegen alle Menschenziele in den Staub versinken — oh, Leben, wie bist du so schön!"

Sonntag, den 6. Januar 1901. „Eva singt drinnen Kjerulf und Welhaven. Was für eine wundersame Kühle und Reinheit ist doch an diesen beiden! Ein Bad, worin die Seele ausruht und in ihre verlorenen Schönheitsreiche zurückgeführt wird. Überlegen ruhig, kein hetzendes Jagen, kein lüsternes Begehren, kein nervöses Tempo mit Mangel an Zeit und Vertiefung.

Höre nur Tiriltove:

> ‚Ein Vöglein flog übern Fichtenhain,
> das singet vergessene Sänge. —
> doch Wald und Bergsee träufeln still
> den Wehmutsgedanken mir ins Herz —
> kann ihn nun niemals vergessen.‘‘‘

Im Sommer 1900 ist er mit der „Sars" auf einer Forschungsfahrt in der norwegischen See. Es geht gegen Norden dem Arbeitsplatze zu. Inzwischen herrscht Ruhe.

„Wie wohl diese Muße tut. Der Mensch sollte nicht ständig arbeiten — ständig geben — man wird ja schließlich ganz leer."

Den 26. Juli. „Nach unserem ersten Sieg auf der Fahrt. Es herrscht völlige Stille. Schimmernd wiegt sich die See in der sinkenden Abendsonne. Ein wundervolles Wetter. Es verlockt zur Ruhe. Ach, ich möchte so gern meine alten bekannten Dichter aufsuchen, aber ich habe keinen bei mir, nur neue, die — wie man sagt — gut sind. Doch ich bin müde, mich immerfort auf Forscherreisen ins Unbekannte zu begeben, möchte so gern zu meinen alt-bekannten Stätten zurückkehren — möchte meinen Kopf weich betten, möchte bei der errötenden Abendsonne ruhen, die wiegenden, blanken Wellen gegen die Schiffswand plätschern hören und mich von bekannten Melodien in Schlaf summen lassen. Das ist Sonnengold überm Leben."

Am 29. Juli hat er sich selbst beim Schopfe und schilt sich aus wegen seiner Tagebuchschreiberei — „diese Selbstanalyse, die doch nie Mut und Klarheit genug besitzt, um sich an das Wirkliche heranzutrauen, was ja doch auf dem Grunde liegt und an jedem Kreuzwege zum Vorschein kommt. Du bist ja klein, Mann, du, der du dich einmal in der Jugend so groß träumtest. Und es schmerzt dich nicht! Doch — es kostet etwas, die Forderung aufzugeben, daß das Leben Spuren hinterlassen soll — geordnet nach System und Willen. Eine Aufgabe, die gestellt und gelöst wird. Nicht eine Wanderung im Nebel der Zufälligkeiten — aber das bleibt es ja trotzdem."

4. August. Auf Island. „Ritte an schönen Fjorden entlang, über flache Gebirgsebenen, durch grüne Täler. Die frische Fahrt, das ansteckende Gelächter, das schneeglitzernde Fjell und weit draußen das schillernde Meer — da wird das Leben jung und frei und leicht. Man hat das Gefühl: hier könnte man sich für den Rest seiner Tage niederlassen. Und dann die prächtigen Menschen, die unter freien Verhältnissen aufgewachsen sind. — Nach drei Tagen hatte ich dasselbe Empfinden wie damals, als ich nach einem Winter Grönland verließ — mir war, als ließe ich etwas von dem freien Naturkinde zurück.

Hast du ihn in dem verzehrenden Jagen vergessen? Wo ist dein innerstes Ich — das alte aus den großen wehmütigen Wäldern deiner Kindheit? Die Seele der Gegenwart hat keine Zeit, dem ‚Laufe des Wassers zu folgen, dem Wehmutsgedanken von Wald und Bergsee zu lauschen‘."

29. September 1903. „Mehr und mehr werde ich zum Jäger. Immer denke ich jetzt an neue Ausflüge in Wald und Fjell — draußen zu übernachten — oben auf der Alm — tagsüber durch den Wald zu streifen und abends am offenen Kamin in der einsamen Sennhütte zu sitzen und mit Anders über Wald und Jagd zu plaudern, während draußen der Herbstabend und der Sternenhimmel Alm und Wald einhüllen.

Ich lasse die Tage in sorglosem Frieden vorübergleiten. Kein geiziger Drang, sie mit einem sichtbaren Ergebnis anzufüllen — nein, nur mit den Stimmungen des Naturlebens, die kommen und gehen. Wir kosten Mühe und Anstrengungen aus, wenn wir im Abenddunkel durch Sümpfe stapfen, über Windbruch und Geröll — und genießen auch das Wohlbehagen, wenn wir uns nach der Jagd vorm Kamin ausstrecken, in die Glut starren und die Träume ihre luftigen Wege dahinfliegen lassen. So könnte es bleiben; ich vermisse nicht die Welt, und diese vermißt noch weniger mich.

Die Herbstfarben sind bereits dahin. Wie unglaublich schnell ist er doch dieses Jahr vergangen. Mir ist, als sei es nur wenige Tage her, daß die Hänge sich gelb färbten und das Fjell sich in rotes Gold einhüllte. Nun ist das Laub abgefallen; nur noch ein paar Birken drüben auf der Velebuheide blinken gelb. Still sind die Blätter zur Erde getänzelt, doch schnell. Kein Sturm hat sie weggefegt. So friedlich resigniert sanken sie; sie raschelten leise, wenn man durch den Wald schritt oder auf das Anschlagen der Hunde lauschte. Der Waldbach floß mit einer so dichten Laubdecke dahin, daß man zuweilen hineintrat, ohne zu ahnen, daß es der Bach war. Und ehe man es recht wußte, standen die Birken nackt da, streckten und wanden sich in die Herbstluft hinein und warteten auf den Winter. Die Talhänge sind dunkel und liegen verlassen und ohne Farbenspiel da. Nur der Fichtenwald steht düster auf dem dunkelbraunen Hügel. Die Almwiesen liegen gelblich verwelkt, und in tristem Graubraun liegt das Fjell. Kein Fest mehr. Alle Farbenfreude ist dahin und die Erde steht bereit, um den Schnee zu empfangen, den der Himmel ihr noch versagt. Tag für Tag strahlt er voller Sonne."

5. Oktober. „Dann kam der Winter endlich, weiß und still. Ich muß nun wieder hinunter zur Unruhe und zu all den Spiegelfechtereien — muß also fort von diesem Leben und werde gegen meinen Willen mit Gewalt hineingezwungen."

„Es tat mir weh, fortzuziehen; ich wäre gern geblieben, um zu erleben, wie sich der Winter niederläßt — groß und weiß und rein, ohne kleinliches Getue."

„Was macht das Leben wert, gelebt zu werden? Ist es das tierische Wonnegefühl, das seinen Höhepunkt im Jägerleben erreicht — wenn man müde, durchnäßt und hungrig hereinkommt, zu essen kriegt und sich satt und trocken am warmen Kamin ausstrecken kann — und doch gleich wieder auf den Beinen ist und im selben Augenblick die Büchse in der Hand hält, wenn die Hunde draußen anschlagen, und vom Essen, vom Trockenen und von der Ruhe fortläuft, als habe man an nichts anderes gedacht —.

Ist es das Leben in der Natur? Wie viele leben, ohne es zu vermissen! Liegt es in den Augenblicken, wo wir uns der Ekstase hingeben, die hohe Kunst zu geben vermag? Viele kennen sie nicht; vielleicht nehmen sie aber dafür etwas anderes als Ersatz. — Frage den Liebhaber, und er wird antworten: die Liebe. Frage das Weib, so sagt sie: Liebe und Muttergefühl; doch wie viele müssen nicht ohne sie leben und wollen trotzdem leben.

Fragst du den Mann, wird er vielleicht antworten: Arbeit; doch Arbeit wofür? — nur um zu arbeiten?

Es ist vielleicht zu guter Letzt das ganze zusammengesetzte Spiel — Leben genannt, — das es lebenswert macht; es ist die Fähigkeit, sich zu freuen, zu sorgen, arbeiten, dürsten, ruhen, sich abzumühen — Liebe, Naturleben, Kunst.

Des Lebens Feind ist nicht Sorge, nicht Entbehrung, nicht Not — die sind seine treuesten Verbündeten, sein Feind ist der graufeuchte Nebel ohne Schatten und ohne Licht. —

Ja, wir wollen hinunterziehen zu den Menschen; dann wird es noch schöner, wieder in diese Gebirgswelt zurückzukehren — wo die lichten Birken wachsen — wo die Fichten still und ernst stehen — und wo die Berge des Morgens und des Abends rot aufglühen."

16. April 1904. „Heute müßte ich ein paar nette Worte an einen jungen, begeisterten Holländer schreiben, und ich wollte ihm irgend etwas Gutes fürs Leben wünschen — aber was? In der Eile fand ich nichts Besseres, als daß seine jugendliche Begeisterung für alles Gute und des Kampfes Werte sein Leben lang anhalten möge, auf welchem Wege er auch wandere. Wenn alles zu allem kommt, habe ich ihm das Beste gewünscht, was ich ihm für seinen Weg wünschen kann — was könnte er Besseres besitzen?"

Juli—August 1904 auf einer Streiffahrt mit der „Veslemøy."

22. Juli. Spät abends sitzt er in der Kajüte und schreibt an seinem Tagebuch. Nicht Zahlen und Notizen und Ergebnisse von der Arbeit mit Lotleine, Wendethermometer und Strömungsmesser beschäftigen ihn im Augenblick. Das Auge träumt, und die Gedanken weilen draußen auf einem anderen Meere, in der Tiefe seines eigenen stimmungsreichen Gemütes.

„Ich arbeite den ganzen Tag, und beim Tageslicht ist für Träume und Gedanken kein Platz; da heißt es, die ungelösten Rätsel der Tiefe zu lösen. Doch wenn ich in der Arbeit innehalte und aufblicke, ist es Nacht geworden. Berge und Inseln und Meer träumen in ruhender Sommernacht; einzelne Sterne flimmern bleich hoch oben, der Jupiter steht blank und gelb im Osten, und ein Weilchen spiegelt der Halbmond seine goldenen

Streifen im seidenblauen Wasser, das zwischen den tiefblauen Bergen blinkt.

Des Tages Arbeit liegt weit, weit weg — das ist eine andere Welt, und wieder ist die Seele nur Gedanke und Traum von allem, was nicht dem Tage gehört und nicht in Worte zu fassen ist.

Hier, Menschenkind, bist du zu Hause — aber da bist du auch wirklich zu Hause! Es ist, als wären es zwei Wesen von zwei verschiedenen Erden, das eine ist Handlung, nur dem Tageslichte und der Arbeit zugewandt — das zweite trägt Verlangen nach etwas anderem, nach etwas, was irgendwo da drüben in den Wolkenreichen des Sonnenunterganges oder im Traumesglanze des Mondes wohnt — oder noch weiter entfernt, auf den zitternden Sternen."

Im September haust er wieder oben im Gebirge und jagt den ganzen Tag Schneehühner. Abends geht's heim zur Sennhütte. „Diese Abendstimmungen sind unvergleichlich glücklich — wenn das Auge in fröhlicher Ruhe über die Kühe und Schafe hinschweifen kann, die heimgekommen sind und sich um die Hütte versammelt haben. Dein Gedanke sucht keine fernen Ziele, und die streitenden Gegensätze haben in ihrem Jagen innegehalten. Die Luft ist so klar und still, daß du die Stimmen und Kuhglocken drüben von der anderen Talseite hörst, als wären sie ganz nahe."

10. September 1904. „Ich sitze hier und lache. Schon längst ist die Sonne hinter dem Höhenzug da drüben verschwunden. Das nächtliche Dunkel hat sich langsam und schwer aus den schwarzen Waldtälern die Hänge heraufgezogen und nun blinken die Sterne hoch oben an der blauen Decke hervor. Die Feuerflammen erwachen aufs neue, züngeln um den Kessel herum, in dem unsere eben geschossenen Vögel kochen, und werfen flackernde Lichter auf die Bäume ringsum und auf uns, die wir dasitzen und mit weißen Zähnen die Vogelkeulen zerreißen; — wir haben uns nicht Zeit gelassen, sie gar zu kochen. Und während ich diese Gesichter und Hände betrachte — schwarz und seit Tagen ungewaschen — und in die Flammen starre, lacht es drinnen in mir, daß es nur so gluckst — warum? Ich denke dran, wie dünn doch der Firnis ist, den wir Kultur nennen. Geschlecht

auf Geschlecht, ein Reich nach dem anderen, mühen wir uns ab, uns von der Natur zu entfernen, uns Verfeinerungen und überflüssige Lebensgewohnheiten anzulegen, um ‚höhere' Daseinsformen zu erklimmen. Gib ihnen einen Tag oder zwei wie diese, voll Schinderei und mit wenig Essen, und in weniger als einer Stunde, in einer Minute ist all das über Bord geworfen, und wir tauchen den Kopf wieder in die unergründlichen Tiefen der Natur. Du befreiender Gedanke!

Wo ist der Unterschied zwischen uns, die wir hier sitzen oder liegen — dreckig, durchnäßt, gefräßig wie Wölfe an den halbzernagten Vogelknochen reißend und zerrend — und den Menschen, die in Tierfelle gehüllt vor Tausenden von Jahren durch dieselben Wälder streiften und sich an dem gleichen Lagerfeuer wärmten? Sie töteten ihre Beute allerdings mit Stöcken und Steinen, und wir schießen die unsrige mit Pulver und Blei; sie entzündeten ihr Feuer mit zwei Holzstücken und einem Bogen und wir haben Streichhölzer; aber ihr Feuer war nicht weniger gut als unser, und wahrscheinlich war ihr am Spieße geröstetes Fleisch besser als unser im Kessel gekochtes — und sind wir vielleicht weniger müde, weniger durchnäßt, weniger hungrig als sie? Ebenso gierig verschlingen wir unsere Fleischhappen und genießen sicherlich Ruhe und Wärme nicht weniger intensiv, wenn wir die schmerzenden Glieder am Lagerfeuer ausstrecken. So sieht die Unabhängigkeit von der Natur aus, die du errungen hast, edles Menschengeschöpf! Oder verfolgen wir unser Wild mit weniger Gier, und wenn es auch nur ein Vogel ist! Zittern wir nicht vor Jagdeifer in der Erwartung, daß er jede Sekunde aufflattern kann. Oder wenn der große Hirsch durch das Dickicht bricht, ist es nicht, als sollte uns das Herz in der Brust stillestehn — jeder Muskel wird zu Stahl; wir halten den Atem an, um nicht gehört zu werden, und wenn er dann groß und herrlich mit dem gewaltigen Geweih zwischen Ästen und Zweigen erscheint und dich anstarrt — wo ist da der Kulturmensch? — O, ihr gesegneten, stets verjüngenden, primitiven Gefühle!"

27. August 1905. Auf dem Wege nach Sorkje. „Dante hat sie tief im Inferno begraben, die ihr Leben in freiwilliger Trübsal verleben. Sie liebäugeln mit der Sorge und sehen am

liebsten lauter Schatten, als ob es nicht Freude genug wäre, zu leben und die Sonne des Morgens aufgehen zu sehen — und dann die grünen Wiesen! Unsere erste Pflicht uns selbst und anderen gegenüber ist, froh und glücklich zu sein, aber wie schwer fällt vielen diese Pflicht — nicht zum wenigsten mir selbst."

„Ich sehe Täler und Berge, Wälder und grüne Felder, Äcker, auf denen das Korn reif zur Mahd steht. Dies herrliche Land ist mein. Ich möchte leben, um ihm meine besten Kräfte zu geben, die noch brachliegen und — ich fühle es — der Entfaltung harren. Ich schaue tiefer hinein in eine neue Welt, die gebaut werden soll — und ich will sie bauen."

Den 3. September 1905. „In mir gärt und rüttelt eine Welt von neuen Gedanken, die nach Form verlangen und heraus wollen. Sie lassen mir keinen Frieden, und ich fliehe nicht vor ihnen; doch werden sie jemals mehr als Träume? Was will ich denn? Ich will mich entfalten, schaffen und arbeiten. Ich will dem kommenden Geschlecht etwas von der Welt geben, die in mir gärt. Ich möchte alle Leichen, die sie mitführen, über Bord werfen, möchte ihnen das Leben in seiner Kraft und Fülle malen, ihnen die gesunde und reinigende Schönheit der Natur zeigen, des Kindes Überlegenheit über den Erwachsenen mit seiner ,Reflexionswurmstichigkeit'."

DER POLITIKER

Die Auflösung der Union

Seit 1380 waren Dänemark und Norwegen unter einem König — und zwar unter einem dänischen — zu einer Union vereinigt. Seit der Reformation jedoch — und vor allem mit der Einführung des Absolutismus hatte sich die Personalunion zu einer dänischen Oberherrschaft mit dänischer Verwaltung, Kirche und Schule entwickelt. Erst als Dänemark in den Napoleonsjahren hart in Bedrängnis geriet und Staatsbankerott machte, erhielten die Norweger Gelegenheit, das dänische Joch abzuschütteln, und am 17. Mai 1814 erklärte die Norwegische Nationalversammlung zu Eidsvoll die Personalunion für aufgelöst und Norwegen für ein selbständiges Reich. Doch bereits ein halbes Jahr später war dieser wiedererwachte Staat genötigt, eine neue Personalunion einzugehen — diesmal mit Schweden. Diese Union aber litt seit ihrer Entstehung an empfindlichen Gebrechen. Von norwegischer Seite war sie nämlich nicht ganz freiwillig zustande gekommen. Auch in Schweden war man nicht völlig zufrieden. Viele Jahre hindurch hatte der schwedische König Carl Johan Veränderungen der norwegischen Verfassung beantragt. Die Reichsakte, die die Unionsakte enthielt, sicherte Norwegen einen gleichberechtigten Platz neben Schweden. Die Leitung der auswärtigen Angelegenheiten Norwegens lag in den Händen des Unionskönigs.

Ein Jahr nach dem Siege des Parlamentarismus in Norwegen veränderte Schweden seine eigene Verfassung. Die Betreuung der auswärtigen Angelegenheiten Norwegens wurde ohne weiteres auf den schwedischen Außenminister übertragen. Diese schwedische Verfassungsänderung von 1885 wurde die Quelle eines 20 Jahre währenden Unionsstreites. Ein Unionsausschuß nach dem anderen scheiterte an den grundverschiedenen Auffassungen der Reichsakte. Die norwegische Verfassung enthielt Bestimmungen über norwegische Konsulate. Während der Unionszeit entwickelte sich nun ein gemeinsames Konsulatswesen unter der Leitung des schwedischen Außenministeriums.

Als aber Norwegens Schiffahrt zu einer der größten der Welt heranwuchs — dreimal so groß wie die Schwedens — erhoben die Norweger Anspruch auf eigene Konsuln unter norwegischen Behörden.

Die Unerträglichkeit der gemeinsamen Verwaltung machte sich immer mehr bemerkbar in dem Maße, wie die Handelsinteressen beider Länder sich verschieden entwickelten. Schweden schlug den Weg einer stark betonten Schutzzollpolitik ein, während Norwegen fast ein Freihandelsland war. Die gemeinsamen Handelsverträge mußten durch getrennte abgelöst werden. Als Schweden das Freihandelsabkommen zwischen Norwegen und Schweden kündigte, zerriß der Lebensnerv des kommerziellen und industriellen Zusammenlebens der beiden Länder. Die vielen Reibungen die daraus entstanden, trugen nicht zur Stärkung der Union bei. Ihre Aufhebung war nach norwegischer Auffassung der einzige Ausweg.

1891 wurde die Konsulats-Angelegenheit zur Sprache gebracht. Ein Ausschuß verlangte einstimmig, daß Norwegen die Leitung seines eigenen Konsulatswesens übernehmen sollte. Wiederholt gefaßte Stortings- (Reichstags-)Beschlüsse blieben ohne Ergebnis. Der König, unterstützt von der schwedischen Regierung, verweigerte ihre Durchführung. Ministerkrise 1892. Neue Krise 1893. Neue Regierung und neue Krise. In Schweden kam eine Bewegung für eine „Zwangsrevision" und Anwendung von Waffengewalt auf. In Norwegen hatte man nie daran gedacht, daß ein Krieg die Streitigkeiten zwischen den beiden Brudervölkern entscheiden sollte; war es doch beinahe abgerüstet. Um einen Bruch zu vermeiden, leitete das Storting Verhandlungen mit Schweden über die Leitung der auswärtigen Angelegenheiten und die Konsulate ein. Ein Unionsausschuß arbeitete mehrere Jahre. Die Verhandlungen scheiterten aber an der norwegischen Forderung eigener Konsuln.

1902 behandelte ein neuer Ausschuß lediglich die Konsulatsangelegenheit und gelangte zu dem Ergebnis, daß besondere norwegische Konsuln von den norwegischen Behörden eingesetzt werden sollten. Dies führte im März 1904 zu einem Abkommen, das vom König anerkannt wurde — mit der Aufforderung, die Verhandlungen auf dieser Grundlage weiterzuführen. Der schwedische Ministerpräsident nahm die Verhandlungen in seine Hand und unterbreitete 1904 einen Vorschlag, der dem früheren Abkommen widersprach: die Sonderkonsuln sollten wieder dem schwedischen Außenminister unterstellt werden. Damit war den Verhandlungen die Grundlage entzogen, und im Februar 1905 wurden sie abgebrochen.

Boströms „Vasallenstaat-Punkte" schmiedeten das norwegische Volk zu einem Willen zusammen. Nansen schreibt: „Diese Angelegenheit ist für uns zum Scheideweg geworden zwischen Selbständigkeit und Selbstaufgabe."

Gestützt auf mehrere Parteien kam die Regierung Chr. Michelsen ans Ruder — mit dem Programm, das verfassungsmäßige Recht Norwegens auf eigenes Konsulatswesen durchzuführen und Norwegens Souveränität als freies und selbständiges Reich zu behaupten.

Was würde nun geschehen? Der Verhandlungsweg war ungangbar. Nun hieß es handeln. Die meisten wußten weder aus noch ein. Zu dieser Zeit der Verwirrung richtete die Zeitschrift „Samtiden" an Nansen die Frage: Was nun? Die Antwort kam unverzüglich:

„Was nun?

Für mich ist der Kernpunkt der gegenwärtigen Lage folgender: wir Norweger zweifeln nicht an unserem Recht auf eigene Konsuln. Dieses Recht scheint von schwedischer Seite bestritten zu werden. Daraus ergibt sich für uns die Notwendigkeit, unsere Selbständigkeit in diesem Punkte zu behaupten."

Und in der Zeitung „Verdens Gang" erschienen kurz darauf

Nansens vier berühmte Artikel „Der Weg", „Männer", „Mut" und „Leichtsinn". Diese schlugen wie reinigende Gewitter ein und trugen mehr zu einer schnellen Einigung und schnellem Handeln bei, als die Worte irgendeines andern Mannes es vermocht hätten.

Aus dem Artikel „Der Weg": „Mit steigendem Erstaunen haben gewiß viele von uns den Wortwechsel über Wege und Mittel in einer Sache verfolgt, die um nichts anderes geht, als um Norwegens Selbständigkeit und Ehre. Wir meinen: nach der Veröffentlichung der Verhandlungs-Dokumente kann über den Weg kein Zweifel bestehen. Haben wir Norweger vergessen, daß es auch in diesem Lande etwas gab, was mehr galt als selbst das mutigste Wort — nämlich die Tat! — Große Worte vermögen wahrlich die Stellung nicht mehr zu bessern. Für uns ist der Beschluß der Errichtung des Konsulatswesens der einzige Weg, das einzige Mittel, womit die Würde der Nation behauptet werden kann. Der König soll in erster Linie die Selbständigkeit und Ehre der Nation verteidigen. Dafür ist er der König. Seine Ehre und des Volkes Ehre ist dieselbe, nur daß er als erster darüber zu wachen hat.

Es ist nicht die Auflösung der Union, die augenblicklich zur Sprache steht. Wir wollen unsere Ehre und unser Recht respektiert wissen. Das andere ist eine Sache der Zukunft. Jetzt liegt die Konsulatsangelegenheit vor."

Einige Tage darauf schreibt er im Artikel „Mut": „Man sucht uns damit einzuschüchtern, daß es Ernst werde, wenn wir den geraden Weg gehen — den einzigen, den wir klar und annehmbar finden. Als ob jemand daran zweifelte! Sie wollen uns damit erschrecken, daß wir dann in Europa isoliert dastehen würden — vielleicht mehrere Jahre lang — daß wir uns dann auf einen Überfall von seiten Schwedens gefaßt machen müßten. Als ob wir das nicht erwogen hätten und ganz darauf vorbereitet wären! Furcht — damit stehen sie alle bereit; doch wer spricht von Mut? Gibt es nicht auch den Mut eines ganzen Volkes? Das gab es wenigstens früher in Norwegen. Und wann soll er angewandt werden, wenn wir erst handeln sollen, nachdem alle gefährlichen Möglichkeiten ausgeschlossen sind?"

Am 23. Februar hielt der Studentenbund vor vollem Haus und unter hoher Stimmung eine Versammlung ab. Nansen sprach und forderte zu sofortiger Handlung auf. Als er endete, rief der Vorsitzende: „Sie haben geschrieben, daß wir Männer brauchen. Dazu besitzen Sie ein Recht, denn Sie sind ein Mann. Und Sie haben Recht zu rufen: Mut! denn Sie haben selbst Mut bewiesen. Sie sagen: Sie können nicht Staatsminister werden, weil Sie aus der Staatskirche ausgetreten sind. Doch ich bitte Sie, denken Sie an das Wort Heinrichs IV.: ‚Paris ist eine Messe wert!' Nehmen Sie das Ruder in die Hand! In diesem Augenblick sind Sie Norwegens Fahne." Stürmischer Beifall der Versammlung.

Nansen war der erste, an den Michelsen sich wandte; aber Nansen antwortete, daß er seinem Vaterlande auf andere Weise besser dienen könnte.

Draußen in der Welt besaß Norwegen keinen Repräsentanten. Auch im Jahre 1905 wußte man im Auslande über das Verhältnis zwischen Schweden und Norwegen nicht Bescheid. Jetzt brauchte Norwegen einen Fürsprecher. Nansens berühmter Name und seine vertrauenerweckende Persönlichkeit öffneten ihm alle Türen. Vor allem in England beherrschte er die öffentliche Meinung. Im Ausland hat keiner eine so hervorragende Rolle im Selbständigkeitskampf Norwegens gespielt wie Nansen. Was Nansen 1905 für Norwegen bedeutet hat, kann noch nicht vollständig dargelegt werden.

Am 25. März veröffentlichte Nansen in der „Times" eine Darlegung des Unionsstreites, die das Blatt mit einem sympathischen Leitartikel versah. Dieser Aufsatz wurde von dem Pariser „Temps", der „Kölnischen Zeitung" und vielen anderen führenden Blättern aufgenommen.

Anfang Juni ließ Nansen das Büchlein: „Norwegen und die Vereinigung mit Schweden" auf Norwegisch, Englisch, Deutsch und Französisch erscheinen. Hier gibt er eine Darstellung von der Entstehung und Entwicklung der Union, so daß man die Ursachen des Konflikts und damit auch die norwegischen Forderungen verstehen kann.

Durch die Aufklärungsarbeit Nansens und anderer wurde es

langsam den europäischen Regierungen klar, daß Norwegen in der Union kein untergeordnetes Land sei, das nur auf eine begrenzte Selbständigkeit Anspruch habe.

Am 6. März war der Vorschlag des Sonderausschusses ausgearbeitet und die „kurze Aktionslinie" gewählt — ganz im Einklang mit dem Geist und Willen, der aus Nansens Aufsätzen sprach. Der 17. Mai, der norwegische National- und Verfassungstag, erhielt dieses Jahr eine besondere Bedeutung. Es war nur selbstverständlich, daß Nansen die Ansprache des Tages in der Hauptstadt hielt. Aus der Rede: „Ist es nicht so, daß die stolze und warme Freude, die wir für unser Land und Volk empfinden, heute größere Flügelspannung erhalten hat? Es ist eine glückliche Zeit, in der wir leben, eine Befreiung. Denn wir fühlen es ja alle, daß das norwegische Volk in den letzten Monaten gewachsen ist; daß jede norwegische Frau und jeder norwegische Mann es gelernt haben, größer zu denken, an sich selbst und ihr Land einen größeren Maßstab anzulegen, das Eigene und alles Kleine zu vergessen.

Ein Volk kann nur wachsen, indem es den Kampf für eine Sache aufnimmt, die es mit Ehren nicht liegen lassen kann — und wenn es zu einer Niederlage führen müßte. Es gibt für ein Volk ein schlimmeres Unglück als eine Niederlage. Zehnmal schlimmer sind freiwillige Demütigungen als Folge schwachen und schwankenden Auftretens, worüber wir selbst und unsere Nachkommen Scham empfinden müssen. Ein schlimmeres Erbe könnten wir unseren Kindern nicht hinterlassen.

Darüber sind wir uns jetzt im klaren: mag kommen, was will, wir müssen und werden unsere Selbständigkeit und unser Selbstbestimmungsrecht verteidigen; mit unserem Recht müssen wir jetzt stehen oder fallen. Es hat Zeiten gegeben, in denen es so aussah, als ob hier in Norwegen der Maßstab für einen Mann sehr klein geworden sei, als ob wir so bescheiden, so wenig stolz geworden seien, daß wir uns nicht schämten, uns klein zu zeigen und nur an Gewinn für die eigene Person oder Partei zu denken. Aber es schien nur so — das haben diese Zeiten bewiesen.

Wir empfanden Mißtrauen gegeneinander, am meisten wohl gegen uns selbst. Wir hatten uns zu sehr daran gewöhnt, daß wir uns niemals über eine Sache einigen konnten. Wir waren die ewige Tretmühle der täglichen Nichtigkeiten so sehr gewohnt geworden, daß wir uns schließlich einbildeten, die Kraft zu einem großen gemeinsamen Aufraffen eingebüßt zu haben. Und dieser Mangel an Vertrauen war wohl die Ursache dazu, daß es kurze Zeit den Anschein hatte, als ob wir wankten und uns zweifelnd nach einem Mann umsahen.

Das Erfreulichste, was wir jetzt erlebt haben, ist ohne Zweifel die vom ganzen Volke bewiesene Fähigkeit, groß zu denken, über die nächstliegenden Tagesforderungen hinauszublicken, der zielbewußte Zusammenschluß, der ohne Rücksicht auf Parteischranken und frühere Standpunkte sich Tag für Tag sicherer und stärker ausgewachsen hat, die Ruhe und der starke Wille des erwachsenen Mannes, die über das ganze Volk gekommen sind und uns allen das Gefühl der Sicherheit gegeben haben — ein Storting, auf dessen einstimmige Festigkeit wir alle bauen, und eine Regierung, in deren Händen wir voller Zuversicht das Schicksal des Landes ruhen sehen.

Wir können der Regierung und dem Storting heute sagen: ‚Geht in Ruhe an Eure Arbeit und verlaßt Euch darauf, daß die Begeisterung, der Opferwille, der uns jetzt durchglüht, nicht der Rausch eines Tages ist. Er wird aushalten.‘

Jetzt sind alle Rückzugs- und Ausweichwege verschlossen. Jetzt gibt's nur noch einen Weg. Aber dieser Weg führt vorwärts, vielleicht durch Schwierigkeiten und Drangsale, aber er führt uns zu uns selbst, zu einem freien Norwegen.

Laßt uns glauben, daß wir ein Volk von norwegischen Männern und Frauen sind, das nichts geschenkt haben will. Wir können unsere Selbständigkeit nicht als ein Almosen hinnehmen, als etwas, um was wir betteln. Laßt uns glauben, daß unsere dreifarbige Flagge genau wie heute immer am 17. Mai frei an ihrem Mast wehen möge über einem Volk mit festem Glauben an sich selbst und an seine Zukunft.‘‘

Diese Rede weckte einen Widerhall weit über die Grenzen Norwegens hinaus. ,,Jetzt ist Nansen wieder am Werke‘‘, schrieb man in Schweden.

Am 18. und 25. Mai wurde dem Konsulatsgesetz die Sanktion verweigert. Das Ministerium trat zurück.

Am 7. Juni erklärte das Storting die Union mit Schweden für aufgelöst, da der König aufgehört habe, als norwegischer König zu fungieren.

Am folgenden Tage sandte Nansen an das Blatt „Standard" in London ein Telegramm, worin er aufzählte, was geschehen war, und warum. „Wir hoffen, daß das schwedische Volk verstehen wird, daß dies die beste Lösung darstellt und daß die Unionsauflösung im Auslande keinen Protest hervorrufen wird. Ich kann hinzufügen, daß wir keinen Unwillen gegen Schweden nähren, was klar daraus hervorgeht, daß wir einen Prinzen aus dem Hause Bernadotte auf dem norwegischen Throne zu sehen wünschen."

Die Volksabstimmung am 13. August mit 368208 Ja- und 184 Nein-Stimmen bewies, daß das gesamte Volk hinter der Regierung stand. Die Abstimmung war von Schweden verlangt worden und stärkte Norwegens Stellung in der öffentlichen Meinung Europas außerordentlich.

Unter den Verhandlungen in Karlstad über die Bedingungen für die Auflösung der Union erregte die schwedische Forderung, alle Grenzbefestigungen zu schleifen, große Erbitterung in Norwegen. Die norwegische Gegenforderung einer neutralen Zone war für die Schweden ebenso hart. Die Parteien standen in Karlstad wie „Fels gegen Fels".

In beiden Ländern wurde mobilisiert. Lövland saß mit der Uhr in der Hand, um den Augenblick des Friedensbruchs zu notieren.

In dieser aufgeregten Zeit ließ sich Nansen in zwei norwegischen Zeitungen mit beruhigenden Worten vernehmen:

„Was wir wollen."

Wir haben unser Selbstbestimmungsrecht in eigenen Angelegenheiten behaupten wollen. Was wir nun vor allem wünschen, ist eine friedliche Unionsauflösung, und wir sind uns alle über zwei Dinge einig: auf der einen Seite Norwegens Selbständigkeit und Würde ohne Feilschen zu behaupten; anderseits aber die Vorbedingungen für ein gutes und freundschaftliches Verhältnis zu unserem Nachbarvolk für die Zukunft zu schaffen.

Wenn es irgendwie zu vermeiden ist, wünschen wir keinen Krieg und keinen Unfrieden auf der skandinavischen Halbinsel. Das wäre ein politisches Verbrechen, das für alle Zeit die Möglichkeit des gegenseitigen Verstehens und der Freundschaft zwischen den beiden Völkern zerstören müßte. Dies muß man sich jetzt auf beiden Seiten der Grenze klar vor Augen halten. Dank der staatsmännischen Klugheit unserer führenden Persönlichkeiten hat unser politisches Auftreten in dieser für uns entscheidenden Zeit bisher Europas volle Anerkennung gewonnen — und zwar wegen unserer besonnenen Männlichkeit, die einerseits fest und zielbewußt gewesen ist, anderseits aber stets den Ausdruck für die herrschende Mäßigung gefunden hat, die eine Folge des inneren Kraftgefühls ist.

Es ist nur natürlich, daß wir uns nun nach der Volksabstimmung vom 13. August noch stärker und sicherer fühlen als zuvor. Doch unser Selbstvertrauen darf uns nicht zu Kopfe steigen. Haben wir an Kraft gewonnen, dann ist es um so leichter, entgegenkommend zu sein und Zugeständnisse zu machen. Man redet von demütigenden Bedingungen für Norwegen; aber vergißt man denn ganz, daß wir die große wesentliche Bedingung gestellt haben: Auflösung der Union? Mit diesem einstimmigen Volksverlangen hat sich das größere Schweden mit oder gegen seinen Willen abfinden müssen. Dies ist der wahre Sachverhalt, den wir nicht vergessen dürfen. Und ebensowenig, wie wir gedemütigt werden möchten, ebensowenig wünschen wir zu demütigen. Solche Gelüste sind Zeichen niedriger Kultur — und außerdem schlechte Politik. Es ist deshalb nur recht und klug, daß wir, soweit Norwegens Würde und Interessen es gestatten, Schweden durch Zugeständnisse und Entgegenkommen zu helfen suchen, damit die Unionsauflösung durchgeführt werden kann, ohne daß das schwedische Volk sich gedemütigt fühlt."

Nansens ruhiges und kaltblütiges Auftreten hat seinen Landsleuten geholfen, einen klaren Kopf zu behalten.

Das Anerbieten an das Haus Bernadotte fand in Schweden keinen Anklang, und bereits vor König Oskars offizieller Absage war man dabei, in Dänemark das Terrain zu sondieren, und zwar mit Hinblick auf eine Kandidatur des Prinzen Carl.

In dieser Angelegenheit war Nansen zweimal — im Juli und im August — in Kopenhagen.

Oben im Gebirge bei Sörkje streifte in den ersten September-tagen ein Mann umher und jagte Schneehühner. Hohe Gebirge, tiefe Wälder, lange Täler — eine Reise von einem Tag und einer Nacht — lagen zwischen ihm und der Welt mit allen ihren Krisen.

Am 7. September kam in größter Hast ein Bursche vom Telegraphenamt drunten im Tal mit einer Eilbotschaft für den Jäger, vom Kabinettsrat Arctander: er möchte sofort in die Stadt kommen. Nansen ruderte sogleich über den Sörkjesee, radelte die schwarze Nacht hindurch nach Kongsberg und war am Vormittag in Christiania. Am selben Morgen traf Staatsminister Michelsen von einer Verhandlungspause in Karlstad ein. Er unterrichtete Nansen über den Stand der Dinge — über die plötzliche Forderung der Schweden, alle Festungen außer den alten historischen Teilen zu schleifen — dazu die Forderung eines Ja oder Nein innerhalb von zwei Tagen. Er fragte Nansen, ob er auf der Stelle nach England reisen könne. Am selben Abend fuhr Nansen ab.

Am nächsten Tag hatte er in Kopenhagen eine Besprechung mit dem dänischen Außenminister Graf Raben, dem deutschen und dem englischen Botschafter. In einem längeren Vortrag erklärte Nansen die Lage. Raben wurde ganz eifrig und sagte, Dänemark könne unmöglich ruhig zusehen, wenn direkt vor seiner Türe ein Krieg heraufzöge. Er schlug vor, die dänische Regierung solle sich an England, Frankreich, Deutschland und Rußland wenden und sie bitten, in Stockholm dringliche Vor-stellungen zu erheben, damit die schwedischen Forderungen nicht eine Form annähmen, die einen Krieg unvermeidlich machen müßten. Am selben Abend war der Notenvorschlag von Raben aufgesetzt, von Nansen durchgesehen, am nächsten Mor-gen dem König und der Regierung vorgelegt und den vier Groß-mächten übersandt. Am selben Abend befand sich Nansen auf dem Wege nach London.

Am 14. September telegraphierte Staatsminister Michelsen aus Karlstad, er habe folgendes vertrauliche Angebot erhalten: Schaf-fung einer neutralen Zone; dafür werde die Schleifung mehrerer norwegischer Festungen verlangt. Könnte man nicht darauf eingehen, sei man willig, den Streit dem Haager Schiedsgericht vorzulegen. Nansen setzte sich unverzüglich mit den einflußreichsten Blättern — „Times", „Morning Post", „Westminster Gazette" in Verbindung, und diese brachten auch Leitartikel über die Unionskrise.

Vor Nansens Ankunft hatte weder die englische Presse noch das auswärtige Amt eine Ahnung, wie ernst die schwedisch-norwegische Krise eigentlich war. Man wußte nichts von der Mobilisierung der schwedischen Armee und Flotte und wollte es nicht glauben. Nansen tetegraphierte an Michelsen und konnte im Auftrag der norwegischen Heeresleitung erklären, daß Schweden wenigstens 60 000 Mann mobilisiert habe, dazu die gesamte Flotte, während die norwegische Mobilisierung aus 4000-Mann Grenzwacht und einigen wenigen Schiffen bestünde. Die englischen Autoritäten meinten jedoch, es sei noch weit bis zum Kriege.

Nansen entfaltete nun eine fieberhafte Tätigkeit, verhandelte mit dem Staatssekretär, dem Außenminister, einflußreichen Persönlichkeiten, der Presse, begründete die Stimmung für oder gegen eine norwegische Republik, untersuchte den Eindruck, den die Königswahl des dänischen Prinzen haben würde, verfaßte einen Leitartikel, schrieb das Schlußkapitel zu dem im Juni erschienenen Buch „Norwegen und die Union mit Schweden" und bearbeitete noch bei seiner Abreise auf dem Fallreep die Presse.

Am 9. Oktober traf er wieder in Norwegen ein. Am 13. Oktober wurde das Karlstad-Abkommen unterzeichnet.

Nach dem Karlstad-Vertrag trat die Frage der Staatsform wieder in den Vordergrund. Die Stimmung für eine Republik hatte sich seit Juni stark geltend gemacht. Jetzt, nach dem Karlstad-Abkommen setzte die Agitation dafür kräftig wieder ein.

Der Staatsminister vertrat die Auffassung, daß die monarchistische Staatsform nach wie vor in Kraft sei und daß man der Verfassung entsprechend jederzeit zur Königswahl schreiten könne. Sollte aber die Nation für eine Volksabstimmung sein, dann sollte das Volk befragt werden, ob es für sofortige Königswahl oder für Aufschub der Entscheidung sei.

Darüber war man sich sogar innerhalb der Regierung nicht einig.

Aus Nansens Tagebuch ersehen wir, daß er den Staatsminister Michelsen über die mündlichen und schriftlichen Verhandlungen mit dem englischen Außenminister unterrichtet hat. Dieser hatte zum Ausdruck gebracht, daß Norwegen nicht mit bindenden Verträgen rechnen könnte, solange die Interimszustände anhielten. Die Wahl des Prinzen Carl würde eine wesentliche Hilfe bei der Erneuerung des Novembervertrages bedeuten. Dieser Vertrag, der einzige Vertrag politischen Inhalts, der von Schweden und Norwegen gemeinsam abgeschlossen war, kam 1885 nach dem Krimkriege zustande und wurde von England und Frankreich unterzeichnet, als Garantie gegen Rußland, und war darum von größter Bedeutung. — „Durch die Wahl des Prinzen Carl werden die Sympathien Großbritanniens für Norwegen gestärkt werden, und wir dürfen damit rechnen, daß der Novembervertrag zu einer Garantie der norwegischen Integrität allen Mächten gegenüber erweitert wird." Über diese Aussagen unterrichtete Nansen nach seiner Heimkehr mit Zustimmung Englands das Storting hinter verschlossenen Türen. Weiter teilte er mit, die Republik-Agitation habe im Ausland einen ungünstigen Eindruck gemacht und die sonstige Sympathie herabgemindert. Nansens Meinung zufolge könnte die Fortdauer solcher Zustände für das Land sehr unangenehme Folgen haben. Diese Mitteilung machte auf Storting und Regierung tiefen Eindruck und bewirkte, daß man sich entschloß, ohne Volksabstimmung sofort zur Königswahl zu schreiten.

In Dänemark verfolgte man an Hand der norwegischen Presse aufmerksam alle Vorgänge, und sowohl Außenminister Raben als auch Prinz Carl waren der Auffassung, es sei das richtigste, auf einer Volksabstimmung zu bestehen.

Am 20. Oktober wurde Nansen als Hauptunterhändler mit Prinz Carl, dem dänischen Königshaus und der Regierung nach Kopenhagen entsandt. Alle — außer dem Prinzen Carl — ließen sich leicht dazu überreden, eine Volksabstimmung für unnötig

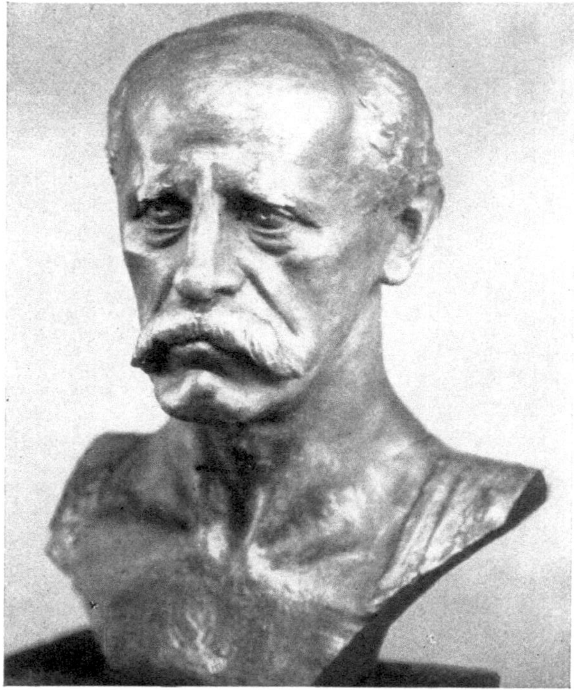

Büste in Genf

Auf den geliebten Skiern

Im Gespräch

Begegnung mit Amundsen 1925

anzusehen. Nansen entfaltete seine ganze Überredungskunst. In seinem Tagebuch gibt er das ganze Wortgefecht wieder, und er fügt hinzu: „Im Sommer hatte ich mit einem verhältnismäßig unentwickelten Jungen gesprochen. Nun aber war er zum Manne gereift, und meine Achtung stieg, je länger ich mit ihm sprach. Ich war in dem Glauben gekommen, ihn leicht überreden und dazu bringen zu können, die Sache in einem anderen Lichte zu sehen. Aber hier stand ich ja einem Manne gegenüber, der die Sache von mehreren Seiten durchdacht hatte und meine Einwendungen geschickt und mit wirklich scharfen Argumenten widerlegte. Ich sagte ihm, daß alle seine Worte mich nur noch tiefer davon überzeugten, daß gerade er der rechte Mann für Norwegens Thron sei; er huldigte den freisinnigen Anschauungen, die zu einem König der Norweger paßten. Im Verlaufe der Unterredung sagte er übrigens, er sei der Ansicht, daß das Volk ein Recht besäße, in einer so wichtigen Frage mitzureden, und er glaube, hierin sei er freisinniger als ich."

Der König bestand auf Volksabstimmung. Nansen machte neue Anstrengungen. Nach einigem Hin und Her gelangten sie zu einem Kompromiß. Das Storting sollte der Regierung Vollmacht erteilen, Prinz Carl den Thron anzubieten unter der Voraussetzung, daß das Volk bei einer Abstimmung seine Zustimmung gäbe.

Am 31. Oktober erhielt die Regierung diese Vollmacht. Die Volksabstimmung am 12. und 13. November ergab fast 260000 Ja- und nicht ganz 70000 Nein-Stimmen. Sowohl der Prinz als auch die Regierung konnten sich nun des Volkswillens sicher fühlen. Am 18. November wählte das Storting Carl von Dänemark zum norwegischen König.

Den letzten Kampf bei der Königswahl focht Nansen als Agitator aus — und zwar auf die Anforderung des Staatsministers hin. Auf einer achttägigen Vortragsreise sprach er in 12 großen Versammlungen. Nach Nansens Rede im Studentenbund dankte ihm der Vorsitzende dafür, daß er „seinen Namen noch einen Zoll tiefer in Norwegens Denkstein eingegraben habe".

Im Tagebuch vom November 1905 erzählt Nansen vom Bürgermittag der Regierung in Christiania. Er hatte Björnson als

Tischnachbar. Björnson war äußerst freundlich und dankte Nansen für alles, was er ausgerichtet hatte. Nun sei alles recht und gut. Unter anderem sprachen sie über Königtum und Republik, und Nansen sagte im Scherz: wenn er all die Großtuerei sehe, die die Zeitungen bereits herangezüchtet hätten, bereue er fast, sich für das Königtum eingesetzt zu haben. Björnson lachte und sagte zu seinem Nachbar, Nansen sei mutiger als er; Nansen spräche frei aus, was Björnson nur zu denken wage. Sie unterhielten sich auch über die politischen Ereignisse des Sommers, und nun mußte Björnson, der politische Gegner, zugeben, daß der gewählte Weg — Nansens Weg — gut und richtig gewesen war.

Am Abend sprach der Staatsminister. Ein langer Fackelzug beschloß den Tag, und die Menschenmenge rief unter brausendem Hurra Michelsen und Lövland, Björnson und Nansen hervor und huldigte ihren Führern.

Die schwedische Schriftstellerin Ann Margret Holmgren, die mit dem politischen Leben und der Volksstimmung in beiden Ländern Fühlung hatte, schreibt über die schwedische Auffassung der Unionsauflösung und über die leitenden Männer auf norwegischer Seite: „Es ist schon wahr, daß die Unzufriedenheit mit Nansen 1905 ganz groß war. Die große Mehrzahl der Schweden war durchaus gegen die Unionsauflösung und erblickte darin lauter Unglück für die Zukunft. So war es nur natürlich, daß der Zorn sich gegen diejenigen richtete, welche die Auflösung vorbereitet und betrieben hatten — und ebenso natürlich war es, daß man in der winzigen Minderzahl von Schweden, die offen für Norwegen eintraten und erklärten, die Norweger besäßen ein Recht zu ihrem Freiheitskampf und zur Unionsauflösung — beinahe Landesverräter sah. Doch nun ist alles vergessen. Niemand trauert der Union nach; niemand sieht länger in ihrer Auflösung ein Unglück. Im Gegenteil: Norwegen und die Norweger sind jetzt unsere besten Freunde und äußerst beliebt in Schweden. Daraus folgt auch, daß die Animosität, die man einmal gegen Nansen hegte, verschwunden ist.

Wer in den Jahren 1880—90 die Presse studierte und die Reichstagsverhandlungen verfolgte, muß darüber staunen, wie

194

schnell sich die öffentliche Meinung verändern kann. Welches Glück, daß wir 1905 so kluge Regierungen hatten, so daß ein Krieg vermieden werden konnte. Es ging, wie Björnson und Ellen Key vorausgesagt haben: ‚daß eine friedliche Scheidung uns zu besseren Freunden machen würde, als wir jemals gewesen sind'.

Vor uns ersteht ein neuer Nansen. Der frische Sportsmann, der tiefschürfende Wissenschaftler und kühne Polarforscher, der zartfühlende Künstler ist zugleich ein glühender Vaterlandsfreund. Mit aller Kraft kämpft er für das Recht und die Freiheit seines Landes — und was noch schwerer wiegt und eindringlicher noch von seinem Mute zeugt: unerschrocken wagt er dem Kriegs- und Siegestaumel entgegenzutreten. Er wendet sich auch gegen die, die immer nur für ihre Freiheit zetern, um — sobald sie die errungen — andere zu demütigen. Er bietet ihnen die Stirn und macht ihnen klar, daß die ethische Forderung ‚was du nicht willst, daß man dir tu', das füg' auch keinem andern zu' nicht nur Einzelmenschen, sondern auch Nationen verpflichtet. Seine Vaterlandsliebe ist kein verkrampftes ‚Right or wrong, my country', aus dem man ein ‚moralisches Recht' abzuleiten sucht, andere zu knechten; über den Belangen einer Gruppe, auch denen eines Volkes, erkennt er unveräußerliche Menschenrechte, immanente Gesetze, die alle binden und weder von Individuen noch von Parteien oder Staaten ungestraft durchbrochen werden können. Mit dieser Vaterlandsliebe, die auch Mut besitzt, das eigene Unrecht anzuprangern, hat er seinem Lande und Volke gedient.

Nansen wächst zum Staatsmann, zum ‚Königsmacher', zum Freiheitskämpfer. Er ist der Mitschöpfer jenes schwedisch-norwegischen Friedensvertrages, der als Vorbild für die Schlichtung von Streitigkeiten zwischen Völkern gilt und einen Lichtblick in der trüben Geschichte der internationalen Beziehungen und Moralauffassungen darstellt."

Nansen in London

Der norwegische Staat hatte auch weiterhin Verwendung für Nansen. Es gelang der Regierung, ihn zu überreden, die Stellung als Norwegens erster Gesandter in London zu übernehmen. Von 1906—1908 betreute er diesen wichtigen Posten.

Die entscheidende Sache, mit der er zu arbeiten hatte, waren die Verhandlungen mit der englischen Regierung über einen Vertrag, der unter dem Namen Integritätstraktat im November 1907 abgeschlossen wurde.

Der damalige Botschaftssekretär J. Irgens, später Botschafter in London und Rom, der Nansen in den Londoner Jahren sehr nahe stand, schreibt über ihn: „Mit der größten Hochachtung entsinne ich mich seiner als Chef, Freund und Mensch. Ungeachtet seiner hervorragenden, ja, in vieler Hinsicht einzigartigen Stellung sowohl der Regierung gegenüber als auch in der Öffentlichkeit, vor allem aber in wissenschaftlichen Kreisen, hatte er keine Lust, in seiner Diplomatenstellung zu verbleiben. Nach dem Abschluß des Integritätsvertrages sah er seine Mission als erledigt an und blieb nur noch zum offiziellen englischen Königsbesuch in Oslo, im Mai 1908, auf seinem Posten.

Nansen sprach und schrieb ein ausgezeichnetes Englisch. Er verfügte über einen gewaltigen Wortschatz in der so reichen englischen Sprache und war ein Kenner und Bewunderer der großen und genialen englischen Literatur. Er wurde aber auch von den Engländern nicht eigentlich als Fremder betrachtet, sondern eher als ein nahe verwandter ausländischer Freund.

Trotz Nansens diplomatischer Tätigkeit lag ihm die wissenschaftliche Arbeit immer sehr am Herzen. Auf seinem gewaltigen Schreibtisch fanden sich zusammen mit Legationspapieren stets geographische und naturwissenschaftliche Werke und Konzepte zu neuen Arbeiten."

Die tägliche Routinearbeit konnte er seinem Legationssekretär überlassen. „Besonders entsinne ich mich, daß ‚Nebelheim‘ in der Londoner Zeit begonnen wurde. Er setzte mir auseinander, wie die Arbeit ständig anwachse, je mehr er sich darin vertiefe."

Zum Schluß erwähnt Irgens den Zug, der Nansen in besonderem

Maße charakterisiert: „Was bei Nansens Wirksamkeit, nicht nur als einer der kühnsten und tapfersten Forschungsreisenden, die je gelebt haben, sondern auch als Staatsmann, Diplomat und Wissenschaftler auf mich den größten Eindruck gemacht hat, ist sein Streben, durch eigene Forschung bis zum innersten Kern der Probleme vorzudringen."

Als er 1908 von seinem Gesandtenposten schied, übernahm er an der Universtät wieder eine Professur für Ozeanographie.

1907 traf ihn ein schwerer Schlag. Seine prächtige Frau erkrankte schwer und starb, ehe er bei ihr anlangte.

Ihre Asche ruht unter einem Rosenbusch auf Polhögda.

In Nansens Garten stehen unendlich viele Rosen. Er liebte Rosen. Einer von diesen Büschen weiß, daß Evas Asche unter ihm ruht. Und er ist der einzige, der es weiß.

Jeden Herbst während der Londoner Zeit war er auf Jagdurlaub im heimatlichen Gebirge. Nansen in Botschaftergala in Londons „High-life" und derselbe Mann in seinem Jagdanzug oben auf dem Fjell waren zwei verschiedene Menschen. Er selbst hielt wohl den zweiten für den richtigen Nansen.

Unter seinen Tagebuchaufzeichnungen in London vom 24. Februar steht: „Ich sehne mich, diese Fesseln zu zerreißen; ich sehne mich nach dem Wald und meinem freien Fjell.

Ich bin nicht zu zähmen!"

Nansen rettet Norwegen vor dem Hungertod

Norwegen kann sich nicht selbst ernähren. Der Getreideimport ist doppelt so groß als die eigene Produktion. Vor dem Weltkrieg kam der größte Teil aus Rußland, Rumänien und Deutschland — aus den Vereinigten Staaten nur 8%. Aber schon 1916 stammten 99% des eingeführten Getreides aus Amerika.

Norwegen führt außerdem für Millionen von Kronen andere Waren ein, nicht nur Lebensmittel, sondern auch Rohstoffe für die Industrie. Während des Krieges war Geld genug vorhanden. Norwegen kaufte, was es brauchte und noch mehr als das.

Aber als die Vereinigten Staaten 1917 in den Krieg eintraten, mußten die Norweger einsehen, daß man bis an den Hals im Golde sitzen und doch verhungern kann. Im dritten Kriegsjahr waren Einfuhrwaren für Geld nicht zu beschaffen. Der Handel zwischen den Ländern wurde immer mehr zum Tauschhandel. Die Verkäufer fragten nicht nach Geld, sondern nach Waren. Jetzt war Norwegen übel daran.

Nansens wachsame Augen hatten diese Entwicklung zeitig vorausgesehen, und im Januar 1917 ergriff er in „Samtiden" das Wort, legte den Sachverhalt dar und machte keinen Hehl daraus, daß die Staatsführung wenig Voraussicht bewiesen habe.

Was Nansen vorausgesagt hatte, trat ein. Anfang April 1917 wurde Norwegen die erste Warnung zuteil in bezug auf die Schwierigkeiten, die sich ergeben müßten, wenn Amerika in den Krieg einträte. Der norwegische Gesandte in Washington teilte am 8. April 1917 mit, daß die Erzeugnisse Amerikas mehr als vorher von Amerika selbst und den Alliierten mit Beschlag belegt werden würden. Er empfahl den Norwegern ein Ausfuhrverbot für Lebensmittel, da Norwegen andernfalls nicht mit Lebensmitteln aus Amerika rechnen könnte. Das war aber auf Grund eines Abkommens mit Deutschland undurchführbar.

Am 9. Mai forderte die norwegisch-amerikanische Handelskammer in New York die norwegische Regierung auf, eine Kommission nach Amerika zu entsenden mit der Vollmacht, die Handelsbeziehungen zu ordnen.

Am 11. Juni telegraphierte der Botschafter, daß USA. zu weitgehender Kontrolle seiner Ausfuhr schreiten werde. Am 22. Juni endlich ernannte die Regierung nach Beratung mit Nansen eine Kommission mit dem Auftrag, Verhandlungen mit der amerikanischen Regierung aufzunehmen, um Norwegen die Einfuhr vor allem von Lebensmitteln zu sichern. Zum Obmann der Kommission wurde selbstverständlich Nansen ernannt, der rechtzeitig vorausgesehen und -gesagt hatte, wohin es führen würde. Auch öffnete ihm der Name Nansen — vor allem in der angelsächsischen Welt alle Türen. Nansen verlangte und erhielt den Rang, der seiner ungeheuer wichtigen Mission gebührte, nämlich den eines „bevollmächtigten Gesandten in besonderem

Auftrag". Die Ernennung dieser Kommission mit Nansen als Vorsitzendem, die „Norwegen vor der Hungersnot rettete", hatte man dem entschlossenen Auftreten Nansens zu verdanken.

Am 13. Juli reiste die Kommission von Oslo ab. Während der Überfahrt entwickelte sich jedoch die Lage noch mehr zuungunsten der Neutralen. Am 15. Juli hatte die amerikanische Regierung ein allgemeines Ausfuhrverbot erlassen und durchblicken lassen, daß sie für Norwegen keine Lizenz geben wolle, bevor nicht ein allgemeines Abkommen zustande gebracht sei. Als die Kommission gleich nach der Ankunft mit den zuständigen Behörden in Verbindung trat, befand sie sich also von vornherein in einer schwierigen Lage.

Mit der ihm eigenen Gründlichkeit hatte sich Nansen auf seine Aufgabe vorbereitet und sich eingehende Kenntnisse über Waren, Preise, Verbrauch und Bedarf erworben. Vor der Abreise hatte er durch Besprechungen mit seinem Freund Professor Torup sein Wissen über Kalorien und Nährwert der Lebensmittel erweitert. So erschien Nansen gewappnet am Verhandlungstisch und vermochte über jede Frage genau Bescheid zu erteilen.

Trotz allen Wohlwollens gegenüber Norwegen und aller Bewunderung für Nansen ging es jedoch ziemlich langsam mit den Verhandlungen. Die Wochen verstrichen, ohne daß man einer Lösung näher kam. Inzwischen bekam auch die norwegische Schiffahrt die Schwierigkeiten stärker zu fühlen. Durch den amerikanischen Requisitionsbefehl vom 3. August wurden sämtliche auf amerikanischen Werften im Bau befindlichen Schiffe vom „Shipping Board" beschlagnahmt, und dies traf die Norweger härter als alle anderen Nationen. Auch Schiffe in Fahrt begegneten in amerikanischen Häfen immer größeren Schwierigkeiten. Es wurde z. B. von neutralen Schiffen verlangt, daß sie, um Kohlen bunkern zu können, sich verpflichten mußten, nach jeder Reise wieder nach einem amerikanischen Hafen zurückzukehren. Dadurch bekam „Shipping Board" die norwegischen Schiffe völlig in die Hand und konnte seine Bedingungen für jede Reise in bezug auf Bestimmungshafen, Fracht usw. stellen. Auch diese Fragen nahmen Nansen und Meling, den Schiffahrtsachverständigen, stark in Anspruch.

Nun fing man an, in Norwegen die rauhe Wirklichkeit am

eigenen Leibe zu spüren. Mangel an Lebensmitteln war nicht mehr eine fernliegende Möglichkeit. Ende August teilte der staatliche Proviantverwalter mit, daß das Land noch Getreide für $2^1/_2$ Monate besäße. Die neue Ernte werde der Schätzung nach für weitere $2^1/_2$ Monate ausreichen. Also vor Februar müßte Zufuhr von außen beschafft werden. Gleichzeitig telegraphierte Nansen der Regierung, Norwegen könne kein Getreide erwarten, solange es keine Rationierung durchgeführt habe. Die verantwortlichen Stellen in Norwegen schienen sich jedoch zu scheuen, diesen Schritt zu tun. Schweden hatte schon im Dezember 1916 die Rationierung eingeführt. Nach Nansens Meinung war es zum größten Schaden für die Arbeit der Kommission, daß Norwegen nicht dasselbe tat. Er wies nachdrücklichst darauf hin, daß es nicht leicht sei, die Amerikaner von der Größe der Not zu überzeugen, solange die Norweger nicht gewillt waren, sich dieses Opfer aufzuerlegen.

Während die Verhandlungen über ein allgemeines Abkommen ins Stocken gerieten, gelang es der Kommission, einige Sonderzugeständnisse zu erzielen. So sicherte Nansen kurz nach seiner Ankunft für Norwegen die Lizenz ,,Nr. 1'' vor allen anderen neutralen Staaten und erreichte dadurch, daß Norwegen eine vorläufige Menge Getreide überlassen wurde, die zwar nicht ausreichte, um die Ernährung bis zur nächsten Ernte sicherzustellen, aber doch Linderung verschaffte. Im Spätherbst verschlimmerte sich die Lage. Die Unruhe bemächtigte sich aller Schichten des Volkes. Zum erstenmal in den Kriegsjahren fand die Regierung es nötig, die gesamte außen- und handelspolitische Lage vor offenen Türen im Storting zu erörtern mit dem Ergebnis, daß der Forderung der Rationierung, die Nansen bereits im August gestellt hatte, endlich im Dezember nachgekommen wurde.

Zu diesem Zeitpunkte waren die Aussichten für ein Übereinkommen noch recht gering. Nansen hatte den Eindruck, daß Amerika hinter den Alliierten stand und an den Drähten zog. Besonders schien der Fischexport nach Deutschland ein Stein des Anstoßes zu sein. Ende Januar sandte die Regierung einen neuen Vorschlag zu einem Abkommen, doch darauf gingen die Amerikaner nicht ein.

Wenn die Verhandlungen trotzdem in ein brauchbares Gleis gelenkt wurden, so ist dies in erster Linie Nansens bestimmtem Auftreten zu verdanken. Inzwischen war es Frühjahr 1918 geworden, und Nansen fing an, ungeduldig zu werden. Nun wollte Nansen eine Entscheidung haben. Er telegraphierte heim und bat um Vollmacht, im günstigsten Augenblick ein Abkommen zu unterzeichnen. Die Regierung wollte jedoch mit einer solchen unbedingten Vollmacht nicht herausrücken.

Inzwischen begann sich das Hungergespenst in Norwegen zu erheben. Der Mangel an Lebensmitteln wurde mit jedem Tage fühlbarer. Jetzt setzte Nansen seine ganze Kraft daran, eine Lösung zu erzielen, deren seine Landsleute mit Spannung und nicht ohne Angst vor der Zukunft harrten. Er entfaltete seine ganze Energie, seine hervorragende Fähigkeit als Unterhändler und seine seltene Überredungskunst. Früh und spät war er auf den Beinen. Während nach seiner Überzeugung bis jetzt die einzig richtige Politik die gewesen war, mit zäher Ausdauer und unter stetem Druck die Sache reifen zu lassen, so war nun die Zeit gekommen, zuzuschlagen. Seine intensiven Vorbereitungen und sein Auftreten am Verhandlungstische führten dazu, daß die amerikanischen Unterhändler Ende April einen Vorschlag unterbreiteten, der nach Nansens Meinung das Günstigste darstellte, was man unter den gegebenen Umständen zu erreichen vermochte. Ein Telegramm nach dem anderen schickte er nach Norwegen — und wartete. Aber die Regierung befand sich in einer schwierigen Lage und hatte mancherlei Rücksichten zu nehmen, nicht am wenigsten auf Deutschland. Die Antwort ließ auf sich warten. Da unterzeichnete Nansen auf einer Konferenz mit der Kriegsbehörde am 30. April das Abkommen auf eigene Verantwortung, nachdem er einige weitere Zugeständnisse erzielt hatte. Er teilte der norwegischen Regierung die Unterzeichnung sofort telegraphisch mit. Infolge des Krieges brauchte das Telegramm jedoch zwei Tage bis Oslo. So entstand die eigentümliche, um nicht zu sagen komische Situation, daß am Tage nach der Unterzeichnung die Regierung und das Storting tagten, den amerikanischen Vorschlag diskutierten und schließlich Nansen eine bedingte Vollmacht ausstellten.

Das „Amerika-Abkommen" war durch Nansens entschiedenes Auftreten zur Wirklichkeit geworden. Was folgte, bestätigte vollauf, daß Nansens Voraussicht auch dieses Mal wieder seinem Lande zugute gekommen war. Die Lage spannte sich aufs neue. Die anderen neutralen Staaten hatten mit großen Schwierigkeiten zu kämpfen. Durch dieses Abkommen, um das er 9 Monate gerungen und dann zum richtigen Zeitpunkt abgeschlossen hatte, bewahrte er Norwegen vor Hungersnot.

Es ist für seine vornehme Gesinnung bezeichnend, daß er — wie so oft in früheren Fällen — darauf bestand, die Ehre mit seinen Mitarbeitern zu teilen. Doch gerade diese hoben hervor, daß es Nansens Tüchtigkeit war, die das erste Abkommen zwischen den Vereinigten Staaten unter Dach und Fach brachte — ein Abkommen, das ein Muster für spätere wurde.

Der jetzige Generalkonsul Morgenstierne, der den Verhandlungen beiwohnte, berichtet: „Durch seine überlegene Tüchtigkeit als Unterhändler, durch die Offenheit und Wahrhaftigkeit, die von seiner ganzen Person ausstrahlte, war es Nansen nicht nur gelungen, die amerikanischen Unterhändler sachlich zu überzeugen, er hatte auch ihr Vertrauen und ihre Herzen gewonnen. Nansens ‚Amerika-Abkommen' war der Sieg einer Art Diplomatie, der man nicht immer diesen Namen zubilligt, die aber trotzdem die Form für Verhandlungen zwischen den Völkern darstellt, die am weitesten führt und die Diplomatie der Zukunft werden wird."

Auch diese Arbeit, die Nansen als einen Schritt vom Wege ab ansah — den Verlust zweier kostbarer Jahre für seine eigentliche Aufgabe —, bereicherte ihn an Erfahrungen, Kenntnissen und Verbindungen, die ihm als Organisator der großen Hilfsarbeit nach dem Weltkriege sehr zustatten kommen sollten.

AUF DEN SPUREN DES WELTKRIEGES

Nansen hilft den Kriegsgefangenen

Am 28. Juni 1914 wurde der österreichisch-ungarische Thronfolger Franz Ferdinand in Serajewo von einem serbischen Gymnasiasten erschossen. Am 28. Juli erklärte Österreich Serbien den Krieg. Am 31. Juli mobilisierte Rußland. Am 1. August folgte die Mobilmachung Deutschlands und die Kriegserklärung an Frankreich und Rußland. Am 4. August erklärte England Deutschland den Krieg, und am 6. August kam die Kriegserklärung Österreichs an Rußland.

Millionen von Männern standen in Waffen — in Rußland allein 17 Millionen —, marschierten an die Grenzen, unter Fahnen und mit Gesang und Musik, alle in glühender nationaler Begeisterung, jeder Mann ein Kämpfer für Freiheit und Vaterland.

Millionen wurden getötet. Unter den Kriegsgefangenen — an der Ostfront nicht weniger als 5 Millionen — wütete der Tod schlimmer als in den Schützengräben. Von 2,5 Millionen Gefangenen in Rußland starben mehr als ein Drittel. Von den übrigen wurden Hunderttausende zu menschlichen Wracks für Lebenszeit. Dem Massenelend gegenüber wird das Mitleid aus der Ferne leicht schlapp und passiv. Und die Sieger in Versailles schienen vergessen zu haben, daß es eine Gefangenenfrage gab.

Am schlimmsten hatten die Gefangenen in Rußland, Sibirien und Turkestan zu leiden — im ganzen 2 232 378 Mann. Von diesen wurden die Slawen in Rußland untergebracht, während die übrigen, die meisten, nach Sibirien und Turkestan kamen.

Es handelte sich für diese Gefangenen vielfach um Transporte bis zu 8300 Kilometern bei einer Temperatur, die zuweilen —60 Grad betrug. In Viehwagen zusammengepfercht, wurden sie auf die Reise geschickt, die 3—4 Monate dauerte. Viele sind lebendig nicht wieder aus den Wagen herausgekommen. Bei der Ankunft am Ziel bestand der Inhalt des Wagens oft nur aus einem Leichenhaufen. Im europäischen Rußland beherbergten die Lager 2000 bis 10000 Mann, in Sibirien bis 35000. Die Unterkünfte waren meistens elende Baracken, oft nur Erdhöhlen — undicht, kalt und unsauber, mit Holzpritschen ohne Decken. Das Essen war schlecht. Läuse waren reichlich vorhanden. Flecktyphus, Cholera, Pest, Skorbut, Gicht, Malaria und Tuberkulose wüteten.

Ein Lagerbild: Das Lager Totskoje am Fluß Samarka. Im März 1915 trafen hier die ersten Gefangenentransporte ein. Im ganzen Herbst und Winter raste der Flecktyphus. Arzeneien, Stroh, Seife, Holz oder Wasser fehlten. In jeder Baracke lagen 800 Mann auf nackten Pritschen ohne Decken und Mäntel, von Läusen gequält. Der Schnee bedeckte die kleinen Fenster, so daß es auch bei Tage stockdunkel war. Abortanlagen waren nicht vorhanden. Die Sterbenden waren nicht imstande, hinauszugehen. Jeden Tag gab es Erfrorene. Wer im Todeskampf von einer der oberen Pritschen herunterfiel, blieb auf dem Steinfußboden liegen. Die Ausdünstungen der Lebenden vermischten sich mit dem Gestank der Leichen. Täglich starben bis zu 350 Mann. 2500 lagen unbeerdigt da. Ratten und Hunde benagten die Leichen. Im Frühjahr wurden sie auf Schlitten geladen, mit Stricken festgebunden; ein Gefangener setzte sich oben auf den Leichenhaufen und fuhr damit weg.

Wer in den Fluß springen wollte, um seinen Leiden ein schnelles Ende zu bereiten, wurde von den Wachen daran gehindert.

In diesem Lager starben von 25000 mehr als zwei Drittel.

In den 25 Gefangenenlagern Turkestans starben 45000 von 200000. Zum Eisenbahnbau an der Murmanküste wurden 70000 Gefangene geschickt. Die Arbeitszeit betrug 18 Stunden täglich. Krankenzimmer waren nicht vorhanden. Ganze Waggons voller Kranken wurden nach Kem geschickt. Sie erfroren alle. Nach 14 Monaten waren 25000 tot und 35000 schwerkrank.

Der seelische Zusammenbruch war in seinen Erscheinungen und seiner Wirkung nicht minder grauenvoll als das physische Elend. Viele wurden ganz stumpf. Das Gehirn reagierte auf nichts mehr. Auf solche Gefangene machten nicht einmal die Briefe aus der Heimat einen Eindruck. Sie blieben völlig unberührt. Besonders dort, wo es für die Gefangenen keine Arbeit gab, war die Zahl der Geisteskranken sehr groß. Diejenigen, die den Verstand behielten, empfingen als Zugabe zu ihren Leiden die Hoffnungslosigkeit, wie sie in dem Brief eines Gefangenen zum Ausdruck kommt: „Wir haben den Glauben an die Menschheit verloren."

Außer den eigentlichen Kriegsgefangenen waren in Rußland noch 350000 Zivilgefangene, Angehörige der Zentralmächte, die bei Ausbruch des Krieges in Rußland gewohnt hatten. Sie waren festgenommen worden, wie sie gingen und standen, Frauen, Kinder und Greise, in die abgelegensten Orte geschickt, ohne Kleidung und Lebensmittel. 1915 und 1916 versuchten Deutschland und Österreich, ihnen zu helfen. Mehrere hundert Millionen Mark wurden von den beiden Ländern für die Zivilgefangenen geopfert. Aber in der letzten Zeit des Krieges und nach dem Zusammenbruch war die Unterstützung nur sehr spärlich.

Allmählich griff das Rote Kreuz einiger Staaten ein. Es wurden Abordnungen geschickt, die eine Anzahl von Lagern besuchten und Kleidungsstücke, Arzneien, Instrumente, Gerätschaften und Bücher verteilten. An mehreren Stellen organisierten sich die Gefangenen, verschafften sich bessere Unterkünfte und richteten eine Art Hausindustrie ein. Rote-Kreuz-Konferenzen in Stockholm 1915 — 16 — 17 nahmen sich dieser Hilfsarbeit an. Die Amerikaner leisteten bis 1917 ähnliche Hilfe. Tausende von Invaliden wurden ausgetauscht. Dänemark baute Lager für Halbinvaliden, auch in Norwegen wurden einige eingerichtet. Im ganzen erhielten nach und nach 2 Millionen Gefangene Arbeit.

Die bolschewistische Revolution brachte eine plötzliche Veränderung der Lage für die Gefangenen mit sich. Sie wurden „freie Bürger". Die Tore wurden geöffnet, die Wachen verschwanden. Großer Jubel in der Hoffnung auf Heimsendung herrschte in den Lagern. Aber die Zeit verging. Das Chaos brach herein und mit ihm neue Not. Hunderttausende ausgemergelter und halbverhungerter Gefangener machten sich auf den Weg nach Westen. 90000 schlossen sich den Bolschewisten an. Der Rest wurde interniert.

Nach dem Frieden von Brest-Litowsk schickten die Zentralmächte im Mai 1918 zwecks Rücktransports der Gefangenen 25 Kommissionen nach Rußland. Aber bewaffnete „Internationalisten"*) zwangen die Gefangenentransporte umzukehren. Die Bemühungen der Sowjetregierung, das Treiben der Internationalisten zu verhindern, mißglückten. Die örtlichen Sowjets in Sibirien gehorchten den Befehlen aus Moskau nicht. Einer großen Zahl von Gefangenen glückte es aber trotzdem, die Heimat zu erreichen. Nach der Umwälzung in Deutschland und Österreich geriet die Rücksendung ins Stocken. Zu diesem Zeitpunkt waren über eine Million Gefangener aus dem europäischen Rußland heimgekehrt.

Als die Bolschewisten 1919 nach Sibirien vorrückten, erwarteten die Gefangenen Befreiung und Heimsendung. Aber sie wurden enttäuscht. Die sibirischen Sowjets erkannten, daß ihnen die Gefangenen von Nutzen sein könnten, und weigerten sich deshalb, sie zurückzuschicken. Die Internationalisten rechneten damit, unter den Gefangenen Anhänger zu gewinnen, um einmal mit deren Hilfe die Heimat für den Bolschewismus zu erobern. Sie bewachten die Eisenbahnlinien und fingen die Gefangenen ab, die fliehen wollten.

Die schlimmste Behandlung erfuhren die Kriegsgefangenen in Sibirien durch die Gegenrevolutionäre, die „Weißgardisten". Diese ließen die Gefangenenlager durch Hunger und Krankheit aussterben. Am schlimmsten war es 1919.

Als die russische Regierung Sibirien von den Weißen gesäubert hatte, fand sie heraus, daß die bequemste Art, die Gefangenenfrage zu lösen, die sei, die Gefangenen für „frei" zu erklären. Auf diese Weise waren die Behörden aller Pflichten ihnen gegenüber entbunden.

Für die Hunderttausende von Gefangenen, die noch in Sibirien, dem Ural und Turkestan zurückgeblieben waren, wurde das Dasein jetzt schlimmer als je zuvor, besonders da sie ohne jegliche

---

*) Kommunisten unter den Gefangenen.

Verbindung waren. Die Institutionen in Europa, die helfen wollten, standen den Schwierigkeiten, die sich ihnen in Rußland entgegenstellten, machtlos gegenüber*).

Nun forderte das Internationale Rote Kreuz Hilfe vom Völkerbund, und dieser wandte sich an Fridtjof Nansen.

Der Weltkrieg hatte schwer auf Nansen gelastet. Es war die Bankrotterklärung der Menschheit gewesen, eine Entwürdigung, eine Selbstvernichtung, bei der nichts anderes in Blüte stand als die Machtgier, der Haß und die Dummheit, deren bittere Frucht die Menschheit noch mehrere Menschenalter hindurch schmecken würde.

In jeden seiner Atemzüge hatten sich die Brandwolken des Krieges gemischt, selbst draußen in den Wäldern Norwegens oder oben auf der weltfernen Ebene des Fjells. Der blutrote Horizont des Weltbrandes hatte sich über alles ausgebreitet.

Aus dem Tagebuch vom Juni 1916: „Oben bei Rondane. Unübersehbare Weite nach allen Seiten. Die Täler wie Risse in den Fjellabhängen. Tief unten windet sich der Strom des Menschenlebens, das mir hier oben so unendlich fern erscheint. Ich atme frei. Auge und Gemüt haben Ruhe.

Aber andere Bilder tauchen auf ... von weither ... Sie werden zu Festungen, zu Laufgräben, zu Bergen von Leichen.

Nein, nein, dem Entsetzlichen da draußen entfliehst du nicht, nicht einmal hier. Nie wieder wird es Frieden geben.

In alles, was man sieht, mischt sich der Jammer von Millionen Frauen, die alles verloren haben — Freund, Ehemann ... Man sieht verzweifelte Mütter, die nach ihren Söhnen, ergraute, niedergebeugte Väter, die nach der Hoffnung ihres Geschlechts suchen.

Ein Alpdruck des Wahnsinns. Und niemand vermag ihn zu vertreiben.

Die Völker Europas, die ‚Träger der Kultur‘, fressen einander auf, zertrampeln die Kultur, legen Europa in Trümmer ... und für wen?

---

*) Es befanden sich Gefangene in so entlegenen Gebieten Sibiriens, daß sie erst nach 10—11jähriger Gefangenschaft erfuhren, daß der Krieg zu Ende sei. Einige von diesen kamen 1930 nach einer Wanderung von 15 Monaten zurück.

Und wofür kämpfen sie? Um die Macht, nur um die Macht! Eine Kultur, die die Macht als das höchste Ziel der Völker hinstellt, kann die Menschheit nicht vorwärtsbringen; die muß zum Schluß zum Untergang führen.

Der Untergang mußte kommen. Die Kultur Europas hatte versagt, sie war innerlich verrottet. Wie der kranke Baum im Walde sank sie zusammen, sobald der Sturm kam.

Kultur? Ja, was ist sie denn, wenn sie die Bestie nicht zu bändigen vermag? Wenn sie uns nicht aus der Barbarei herausführen kann? Ohne das ist sie eine leere Schale. Das größte Unheil, das schlimmste Elend haben immer die Menschen selbst verschuldet. Welch entsetzliche, demütigende Wahrheit!

Es ist nicht die Kultur, es sind die uralten Bestieninstinkte, die die Massen irregeführt und sie durch die Macht der Suggestion auf ihrem wilden Wege mitgerissen haben. Und die Masse, die in der immer rasender werdenden Hast unserer Zeit die eigene Meinung und Urteilskraft verliert, unterliegt sofort.

Eine Wiedergeburt muß kommen, eine neue Zeit mit neuen Idealen, in der die geistigen Werte wieder geschätzt werden und die materiellen nur noch Mittel sind — in der der Snobismus und die Mittelmäßigkeit nicht mehr die Welt regieren, sondern die großen Geister die Menschheit zu lichteren Höhen emporführen, wo jede geistige Errungenschaft, jeder Sieg in der Welt des Geistes mit derselben Begeisterung begrüßt wird, wie heute die materiellen, wo die Menschen für ein höheres, schöneres und einfacheres Dasein leben.

Aber die Hast des Tages unter der Geißel des Geldes dort unten in den Städten verflacht die Menschen.

Es war die Wüste, die Einsamkeit, die schlichte Tiefe der Natur, aus der zu jeder Zeit die neuen Männer kamen.

Ach, dieser kraftvolle Ernst einer solchen Macht! Es ist, als höre man das Hohelied des Weltraums — so hoch, so weit, so rein, so wunderbar frei bietet sie sich den Blicken und den Gedanken.

Aus dieser Welt müssen die Männer der neuen Zeit geboren werden, die Männer der großen, einfachen Linie, die Männer aus einem Guß ohne den Januskopf der Doppelmoral.

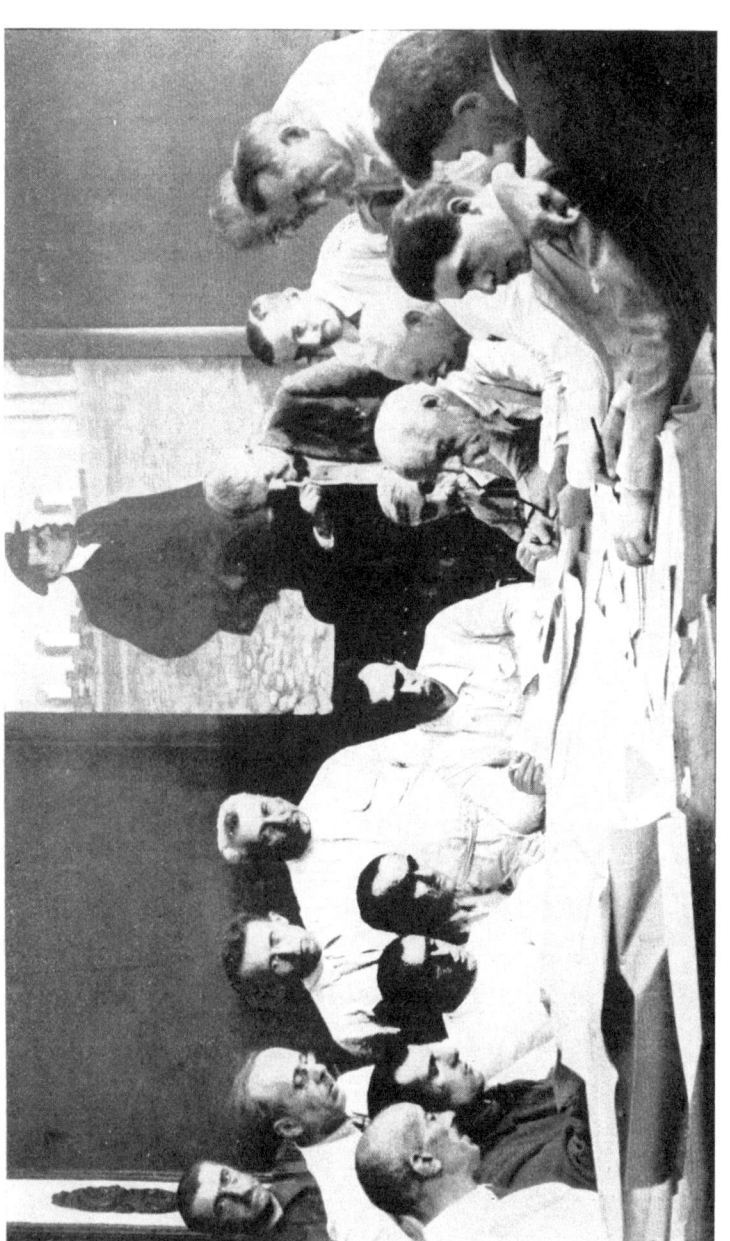

Die Nansenkommission in Zusammenarbeit mit der Armenischen Regierungskommission

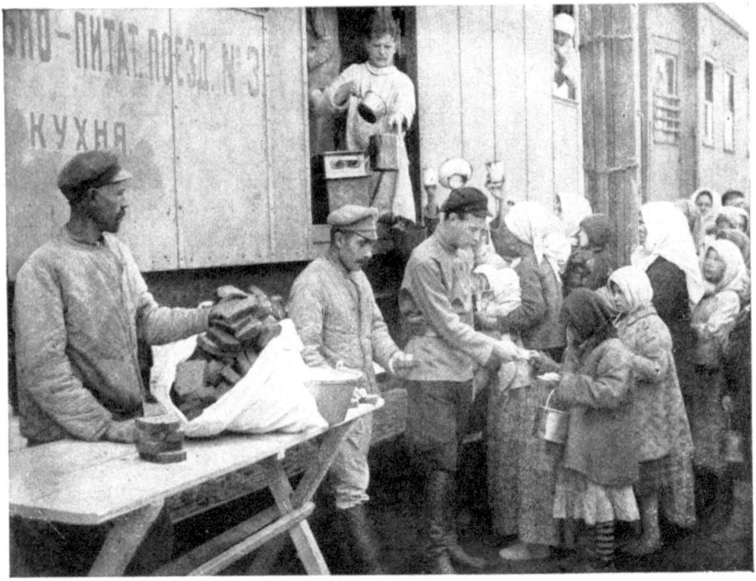

Die Nansenmission beim Verteilen von Essen

Leichenhügel auf dem Friedhof von Buzuluk

Aus dieser nachtstillen Größe müssen die Gedanken hervorsprießen, die dem kommenden Geschlecht Heilung bringen können."

An diesen Mann auf der Weite des Rondanefjells, den Mann aus dem Geschlecht derer, die aus der Wüste, aus der Einsamkeit, aus der Schlichtheit der Natur kommen, erging der Ruf des Völkerbundes. Auf den Spuren des Weltkrieges sollte Nansen Samariterdienste tun und darüber hinaus ein Werk auf lange Sicht vollbringen: die Abrüstung der Gemüter.

Am 10. Januar 1920 zugleich mit dem Inkrafttreten des Versailler Vertrages wurde der Völkerbund ins Leben gerufen. Von den Großmächten war er eigentlich als eine Großmachtskonferenz gedacht, bei der den neutralen und den kleinen Staaten ein äußerst bescheidener Platz zugewiesen werden sollte.

Seit Präsident Wilson seine 14 Punkte vorgelegt hatte, war der Gedanke eines Völkerbundes international erörtert und diskutiert worden. In mehreren Ländern wurden Vereinigungen gegründet, die auf Durchführung des Völkerbundgedankens hinarbeiten sollten. Als eine der ersten wurde im Herbst 1918 die „norwegische Vereinigung für die Liga der Nationen" ins Leben gerufen. Professor Dr. Keilhau, die treibende Kraft, war sich darüber im klaren, daß man Nansen zum Vorsitzenden haben müßte, sollte sie irgendwelchen Einfluß auf die internationale Arbeit erhalten. Nansen erkannte die Bedeutung einer solchen Vereinigung und sagte sofort seine Unterstützung zu, doch sträubte er sich dagegen, den Vorsitz zu übernehmen. Er sagte zu Dr. Keilhau: „Ich habe das Gefühl — wenn ich mich erst einmal da hinein ziehen lasse, komme ich nie wieder heraus. Und ich habe soviel wissenschaftliche Arbeiten in den Händen, die ich nicht liegen lassen möchte." Zum Schluß ließ er sich doch überreden und wurde am Stiftungstage unter gewaltigem Beifall einstimmig zum Vorsitzenden der Völkerbundsvereinigung gewählt.

Nansens Vorgefühl bewahrheitete sich. Von dem Tage an, da er den Vorsitz des Völkerbundsausschusses annahm, ließ ihn die internationale Arbeit nie mehr los; sie wurde der Mittelpunkt seines Wirkens. Riesenaufgaben lud sie ihm auf, die ihm keine Zeit ließen, die im Herbst 1918 getroffene Wahl zu bereuen.

Inzwischen liefen die Verhandlungen der Friedensverträge in den Pariser Vororten. Nansens Freunde in London und der britische Arbeitsausschuß ersuchten Nansen dringend, dorthin zu fahren und seinen Einfluß im Sinne der neutralen Staaten geltend zu machen. Nansen reiste nach Paris und wurde der bedeutendste Vertreter der neutralen Völker. Er war in der internationalen Politik wohl bewandert, und außerdem waren alle Vorbedingungen für eine erfolgreiche Arbeit bei ihm vorhanden. Er nahm kein Blatt vor den Mund und sagte deutlich seine Meinung. Vor allem war er mit den russischen Verhältnissen vertraut und setzte sich für eine Linie ein, die man später „Nansens persönliche Rußlandspolitik" nannte. Nansen war der Auffassung, daß die einzig richtige Haltung der Westmächte die sei, Rußland sich selbst zu überlassen, und er nahm entschieden Stellung gegen die Interventionspolitik der Alliierten. Er prophezeite, daß diese die Bolschewiken im eigenen Lande nur stärken würde; außerdem verfügten die Ententemächte kaum über genug Machtmittel, um eine Aktion durchzuführen. Die Politiker in Paris glaubten damals jedoch klüger zu sein als Nansen und wiesen seine Gedanken als allzu theoretisch und unrealistisch zurück. Wer recht hatte, zeigte sich bald.

Im selben Jahr begannen die neutralen Staaten ihre Auffassung von Friedensarbeit praktisch durchzuführen. Tausende von Kindern der ausgehungerten Bevölkerung in Deutschland und Österreich wurden in Familien der neutralen Länder aufgenommen. Hier sprang vor allem Dänemark in die Bresche. Mit Nansens Aufruf kam das Rad in Schwung, und die norwegischen Heime taten sich ebenfalls auf. Diese Friedensarbeit hat ihre Früchte getragen; wer das Kind bei der Hand nimmt, der greift dem Vater und der Mutter ans Herz*).

---

*) Von der nordischen Hilfe für deutsche und österreichische Kinder sei erwähnt: In Dänemark wurden 30000 Kinder für Monate, oft bis zu einem Jahre und länger aufgenommen. Dänemark — mit seinen $3^{1}/_{2}$ Millionen Einwohnern —, hat übrigens zur Hilfe für Kriegsgefangene und Notleidende 51 Millionen Kronen aufgewendet! Schweden nahm 21000 Kinder auf. Die norwegische Hilfe umfaßte anfangs (1919) nur deutsche Kinder, 1920 im wesentlichen österreichische und 1922 deutsche und österreichische. In Wien und Berlin wurden große Küchen eingerichtet. Später ging man dazu über,

Im Februar 1920 versammelte sich der „hohe ökonomische Rat" der Alliierten in Paris und beschloß, sich an den Völkerbund zu wenden, um die Heimsendung der Gefangenen auf russischem Gebiet in die Wege zu leiten. Der Völkerbundsrat kam zu der Entscheidung, sich aller Kriegsgefangenen anzunehmen. Zugleich war sich jedoch der Rat darüber im klaren, daß weder die einzelnen Regierungen noch der Völkerbund etwas durch direkte Verhandlungen auszurichten vermochten. Der Rat war der Auffassung, daß der einzige Weg aus allen Schwierigkeiten der sei, einen Mann, zu dem alle Vertrauen hätten, mit dieser Aufgabe zu betrauen.

Nicht zum ersten Male hatte sich die Aufmerksamkeit der Welt auf Nansen gerichtet. Welches Vertrauen er genoß, geht daraus hervor, daß er 1915 zum Schiedsrichter im Untersuchungs- und Schlichtungsausschuß des Britischen Weltreiches und der Vereinigten Staaten ernannt wurde. Dieser Ausschuß hatte alle Fragen zu behandeln, die zwischen den beiden Mächten zu Streitigkeiten führen könnten.

Der Vorschlag stammte von Philip Noel Baker und wurde von dem italienischen Repräsenten Longare vorgebracht. Er sagte: „Die einzige Möglichkeit, die technischen und finanziellen Schwierigkeiten zu bewältigen, ist die, daß man eine Person, die das allgemeine Ansehen und die Achtung aller in bezug auf ihre Orgasationsfähigkeit, Tatkraft, Begabung und Seelengröße genießt, damit betraut, Bestimmungen zu treffen, was zuerst in Angriff genommen werden muß, um die Aufgaben des Völkerbundes zu lösen."

Als Nansen telegraphisch gefragt wurde, ob er die Arbeit übernehmen wolle, antwortete er nein. Warum mußte man einen Professor dazu haben? Das müßten doch andere schaffen können. Er arbeite zur Zeit an wissenschaftlichen Aufgaben, die er allzulange hatte liegen lassen.

Der Rat gab zur Antwort, der Völkerbund brauche jetzt einen

den Kindern in der Schule Frühstück mit Brot, Kakao und Lebertran zu verabreichen. Die Zahl der in Norwegen aufgenommenen Kinder beträgt 8000. 1934 befanden sich noch 100 deutsche und österreichische Kinder in Norwegen.

Nansen. Die Arbeit würde ihn nur einige Monate in Anspruch nehmen; er solle lediglich einen Plan und einen Unkostenüberschlag aufsetzen, dann würde der Völkerbund das übrige bewerkstelligen. Der jetzige englische Professor Philip Noel Baker, damals Völkerbundssekretär, wurde nach Lysaker bei Oslo geschickt, um Nansen umzustimmen.

Mister Baker konnte ihm weder sagen, wie viele Kriegsgefangenen es seien — wo die Gefangenenlager sich befänden —, ob die Sowjetregierung irgendwie mithelfen würde, noch wie er Schiffe, Eisenbahnzüge, Kleidung, Quarantäne- und Desinfektionsanstalten beschaffen sollte. Auch konnte er ihm nicht verraten, woher er das Geld dazu nehmen sollte. Nansen wußte wohl, daß die Aufgabe, die er am 11. April 1920 auf sich nahm, nicht binnen zwei Monaten zu lösen sei; aber er ahnte kaum, daß die eine Aufgabe die andere nach sich ziehen würde — eine schwerer als die andere — bis zum Ende seines Lebens. Es war ihm nicht möglich, sich lange zu sträuben. Sein mitfühlendes Herz ließ ihm keinen Frieden; außerdem erkannte er, daß die glückliche Lösung dieser Aufgabe weit mehr bedeutete als die Rettung der Kriegsgefangenen; dieses Werk würde einen Auftakt bilden zur internationalen Zusammenarbeit für Frieden und Versöhnung, zur Abschaffung des Krieges. Er erkannte die Reichweite dieser Aufgabe. Wie 1918 wurde die Berufung für ihn zur Pflicht, und damit trat er für sie mit seiner ganzen Kraft ein.

„Vom ersten Augenblick an", sagt Mister Baker, „besaß Nansen die Übersicht des Staatsmannes über die Arbeit, die er auf sich genommen hatte."

Bakers Aussprache mit Nansen am 11. April währte 7^1/$_2$ Stunden ohne Unterbrechung. Viel war es nicht, was der junge Sekretär Nansen über die Kriegsgefangenen berichten konnte. Gleich von Anfang an machte es auf ihn tiefen Eindruck, mit welcher Gründlichkeit und welchem Scharfsinn Nansen an die Probleme heranging. Baker lernte einen Menschen kennen, der wußte, daß der Sieg in der Vorbereitung lag. Später hat Baker hervorgehoben, daß Nansens Erfolg als internationaler Staatsmann auf seiner wissenschaftlichen Schulung, dem methodischen Vorgehen und seiner internationalen Einstellung beruhte.

Die Regierungen der am Krieg beteiligt gewesenen Staaten bedurften eines Vermittlers, um verhandeln zu können. Sich der Gefangenen selbst anzunehmen, vermochten sie nicht. Es waren Gefangene aus 26 Ländern. In vielen dieser Länder hatte jegliche Gesellschaftsordnung aufgehört. Die Gefangenen hatten kein Geld und keine Kraft, um Tausende von Kilometern bis zur Heimat zurückzulegen. Die meisten waren in den Schlachten an der Ostfront in den ersten Kriegsjahren gefangengenommen worden. Unter der Revolution und den Bürgerkriegen hatte die Staatsleitung wenig Zeit, sich über die Gefangenen Gedanken zu machen. Vier, fünf, sechs Jahre hatten sich viele dahingeschleppt — ohne Verbindung mit der Heimat.

Nun nahm Nansen die Sache in die Hand. Im Nu spann er ein Netz von Organisationen über viele Länder. Philip Noel Baker machte er zu seinem nächsten Mitarbeiter und den norwegischen Kapitän Finne zu seinem Sekretär. Finne und mehrere von Nansens Helfern arbeiteten — wie Nansen selbst — unentgeltlich.

Ein dichtmaschiges Netz würde sich über die Europakarte spannen, wenn man alle die Reisen aufzeichnen wollte, die Nansen bei der Hilfsarbeit für die Gefangenen und Flüchtlinge unternommen hat. Die Zoll- und Paßbeamten kannten die hohe Gestalt mit dem wettergebräunten Gesicht und ließen ihn mit seinem kleinen, schäbigen Handkoffer unangetastet und ohne alle Formalitäten durch.

Nansen begnügte sich nicht damit, im Zentralbüro zu sitzen und das Ganze auf dem Papier zu dirigieren. Er wollte selbst hinaus, um nach dem Rechten zu sehen, und mit den Menschen in persönlicher Fühlung bleiben. Wenn der Rahmen für die Arbeit gezogen, die Leute ausgewählt, auf ihren Platz gestellt und das Werk in Gang gebracht war, überließ er die Sache seinen Helfern, jedoch jederzeit bereit, selbst einzuspringen. Unter seinen vielen Mitarbeitern in den zehn Jahren des Hilfswerkes herrschte Einmütigkeit darüber, daß unter ihm gut zu arbeiten war; er war rechtschaffen und sachlich; seine Augen sahen genau, und seine Hand griff rasch zu; jeden Augenblick war er in der Lage, schnell einen Entschluß zu fassen — der geborene Feldherr mit der Fähigkeit, die richtigen Leute auf den richtigen Platz zu stellen. „Verstehe ich mich auf etwas, dann auf Menschen", bekannte er einmal zu einem Freund. Deswegen konnte er auch auf seine Leute bauen, war für Rat stets empfänglich und knauserte niemals mit Anerkennung und Lob. Gerieten sie in eine kniffliche Lage, der sie nicht gewachsen waren, dann kam er und brachte alles in Ordnung. Sie verehrten ihn — gingen für ihn durchs Feuer und bestrebten sich, ihm zu gleichen. Es war eine Ehre, einer von seinen Leuten zu sein. Und tüchtige Männer verstand er um sich zu scharen. Bei äußerster Sparsamkeit wurde erfolgreiche Arbeit geleistet. Seine Hilfsarbeit stellt das Musterbeispiel einer märchenhaft billigen Verwaltung dar. Sein Ordnungssinn, seine Genügsamkeit und seine körperliche Widerstandsfähigkeit kamen ihm selbst und dem Hilfswerk außerordentlich zustatten. Er reiste stets auf die billigste Weise, mit möglichst wenig Gepäck und wohnte in billigen Hotels. Dies kostete ihn keine Selbstüberwindung — es war seine Natur. Nicht die körperlichen Strapazen der Reisen griffen ihn am meisten an, sondern die Leiden der Menschen, Unverständnis und Herzlosigkeit. Noch viele Jahre nachher wurde er beim Gedanken an die Hungersnot in Rußland aschfahl im Gesicht.

Als erstes kam es darauf an, eine Zusammenarbeit zwischen den vielen interessierten Regierungen zustande zu bringen. Diese waren sogleich willig, die Hilfe des Völkerbundes und seines hohen Kommissars anzunehmen. Schwieriger war es, mit der Sowjetregierung übereinzukommen. Ohne deren Hilfe war es unmöglich, die Gefangenen in Rußland und Sibirien zu erreichen. Doch die Sowjetregierung stand ganz Europa feindlich gegenüber. Der Kommissar des Auswärtigen, Tschitscherin, erklärte Nansen geradeheraus, daß die Sowjetregierung den Völkerbund nicht anerkenne und deswegen mit Nansen nicht verhandeln könne, was dieser mit dem Ersuchen beantwortete, ihm binnen zwei Stunden seinen Zug fahrbereit zu machen. Das half. Sie kamen um den heiklen Punkt herum, indem Tschitscherin vorschlug, daß Nansen Rußland gegenüber sich nicht als Repräsentant des Völkerbundes, sondern als Vertreter der einzelnen Regierungen betrachte, deren Vollmachten eingeholt werden sollten.

Ohne sich bei den Vollmachten groß aufzuhalten, war bald eine befriedigende Ordnung zwischen der Sowjetregierung und Nansen gefunden. Die Regierung sollte wöchentlich wenigstens zwei Züge mit Gefangenen von Rußland und Sibirien zur Westgrenze schicken. Dorthin sollte Nansen russische Gefangene aus Deutschland und Mitteleuropa bringen und mit den rückkehrenden Zügen nach Rußland befördern. An der Grenze wurden Konzentrationslager, Bäder, Desinfektions-, Entlausungs- und Einkleideanstalten errichtet.

Trotzdem die Russen sich zu jener Zeit im Krieg mit Polen befanden und selbst alles Eisenbahnmaterial benötigten, hielten sie die Abmachung inne und beförderten zeitweilig mehr Gefangene, als die vereinbarte Zahl betrug. Die Regierungen, die die Gefangenen von Osten her in Empfang nehmen oder ihnen Durchfahrt gewähren sollten, hatten befürchtet, daß die Gefangenen Epidemien mitschleppen könnten; doch die vorbeugenden Maßnahmen zerstreuten die Furcht, und diese Durchgangsländer halfen Nansens Leuten nach bestem Vermögen beim Bau von Lagern, bei der Beschaffung von Zügen und unterstützten sie auch sonst mit allen möglichen Einrichtungen.

Das Schwierigste war die Beschaffung der Mittel für Transport, Kleidung, Nahrung usw. Wo sollte man die hernehmen? Der Völkerbund hatte kein Geld und die Heimatländer der Gefangenen auch nicht. Da hörte Nansen, daß von den Geldsummen, die einige Regierungen zum Wiederaufbau Mitteleuropas zur Verfügung gestellt hatten, noch etwas übrig sei. Nansen vertrat vor der Kommission die Auffassung, daß die Rückführung der Kriegsgefangenen zu ihrer produktiven Arbeit einen Beitrag zum Wiederaufbau der Wirtschaft bedeute, und die Kommission pflichtete ihm bei. Es gelang Nansen, einige Regierungen zu derselben Auffassung zu bekehren, und nach langwierigen Verhandlungen wurde ihm ein vorläufiges Darlehen zugesichert. Mit Hilfe der Regierungen von sieben Ländern wurde für sechs andere Länder ein Kredit von 8 500 000 Goldmark bereitgestellt. Diese Regierungen nahmen das Darlehen auf und überließen es Nansen zur Deckung der Unkosten.

Es waren die kleinen Länder, die Nansens Appell zuerst beantworteten: Norwegen, Schweden, Dänemark, Holland, die Schweiz. Damit vermittelte der Völkerbund zum erstenmal Darlehen für Völker, die sich selbst keinen Kredit beschaffen konnten.

Die 8500000 Goldmark sollten den Transport von der russischen Grenze aus decken. Aber große Summen verschlang bereits das Allernotwendigste an Verpflegung, Kleidung und Medizin für die Gefangenen, die noch einen Winter — für manche war es der siebente! — in Sibirien zubringen mußten; auch die russischen Gefangenen in Polen und Bulgarien und die polnischen Gefangenen in Rußland kosteten viel Geld.

Seit etlichen Jahren hatten große humanitäre Organisationen getan, was sie konnten, um den Kriegsgefangenen Hilfe zu bringen. Doch was bisher fehlte, war eine Zentralorganisation, um diese Hilfe durchgreifend zu gestalten. Bei der Arbeit mit der Heimsendung der Kriegsgefangenen fühlte Nansen die Notwendigkeit der Zusammenarbeit aller willigen Kräfte.

Nansen sah bald ein, daß die entsetzliche Not unter den Kriegsgefangenen nur unter der Mitwirkung Rußlands gemildert werden konnte.

Unter Nansens Vorsitz wurde auf einem Treffen in Kowno eine Zentralorganisation von Repräsentanten der russischen, deutschen und österreichischen Regierung, des Internationalen Roten Kreuzes und der ,,Young Mens Christian Association" unter dem Namen ,,Nansenhilfe" geschaffen, die mit allen Hilfsorganisationen zusammenarbeiten sollte. Diese Nansenhilfe mit einem Arbeitsausschuß und dem Hauptbüro in Berlin stand unter Nansens persönlicher Leitung. In Rußland wurden mit Hilfe der russischen Regierung Verteilungsstellen errichtet. Mit Garantie der Sowjetregierung schickte Nansen direkte Züge mit Lebensmitteln, Kleidung, Schuhzeug und Medizin für 80000 Gefangene nach Sibirien. Die Kontrolle, die er ins Werk setzte, war so wirksam, daß nicht ein einziges Stück verschwand.

Diese Nansenhilfe hatte nichts mit dem Völkerbund zu tun. Die Gelder stammten aus privaten Spenden. Nansen hebt vor allem die Verdienste des Internationalen Roten Kreuzer hervor. Dieses sammelte die Gefangenen, stellte Listen auf, desinfizierte sie, gab ihnen Essen und Kleidung usw. Ebenso nennt er die deutsche Organisation zur Heimsendung von Gefangenen unter Schlesingers tüchtiger Leitung. Das schwedische Rote Kreuz leistete im Lager zu Narwa unter Prinz Carl vorzügliche Hilfe, vor allem durch die Versorgung der Gefangenen mit Unterwäsche. Die Schiffe, die man zum Transport benötigte, waren nicht leicht zu beschaffen. England, das sich die deutsche Flotte angeeignet und die Schiffe in deutschen Häfen liegen hatte, wollte sie nicht für Gefangenentransporte freigeben. Sie sollten verkauft werden. Nansen machte das Angebot, die Schiffe in repariertem Zustande zurückzugeben. Er reiste selbst nach London und erreichte, daß man ihm vierzehn Schiffe überließ. Sie wurden in deutschen Werften ausgebessert und mit deutschen Matrosen bemannt. Nansen bezahlte mit englischen Pfunden, und die waren damals in Deutschland stark begehrt. Die gesamte Gefangenenüberführung stellte sich sehr billig. Die ersten Transporte von Narwa nach Swinemünde begannen am 19. Mai, und im November auf der ersten Völkerbundssitzung konnte Nansen mitteilen, daß 150000 Gefangene heimgebracht seien.

In einem Bericht an den Völkerbundsrat schreibt Nansen zum Schluß: „Nie in meinem Leben bin ich mit einem so entsetzlichen Übermaß von Elend in Berührung gekommen wie hier, wo ich lindern soll. Diese Leiden aber sind nichts anderes als die unausbleibliche Folge eines Krieges, der das Unterste zuoberst kehrte.

Der Völkerbund tut recht, daß er Fragen wie diese aufnimmt; was ich aber vor allen Dingen bei meiner Arbeit gelernt habe, ist dies: daß es eine Hauptaufgabe des Völkerbundes werden muß, für alle Zeiten die Wiederholung einer solchen Katastrophe zu verhindern, die unweigerlich solche fürchterliche Leiden für die Menschen im Gefolge haben muß."

Nansen hatte gehofft, alle Gefangenen vor Einbruch des Winters heimführen zu können; aber aus mehreren Gründen — vor allem wegen des Krieges zwischen Polen und Rußland — mußten 60000 bis 80000 noch einen Winter in Sibirien verbringen. Besonders schwierig war es, der Tausende von Gefangenen am Schwarzen Meer habhaft zu werden. Diese hatten Schlimmeres durchgemacht als selbst die Gefangenen in Sibirien. In Odessa wurden sie gesammelt und über Triest nach Hause befördert.

Im östlichen Sibirien hatten viele Gefangene anstatt nach Westen, wo sie mit den regulären Truppentransporten mitkommen konnten, es versucht, sich zur Küste des Stillen Ozeans durchzuschlagen, um von da in die Heimat zurückkehren zu können. 10000 Gefangene wurden in Wladiwostok gesammelt. Der Transport würde pro Mann auf 600 Goldmark zu stehen kommen. Das war unerschwinglich. Da wandte sich Nansen an die Amerikaner. Das Rote Kreuz und amerikanische Organisationen bildeten einen Ausschuß und beschafften eine Million Dollar. So konnte Nansen Schiffe heuern; diese nahmen gleichzeitig Fracht mit, und dadurch ermäßigten sich die Ausgaben ganz beträchtlich.

Auf dem Balkan ergaben sich bei dem Gefangenenaustausch ganz besondere Schwierigkeiten. Zwei Jahre nach Kriegsschluß hielt Griechenland 10000 Bulgaren als Landarbeiter zurück. Die griechische Regierung gab Nansen zur Antwort, man wolle sie schon zurückschicken, 800 sollten jedoch als Geiseln einbehalten werden, bis die 500 griechischen Kinder ausgeliefert seien, die die Bulgaren fortgeschleppt hatten. Man mußte besondere Organisationen bilden, um die Kinder ausfindig zu machen. In Jugoslawien befanden sich noch 15000 Bulgaren; auch diese sollten freigegeben werden, aber — gegen ein gewisses Quantum Kohle. Nansen mußte ganz energisch einschreiten, ehe die jugoslawische Regierung einsah, daß ein solcher Handel nicht anginge.

Tausend Türken, die 6—7 Jahre in der Gefangenschaft geschmachtet hatten, wurden auf dem Heimweg von Wladiwostok von einem griechischen Kriegsschiff gefangengenommen. Die Griechen sperrten die Türken in ein Lager. Nansen erhob dagegen energischen Einspruch und erreichte, daß sie auf neutralem Boden untergebracht wurden.

1922 reiste Nansen auf eigene Kosten nach Konstantinopel und ordnete den Austausch griechischer und türkischer Gefangener.

In den Jahren 1920—21 wurden 447604 Kriegsgefangene von 26 Ländern nach mehrjähriger Verbannung aus ihrem Elend befreit und in ihre Heimat zurückgebracht. Die Arbeit nahm 18 Monate in Anspruch und kostete 410000 Pfund oder 8200000 Goldmark. Dabei sind die amerikanischen Beiträge nicht mitgerechnet.

Das zahlenmäßige Ergebnis ist eindrucksvoll genug. Noch stärker aber würden wir ergriffen gewesen sein, wenn wir mit jedem befreiten Gefangenen zu den Seinigen hätten heimkehren können. Man erzählt von Gefangenen, die an der Grenze ihres Vaterlandes weinend auf die Knie fielen.

„Es gibt nicht ein Land auf dem Kontinent, wo nicht Frauen und Mütter vor Dankbarkeit für Nansens Arbeit geweint haben", sagt Noel Baker.

Den letzten Bericht stattete Nansen am 1. September 1922 ab. Der Völkerbund — Rat und Vollversammlung — drückte Nansen und seinen Mitarbeitern seine tiefe Dankbarkeit aus „für die bewundernswert gelöste Aufgabe".

Die Heimsendung von Kriegsgefangenen war die erste große Tat des Völkerbundes. Das glückliche Ergebnis war durch Zusammenarbeit vieler Länder und Regierungen erzielt — zwischen Völkern, die eben noch miteinander im Kriege gelegen hatten, ein Ergebnis, das die Hoffnung erweckte, der Völkerbund könnte sich zu etwas noch Größerem entwickeln als zu einem heilenden Samariter für die Opfer des Krieges — könnte zu einer Macht anwachsen, die die Gemüter abrüstete und sie im Krieg eine Schande für das Menschengeschlecht erblicken ließe.

Der Nansenpaß

Noch ehe die Heimsendung der Kriegsgefangenen abgeschlossen war, übernahm Nansen eine noch größere und schwierigere Aufgabe.

Am 20. Februar 1921 ersuchte das Internationale Rote Kreuz zusammen mit großen Hilfsorganisationen den Völkerbund, einen Kommissar zu ernennen, der sich der russischen Flüchtlinge annehmen sollte.

Am 27. Juni stimmte der Völkerbundsrat der Ernennung eines Hohen Kommissars zu, um eine Zusammenarbeit zwischen den Regierungen und den privaten Organisationen zustande zu bringen.

Am 6. August telegraphierte Sir Eric Drummond an Nansen, der auf Ferien in den norwegischen Bergen weilte. Am 12. August gab Nansen sein Ja, und am 4. September übernahm er die Arbeit. Die Aufgabe bestand vor allem darin, den Flüchtlingen eine wirtschaftliche Existenz zu verschaffen, und zwar indem man sie an Orten ansässig machte, wo sie Arbeit finden konnten.

Es gab Millionen von Flüchtlingen — vom Weltkrieg, von den Balkankriegen und dem griechisch-türkischen Kriege, von der russischen Revolution 1917, der Gegenrevolution und den Bürgerkriegen 1918—21, von dem polnisch-russischen Kriege, von Armenien und von den Hungerdistrikten in Rußland. Wie viele es insgesamt waren, ist nicht leicht mit Genauigkeit zu sagen. Nur einige der wesentlichsten Zahlen seien genannt: zwei Millionen Russen, zwei Millionen griechische und bulgarische Flüchtlinge, außerdem Armenier, Ruthenen, Polen, Juden, Galizier und andere Völker längs der russischen Grenze.

Der Schauplatz des Weltkrieges und der vorangehenden und folgenden Kriege hatte sich über ein ungeheures Gebiet erstreckt. Während sich die Fronten vor- und rückwärtsschoben, wurde die Zivilbevölkerung vertrieben, „evakuiert" — oft in entlegene Gegenden von Rußland, Deutschland und Österreich, und mit der Veränderung der Staatsgrenzen wurden aus dieser verpflanzten Zivilbevölkerung Flüchtlinge. Als die Deutschen zu Anfang des Weltkrieges Polen besetzten, strömten 2—3 Millionen Polen nach Rußland hinein. Nach dem Kriege und vor allem unter der Hungersnot in Rußland strömten die Flüchtlinge zurück und brachten Cholera und Typhus mit. In die östlichen Landesteile, die Polen zugesprochen wurden und von Polen, Juden, Weißrussen und Ukrainern bevölkert waren, kamen noch im September 1921 Flüchtlinge auf Karren und zu Fuß von der Wolga, ja, vom Ural hergezogen, um ihre alten Wohnstätten wiederzufinden; oft waren sie monatelang umhergewandert — und fanden dann von ihrem ehemaligen Heim nichts anderes als die Brandruinen.

Die größten und schwierigsten Probleme schufen die russischen Flüchtlinge. Als Denikins, Koltschaks, Judenitsch' und Wrangels Weiße Armeen geschlagen waren, flüchteten $1^1/_2$ Millionen Russen und überschwemmten Europa und Asien. Die Einmischung der Ententemächte, vor allem Frankreichs und Englands, in den russischen Bürgerkrieg gaben ihm einen Umfang und eine Dauer, die er sonst nicht bekommen haben würde. Die Alliierten opferten Milliarden, um den Bolschewismus in Rußland auszurotten, und erreichten doch nur das Gegenteil. Hunderttausende von Russen, die zusammen mit den Ententemächten gegen die Bolschewiken gekämpft hatten, verließen Rußland. Viele fanden in neutralen Ländern Zuflucht, die meisten aber kamen zu verarmten und vom Kriege ausgezehrten Völkern, denen sie zur Last fielen. Hunderttausende flüchteten nach Polen, Rumänien und nach dem bis aufs Mark ausgesogenen Deutschland; ein großer Teil von ihnen siedelte später nach Frankreich über.

Nach der Stabilisierung der Mark fielen die heimatlosen Russen der nun eintretenden Arbeitslosigkeit zuerst zum Opfer. Die arbeitslosen Flüchtlinge zogen sich in den Großstädten zusammen und bildeten ein gefährliches Element. Von den alten deutschen Kolonien an der Wolga, auf der Krim und in der Ukraine kamen 45 000 Flüchtlinge nach Deutschland. Nach Lettland und Estland hatten sich 20 000 Russen geflüchtet, nach Finnland 31 000, in die Tschechoslowakei 25 000, nach Bulgarien 35 000, nach Jugoslawien 50 000, nach Ostasien 70 000, und in und um Konstantinopel hausten 150 000 Russen. Die meisten strömten aber nach Frankreich; allein im Jahre 1925 400 000. 90—100 000 Soldaten der geschlagenen Armee Wrangels überschwemmten von der Krim kommend im November 1921 Konstantinopel.

Der Unterhalt dieser Flüchtlinge kostete ungeheure Summen.

Nansens erste Arbeit bestand darin, Zählungen vorzunehmen; danach suchte er eine Übersicht zu erhalten, was für Arbeit die Flüchtlinge ausführen könnten, um sie irgendwo unterzubringen. Teils legten die Flüchtlinge selbst Nansen Schwierigkeiten in den Weg. So verbreiteten sie das Lügenmärchen: der Zweck der Zählung sei der, den russischen Machthabern Auskunft über die Flüchtlinge zu verschaffen. Auch arbeiteten sie seinen Bemühungen entgegen, für die russischen Flüchtlinge Einwanderungserlaubnis und Amnestie zu bewirken. Während der Hungersnot in Rußland waren die politischen Flüchtlinge Nansens ärgste Feinde. In ihren Augen half er der Sowjetregierung. Nansen mußte seine Arbeit für die Flüchtlinge unter äußerst schwierigen Umständen und mit entmutigend geringen Geldmitteln beginnen. Seine Bitten um finanzielle und materielle Unterstützung wurden in der Regel zunächst abgelehnt. Viele Länder hatten strenge Verordnungen erlassen, keinen Russen hereinzulassen. Die Regierungen fanden ihre eigenen Bürden gerade drückend genug.

„Sind die Gefühle der Menschen abgestumpft?" fragte Nansen. „Haben sie von zuviel Not und Elend gehört? Früher bedurfte es keines so großen Unglücks: Brand in einer Stadt, ein Erdbeben, eine Schar obdachloser Menschen — und alle sprangen den vom Unglück Betroffenen sofort bei.

Tausende und aber Tausende heimatlose Flüchtlinge, leidende und sterbende Menschen in vielen Ländern rufen nun um Hilfe. Die Leute hören es und rühren sich nicht.

Ein Telegramm aus Mosul berichtet von haarsträubendem Jammer: Tausende von Christen, Frauen und Kinder, geraubt, geschändet, ohne Kleidung, der Not, dem Winter und Krankheiten preisgegeben. Diejenigen, die sich ins Gebirge zurückgezogen haben, stehen vor dem Hungertode. Ähnliche Botschaften aus Marokko, wo Tausende von Flüchtlingen in unaussprechlicher Not dahinsiechen. Von Kleinasien hören wir von mehreren tausend Leuten, die als Gefangene ins Innere des Landes verschleppt werden und elend umkommen. Aber niemand hält sich darüber auf. Über Europa verstreut fristen Hunderttausende heimatloser Flüchtlinge ihr furchtbares Dasein — Russen, Armenier.

Die Not ist so groß, daß privater Opferwille nicht ausreicht. Die Regierungen, vor allem diejenigen, die viele dieser Menschen ins Unglück gestürzt haben, müssen helfen. Aber wie schwierig ist das! Erst muß doch untersucht werden, ob die Papiere auch in Ordnung sind — ob die Hilfe nicht ungünstige Folgen haben könnte — ob man riskiert, dadurch einer Sowjetregierung zu helfen — ob man die Rifkabylen als kriegführende Macht anerkennen kann, damit man den sterbenden Flüchtlingen helfen darf — und dergleichen mehr — alles das sind natürlich Fragen von großer diplomatischer Wichtigkeit! Inzwischen aber sterben die Leidenden, und damit verringert sich ja die Zahl der Hilfsbedürftigen. Für uns, die wir in ruhigen bürgerlichen Verhältnissen leben, ist es wohl schwer, im vollen Umfang zu begreifen, was Flüchtlingslos heißen will — ganz abgesehen von den Grausamkeiten, denen sie ausgesetzt gewesen sind. Heimatlos, ohne Vaterland, ohne bürgerliche Rechte; keine Regierung beschützt sie; jederzeit können sie ausgewiesen werden, selbst wenn kein anderes Land sie aufnehmen will."

Einige Beispiele: In Polen, von allzu vielen Flüchtlingen überschwemmt, wurde die Verfügung erlassen, daß alle nicht-politischen Flüchtlinge das Land bis zu einem festgesetzten Tage zu verlassen hätten. Alle diese Tausende von Flüchtlingen waren russische Juden. Zurück nach Rußland konnten sie nicht; dort würden sie erschossen werden. Ein anderes Land wollte ihnen auch keine Zuflucht gewähren. So wurden sie über die Grenze nach Danzig getrieben. Aber auch da konnten sie nicht bleiben; sie wurden wieder zurückgetrieben, und so wurden diese Menschen wie ein Tennisball über die Grenzen hin- und zurückgeworfen, berichtet Nansen. Auf seine Vorstellungen hin nahmen europäische Juden die Sorge für den Unterhalt dieser Flüchtlinge auf sich, bis man einen Ausweg fand. Draußen vor der Stadt Danzig wurden sie in einem Lager gesammelt und konnten schließlich nach Amerika geschickt werden.

Ein anderes Beispiel: Von Wrangels Armee erhielten 10000 die Einreiseerlaubnis nach Bulgarien. 7000 davon sollten später nach Rußland zurückkehren dürfen, nachdem Nansen ihnen Amnestie und die Gewähr für gute Behandlung erwirkt hatte. Die bulgarische Regierung befürchtete kommunistische Verseuchung, und im Frühling 1925 wurden 250 auf ein Schiff verladen, das kaum groß genug war für 50, und mit unzureichendem Proviant aufs Schwarze Meer hinaus geschickt mit dem Kurs auf Odessa. Dort wurde ihnen aber die Aufnahme verweigert, und die russische Regierung ließ sie wieder hinaus aufs Schwarze Meer bugsieren. Wohin? Weder nach Rußland noch nach Bulgarien konnten sie zurückkehren, also nach der Türkei! Im Sturm trieben sie 26 Tage fast ohne Nahrung und Wasser umher. Das Schiff war dem Sinken nahe. Endlich erreichten sie Konstantinopel. Jubel an Bord. Zu früh. Sie wurden nicht an Land gelassen. Ein Schlepper sollte die „Triton" durch den Bosporus wieder hinaus ins Schwarze Meer bugsieren. Doch da packte sie die Wut. Viele Russen sprangen ins Meer. In diesem Augenblick kam ein englischer Dampfer zur Hilfe. Dem Kapitän gelang es, die Polizei einzuschüchtern, so daß sie die Russen an Land kommen ließen. In einem Gehege auf bloßer Erde kauernd und liegend fand sie Nansen. Er wandte sich an die russische Regierung, und diese verwies ihn an die bulgarische. Inzwischen verbrachten die Russen furchtbare Tage in ihrem elenden Lager. Der Tod begann seine Ernte zu halten und hätte wohl die meisten dahingemäht, wäre nicht Anna Mitchell gekommen. Sie sammelte Geld für sie in der amerikanisch-europäischen Kolonie zu Konstantinopel und verschaffte jedem täglich etwas Brot und ein Schälchen dünne Suppe. Als Nansen am 9. Juni das Lager besuchte, war das Geld aufgebraucht. Das eigene Geld der Flüchtlinge — 700 türkische Pfund — hatte die Polizei beschlagnahmt. Die bulgarische Regierung wollte die Flüchtlinge nicht wieder aufnehmen; die türkische verweigerte ihnen längeren Aufenthalt, und andere Länder wollten sie nicht hineinlassen. Mit den Mitteln, die der dänische Buchhändler Chr. Eriksen ihm zur Verfügung gestellt hatte, unterhielt Nansen sie vorläufig. Später bewog er die große amerikanische Organisation „Near East Relief", zwei Monate für den Lebensunterhalt der Gehetzten aufzukommen. Endlich erreichte er es, daß Frankreich einen Teil und Rußland die übrigen aufnahm.

Mit allen Ländern, die nicht schroff ablehnten, Flüchtlinge hereinzulassen und ihnen Arbeit zu geben, trat er in Verhandlung, und nach und nach sahen sie alle ein, daß man Nansens Arbeit unterstützen müsse. In 16 Ländern wurden Regierungsrepräsentanten ernannt, mit denen er oder seine Vertreter verhandeln konnten. Er selbst besaß Repräsentanten in 15 Ländern. Außerdem hatte er einen Ausschuß berufen, der die Zusammenarbeit zwischen amerikanischen, europäischen, russischen und jüdischen Organisationen zustande bringen sollte. Dieser Ausschuß trug wesentlich dazu bei, daß Nansens Bemühungen von Erfolg gekrönt waren.

Selbst das Stroh der Dächer wurde gegessen

Unter armenischen Kindern

Ein Gemälde von Erik Werenskiold

Nachdem die Organisierung in die Wege geleitet worden war, erzielte Nansen bei den Regierungen verschiedene Erleichterungen für seine Flüchtlinge.

Eine große Schwierigkeit bestand darin, daß sie weder Paß noch Papiere besaßen, die von den betreffenden Staaten als ausreichend anerkannt wurden.

Im Juni 1922 berief Nansen eine Konferenz vieler Regierungsvertreter, und diese gingen auf Nansens Vorschlag ein, den Flüchtlingen einen Identitätsausweis auszustellen. Dieser Paß, der „Nansenpaß", wurde von 52 Regierungen anerkannt. Er gab den Staatenlosen die Möglichkeit, in andere Länder überzusiedeln, um sich Arbeit zu beschaffen.

1924 erhielten auch armenische, späterhin ebenso chaldäische, syrische und türkische Flüchtlinge solche Pässe.

1926 wurde der Begriff „Flüchtling" fest umrissen und genaue, einheitliche Richtlinien für die Hilfsarbeit festgesetzt.

Schließlich wurde die „Nansen-Marke" eingeführt, die auf Paß und Papiere der Flüchtlinge geklebt wurde. Diese Marke mußte jedes Jahr für 5 Goldfranken erneuert werden. Dadurch flossen große Beträge herein, die den arbeitslosen und notleidenden Flüchtlingen zugute kamen.

1921 hatte der Völkerbund überhaupt keine Unkosten für die Flüchtlinge, da alles über den Organisationsapparat des Roten Kreuzes geleitet wurde. 1922—23 lagen die Ausgaben des Völkerbundes unter 12 000 Pfund, betrugen also nicht einmal 20 Goldpfennige für jeden Flüchtling. Nansens Organisation hat dem Völkerbund nie mehr als einige Tausende gekostet. Sie hat den Regierungen und Wohltätigkeitsgesellschaften Millionenbeträge erspart, die sonst für den Unterhalt arbeitsloser Flüchtlinge hätten aufgewendet werden müssen. Direkte Spenden für Flüchtlinge gingen selten ein. Die englische Regierung, die zur Unterhaltung der 5000 Mann von Denikins ehemaliger Armee kolossale Summen aufgewandt hatte, bewilligte zu ihrer Überführung von Ägypten nach Jugoslawien 150 000 Pfund unter der Bedingung, daß Nansen alle Verantwortung für die Zukunft übernehme und den eventuellen Überschuß mit der englischen Regierung teile. Nansen bewerkstelligte die Übersiedlung für 70 000 Pfund und sparte dadurch 40000 Pfund für sich ein — eine willkommene Hilfe für die Arbeit zugunsten anderer Flüchtlinge.

Trotzdem die Aufgabe der Nansen-Organisation hauptsächlich darin bestand, die Flüchtlinge zu verteilen und ihnen Arbeit zu schaffen, galt es oft, sofort zu helfen, um Tausende von Menschenleben zu retten. Besonders schlimm stand es in Konstantinopel. Konstantinopel war nach der Besetzung durch die Alliierten eine Zufluchtsstätte für alle möglichen Flüchtlinge geworden, eine Station auf ihrem trostlosen Wege, wo sie wenigstens in Sicherheit waren. Die Märchenstadt am Bosporus hat viele menschliche Tragödien gesehen, doch kaum jemals eine solche Zusammenballung menschlichen Elends, wie nach dem November 1920, als eine Flut von Flüchtlingen nach der anderen über die Stadt hereinbrach — zuerst 170000 Russen, danach 75000 Türken und schließlich 166000 Griechen und Armenier. Im November, als Nansen eben angefangen hatte, die Hilfsarbeit zu organisieren, wälzte sich Wrangels geschlagene Armee mit 135000 Menschen nach Konstantinopel herein. Das Heer befand sich in einem derartigen Zustande, daß Nansen sofort Geld beschaffen mußte, um diese Menschenmassen zu erhalten. Von Amerika erhielt er 25000 Dollar für Lebensmittel und zum Transport in andere Länder; daran war die Bedingung geknüpft, daß er selbst 30000 Dollar aufbrächte. Hier half ihm das amerikanische Rote Kreuz. Auch sonst waren die Amerikaner sein letzter Trost, wenn er weder aus noch ein wußte.

Wrangel glaubte an die Möglichkeit eines neuen Vorstoßes gegen den Bolschewismus in Rußland und setzte deswegen Nansens Arbeit heftigen Widerstand entgegen. Wie erwähnt, hatte Nansen 10000 Russen Einlaß nach Bulgarien verschafft und für 7000 Amnestie erwirkt; weiterhin bot Brasilien Heimstätten und Arbeit für 20000 an und Peru für 1000. Wrangel aber widersetzte sich dem; er wollte unter allen Umständen sein Heer zusammenhalten. Die Unterhaltung dieser Menschenmassen verursachte große Schwierigkeiten. Die französische Regierung und das amerikanische Rote Kreuz, die große Summen vorgestreckt hatten, kündigten die Einstellung ihrer Leistungen an; doch gelang es Nansen, Frankreich zu bewegen, Wrangels ehemalige

Armee bis zur Übersiedlung zu unterstützen, und die britische Regierung beantwortete Nansens Appell mit einer Spende von 20000 Pfund. Von Wrangels und Denikins Kosaken führte Nansen 25000 Mann auf Dampfern zurück nach Rußland, wo sie untersucht und bei Verwandten im Dongebiet untergebracht wurden. Drei Monate später wurden nach Vereinbarung mit der russischen Regierung alle Kosaken aufgesucht und die Namenslisten kontrolliert.

Nansens Büro in Konstantinopel leitete die Heimführungs- und Verteilungsarbeit, und mit der Unterstützung verschiedener Regierungen gelang es nach und nach, Konstantinopel von Flüchtlingen zu räumen und sie in 45 Ländern unterzubringen.

Im Oktober 1921 wandte sich ein russisches Hilfskomitee an Nansen mit der Bitte, einer großen Anzahl russischer Frauen Hilfe zu bringen, die die Polizei der Ententemächte in Konstantinopel als Prostituierte eingeschrieben hatte. Viele dieser Unglücklichen hatten auf ihrer Registrierungskarte vermerkt, daß Arbeitslosigkeit, Hunger und die wiederholte Verweigerung eines Paßvisums, das ihnen ermöglichte, nach anderen Ländern auszuwandern, wo Verwandte und Freunde für sie sorgen würden, sie auf diesen Weg getrieben habe. Nicht wenige dieser Frauen stammten aus gebildeten Kreisen, und mehrere besaßen Universitätsbildung. Nansen wurde gebeten, die Paßvisierung für sie zu erleichtern und sich an die internationalen Frauenorganisationen zu wenden. Nansen trat an den „Nationalrat norwegischer Frauen" heran, der sofort einen Appell an die Frauen der nordischen Länder richtete und erhebliche Beträge für die unglücklichen russischen Frauen einsammelte.

Die Heimführung der Flüchtlinge, vor allem der russischen, begegnete großen Schwierigkeiten. Sie waren ja vor der Revolution geflohen. Viele von ihnen hatten an der Gegenrevolution aktiv teilgenommen, waren damit Feinde des neuen Regimes, und es gehörte Mut dazu, sich der von Nansen erwirkten Amnestie anzuvertrauen. Viele Tausende wagten sich trotzdem zurück, und Nansen versuchte, so gut er konnte, die Einhaltung des Amnestieversprechens zu überwachen. Das war nicht immer leicht. Zuzeiten mußte die Rückbeförderung infolge des Verhaltens russischer Behörden eingestellt werden, kam aber nach erneuten Vorstellungen Nansens wieder in Fluß.

Die Hauptmasse der politischen Flüchtlinge kehrte jedoch nicht zurück. Für andere Flüchtlinge gelang es Nansen leichter, Rußlands Grenzen zu öffnen. So wurden über 200000 Juden von Rumänien, Deutschland, Polen, Ungarn, Ostasien und anderen Ländern nach Rußland zurückgebracht. Frankreichs Angebot im Jahre 1924, 400000 Russen aufzunehmen, erleichterte Nansens Arbeit außerordentlich. Im ganzen genommen hat Frankreich am meisten für die russischen Flüchtlinge getan.

Viele der russischen Flüchtlinge waren Intellektuelle, und ihnen und ihren Kindern, vor allem jungen Studenten, fiel es schwer, in der Fremde Ausbildung und Studium aufgeben zu müssen. Ihrer nahm sich Nansen besonders an. Mehrere Regierungen gingen mit Wohlwollen auf Nansens Ersuchen ein. In der Tschechoslowakei erhielten alle Flüchtlingskinder russischen Schulunterricht. Zur höheren Ausbildung errichtete die Regierung zwei Schulen. Eine Zeitlang wurde sogar eine russische Universität unterhalten. Insgesamt bot die Tschechoslowakei an ihren Universitäten 5000 russischen Studenten Platz. Jugoslawien und Bulgarien wandten erhebliche Summen für russische Schulen auf. Auch in den baltischen Staaten tat man viel für russische Schulen. Die französische Regierung half russischen Studenten und Professoren. In Deutschland wurden viele Studentenheime eingerichtet, und russischen Studenten wurde eine Ermäßigung der Universitätsgebühren gewährt. 1922 erreichte Nansen es, daß das „Joint Distribution Committee" in Amerika eine Garantiesumme zur Errichtung einer russischen Universität in Berlin stellte. Diese wurde bald ein wichtiger geistiger Sammelpunkt, zu dem auch Studenten aus anderen Ländern kommen konnten. Das russische Lyzeum in Berlin und der gesamte russische Unterricht im Reich unterstanden ebenfalls dieser Universität. Auf ähnliche Weise half Nansen während der Hungersnot den Professoren und Studenten in Rußland, verschaffte ihnen Essen, Bücher, Instrumente, stellte die Verbindung mit der europäischen Wissenschaft her und ermöglichte ihnen somit die Fortsetzung ihrer wissenschaftlichen Arbeit.

In anderen Ländern verhalf er der russischen Jugend zur Fachausbildung. In der Tschechoslowakei wurden Tausende von Kosaken in die Landwirtschaft überführt und die tüchtigsten zu Lehrern an landwirtschaftlichen Schulen ausgebildet. Bei Berlin wurde ein Polytechnikum errichtet, das russischen Studenten die Gelegenheit gab, sich auf den Ingenieurberuf umzustellen.

1924 waren die politischen Schwierigkeiten überwunden, und die Aufgabe konnte sich auf rein technische Fragen der Arbeitsbeschaffung beschränken. Darum wurde am 1. Januar 1925 dieser Aufgabenkreis dem Internationalen Arbeitsbüro übertragen, das in ständiger Verbindung mit Nansen stand. Bei der Übernahme erhielt das Arbeitsbüro von Nansen einen privaten Fonds von 60000 Goldmark. Mit dessen Hilfe wurde ein „Revolving Fond" gestiftet, der den Flüchtlingen später rückzahlbare Darlehen vorstreckte. Schließlich gelang es Nansen, auch die überseeischen Länder für die Flüchtlinge zu öffnen. 1925 konnten 18000 auswandern, 1926 bis 15000; später gingen mehrere tausend nach Südamerika und Palästina. In Schanghai wurden 10000 Russen gesammelt und von da aus in Australien und Kanada untergebracht. Die Arbeit der Nansen-Organisation erstreckte sich über die ganze Erde.

Bei der Völkerbundsversammlung 1924 gab die „5. Kommission" eine Übersicht über Nansens weltumspannende Arbeit für die Flüchtlinge. Seine gewaltigen Organisationspläne waren nun verwirklicht und der wesentlichste und schwierigste Teil durchgeführt.

Nach einigen Jahren bat das Internationale Arbeitsbüro, der Arbeit mit den Flüchtlingen enthoben zu werden. Es stand nämlich eine dringliche Erweiterung der Hilfsarbeit bevor. Der Völkerbund hatte 1927 vorgeschlagen, die Arbeit auf andere Flüchtlinge auszudehnen. Die 9. Völkerbundsversammlung (1928) beschloß also, die Arbeit der Arbeitsbüros wieder Nansen zu übertragen. Das bedeutete neue politische Aufgaben, neue Bürden. Ein ratgebendes Komitee wurde ihm zur Seite gestellt, um ihm die Arbeit zu erleichtern.

Man mußte zusehen, die Arbeit zum Abschluß zu bringen. Eine der wichtigsten Aufgaben war die Nationalisierung der Flüchtlinge, d. h. sie zu Staatsbürgern der Gastländer zu machen. Interessierte Staaten wurden ersucht, Vertreter in eine Kommission zu schicken. Im Mai 1929 trat sie zusammen. Der Anfang der Verhandlungen verhieß nichts Gutes. Ein Regierungsvertreter nach dem anderen erhob sich und betonte, daß das Flüchtlingsproblem nicht in alle Ewigkeit hinausgezogen werden dürfe; nun müsse Schluß damit sein und das Büro seine Tätigkeit einstellen. Mit wachsender Ungeduld hörte Nansen zu. Dann ergriff er das Wort: wenn er nicht auf die Unterstützung der Machthabenden rechnen könne, habe er nichts anderes zu tun, als sein Amt niederzulegen. Er verließ den Saal, um beim Völkerbundssekretär Eric Drummond, der ein Stockwerk höher residierte, sein Abschiedsgesuch einzureichen. Verwirrung im Saal; keiner wollte die Verantwortung dafür tragen, Nansen zum Abschied getrieben zu haben. Der kleine französische Graf vom Quai d'Orsay lief hinter Nansen her und hängte sich an seine Rockzipfel: es sei doch nicht so gemeint gewesen! Aber Nansen schüttelte ihn ab und sprang in langen Sätzen die Treppe hinauf zu Drummond. Drummond gelang es, ihn zu beruhigen und die Verhandlungen wieder in Gang zu bringen. Nansen nahm sein Amt wieder auf unter der Bedingung, daß man der Organisation zehn Jahre gäbe, ihre Aufgabe zu Ende zu führen. Und nicht genug damit: er formulierte den Vorbehalt, daß die Tätigkeitsdauer des Flüchtlingsbüros unter veränderten Umständen darüber hinaus verlängert werden sollte.

Der große Freund der Heimatlosen tat, was er konnte, um sie auch in der Zukunft vor Gefahren zu beschützen. Hierdurch zwang Nansen den Völkerbund, die Flüchtlingsarbeit fortzusetzen. Daß er dies vermochte, zeigt das Maß seiner Macht. Zugleich zeugt dies auch von seiner Ausdauer und Treue jeder Aufgabe gegenüber, die er auf sich genommen hatte. Acht Jahre hatte er unter unmenschlichem Arbeitsdruck bis an die Grenzen seiner Kraft — und darüber hinaus — für die Flüchtlinge gewirkt und geschafft, und dennoch vermochte er es, sich selbst und den Völkerbund zur Fortsetzung der Arbeit zu zwingen. Der französische Graf wußte, warum er sich so verzweifelt an Nansen hängte.

Von neuem nahm Nansen die Leitung in die Hand. Neue

Pläne keimten in ihm; so war er damit beschäftigt, landwirtschaftliche Siedlungen für 65000 zu schaffen. Da unerwartet riß
der Tod ihn fort.

Dieser Mann hat es vermocht, nicht nur während er lebte, sondern
auch Jahre nach seinem Tode Hunderttausenden von heimatlosen
Flüchtlingen Schutz zu gewähren — und doch ist seine Saat noch
nicht voll aufgegangen. Wann wird sie aufgehen?

Die griechischen und türkischen Flüchtlinge

Der griechisch-türkische Krieg war im Sommer 1922 mit einer
vernichtenden Niederlage der Griechen geendet. Gegen anderthalb Millionen Griechen und Armenier flüchteten in wilder Panik
von Thrazien und Kleinasien nach Griechenland.

Die 300000 aus Thrazien fanden Zeit, wenigstens ihr Vieh, ihre
Wagen, Geräte, Lebensmittel und Geld mitzunehmen. Aber die
viel zahlreicheren aus Kleinasien — mehr als eine Million — flohen,
so wie sie gingen und standen, nur in ihrer leichten Sommer-
kleidung, in wildem Schrecken vor den Türken von Haus und Hof,
wo das Korn schnittreif auf den Feldern stand, auf Schiffen und
Booten nach Griechenland oder anderen europäischen Ländern*).

Der Völkerbund tagte gerade in Genf, als dies geschah. Eines
Vormittags erhielt Nansen ein Telegramm, daß er helfen möge.
Nansen, der sich nicht um Formalitäten kümmerte, wenn es sich
darum handelte, Menschenleben zu retten, bat sofort den Präsidenten um die Erlaubnis, eine dringende Mitteilung zu machen.
Er erhielt diese, betrat mit dem Telegramm das Rednerpult und
sagte, daß der Völkerbund an dieser Katastrophe nicht achtlos
vorübergehen könnte. Es sei keine Zeit zu verlieren, wenn man
anderthalb Millionen Menschenleben retten wollte.

Immerhin mußte die Form gewahrt werden. Die Angelegenheit
wurde sofort in der 6. Kommission verhandelt. Diese schlug nun

---

*) Es war ihnen eine Frist von 48 Tagen gesetzt. Aber da sie nicht
lesen konnten, war bei ihnen die Meinung aufgekommen, daß es nur
48 Stunden waren.

vor, das ganze Material Nansen zu übertragen und die Aktion unter den Schutz des Völkerbundes zu stellen. Dieser Vorschlag wurde der Vollversammlung unterbreitet und am nächsten Abend angenommen, gleichzeitig wurden 72000 Kronen bewilligt. Nansen wandte sich an die englische Regierung, die 55000 Pfund versprach, falls auch andere Regierungen ihre Hilfe zusagten. Im Laufe des Abends war eine große Summe zusammengekommen, und noch in derselben Nacht wurden eine Menge Lebensmittel gekauft und Schiffe für den Transport gechartert. Dann ging's nach Mazedonien, wo er die Flüchtlinge zunächst sammelte und in Baracken und Zelten unterbrachte. Dann kam die noch schwierigere Aufgabe, einen Plan für die endgültige Ordnung zu machen. Die griechische Regierung fürchtete mit Recht, daß die Flüchtlinge ansteckende Krankheiten einschleppen könnten. Nansen berichtet z. B. von einer Schar von 27000 Griechen aus Häfen in der Umgegend von Konstantinopel, unter denen Typhus und schwarze Pocken wüteten, so daß wöchentlich 500 starben. Als die Nansen-Kommission darauf aufmerksam gemacht wurde, nahm sie sofort den Kampf gegen die Seuchen auf. In Verbindung mit dem Roten Kreuz, dem Near East Relief und dem All-British Appeal gelang es in kurzer Zeit, die Zahl der Sterbefälle auf den zehnten Teil herabzudrücken. Daraufhin ließ die griechische Regierung ihre anfänglichen Bedenken fallen.

Anfang Oktober war Nansen in Konstantinopel, verhandelte mit einer Gruppe von fremden Hilfsverbänden, legte die Linien für die Hilfsarbeit fest, organisierte, packte die Sache an und brachte Schwung hinein. Mit dem türkischen Gesandten traf er Vereinbarungen in bezug auf den Austausch Gefangener und ganzer Volksgruppen. Eine Woche später raste sein Auto durch Thrazien, wo er auf den Menschenstrom traf, „ein ganzes Volk auf der Landstraße". Er sah Leute, die völlig von Sinnen waren und das reife Getreide auf den Feldern im Stich ließen. Er depeschierte an die griechische Regierung, die sofort große Beträge zur Verfügung stellte, um es ihm zu ermöglichen, die kopflose Flucht aufzuhalten, damit die Menschen wenigstens einen Teil der reichen Ernte bergen und mitnehmen konnten. Zu einem Teil glückte es ihm, so daß die thrazischen Flüchtlinge Griechenland nicht völlig entblößt erreichten, während dagegen die Million aus Kleinasien flüchteten, ohne auch nur das geringste mitzunehmen. Die Geschichte kennt kein Seitenstück zu dieser in ihrer Art und ihrem Umfang einzig dastehenden Völkerwanderung. Unbeschreibliches Elend herrschte unter den Flüchtlingen. Hunger und Seuchen rafften 300000 dahin. Haufen von Leichen bezeichneten den Weg, den sie genommen hatten. In dem nach einem 11 jährigen Krieg verarmten Griechenland sollten nun neben den schon vorhandenen $4^1/_2$ Millionen Einwohnern weitere 1200000 Menschen Platz und Unterhaltsmöglichkeiten finden. Das war eine schwierige Aufgabe.

Wie schon erwähnt, fand Nansens Plan einer dauernden Ansiedelung innerhalb Griechenlands bei den „praktischen Politikern" keinen Beifall. Noch sechs Monate darauf sagten sie, daß der Plan „verrückt" sei; die Flüchtlinge müßten wieder nach Kleinasien zurückgebracht werden. Aber als ein Jahr um war, war Nansens Plan glücklich durchgeführt.

Selbst für die erste vorläufige Unterbringung und den Unterhalt der Flüchtlinge fehlte es der griechischen Regierung an Geld. Wieder kamen die Amerikaner zur Hilfe. Im ersten Winter unterhielt das amerikanische Rote Kreuz 800000 Flüchtlinge.

Ehe der endgültige Plan ins Werk gesetzt wurde, machte man einen Versuch. Unter der Aufsicht der „rechten Hand" Nansens, Oberst Protect, wurden 10000 Flüchtlinge in 15 neuen Dörfern Westthraziens angesiedelt. Die meisten mußten Ödland kultivieren, andere wurden in neuen Industrien, wie Teppichwebereien, Seidengewinnung und ähnlichen Unternehmungen beschäftigt. Ehe ein Jahr vergangen war, konnten diese Flüchtlinge sich selbst unterhalten und lagen niemand mehr zur Last.

„Was uns mit 10000 gelungen ist, muß auch auf dieselbe Weise mit einer Million möglich sein", meinte Nansen. Im größeren Griechenland gab es eine Menge Ödland, das kulturfähig war. Die griechische Regierung überließ der Einwanderungskommission 500000 Hektar. Zur Kultivierung dieser Landfläche gehörte Geld. Nansen schlug dem Völkerbund vor, Griechenland mit einem Darlehen auszuhelfen. Die Arbeit wurde in Angriff genommen und von einer Kommission geleitet, die aus zwei vom

Völkerbund ernannten Mitgliedern und zwei Vertretern Griechenlands bestand und der Kontrollkommission unterstellt war. Diese Kommission hat bis zum 30. Juni 1926 eine Summe von 14 Millionen Pfund für die Flüchtlingshilfe verwandt. Davon stammten 8 Millionen vom Völkerbund und der Rest von der griechischen Regierung. Die Finanzen Griechenlands waren mit Hilfe des Völkerbunds durch eine Anleihe von 9 Millionen Pfund stabilisiert worden.

In Griechenland wurden $1^1/_4$ Million Flüchtlinge untergebracht. Eine halbe Million Türken wurden aus Griechenland auf türkisches Gebiet umgesiedelt. Es war die Meinung, daß die türkische Regierung sich ihrer annehmen und ihnen die von den Griechen verlassenen Höfe und Ländereien übergeben sollte. Die türkischen Behörden haben dies auf ihre Weise getan, so daß viele der geflüchteten Türken nicht in geordnete Verhältnisse gekommen sind, etwas, wofür die Türkei allein und weder der Völkerbund noch Nansen verantwortlich zu machen sind.

Alles in allem war diese Umsiedelung von fast 2 Millionen Menschen die größte, die die Geschichte kennt.

Und das Ergebnis ist, wie Nansen vorausgesagt hatte, ein neues und größeres Griechenland.

Die Flüchtlinge treiben sehr intensiven Land- und Gartenbau, haben den Wein- und Tabakbau wieder in Gang gebracht, außerdem die Seidengewinnung und -verarbeitung. Letztere hat eine Heimindustrie ins Leben gerufen, die vorher in Griechenland nicht heimisch war, nämlich das Weben orientalischer Teppiche. Die Abgaben und Steuern der Flüchtlinge bilden eine Reichtumsquelle für den griechischen Staat. Und diese Menschen sind fleißig dabei, die Darlehen zurückzubezahlen, die ihnen vom Völkerbund zur Verfügung gestellt worden waren.

„Was ursprünglich den Anschein hatte, ein Unglück für das Land zu werden, ist so mit Hilfe des Völkerbundes in einen glänzenden Erfolg verwandelt worden", sagt Nansen in einem Bericht.

Der langjährige Mitarbeiter Nansens, Mr. Johnstone, hat sicher recht, wenn er sagt, daß die griechischen Flüchtlinge, die einst in bitterster Not waren und jetzt glückliche Menschen in blühenden Provinzen sind, Nansen nie vergessen werden.

Am Tage nach Nansens Tod lag in der Ratssitzung des Völkerbundes die Nachricht vor, daß die Ansiedelung griechischer Flüchtlinge aus Kleinasien in Mazedonien jetzt durchgeführt und die Verwaltung von der griechischen Regierung übernommen sei. Der griechische Minister Michalarcopaulos widmete dem Entschlafenen im Namen des griechischen Volkes Worte tiefgefühlten Dankes für die Hilfe, die er nach der Katastrophe von Smyrna geleistet hatte.

Die Hungersnot in Rußland und der Ukraine

Als Nansen in der Nacht zum 12. August 1921 von den Ferien im Gebirge nach Hause kam, fand er ein Telegramm von G. Ador, dem Präsidenten des internationalen Roten Kreuzes, vor, mit der Bitte, die Leitung der europäischen Hilfsarbeit gegen den Hunger in Rußland zu übernehmen.

Im Frühsommer hatte Nansen mehrere Aufforderungen, die Hilfsarbeit für die Flüchtlinge zu übernehmen, abschlägig beantwortet, und zwar mit der Begründung, daß er es für seine Pflicht hielt, seine Kräfte nicht auf so vielen Gebieten zu zersplittern, sondern sich auf seine eigentliche Lebensaufgabe, die wissenschaftliche Forschung, zu konzentrieren.

Die Arbeit mit den Kriegsgefangenen neigte sich nun dem Abschluß zu, und er hoffte, sich den seiner harrenden wissenschaftlichen Aufgaben bald wieder widmen zu dürfen. Immer wieder wurde er mit neuen Aufforderungen und Bitten bedrängt, bald vom Völkerbund, bald vom Roten Kreuz.

Als er diese Botschaft mit seinem Freunde, dem Maler Erik Werenskiold, erörterte, sagte er: „Wenn ich dies hier auf mich nehme, bedeutet es, daß ich meine wissenschaftliche Arbeit aufgebe, für die ich lebe."

Sein Freund aber erwiderte: „Kenne ich dich recht, wirst du nie Ruhe finden, wenn du es ausschlägst."

Und so wurde es; der Ruf des Leidens war stärker als der der Wissenschaft.

Am 12. August telegraphierte er sein „Ja" nach Genf.

Ein Telegramm von Gorki hatte ihn tief erschüttert, und er hatte der Stadt Petrograd seine Hilfe zugesagt. Mehrere hundert Tonnen Fische hatte er beschafft und die norwegische Regierung veranlaßt, noch mehr in Aussicht zu stellen. Mehr hatte er damals nicht versprochen und hoffte nun, damit seine Schuldigkeit getan zu haben.

Zu der Zeit wußte man noch nicht, welche furchtbaren Ausmaße die Hungersnot in Rußland angenommen hatte.

Die russische Frage war für Nansen nichts Neues. Wenige Männer hatten ihr größere Aufmerksamkeit gewidmet. Beim Abschluß des Versailler Vertrages vernachlässigte man trotz Nansens Vorstellungen völlig den russischen Faktor. Mit harten Worten hatte Nansen das Vorgehen der Westmächte als „negative Politik" verurteilt. Nansen wußte um die Not in Rußland und beriet sich bereits im Frühling 1919 mit Herbert Hoover, dem späteren Präsidenten der Vereinigten Staaten, was man tun solle, um dem russischen Volke zu helfen.

Hoover, „the general of relief in Europe", war Präsident der „American Relief Administration" — „A.R.A.", jener riesigen Hilfsorganisation, die während des Weltkrieges und später Millionen von Menschen in dem verheerten Europa rettete.

Hoover und Nansen wurden sich darüber einig, daß man dem Obersten Rate vorschlagen solle, eine neutrale Organisation zu errichten, um Lebensmittel und ärztliche Hilfe nach Rußland zu bringen. Die Vereinigten Staaten wollten den notwendigen Kredit zur Verfügung stellen. Nansen erklärte sich auf Hoovers Bitte hin bereit, eine solche Organisation aufzubauen.

Am 3. April unterbreitete Nansen diesen Vorschlag den vier Mitgliedern des Obersten Rates, Wilson, Clémenceau, Lloyd George und Orlando.

Am 17. April antwortete der Oberste Rat; er gab grundsätzlich seine Zustimmung: „Es ist empörend für die Menschheit, daß es Millionen Männern, Frauen und Kindern an Nahrung und dem Allernotwendigsten fehlt, was das Leben erträglich macht." Aber der Pferdefuß kam in einer Bedingung, die damit verknüpft war, zum Vorschein: alle Feindseligkeiten in Rußland seien einzu-

stellen, desgleichen jede Beförderung von Truppen und Kriegs-
material. Diese Nachricht sollte Nansen überbringen. Die Regierungen des Obersten Rates verweigerten jedoch Nansen die
Benützung ihrer drahtlosen Stationen; die russische Regierung
war ja nicht anerkannt. Gleichzeitig arbeiteten die russischen
Emigranten heftig gegen Nansens Vorschlag.

Man muß sich erinnern, daß Sowjetrußland zu jener Zeit von
allen Seiten angegriffen wurde, und daß die Westmächte, Rußlands
ehemalige Verbündete, die Konterrevolutionäre mit Truppen,
Material, Geld und durch die Blockade unterstützten.

Verzweifelt über den Verlust kostbarer Zeit fuhr Nansen von
Paris heim nach Norwegen, um von da selbst nach Rußland zu
reisen. Doch endlich am 4. Mai wurde das Telegramm über Berlin
weiterbefördert. Tschitscherin, der Kommissar des Auswärtigen,
antwortete umgehend. Er dankte Nansen für seine Bemühungen,
wies aber die Bedingungen des Völkerbundrates glatt ab. Darauf
eingehen, hieße Sowjetrußland der Gegenrevolution und der
Intervention der Alliierten ausliefern. Die Sowjetregierung sei
bereit, Frieden zu schließen, dulde aber keine Einmischung unter
der Maske humanitärer Arbeit. Tschitscherin schlug vor, daß
Vertreter der Sowjetregierung im Auslande mit Nansen und
seinen Mitarbeitern zusammenkommen sollten, um dringliche
Fragen zu erörtern.

Der Oberste Rat aber hielt an seinen Bedingungen fest, und
damit mußte der Versuch, die Hungersnot rechtzeitig abzuwenden, aufgegeben werden. Nansen war der Überzeugung, daß
es heute in Europa anders aussähe, wenn die Verhandlungen zum
Ziel geführt hätten.

Das Unglück war, daß man 1919—20 in Sowjetrußland lediglich den politischen Feind sah, den es durch die Gegenrevolution
zu vernichten galt.

Das gelang nicht. Es gelang aber, den Hunger zum „größten
politischen Problem" zu machen und damit der Hilfsarbeit so
große Hindernisse in den Weg zu legen, daß Millionen Menschen
zugrunde gehen mußten.

Daß Europa Rußland aus der Verbindung mit der Welt aus-
schloß, diente nicht zur Wiederherstellung des europäischen

Gleichgewichts. Und die Wirkung dieser falschen Politik wurde nicht geringer, als das Hungergespenst im Wolgatal und der Ukraine sich erhob und nach sieben Jahren Krieg und Bürgerkrieg dem gepeinigten russischen Volke die letzten Kräfte aus dem Marke sog.

Die Hungersnot, auf die Nansen bereits im Frühling 1919 aufmerksam gemacht hatte, wuchs 1921 zur Katastrophe an, nachdem die Ernte in Rußlands Kornkammern fehlgeschlagen war. Der gesamten Bevölkerung eines Gebietes von der doppelten Größe Deutschlands, 45 Millionen Menschen, drohte der Hungertod. Auch auf der Krim und in den Ländern um den Kaukasus, in Georgien, Daghestan, Aserbeidschan und Armenien herrschte verheerende Trockenheit und Hungersnot. Im Wolgagebiet hungerten 20—25 Millionen Menschen, auf der Krim, in Kuban und den Randgebieten des Schwarzen Meeres 3—4 Millionen, westlich der Wolga ebenfalls 3—4 Millionen und in der Ukraine 8—9 Millionen.

Wenn nicht rasch Hilfe kam, mußten Millionen zugrunde gehen.

Die Hungersnot hatte viele Ursachen — vor allem waren es Trockenheit, sieben Jahre Krieg und die Blockade.

Hungersnot ist in Rußland nichts Unbekanntes, doch der russische Bauer ist daran gewöhnt und weiß sich mit erstaunlich wenig durchzuschlagen. 1921—23 war die Trockenheit ganz ungewöhnlich. Das Wolgatal glich einer Wüste, und auch die Schwarzerde der Ukraine war völlig ausgedörrt. Der Krieg entzog dem Lande die Arbeitskräfte — 17 Millionen Mann, außerdem zwei Millionen Pferde. Die russische Landwirtschaft hatte früher die Hälfte ihrer Geräte und Maschinen aus dem Auslande bezogen. Der Krieg schnitt die Einfuhr ab; die Blockade machte den Warenaustausch mit dem Auslande unmöglich. Große Gebiete besaßen für das kommende Jahr kein Saatkorn oder hatten überhaupt keine Ernte. Alles Verkäufliche war längst veräußert worden. Nun stand die Bevölkerung da ohne Geräte, ohne Kühe und Pferde, ausgemergelt von Hunger und Krankheit. Die Reserven waren aufgezehrt.

Unter dem völligen inneren Zusammenbruch, vor allem unter dem Bürgerkrieg und der Blockade, war das Verkehrswesen in sich zusammengebrochen. Der eine Landesteil war kaum noch imstande, dem anderen zu helfen. Die Landwirtschaft brach zusammen und damit auch die Industrie — und der Rubel.

Ungeheure Mengen von Getreide waren erforderlich, um Menschen und Tiere durch den bevorstehenden Winter zu bringen, außerdem Saatkorn, Zugtiere, Traktoren, Geräte und Maschinen für das nächste Jahr, wenn die Tragödie nicht noch furchtbarer werden sollte.

Der Hunger vermehrte die Zahl derjenigen, die den Seuchen zum Opfer fielen. In den Jahren 1918—22 kamen 20—30 Millionen Fälle von Flecktyphus vor, bei einer Sterblichkeit von 20—25 $^0/_0$. Die Cholera wütete in der Sommerwärme. Die Sterblichkeit erreichte 65 $^0/_0$. Unter Millionen von obdachlosen Kindern wüteten Tuberkulose und andere Seuchen, nicht zum wenigsten Geschlechtskrankheiten. Die Säuglingssterblichkeit stieg auf 80 $^0/_0$. Dazu kam die Malaria, Rußlands alte Plage. 1923—24 waren 60—70 $^0/_0$ der Bevölkerung zwischen Moskau, dem Schwarzen Meer und Rumänien von der Malaria befallen.

Nansens Appell erweckte über die ganze Erde Mitgefühl bei den Menschen, in deren Herzen die Politik noch nicht alles menschliche Empfinden getötet hatte. Das internationale Komitee des Roten Kreuzes, dem Nansen am 12. August seine Zusage gegeben hatte, tagte am 15. August in Genf, wobei 48 Rote-Kreuz-Vereinigungen und Vertreter von dreizehn Regierungen zugegen waren.

Die Konferenz ernannte Nansen zum Hohen Kommissar des Hilfswerkes in Rußland. Am 27. August war Nansen in Moskau und brachte mit Tschitscherin eine Übereinkunft betreffs der Organisierung der Hilfsarbeit zustande. Außerdem wurde Nansen mit der besonderen Aufgabe betraut, als Vermittler zwischen der Sowjetregierung und den Westmächten zu fungieren, um eine Anleihe von 100 Millionen Goldmark für unverzügliche Hilfsmaßnahmen und weitere 100 Millionen zur Wiederaufbauarbeit zu beschaffen. Darüber hinaus richtete er einen Appell an die Welt, sich der Rettungsaktion anzuschließen. Alle Hilfsorganisationen wurden zur Mitarbeit an der Nansen-Mission aufgefordert.

Die Sowjetregierung stellte Nansen sofort 500000 Dollar zur Verfügung. Die Nansen-Mission wurde von einem Zentralbüro in Genf aus geleitet, dem ein Büro in Berlin unterstellt war, und dieses wieder stand in Verbindung mit den Zentralstellen in Moskau und Charkow, die Mittelrußland, das Wolgagebiet, die Ukraine und die Krim zu überwachen hatten. Das Berliner Büro hatte den Transport von Waren bis zur russischen Grenze zu besorgen. Von da wurden die versiegelten Wagen unter militärischer Bewachung den verschiedenen Sammelstellen zugeleitet, wo die Leute der Nansen-Mission sie empfingen und kontrollierten. Von diesen Sammelstellen aus wurden die Waren den lokalen Verteilungsausschüssen zugestellt, die dann die Verteilung vornahmen. Für die Beförderung innerhalb Rußlands und ebenso für die Verteilungsarbeit und die Errichtung von Volksküchen kam die russische Regierung auf. Nansen schickte nur das erforderliche Personal nach Rußland, um die Verteilung zu leiten. Diesen Leuten gewährte die russische Regierung freie Reise und freien Unterhalt, Post, Kuriere, Telegraph, Telephon und Radio, außerdem volle Freiheit und Schutz.

Die Nansen-Mission wirkte in Rußland und der Ukraine in 14 großen Distrikten — und zwar in Zusammenarbeit mit 32 Organisationen aus 10 verschiedenen Ländern. Nansen trug die Verantwortung für jeden einzelnen seiner Mithelfer gegenüber den Sowjetbehörden in Rußland und der Ukraine. Niemand wurde ohne seine Erlaubnis hereingelassen.

Alle Post und alle Telegramme strömten in dem Hauptbüro in Genf aus aller Welt zusammen: Hilferufe aus neuen Hungergebieten, Anfragen und Angebote, Klagen und manche Hiobsnachrichten. Firmen wollten Pferde, Pflüge, Traktoren, Lokomotiven verkaufen; Gesellschaften und Organisationen boten Heringe, Tran, sonstige Lebensmittel, Medizin und Kleider an. Eines Tages sandte ein englischer Freund 5000 Pfund Sterling, an einem andern Tage trafen von einem französischen Schriftsteller 48000 Franken ein, mit denen Nansen eine Versorgungsstelle für 1600 Hungernde einrichten konnte.

Bezeichnend für Nansen ist der Organisationsaufbau der Hilfsarbeit in Rußland. Er machte sich die Sache nicht leicht; da gab

Angreifende Klappmütze . Zeichnung von Nansen

Winternacht . Zeichnung von Nansen

es keine zufällige Hilfe — hier ein bißchen und da ein bißchen; er dachte nicht daran, Geld unter die Leute zu streuen. Alles war auf Wirksamkeit abgesehen mit dem großen Endziel, Hilfe zur Selbsthilfe zu bringen — unter scharfer Kontrolle. „Wenn man sich darauf beschränkt, ihnen Lebensmittel zu bringen", sagt er in seinem Buche ‚Rußland und der Friede', „gewöhnen sie sich daran und werden Bettler und Tagediebe. Es kommt darauf an, ihnen Mittel zur Arbeit zu verschaffen — es gilt, die Hilfsarbeit in einen Wiederaufbau der Wirtschaft umzuwandeln."

1921 handelte es sich aber erst einmal darum, Lebensmittel zur augenblicklichen Hilfe heranzuschaffen.

Es konnte im Grunde gar nicht so schwer sein, den Hunger in Rußland zu stillen. Lebensmittel gab es genug in der Welt, ebenso Schiffe, Züge und arbeitslose Hände. In den Vereinigten Staaten verfaulte der Weizen auf den Äckern, weil die Käufer ausblieben; in Argentinien heizte man mit Mais, und Tausende von Schiffen und Zügen lagen unbenutzt in den Häfen und Depots; Millionen von Arbeitslosen sehnten sich danach, zupacken zu dürfen.

Aber etwas anderes war schwieriger zu finden als Lebensmittel: — Nächstenliebe, die stark genug war, um sich über politische Meinungsverschiedenheiten hinwegzusetzen.

Gefangene Landsleute zu produktiver Arbeit heimzuführen — das eigene Land von lästigen Flüchtlingen zu befreien, das war Nächstenliebe, die sich lohnte; aber Bauern in Rußland vorm Hungertode zu retten, das bedeutete: seine Feinde, die Bolschewiken in Moskau, lieben, und dieses Gebot stand nicht im Herzen der Politiker geschrieben.

Nach seiner Rußlandreise begab sich Nansen nach Genf, um den Völkerbund für das Hilfswerk zu gewinnen. Am 9. September sprach er im Völkerbundsrat — genau 25 Jahre nach der Heimkehr der „Fram". Er schilderte den Zustand in den Hungergebieten. Vier Millionen Tonnen Getreide wurden gebraucht; die Hälfte davon mußte eingeführt werden. Das erforderte 600 Millionen Goldmark. Er schlug dem Völkerbund vor, einen Appell an die Regierung zur Gewährung von Kredit zu richten. Am 27. September sprach er vor der 6. Kommission, und am 30. September hielt er in der Völkerbundsversammlung eine große Rede. Er wußte, um was es ging, und er mußte erfahren, daß das Eis des Polarmeeres leichter zu überwinden war als die Eismauer, gegen die er in Genf anrannte. Mit um so eindringlicherer Kraft suchte er die edleren Gefühle der Politiker zu wecken. Es zeigte sich zu Nansens Entsetzen, daß es Politiker gab, die solche Gefühle nicht besaßen, wenn es den Hungernden in Rußland galt. Jeder Tag verringerte die Möglichkeit einer wirksamen Hilfe. Bald würde der Winter die besten Verkehrswege, die Flüsse und Kanäle, sperren und Millionen dem Hungertode preisgeben.

Aus Nansens Rede im Völkerbund: „Die Hungersnot in Rußland ist derart, daß sie an sich ein Appell ist, und kein Wort vermag diesen Appell zu verstärken. Das war mein Ruf an die Regierungen, doch er fand keinen Widerhall.

Wir bitten um keine große Summe, nur um 5 Millionen Pfund. Erhalten wir diese, so glaube ich, ja, so bin ich überzeugt, daß wir damit vor Weihnachten bedeutende Arbeit ausführen und die Lage zu einem großen Teil retten können. Die Regierungen haben gesagt, daß sie die Gelder nicht bewilligen könnten. Die Regierungen werfen die ganze Verantwortung auf die privaten Organisationen. Ich kann nicht glauben, daß dies richtig ist. Trotzdem werden wir die private Liebestätigkeit weiterhin zur Mitarbeit auffordern. Den Anfang haben wir bereits gemacht. Mit Hilfe privater Wohltätigkeit tun wir, was in unseren Kräften steht; doch selbst diese private Liebestätigkeit wird durch Verleumdungen und bewußt heraufbeschworene Mißverständnisse erschwert und verlangsamt. Unzählige Lügen werden in Umlauf gesetzt.

Ist es möglich, daß Europa ruhig zusehen kann, ohne das geringste zu unternehmen? Ich kann es nicht glauben. Ich bin überzeugt, daß die Völker Europas ihre Regierungen zwingen werden, einen Beschluß zu fassen. Ich glaube, daß die größte Anzahl der in diesem Saale vertretenen Regierungen sich denen anschließen wird, die bereits gehandelt haben. Ich möchte Ihnen ins Gedächtnis rufen, daß bereits eine Reihe kleiner Staaten zur Linderung der Not in Rußland beigetragen hat. Wenn die anderen nur das opfern wollten, was ein halbes Bataillon kostet, so würden wir Geld genug haben. Können Sie das nicht tun? Sagen Sie es geradeheraus, aber berufen Sie nicht Komitees und Konferenzen ein, und diskutieren Sie nicht Tag und Nacht, Monat auf Monat, während die Menschen langsam verhungern.

Das Mandat, das ich von der Konferenz erhielt, auf deren Geheiß ich handle, besteht darin, daß ich an die Regierungen der Welt appellieren soll. Ich will die Sache anpacken und will versuchen, die Völker Europas zu sammeln, um das grauenvollste Elend, das die Geschichte kennt, abzuwenden, und ich glaube, daß wir imstande sein werden, diese unsagbaren Leiden zu lindern — möge diese Versammlung nun beschließen, was sie will. Doch es ist ein furchtbarer Wettlauf: wir laufen mit dem russischen Winter um die Wette, der sich bereits von Norden her nähert. Bald werden die russischen Fahrwasser zugefroren sein. Bald wird das Eis jeden Verkehr unterbinden. Wollen wir es zulassen, daß der Winter die Millionen Stimmen, die uns um Hilfe anrufen, für immer zum Verstummen bringt?

Noch ist es nicht zu spät — doch viel Zeit ist nicht zu verlieren.

Versuchen Sie wirklich zu begreifen, was es sagen will, daß der russische Winter im Ernst einsetzt. Versuchen Sie sich vorzustellen, was es sagen will, wenn es nichts mehr zu essen gibt, wenn die ganze Bevölkerung durch das öde Land wandert und nach Nahrung sucht. Männer, Frauen, Kinder brechen zu Tausenden im Schnee zusammen! Versuchen Sie sich vorzustellen, was das bedeutet! Wenn Sie jemals erfahren haben, was es heißt, gegen den Hunger, gegen die unheimlichen Mächte des Winters ankämpfen, dann können Sie sich vielleicht in diese Lage hineinversetzen und begreifen, was bevorsteht. Ich bin sicher, daß Sie hier nicht ruhig sitzenbleiben und mit kalten Herzen antworten können, es täte Ihnen leid, aber Sie könnten leider nicht helfen.

Im Namen der Menschheit, im Namen alles dessen, was edel und heilig ist, beschwöre ich Sie, die Sie selbst Frau und Kind daheim haben — denken Sie daran, was es bedeutet, Frauen und Kinder zu Millionen sterben zu sehen. Von dieser Stelle aus appelliere ich an die Regierungen, an die Völker Europas, an die ganze Welt — helft! Beeilen Sie sich und handeln Sie, damit Sie nichts zu bereuen brauchen — wenn es zu spät ist!"

Der „Manchester Guardian" brachte das stenographische Referat und fügte hinzu: „Trotz der feindlichen Stimmung einiger Delegierter beherrschte Dr. Nansen die Versammlung, wie sie noch niemand beherrscht hat.

Er war sehr bleich und schien nur mit Mühe seiner Bewegung Herr zu bleiben.

Als er geendet hatte, brach die Galerie in geradezu zügellosen Beifall aus. Hier feierte der praktische Mann mit dem Herzen auf dem rechten Fleck einen Triumph über die Versammlung von Theoretikern und Zauderern. Nur einer hatte Mut, Dr. Nansens Herausforderung aufzunehmen und offen zu gestehen, daß er lieber die Millionen Hungernder verhungern lassen wolle, als zu riskieren, der Sowjetregierung zu helfen — und das war ein Serbe!"

Die Schlacht endete mit einer Niederlage. Nansen mußte alle seine Bemühungen in der Völkerbundsversammlung scheitern sehen. Ein Appell an die Regierungen kam nicht zustande. Die 6. Kommission war auf Ablehnung eingestellt. Sie zweifelte an der Gewähr für Beförderung und Verteilung, die Nansen von der russischen Regierung erhalten hatte. Lord Cecil sagte schöne Worte über „Vertrauen zu Nansen", doch der Völkerbund könne nichts tun, da die Regierungen, aus denen der Völkerbund bestehe, die Sowjetregierung nicht anerkennen; also könne der Völkerbund keinen Kredit gewähren. Nansens Person selbst war über jeden Zweifel erhaben — wenn auch einige meinten, daß er zu leichtgläubig und vertrauensselig sei. Und das stimmt schon: Glaube und Vertrauen waren tief in seinem Wesen verwurzelt. Das lag in seiner offenen und ehrlichen Natur begründet. Darum konnten verschlagene Diplomaten ihm auch leicht Schlingen legen. Aber er stand seinen Mann. Überall zeigte sich das — in der Auswahl der Mitarbeiter, im Planen und bei der Ausführung. Die Wege waren nicht immer die eines „Fachdiplomaten", aber sie führten zum Ziel. Diplomaten und Politiker mochten über das „enfant terrible" von Genf die Achseln zucken, im geheimen hatten sie doch Hochachtung vor ihm, wenn nicht gar eine Art Angst. Er wußte ihre gordischen Knotenkünste ebenso rasch entschlossen und brutal zu behandeln wie Alexander. Er sagte, was er meinte — und was er meinte, sagte er.

Nansens Rede hatte Aufsehen erregt, und sie wird stehenbleiben als ein Lichtblick in der Geschichte der Menschlichkeit.

Als er zur Nachmittagskonferenz kam, hatte sich eine Schar Jugendlicher versammelt, die Nansen zujubelten und ihn hochleben ließen. Doch die Macht lag in den Händen anderer — in den Händen von Politikern und Diplomaten, deren ursprüngliches Gefühl für Menschlichkeit und Gerechtigkeit im Dienste der Ichsucht verborgen oder gar verdorrt war.

Die weitere Behandlung dieser Sache wurde ausgesetzt und einer Konferenz in Brüssel überwiesen. Diese Konferenz tagte am 6. Oktober und machte zur Bedingung, daß die Sowjets die Schulden des zaristischen Rußlands anerkannten. Der Hunger von 30 Millionen Menschen sollte also ausgenutzt werden, um eine Forderung einzutreiben!

Mit der Brüsseler Konferenz war der letzte Versuch, die europäischen Regierungen zu einer Hilfe für Rußland zu bewegen, gescheitert. In dem fürchterlichen Wettkampf mit dem russischen Winter war, wie Nansen sagte, keine Zeit zu verlieren. Doch es sah so aus, als ob man gerade das wollte. Nansens Voraussage ging in unheimlichem Maße in Erfüllung. Auf der nächsten Völkerbundssitzung, am 7. September 1922, sagte Nansen den Verantwortlichen unverblümt, daß die gescheiterte Brüsseler Konferenz über zwei Millionen Menschen das Leben gekostet habe.

Lord Cecil erklärte: „Ich beklage aufs tiefste, daß der Völkerbund voriges Jahr nicht energischer und entschiedener gehandelt hat. Hätte der Völkerbund das getan, würden sich die Türen zur Verhandlung mit dem russischen Volke geöffnet haben; dadurch hätte man nicht nur politische Verwicklungen vermieden, sondern auch die Lösung der Wirtschaftsfragen angebahnt, die die Verhandlungen erschweren und eine Übereinkunft hemmen."

Mit allen Mitteln hatten die „Realpolitiker" gearbeitet; weder Verdächtigungen noch Verleumdungen verschmähten sie. Sie verbreiteten das Gerücht, daß Nansen unter dem Deckmantel der Hilfsaktion den Roten Waffen liefere, und er selbst die Gelegenheit benutze, um sich zu bereichern. Es gab keine

Grenzen für diese bösartigen Lügen, die nur dazu dienen sollten, Nansen einen Knüppel zwischen die Beine zu werfen. Man glaubte wohl kaum, daß Nansen falsches Spiel spielte; doch zuckte man verächtlich die Achsel über seine Einfalt, sich über ein paar elende Bauern aufzuregen, in einem Lande, wo neues Leben wie Rattengezücht aus der Schwarzerde hervorwachse, wenn man ihm nur einen Augenblick zum Hecken ließe.

Als es Griechenland und Kleinasien galt, vermochte Nansen dem gesunden Menschenverstande zum Siege zu verhelfen. Doch wenn es um Rußland ging, waren die „Realpolitiker" von ihren Götzen mit Blindheit geschlagen. Nicht einmal zu einem offenen „Nein" hatten sie den Mut — die Angelegenheit wurde der Brüsseler Konferenz überwiesen.

So konnte Nansen nur mit der privaten Hilfe rechnen. Im Wettlauf gewann der Winter: die Wasserstraßen froren zu, ehe die Hilfe die Hungernden erreichen konnte. Fünf Millionen Menschen mußten den langsamen, qualvollen Hungertod erleiden. Dazu muß man noch viele Millionen rechnen, die, vom Hunger entkräftet, eine leichte Beute der Seuchen wurden.

Zu Weihnachten kam Nansen vom Hungergebiet an der Wolga zurück, um Vorträge zu halten. In der Presse erließ er einen Aufruf: „Die Hungersnot in Rußland ist schlimmer, als Worte sie schildern können. Millionen menschlicher Wesen werden von Hunger und Kälte langsam zu Tode gequält. Hunderttausende sind bereits zugrunde gegangen. Doch viele Millionen werden ausgerottet werden, wenn nicht sofort Hilfe kommt. Es ist spät, aber noch nicht zu spät, um Millionen zu retten.

Von Rußlands Feinden wird die Lüge verbreitet, daß die Gaben, die man zur Hilfe schickt, die Hungernden nicht erreichen, sondern von den Leitern der Sowjetregierung und der Roten Armee verzehrt würden. Das sind schwarze Lügen, erfunden von menschlichen Teufeln, die für ihre politischen Ränke ohne Bedenken Millionen von Menschenleben dem Hunger und Elend opfern. Unsere Organisation — ebenso wie die amerikanische — garantieren dafür, daß alles, was geschickt wird, ausschließlich den Hungernden zugute kommt. Es gibt in der Welt mehr als genug Lebensmittel, um ganz Rußland zu retten, wenn wir sie nur hinschicken. Vor allem müssen wir Getreide haben. Für jede zum Getreidekauf gegebenen zwanzig Mark wird ein Menschenleben gerettet.

Wo ist in unserer Zeit die Menschenliebe? Warum strömen die Mittel nicht im Überfluß herein? Gebt — gebt alle, die ihr ein paar Mark opfern könnt. Alle müssen mit dazu beitragen, den Schandfleck unserer Geschichte zu tilgen, daß wir jetzt nach dem großen Kriege Millionen von Brüdern und Schwestern des qualvollsten Todes verschmachten lassen."

Auf seinen Fahrten in Rußland war Nansen noch mehr darin bestärkt worden, daß die erforderliche große und rasche Aktion nicht durch private Liebestätigkeit allein geschafft werden könnte. Darum telegraphierte er am 25. Dezember 1921 an Lloyd George: „Aktion der europäischen Regierungen unbedingt notwendig. Hängt ab vom Beispiel der englischen Regierung. Es ist spät. An der Wolga sterben sie zu Millionen; doch Millionen Menschenleben können durch sofortige Aktion gerettet werden. Sonst gibt es nächstes Jahr eine noch schlimmere Hungersnot. Das bedeutet: Verlängerung der europäischen Wirtschaftskrise für Jahre und eine Brutstätte zukünftiger Gefahren. Habe in Polen Getreide gekauft, kann aber mehr bekommen in Polen, Rumänien, Bulgarien, den baltischen Ländern, Finnland, Schweden. Mit einer Anleihe von 5 Millionen können noch Wunder bewirkt werden. Aber kein Tag ist zu verlieren. Wenn ich irgendwie behilflich sein kann, stehe ich voll und ganz zur Verfügung."

Die Regierungen unternahmen nichts, auch nicht die englische. Ein englischer Schriftsteller und Geschichtsschreiber mußte feststellen: „Die britische Regierung, die hundert Millionen Pfund zu ungesetzlichen Kriegsoperationen gegen ihre früheren Verbündeten aufgewandt hat, beschmutzt Großbritanniens Namen mit der Verweigerung jedweder Beitragsleistung zur Hilfsarbeit. So wenig hat man also aus der Lektion über menschliche Solidarität gelernt, die der Weltkrieg gegeben haben sollte!"

Im November traten die grauenhaften Folgen der unmenschlichen Verschleppungspolitik ein. Kinderleichen verwesten in den Höfen und auf den Straßen und wurden von tollen Hunden aufgefressen. In Berichten heißt es: „Kaum 5% werden bis zum Frühling durchhalten. Der Rest wird zugrunde gehen, wenn keine Lebensmittel kommen."

Am 12. Januar 1922 erhält Eduard Frick im Nansenbüro zu Genf folgendes Telegramm: „Das Neueste von den Quäkern, die in Buzuluk arbeiten. Die Hungernden haben alle Katzen, Hunde und alles Aas aufgefressen. Sie haben angefangen, sich über Menschenleichen herzumachen. Nachts stehlen sie die Leichen, die in einer Bude aufgebahrt sind, und essen sie. Sie graben die Friedhöfe auf. In den Dörfern liegen große Leichenhaufen. Das Gebiet verwandelt sich in eine Wüste."

Auf der Agitationsreise durch die Großstädte Europas und Amerikas schilderte Nansen die Not und zeigte selbstaufgenommene Lichtbilder und Filme — „ein Album des Grauens".

Er berichtet: „Alles Lebende ist längst aufgegessen. Die Strohdächer dienen als Nahrung nicht nur für Tiere, sondern auch für Menschen. Das Dachstroh wird zu Pulver gemahlen und mit Gras, Moos, Laub und Rinde, zerriebenen Hufen und Klauen vermischt und in Wasser zu einem Brei gekocht. Die Wirkung dieser Nahrung zeigt sich am deutlichsten bei Kindern. Sie gleichen großen Unken, mit schmalen, eckigen Knochen, die Haut hängt schlapp herab. Der Bauch ist mächtig aufgequollen, das Hinterteil dagegen völlig eingeschrumpft. Die meisten halten die Hände gegen den Magen gepreßt. Die Gesichter sehen aus wie die verwelkter Greise. Der Ausdruck ihrer Augen ist so erschütternd, daß man an sich halten muß, um nicht laut aufzuschreien."

Wer irgendwie aus diesem Gebiet des Entsetzens entkommen kann, flieht. Doch das Verkehrswesen ist zusammengebrochen. Nansen gibt grauenhafte Beispiele. 2000 Hungernde bemächtigten sich in Kasan an der Wolga eines Zuges und versuchten, nach der polnischen Grenze zu fliehen. Dazu brauchten sie drei Monate. 649 gelangten aus Ziel, die anderen blieben auf der Strecke. Die Toten wurden hinausgeworfen. Die Nahrung bestand in einem russischen Viertelpfundbrot — 102 Gramm — jeden zweiten Tag.

Ein Zug nach Buzuluk hat sein Ziel nie erreicht. Das Zugpersonal und die Passagiere verhungerten unterwegs.

Um die Bahnhöfe herum lagen die Menschen auf freiem Felde und warteten auf einen Zug. Nansen erzählt: „In Saratow traf ich eine Mutter, die mit ihren drei Kindern bei 25° Kälte vier Tage auf der Straße gelegen und auf einen Zug gewartet hatte. Die meisten Häuser, wenn sie nicht bereits niedergerissen sind und als Feuerholz dienen, sind von den geflüchteten Bewohnern zugenagelt, und die Städte liegen da wie ausgestorben. Die Straßen sind leer. Die Zurückgebliebenen liegen in den Häusern, entweder auf dem großen russischen Ofen oder auf der Diele, um nur möglichst lange ihre Kräfte zu sparen; denn sie wissen, daß es nirgends Hilfe für sie gibt. Der Anblick der Verzweiflung, dem man beim Betreten eines solchen Hauses begegnet, ist unbeschreiblich. Die Bewohner liegen da und warten auf die Befreiung — den Tod. Vergebens versucht eine Mutter ihrem Kleinen aus ihrer leeren Brust zu trinken zu geben.

Viele Kinder sind überhaupt schwer zu retten. Wenn sie bereits so ausgehungert sind wie Hunderttausende von ihnen, dann kann ihnen auch kein Essen mehr helfen; denn der Magen nimmt die Nahrung nicht mehr an. Wenn sie etwas erwischen, essen sie zuviel und gehen unter unerträglichen Schmerzen zugrunde. Diese Kinder zu retten, wäre nur möglich, wenn man für jedes einzelne eine Pflegerin hätte, die ihnen einen Löffel voll aufs Mal geben könnte. Doch das ist ja hoffnungslos, wo es Tausende und aber Tausende solcher Kinder gibt.

Es gibt nicht wenige Hospitäler, doch die meisten mußten schließen wegen Mangels an Medizin, oder ganz einfach, weil nichts zu essen da war. In Saratow betrug die Sterblichkeitszahl in einem Kinderheim täglich 30—40. Als aber Mister Webster (einer von Nansens Repräsentanten in Rußland) eine Kinderküche eröffnete, fiel die Sterblichkeit nach vier Wochen auf 3—4 Kinder wöchentlich.

Auf meiner Reise sah ich in einem Hospital ein lebendes und ein totes Kind nebeneinander in einem Bette liegen. Ich fragte die Schwester, warum das tote Kind nicht entfernt würde. ‚Nein‘, antwortete sie, ‚es muß vier Stunden liegen, ehe wir es fortnehmen.‘ In der einen Nacht meines Besuchs starben in diesem Heim 42 Kinder. Begreifen Sie, was solche Kinder leiden, bis sie sich endlich durchgekämpft haben?‘‘

Es gab Dörfer und Städte, wo die Bevölkerung zu Hause lag

und auf den Tod wartete, zu schwach, um sich von der Hilfsstelle die Nahrung zu holen, die sie hätte retten können. Der Hunger erstickte zuletzt alles menschliche Gefühl und den Verstand. Eltern töteten im Wahnsinn ihre Kinder; auf den Kirchhöfen gruben sie die Leichen aus und aßen sie. Fuhrenweise wurden die Leichen herangefahren. War der Haufen groß genug, warf man die Leichen in ein Massengrab. Doch bald fehlte es an Menschen und Tieren, um die Leichen fortzuschaffen; so blieben sie liegen, wo sie lagen — zu Hause, auf den Straßen, auf den Feldern. Doch die Leute wollten am liebsten in geweihter Erde ruhen. Es wird erzählt, daß sie sich zum Friedhof schleppten, um dort zu sterben, wenn sie den Tod nahen fühlten.

Vom Hungerdistrikt Samara berichtet eine Rote-Kreuz-Schwester: ‚Niemand, der es nicht mit eigenen Augen gesehen hat, kann es sich vorstellen. Die Toten und Sterbenden liegen auf den Straßen; die Fetzen vermögen den Leib nicht mehr zu verdecken. Die Toten werden geschlachtet, zerschnitten und aufgegessen.'"

Am Schluß seines Vortrags erzählte Nansen von allem, was er versucht hatte und nun unternehmen wolle, um den Völkerbund oder die Regierungen zur Mithilfe zu bewegen: „Vor 5 Monaten sprach ich in Genf und bat um 100 Millionen Mark, um die Hungernden in Rußland zu retten — nicht weil ich glaubte, daß diese Summe genügte, sondern weil ich meinte, daß wir mit dieser Summe eine große Arbeit verrichten könnten. Und ich war dessen sicher, daß, wenn wir die Sache erst einmal in Gang gebracht hätten, die Regierungen die Arbeit fortsetzen und dafür sorgen würden, daß sie nicht wieder einschliefe. Ich hatte geglaubt, daß die anderen nun ebenso zupacken würden wie die amerikanische Regierung mit ihrer Spende von zwanzig Millionen Dollar.

Nun bitte ich die Regierungen Europas um 3 Millionen Pfund, um der Hungersnot abzuhelfen. Auch diesen Betrag führe ich nicht an, weil ich ihn für ausreichend halte, um alle die Hungernden und Sterbenden zu retten. Ich mache nur einen letzten verzweifelten Versuch, um die Regierungen zu bewegen, soweit es noch möglich ist, Hilfe zu bringen.

Ich appelliere an die Regierungen Europas — nicht um das

Geschehene zu kritisieren — sondern weil sie allein der grauenhaften Entwicklung dieser unfaßlichen Tragödie Einhalt gebieten können, die sich auf den Ebenen an der Wolga abspielt.

Was ich euch erzählt habe, werde ich den Völkern Europas wieder und immer wieder in die Ohren schreien, bis sie erwachen und ihnen bewußt wird, welches Ungeheuerliche sich vor ihren Augen abspielt. Die Völker Europas müssen die Wahrheit erfahren. Dann werden sie, wie ich glaube, nicht länger ruhig zusehen können. Wenn es auch Opfer kostet, werden sie zu ihren Regierungen sagen, wir wünschen, daß die Millionen Menschenleben, die auf dem Spiele stehen, gerettet werden. So kann es nicht weitergehen. Wenn wir es wirklich übers Herz bringen, weiterhin untätig zuzusehen, dann werden wir vor der Geschichte, vor dem Urteil der Zukunft, vor unseren Kindern und Kindeskindern als eine Generation dastehen, die die Götter mit Blindheit und Wahnsinn geschlagen haben — deren Herzen nach fünf Jahren Krieg völlig zu Stein verwandelt worden sind.

Der Todesengel schreitet rasch über die Wolgaebenen und erntet reicher als selbst der Krieg. Wenn man bedenkt, was der Krieg Europa gekostet hat, dann ist es beschämend wenig, was diese Rettungs- und Erlösungstat kostet.

Vor fünf Wochen sah ich an der Wolga diese großen, flehenden Augen auf mich gerichtet; um ihretwillen und im Namen aller Barmherzigkeit und Liebe beschwöre ich die öffentliche Meinung und durch sie die Regierungen Europas: laßt uns handeln, das nächste Mal ist es zu spät!"

Nansens Worte und Bilder machten tiefen Eindruck. Zwar war an der Stellung der Staaten zu Sowjetrußland nichts zu ändern, und sein Appell an den Völkerbund und die Regierungen fruchtete nicht viel; doch er scheuchte die Völker aus ihrer Ruhe auf. Der Widerhall war gewaltig. Von allen Seiten wurden Resolutionen und Aufforderungen gestellt — an die Regierungen, an Institutionen und an die Öffentlichkeit. Eine fieberhafte Aktivität entspann sich, und innerhalb weniger Monate strömten Gelder und Waren zu Millionen herein. Wohl nie hat der Appell eines Mannes einen solchen Opferwillen in allen Schichten und allen Völkern ausgelöst. Mit vollem Recht konnte man sagen, daß die Völker besser waren als ihre Regierungen. Doch gab es auch Regierungen, die nicht nur redeten, sondern auch handelten. Die wirtschaftlich schwächsten Länder halfen am meisten.

Auf seiner Propagandafahrt mußte Nansen sehen, daß die Wahrheit über Rußland in der europäischen Presse nicht oft zu finden war. Mächtige Zeitungen — wie die Blätter Lord Northcliffs — schürten und hetzten, sosehr sie konnten, um die Regierungen von einer Hilfe für Rußland abzuhalten.

Im Unterhause ergriff Lloyd George das Wort und sagte, daß nach den von der britischen Regierung eingezogenen Erkundigungen kein Zweifel daran bestünde, daß die Hilfe den Notleidenden zugute käme. Das sei auch die Auffassung der amerikanischen Regierung. Trotzdem konnte sich die Regierung nur dazu entschließen, wie der „Daily Herald" bemerkt, vorläufig Zitronensaft und Zahnarztstühle zu schicken und für später eine Erklärung in Aussicht zu stellen, während sie zur Unterhaltung von Wrangels und Denikins Armeen ohne Bedenken wöchentlich 6 Schilling für den Mann zahlte.

Kurz bevor Nansen in Genf über die Hungersnot sprechen sollte, ging durch die Presse die Meldung, daß der erste Lebensmittelzug der amerikanischen Aktion bei Jamburg von roten Soldaten beschlagnahmt und ausgeplündert worden sei. Die Amerikaner entgegneten, daß weder sie noch Nansen je einen Zug über Jamburg geschickt hätten, und daß jeder Zug und jeder Wagen in einwandfreiem Zustande seinen Bestimmungsort erreicht habe. Nansen erzählt, daß ein Wagen der Quäker verschwand. Die Quäker schickten der Sowjetregierung eine Liste über den Inhalt des Wagens und erhielten am Tage darauf einen Scheck über den Wert der Wagenladung.

Von den Lügenverbreitern, die unablässig die Hilfsarbeit für Rußland zu hindern suchten, sagt Nansen: „Ich möchte diese Leute treffen und ihnen die Bilder von den leidenden Menschen zeigen, und ich glaube, daß diese Bilder ihnen ein Schuldgefühl einbrennen müßten, das sie ihr ganzes Leben nicht wieder loswürden."

Nansen glaubte also noch, daß man solche Lügenmacher bekehren könnte, wenn sie nur die Wahrheit erführen. Einmal in

London machte ein Freund, ein norwegischer Geschäftsmann, ihm Vorwürfe, daß er für diese Bolschewiken arbeite; da ging Nansen auf ihn los, schüttelte die Fäuste und sagte mit bebender Stimme: „Hättest du gesehen, was ich gesehen habe, du könntest nicht so reden."

Ja, Nansen glaubte, daß das Bekanntwerden der Zustände in Rußland schon genügen würde, den herzlosen Widerstand gegen die Hilfeleistung zu brechen. Aber die Presse, die seine Hilfsarbeit bekämpfte, ließ sich durch das, was er berichtete, nicht im geringsten bewegen. Selbst nach seinen Vortragsreisen, auf denen er den gewaltigen Eindruck seiner Worte noch durch Bilder aus den Hungergebieten verstärkte, fuhren sie mit ihrer Lügenkampagne fort. Die Bilder seien nicht echt, schrieb eine große französische Zeitung. Die Hetzer und Lügenfabrikanten wußten recht gut, daß Millionen litten und verschmachteten; sie wußten gut, daß sie logen; aber bei ihnen heiligte der Zweck jedes Mittel.

Seine mehrmonatige Propagandareise führte Nansen durch Europa und Amerika. Den Auftakt bildeten zwei große Versammlungen in Genf, in denen 70 seiner europäischen und amerikanischen Mitarbeiter, 10 Regierungen, 22 Rote-Kreuz-Verbände und 21 andere in Rußland arbeitende Organisationen vertreten waren. Von Genf ging die Reise nach England, nach London, Liverpool, Manchester, Edinburgh, Glasgow, Newcastle, Cardiff, Birmingham, Oxford, Cambridge. Der Zudrang war überall so gewaltig, daß Sonderversammlungen abgehalten werden mußten. Dann ging's nach Paris, dem Haag, Kopenhagen, Berlin, Stockholm, Oslo. Voller Harm spricht Nansen über die unmenschliche Grausamkeit, die sich darin offenbarte, daß man durch Lügenpropaganda und lokale Hilfsaktionen für alles mögliche die große Arbeit der Barmherzigkeit unmöglich zu machen suchte.

„Die Besprechung ist zu Ende. Professor Nansen erhebt sich, und ein müdes Lächeln leuchtet einen Augenblick in seinem Antlitz auf. Bald soll er seine übermenschlich anstrengende Reise fortsetzen — die Reise durch ein Eisland, hundertmal schlimmer als das Polarmeer, das er einst überwand — die eisige Herzenskälte einer abgestumpften Menschheit.

Seine gerade Gestalt hastet die Straße hinab — ein riesiger

Hut, zwei scharfe Augen, ein rassig gemeißeltes Antlitz, hart, entschlossen, unerschütterlich — so sieht er aus, der das Schicksal von dreißig Millionen unglücklichen Menschen darstellt." („Dagbladet", den 2. März 1922.)

Er fährt nach Amerika, nach New York, Philadelphia, Chicago, dem Mittel-Westen. Überall sind die größten Säle überfüllt, Tausende müssen draußen bleiben und auf Extraversammlungen warten.

In Paris sprach er im Trocadero vor 7000 Zuhörern. Man befürchtete Demonstrationen gegen Nansen; denn in Paris hausten Tausende von russischen Emigranten, die die neuen Herren in ihrer Heimat haßten und Nansens Arbeit zu durchkreuzen suchten. Doch es ging hier in Paris wie sonst überall: Nansens Schilderungen ergriffen alle mit ihrer schaurigen Macht.

Von einer Versammlung in London schreibt „Review of Reviews": „In einer Zeit wie der unsrigen, in der große Männer mit moralischer Autorität und echter Seelengröße so selten sind, empfindet man es als ein Labsal und eine Erbauung, wenn man nur den Namen Fridtjof Nansen hört. Als er da vor uns stand und in seiner ungekünstelten Weise zu uns sprach, fühlten wir hinter seinen Worten die warme Glut seines unerschütterlichen Willens nur um so stärker und reiner, weil sein Ich so gänzlich hinter dem Dienst an der Sache verschwand. Wir fühlten die Augen des russischen Volkes auf uns brennen. Wir fühlten und verstanden, daß wir einen Mann vor uns hatten. In unserem Herzen dankten wir der Vorsehung, daß sie einen solchen Mann in unserer Mitte leben läßt."

Nansen gebrauchte keine starken Worte; das Grausige der Tatsachen machte dies überflüssig. Die Bilder führten eine Sprache, die durch Mark und Bein ging. Die Zuhörer weinten — manche vermochten den Anblick nicht zu ertragen, wandten sich ab, fielen in Ohnmacht. „Durch unseren Tränenstrom hindurch sehen wir die Bilder flimmern."

Die Versammlung ist zu Ende. Nansen steht mit der Uhr in der Hand. Draußen wartet das Auto. Die letzten Worte tönen durch den Saal: „Ich sage euch, und ich werde es wieder und immer wieder sagen: niemals vergesse ich die todverzweifelten Augen der russischen Kinder. Rettet Rußland!"

Nansen eilt zum Auto, das mit ihm davonrast zu neuer Arbeit für die hungernden und sterbenden Millionen. „Die Kirchtürme verneigen sich in der Nacht, wenn er vorüberfährt."

Nansens Appell an den menschlichen Teil der Menschheit wurde in einer Weise beantwortet, wie es die Welt noch nicht erlebt hatte. Nansens eigene Heimat sandte als erste ihre Hilfsgabe — im Verhältnis zur Bevölkerungszahl die größte aller Nationen. Mit geringem Abstand folgten die anderen nordischen Völker. Von allen Ecken und Enden der Welt strömten die Gaben herbei. Englische Organisationen spendeten 47000 Pfund Sterling. Die Regierung stellte eine Warengarantie für 250000 Pfund. Einzelpersonen stifteten große Beträge. Eine Vereinigung erbot sich, 250000 Kinder zu unterhalten, die Quäker 65000. Holland gab 4000 Tonnen Lebensmittel, Amsterdam für zwei Millionen Mark Arzeneien und für $1/_2$ Million Gulden Nahrungsmittel, italienische Sozialisten $2^1/_2$ Millionen Lire, der Papst schenkte eine Million und später noch $2^1/_2$ Millionen. Ein Arbeiter in Montevideo gab sein ganzes in einem langen und mühsamen Leben erspartes Vermögen her, 12000 Pesos, über 48000 Goldmark. Er hatte, wie er selbst sagt, längere Zeit nach einem würdigen Werke gesucht; da hörte er einen von Nansens Gesandten die Hungersnot in Rußland schildern.

„Ein ähnliches Beispiel von großherziger Selbstverleugnung wird man selten finden", schreibt Nansen in seinem Dankschreiben.

Hervorheben muß man auch den Einsatz der Quäker. Die Quäker — „the Friends", die ihr Christentum mehr in Taten als in Worten bekunden, haben neun Jahre — von 1914 bis 1923 — eine gewaltige Hilfsarbeit geleistet — für Gefangene, Flüchtlinge, in Frankreich, Belgien, Holland, Serbien, Rußland und Sibirien; ihre unentwegte Hilfe für den notleidenden Mittelstand in Deutschland und Österreich, vor allem aber für die Kinder wird ihnen unvergessen bleiben. In Rußland hatten sie lange vor der A. R. A. und der Nansen-Mission gearbeitet. Während der großen Hungersnot in Rußland hatten sie in 280 Orten 900 Stationen und unterhielten bis zu 380000 Menschen, vor allem Kinder. Als die Hungersnot nachließ, zogen sie gegen die Seuchen zu Felde. Tausende impften sie gegen Cholera und vermochten auf diese Weise die Epidemie abzuwenden. Einen erbitterten Kampf führten sie gegen die Malaria. Mit ihrem gleichmäßigen, stets bereiten Dienst im Geiste der Liebe haben sie vor allen anderen Nansens Arbeit erleichtert.

Eine besondere Form der Hilfe stellten die „Nansen-Pakete" dar. Im November 21 brachte Nansen eine Übereinkunft mit der Sowjetregierung zustande, die diesen 15 Kilo schweren Lebensmittel- und Kleiderpaketen innerhalb Rußlands zoll- und portofreie Beförderung gewährte. Norwegens Rotes Kreuz schickte in dem ersten Vierteljahr 12000 Pakete. Auf diese Weise unterstützte Nansen Professoren, Studenten und Künstler drei Monate lang mit Mehlpaketen. Außerdem verschaffte er ihnen Bücher und verhalf ihnen zu Instrumenten und Laboratorien. Bis zum August 1922 beförderte die Nansen-Mission 150000 Pakete. Doch soviel Lebensmittelpakete es auch waren, die Zahl der Hungernden war größer. Die Verteilungsstellen führten Listen über die Notleidenden, doch war es bei dem entsetzlichen Anschwellen der Not kaum möglich, sie auf dem laufenden zu halten. Wenn eine Stelle Lebensmittel für 500 hatte, dann strömten bei der Verteilung 1500 herzu. „Wir müssen", sagt Nansen, „eine Liste über die 500 Bedürftigsten aufstellen; die anderen müssen sterben." Ihnen allen zu geben, hieß alle sterben lassen. Es war furchtbar, sich hart machen zu müssen, ausgezehrte Mütter, lebende Skelette von Kindern langsam verhungern zu sehen, ohne ihnen helfen zu können. Noch in den letzten Jahren sagte er bisweilen: „Was ich damals sah, liegt auf mir wie ein Alpdruck." Das Erlebte und Geschaute nahm ihn hart mit; sein Haar wurde weiß in diesen Jahren; die Furchen gruben sich tiefer ein in sein mageres, markantes Gesicht. Am tiefsten erschütterte der Anblick der Kinder sein liebevolles Herz; denn die Kinder litten am schlimmsten. Als Nansen einmal in ein Dorf an der Wolga kam, wo mehrere hundert bereits verhungert waren, drängten sich die Mütter zu ihm heran, warfen sich vor ihm nieder und streckten ihm ihre ausgehungerten Kinder entgegen. Da brach er in Tränen aus.

Die Nansen-Mission begann im September 1921 und währte

Bettelnder Bär . Zeichnung von Nansen

Bär in Verteidigung . Zeichnung von Nansen

Sturzseen . Zeichnung von Nansen

Möwen . Zeichnung von Nansen

bis zum August 1923. Die Arbeitsdauer der einzelnen angeschlossenen Organisationen war jedoch verschieden; sie richtete sich nach den zur Verfügung stehenden Geldmitteln. Ein Bericht vom 29. Juni 1922 teilt mit, daß zur Zeit 640305 Kinder und 391241 Erwachsene versorgt würden. Am 15. August betrug die Zahl der Unterstützten 1637116. Als die Wirksamkeit in vollem Gange war, unterhielt die Nansen-Mission zwei Millionen Menschen. Die gesamte Hilfstätigkeit — russische und ausländische — hat in Rußland und der Ukraine 15 Millionen oder mehr umfaßt.

Doch trotz all dieser Millionenzahlen ging Nansens Arbeit nicht nur in die Breite; er arbeitete zugleich auf lange Sicht. Wie er selbst sagte, gab es zwei Probleme. Das eine war der Hunger dieses Winters, das andere der Hunger des nächsten. Um das zweite Problem zu lösen, genügte es nicht, der augenblicklichen Not Einhalt zu gebieten; da galt es ebensosehr, die Bauern in den Stand zu setzen, sich selbst zu helfen, indem man sie mit den Mitteln zur Wiederbelebung der Landwirtschaft versah. Darum bemühte er sich, nicht nur Essen und Medizin für sie zu erlangen, sondern auch Geräte, Maschinen, Traktoren, Pferde, Futter, Saatkorn und Ausbesserungsmaterial zum Wiederaufbau der verfallenen Häuser und Gehöfte. Dieser rekonstruktive Teil von Nansens Arbeit hat vielen Menschen das Leben gerettet, die aber in den Tabellen über „persons fed daily" nicht aufgeführt sind.

Ein Glied in diesem Wiederaufbau stellten Nansens landwirtschaftliche Versuchsstationen dar. Im Juli 1923 errichtete er zwei Kollektiv-Domänen, eine in der Ukraine und eine an der Wolga, mit zusammen 6300 Hektar, um den Wiederaufbau auszuprobieren und neue Wege zu weisen. Nansens Vertreter in Rußland, J. Gorvin, unterstreicht besonders den Wert dieses Experiments Nansens, das die Bedeutung dieser Betriebsweise für den Wiederaufbau und die Belebung der Kornausfuhr zeigte.

Das Hilfswerk umfaßte — wie erwähnt — auch die Wissenschaft. Zehntausende von Studenten und Professoren wurden nicht nur mit Lebensmitteln unterstützt, sondern auch mit Büchern und Instrumenten versehen. Es war Nansen, der wieder die Verbindung zwischen der russischen und der europäischen Wissenschaft knüpfte und den russischen Wissenschaftlern die Quellen und Hilfsmittel der westlichen Kultur zugänglich machte. Die Bedeutung der Wissenschaft stand Nansen klar vor Augen. Ohne seine Wissenschaft wäre z. B. Deutschland erledigt gewesen. Eine Nation, die nicht für ihre Wissenschaft sorgt und ihr nicht Raum läßt zur ungehinderten, bedingungslosen Suche nach der Wahrheit, steht ihrer eigenen Entwicklung im Wege und wird demzufolge im Wettstreite unterliegen. Die wahren Verhältnisse und Zukunfsmöglichkeiten eines Volkes kann man messen an dem Stande der Lebenskraft und Freiheit seiner Wissenschaft auf allen Gebieten. Darum mußte Nansen sich auch der russischen Wissenschaft annehmen und ihr Lebensbedingungen und Verbindungen schaffen.

Im ganzen hat Nansen auf so vielen Fronten gearbeitet, daß man sich fragen muß, wie ein Mensch dies alles hat bewerkstelligen können.

1922, nachdem das Schlimmste überstanden war, sammelte die Nansen-Mission ihre ganze Kraft um den Wiederaufbau. Daneben wurde aber auch die Hilfe für Kinder, Kranke und Invaliden nicht vernachlässigt. Im Verein mit dem russischen Roten Kreuz baute er eine Organisation für ärztliche und sanitäre Hilfe auf. Diese schickte ganze Apotheken nach Rußland und der Ukraine. An der sanitären Arbeit nahm auch das Epidemie-Komitee des Völkerbundes teil; galt es doch, hier Seuchen zu bekämpfen, die nicht nur Rußland gefährdeten.

Auf seiner Propagandafahrt hatte Nansen erfahren müssen, daß kaum ein wahres Wort über Rußland in der europäischen und amerikanischen Presse zu finden war. Er wußte aber, daß die Verbreitung der Wahrheit über die russischen Zustände die Vorbedingung für das Gelingen des Kampfes gegen den Hunger war. Darum errichtete er ein Informationsbüro mit Abteilungen in Genf und Moskau, das objektives Material zu sammeln hatte. Der Schweizer Journalist Waucher leitete dieses Büro und sandte täglich Nachrichten mit Flugpost nach Westeuropa.

Nansens Arbeit, das Heer von Organisationen vieler Länder zu einer Front zusammenzuschweißen, war keine leichte Aufgabe.

Während die große amerikanische Organisation von Anfang an über reichliche Mittel verfügte, war die Nansen-Mission durch die unsicher und allmählich seltener eingehenden Gaben aus privaten Quellen stark behindert.

Sachverständige urteilen, daß die Verwaltung der Nansen-Mission ganz vorzüglich gewesen ist und mit ihren begrenzten Mitteln Unglaubliches geleistet hat.

Nansen mußte seinen Kampf nach zwei Fronten führen: den einen in Rußland gegen Hunger und Seuchen — dieser Kampf war trotz aller Hindernisse und Widerwärtigkeiten in jenem chaotischen Lande nicht der schwerste; der härteste war der auf der anderen Front: im Völkerbund, gegen Presse und Regierungen. Hingegen begegneten die Sowjetbehörden der Nansen-Mission mit aller Bereitwilligkeit und gutem Willen. Wohl kein Nicht-russe hat jemals in Rußland ein solch unbedingtes Vertrauen genossen wie Nansen.

Doch trotz aller Riesenanstrengungen Nansens genügte die Hilfe nicht, weil sie nicht zur rechten Zeit kam. Millionen von Menschenleben hat er gerettet; Millionen und aber Millionen russischer Bauern sind jedoch der rohen und schamlosen „Real-politik" der europäischen „Kulturmächte" zum Opfer gefallen.

1923 gab Nansen das Buch „Rußland und der Friede" heraus. Dieses Werk wurde natürlich äußerst verschieden beurteilt. Die Sowjets hätten Nansen hinters Licht geführt, hieß es. Natürlich sei es für die Russen verlockend, Nansen als Sprachrohr zu be-nutzen, um der Welt ihre Potemkinschen Dörfer glauben zu machen.

Es war aber gar nicht leicht, Nansen hinters Licht zu führen. Unter Westeuropäern kannten wenige Rußland so eingehend wie Nansen, und er hatte die hartnäckige und unangenehme An-gewohnheit, die Dinge mit eigenen Augen sehen und sich selbst eine Meinung bilden zu wollen. Nichts nahm er ohne weiteres als gegeben hin.

Ein gewaltiges Material hat er in jenem Buche zusammen-getragen. Bei der Darstellung der sozialen und vor allem der wirtschaftlichen Verhältnisse baute er auf den Erfahrungen, die er und seine Mitarbeiter bei ihrer langjährigen Tätigkeit gesammelt hatten — und auf Auskünften von Gewährsleuten, die Nansen für die zuverlässigsten hielt.

Im Vorwort sagt er: „Je mehr ich den Unverstand und alle die nationale Selbstgerechtigkeit sehe, die sich in unserer Zeit breitmacht, um so klarer wird es mir, daß die erste Bedingung, um einen Weg aus der gegenwärtigen Verwirrung und Auflösung in Europa zu finden, die ist, daß wir uns zu einem besseren Verständnis der Völker untereinander durchringen müssen. Die Anschauungen, Handlungen und Ziele eines anderen Volkes müssen, soweit es uns möglich ist, von seiner Psychologie, seiner Denkungsweise und seinen Voraussetzungen aus beurteilt werden — und nicht von unseren. In diesem Buch ist der Versuch gemacht worden, ohne vorgefaßte Meinungen, ohne Leidenschaft und Parteinahme eine kurze Darstellung der gegenwärtigen sozialen und vor allem wirtschaftlichen Verhältnisse in diesem großen, unglücklichen Lande zu geben."

Nansen vermittelt uns einen Brief von der Bedeutung Rußlands für den Welthaushalt — dieses gewaltigen Reiches, dessen europäischer Teil allein die Hälfte von Europa ausmacht mit einer Bevölkerungsmasse, die 150 Millionen längst überschritten hat. Seine Getreidefläche beträgt 34 % des bebauten Bodens der Erde; seine Getreideerzeugung und -ausfuhr ist trotz primitiver Bewirtschaftung größer als die Kanadas, der Vereinigten Staaten und Argentiniens zusammen.

„Die Erneuerung des Lebens auf diesen unermeßlichen Steppen, die Wiederaufnahme der Verbindung zwischen dem großen Bauernvolke des Ostens und dem überindustrialisierten Mittel- und Westeuropa würde auf das internationale wirtschaftliche Gleichgewicht einen so großen Einfluß ausüben, daß es kaum nötig sein sollte, darauf hinzuweisen.

Rußlands Bedeutung für den Welthaushalt ist unabhängig von den wechselnden Regierungen. Was bleibt, ist das Volk und die Volksseele. An den Zukunftsmöglichkeiten Westeuropas kann man zweifeln; daß aber das russische Volk eine große Zukunft vor sich und eine Mission im weiteren Leben Europas und der Welt zu erfüllen hat, daran kann schwerlich ein Zweifel bestehen.

Die russische Volksseele hat das westeuropäische Joch noch

nicht abschütteln und zur freien Entfaltung kommen können — es hat noch nicht die Form für seine Wahrheit gefunden. Aber seine Zeit wird kommen. Wenn man die russische Literatur liest, oder vielleicht noch mehr, wenn man russische Volksmusik hört, dann fühlt man, wie aus ihrer wundervollen Anmut, durch die verhalten schwelende Leidenschaft hindurch mächtige, ergreifende Töne steigen — ein Widerhall der Schwermut der endlosen Steppen — aus den unbekannten Tiefen des Daseins; es ist, als höre man das Ewigkeitssehnen einer noch gebundenen Seele nach Freiheit, und in der Tiefe dieser Seele ahnt man eine noch ungeborene Welt."

Nansen sah die Dinge nicht durch Parteibrillen an. Darum hielten die Leute ihn bald für diesen, bald für jenen „isten" oder „misten"; für Konservative war er Bolschewik, für Bolschewiken konservativ; für Pazifisten war er Militarist — war er nicht Vorsitzender des norwegischen Wehrverbandes! — für die Militaristen ein Friedensesel voller Humanitätsduselei und ohne Sinn für Realitäten.

Bezeichnend ist, was Major Johnson, ein langjähriger Mitarbeiter im Flüchtlingsausschuß, über Nansen sagt. Auf die Frage, was an Nansens Charakter besonderen Eindruck auf ihn gemacht habe, antwortete er: „Seine einzigartige Objektivität und Unparteiischkeit. Er betrachtete die Dinge stets getrennt von ihrem politischen oder sonstigen Zweck und dachte ausschließlich an die Wohlfahrt der Menschen, mit denen er im Augenblicke zu tun hatte. Eben diese hervorstechende Eigenschaft machte die Lösung der verzwickten Gefangenenprobleme möglich. Dadurch gewann er das Vertrauen der Sowjetregierungen und wurde der einzige Mann außerhalb Rußlands, dem die Russen vertrauten."

Das Vertrauen des russischen Volkes vergalt er, indem er ihnen offen und ehrlich seine Meinung über die Fehlgriffe der Sowjetregierung sagte. „Sooft mich meine Arbeit mit der Heimsendung der Kriegsgefangenen und den Opfern der Hungersnot nach Rußland geführt hat", sagt Nansen, „ist man mir überall mit einem Vertrauen und einer Herzlichkeit begegnet, die mich tief gerührt hat. Das schien mir ein Grund mehr zu sein, ohne Umschweife zu sagen, was ich über die Lage dachte, in der Überzeugung, daß eine solche Offenheit Rußland nütze und zugleich im wahren Interesse Europas liege."

Nansen erklärt, allmählich habe er für das russische Volk tiefe Sympathie gefaßt und Glauben an seine Kraft und seine Zukunft erhalten.

Ohne guten Willen und Vertrauen kann man auf die Dauer nicht nebeneinander existieren — ohne diese kann weder das Zusammenleben zwischen Einzelwesen noch zwischen Staaten gedeihen. Als dem Manne des guten Willens, zu dem die ganze Welt Vertrauen hatte, wurde ihm eine schwere Aufgabe nach der anderen aufgebürdet.

Mit schwerem Kummer und tiefer Enttäuschung sprach Nansen die Worte aus: „Diese Hilfsarbeit ist leider nicht für den Völkerbund ausgeführt worden." Die Nansen-Mission sah sich der Stütze des Völkerbundes beraubt — wollte dieser doch nicht einmal die paar hundert Millionen Mark bewilligen, um die Nansen bat.

Um so tieferen Eindruck hat Nansen in allen Ländern auf „den Mann von der Straße" gemacht, den er um seine Hilfe angehen mußte. Nansens Name wurde zum Appell, zum Symbol für Werke der Nächstenliebe, für die gesamte Hilfsarbeit, an deren Spitze er in den letzten zehn Jahren seines Lebens stand. Im Bewußtsein der Welt, und nicht zum wenigsten des russischen Volkes, bleibt Nansen als die sammelnde Kerngestalt jenes Riesenwerkes stehen. Er besaß das unbedingte Vertrauen des russischen Volkes und seiner Regierung. Er war Rußlands treuer Torwächter.

Viele kleine Geschichten und Anekdoten veranschaulichen, mit welcher Liebe das ganze russische Volk zu ihm aufblickte. Ein russisches Wort sagt: „In Rußland gibt es drei heilige Namen: die Heilige Jungfrau, Lenin und Nansen." In einer Sternennacht im Wolgatal sagte ein Arzt zu seinem Gefährten: „Nansens Name steht über ganz Rußland in den Sternen geschrieben."

Zu Anfang seiner Tätigkeit in Rußland folgte ein heimlicher Beobachter Nansen auf Schritt und Tritt. Ein Bekannter, dem es genau so ging, beklagte sich darüber bei Nansen. Nansen erzählte ihm da, daß auch ihm einer wie sein Schatten folgte.

„Aber ich mache mir nichts draus. Ich habe nichts zu verheimlichen."

„Was Nansen für das russische Volk bedeutete", erzählt ein Schriftsteller, „verstand ich aus dem Blick einer alten Bauersfrau, als ich einmal drei Jahre nach Nansens Arbeit in Rußland auf der unteren Wolga fuhr. Als ich Nansens Namen nannte, schlug sie das Kreuz und fragte mich mit weit aufgerissenen Augen, ob ich ihn kenne. Da berührte sie meine Brust mit ihrer Hand, als wollte sie, daß ich dem Retter ihren Segen brächte."

Auf einer Tagung in Leningrad einige Jahre nach dem Kriege drängten sich junge Frauen herein mit ihren Kindern auf dem Arm und an der Hand. Sie baten, Nansen sehen zu dürfen, damit ihre Kinder einmal erzählen könnten, sie haben Nansen mit eigenen Augen geschaut.

Versucht man, in das Nansen-Archiv einzudringen und die Pläne, Berichte und Referate über die Rußlandhilfe durchzuarbeiten, schwirrt es einem vor den Augen von Statistiken, Angaben und Reihen schwindelnd hoher Zahlen, und man wird geradezu überwältigt von den gigantischen Ausmaßen jenes Rettungswerkes. Legt man dazu die unzähligen Verhandlungen mit Regierungen und Organisationen, die Reisen, Propagandafahrten, Vorträge, Appelle, Interviews, Artikel, Aufsätze, Briefe, Schriften, Bücher, mit denen er für die leidenden Mitmenschen gekämpft hat, so bleibt uns nichts anderes übrig, als vor dem Riesenwerke dieses Mannes stumm das Haupt zu beugen.

Natürlich konnte Nansen das Gewaltige nicht allein schaffen; Hunderte und Tausende selbstloser, edler Menschen haben unter und neben ihm geschafft und mitgeholfen. Ihr Anteil soll nicht geschmälert werden. Doch die Vorbedingung dafür, daß die internationale Hilfsarbeit überhaupt zustande kommen konnte, war die Person Nansens.

Die armenische Tragödie

Nansens letzte Tat war die Rettung der unglücklichen Reste des armenischen Volkes.

„Die Geschichte der Kriegsgefangenen und der Flüchtlinge ist eine Zusammenballung von Leiden, die man schwerlich mit Worten schildern kann", sagt Nansen, „und doch wiegen sie leicht gegen die armenische Tragödie mit all ihren Greueln."

Im Vorwort zu seinem Buche „Betrogenes Volk" schrieb er: „Ich hoffe, daß die Tatsachen in diesen Blättern Europas Gewissen wachrütteln mögen".

Die europäische Politik dem armenischen Volke gegenüber ist in ihrer unblutigen Passivität nicht weniger empörend als die bluttriefenden Metzeleien der Türken. Nansens Buch ist eine schwere Anklage gegen die Großmächte, vor allem gegen die Alliierten des Weltkrieges — und auch gegen den Völkerbund.

Wiederholte Male hatte der Völkerbundsrat die Frage aufgeworfen, ob etwas für die armenischen Flüchtlinge getan werden könne, die über viele Länder verstreut in großer Not lebten, und wie immer, wenn es wirklich etwas zu tun galt, forderte der Rat seinen Hohen Kommissar Nansen auf, sich auch dieser Sache anzunehmen. Klar über die mit dieser schwierigen Arbeit verbundene Verantwortung, schlug Nansen dies ab, ließ sich aber schließlich doch dazu bewegen, zusammen mit dem Internationalen Arbeitsbüro einen Versuch zu machen. Der Völkerbund stellte für Untersuchungen und Vorbereitungen eine Summe zur Verfügung.

Die Westmächte und die Vereinigten Staaten hatten sich verpflichtet, dem Armeniervolk eine „nationale Heimat" zu geben. Die Repräsentanten der armenischen Flüchtlinge hatten daraufhin dem Völkerbundsrat einen Plan überreicht, demzufolge 50000 Armenier in der Sardarabawüste in Armenien angesiedelt werden sollten; diese könnte man nämlich durch Bewässerungsanlagen fruchtbar machen. Die Unkosten wurden auf 20 Millionen Goldmark angeschlagen.

Mit Nansen als Leiter wurde ein Ausschuß von Sachverständigen für Bewässerung und Urbarmachung gebildet und nach Armenien geschickt.

Was Nansen und seine Mitarbeiter dort sahen und erlebten, hat er in seinem Buche „Betrogenes Volk" (1927) niedergelegt. Die von der Sowjetunion gestellten Bedingungen fand Nansen annehmbar. Ein russisch-armenischer Ingenieur-Ausschuß erleichterte die Arbeit auf alle erdenkliche Weise, so daß die Ergebnisse unerwartet reich ausfielen. Diese Ergebnisse sind in einem Buch gesammelt und vom Sekretariat in Genf herausgegeben unter dem Titel: „Scheme for the Settlement of Armenia-Refugees". Nansen war überzeugt, daß dieser Plan, wenn er verwirklicht worden wäre, jenem tüchtigen Volke und seinen vielen Flüchtlingen eine lichtere Zukunft bereitet hätte.

Nansens Buch „Betrogenes Volk" schildert zugleich Land und Geschichte dieses Volkes.

Armenien war im Altertum ein großes und mächtiges Reich, das sich vom Urmiasee, dem Vansee, dem Taurus mit den Quellen des Tigris im Südosten, dem Goktschasee im Süden bis nach Georgien im Norden und bis Erzingian und dem Euphrat im Westen erstreckte. Das heutige Armenien umfaßt ein Zehntel des ehemaligen Reiches — ein Fünftel des Landes, das Wilson den Armeniern auf der Karte zusprach. Es ist ein Land der Gegensätze mit waldreichen, fruchtbaren Tälern, doch auch mit versengten Wüsten, hohen Vulkanen, wilden, zerrissenen Gebirgen und gewaltigen Hochflächen — eine Welt für sich, umgeben von hohen Gebirgsmauern.

Das heutige Armenien, ein kümmerlicher Rest, die Republik Eriwan, zählt eine Million Einwohner. Doch auch in den anderen transkaukasischen Republiken, Georgien und Aserbeidschan, wohnen viele Armenier. In sechs armenischen Provinzen der Türkei lebten früher 900 000 Armenier.

Diese sind von den Türken ausgerottet. Außerhalb des eigentlichen Armeniens gibt es 200 000 Armenier in Urfa und Kleinarmenien; außerdem hausen armenische Flüchtlinge in Aleppo, Bagdad, Trapezunt, Konstantinopel, Smyrna, Beirut, in Persien und Griechenland.

Armenien ist die Wiege der Menschheit, reich an ältesten und heiligsten Kulturgütern. Doch es lag an einer gefährlichen Stelle. Der Welthandel zwischen Osten und Westen furchte seine Karawanenstraßen durch das Land; Völkerwanderungen zogen ihre blutigen Spuren hindurch, und gierige Nachbarn und Großmächte — Persien, Rußland, die Türkei — streckten die Hände danach aus und rissen sich um die Beute. In dem Stückchen Land, das den Armeniern geblieben ist, haben türkische Horden Dörfer und Städte niedergebrannt, die Bevölkerung abgeschlachtet, Kanäle und Bewässerungsanlagen zerstört und große Teile des Landes wieder zur Wüste gemacht.

„Ich kann schwerlich glauben", sagt Nansen im Vorwort zu seinem Armenien-Buche, „daß man sich in die Geschichte dieses merkwürdigen Volkes hineinversetzen kann, ohne von seiner großen Tragödie ergriffen zu werden."

1827 nahmen die Russen den Persern das armenische Land nördlich des Arakflusses. Freude in Armenien! Ihnen war Selbstverwaltung versprochen worden. Doch es ging, wie es zu gehen pflegt: eine systematische Russifizierung setzte ein.

Noch schlimmer war das türkische Armenien daran. Die Türkei, die Griechenland, Serbien, Montenegro und andere Länder verloren hatte, suchte sich nun in Armenien schadlos zu halten. Wie die Armenier ausgesogen, beraubt und grausam mißhandelt worden sind, spottet jeder Beschreibung.

Gladstone erhob 1876 entrüstet Protest gegen das Vorgehen der Türken. Die Türkei sei ein Schandfleck der Welt. Das stimmte schon; der Austilgung des Schandfleckes stand nur die Uneinigkeit über die Teilung der Beute im Wege. „Die Armenier wären besser gefahren, wenn sich die europäischen Regierungen niemals mit ihnen befaßt hätten. Alle die Noten, mit denen die Mächte im Grunde doch nichts meinten, stachelten die Türken nur zu immer größeren Grausamkeiten den lästigen Armeniern gegenüber an. Das ist alles, was die europäischen Staatsmänner und Diplomaten für das armenische Volk getan haben", hält Nansen ihnen vor. Der alte Gladstone glühte gewiß ehrlich vor Empörung über den „Mörder auf dem Thron", Abdul Hamid. Dieser aber wußte, daß europäische Rhetorik nur papierne Geschosse gebrauchte, und machte sich an die „Entwaffnung" der Armenier.

Im Herbst 1895 wurde ein grauenhaftes Gemetzel verübt. Bewaffnete Banden, angeführt von türkischer Polizei, schlachteten die wehrlosen Armenier ab, während die regulären Truppen „Ordnung hielten" und die Arbeit „beschützten". Den Abschluß fand das Blutbad, indem 1200 Armenier im Dom zu Urfa lebendig verbrannt wurden. Innerhalb 5—6 Monaten wurden 90000 Armenier umgebracht; andere gingen vor Hunger und Elend zugrunde. Im August 1896 mordete der Sultan 7000 Armenier in Konstantinopel vor den Augen der Diplomaten. Die Diplomaten sandten eine Note. Staatsmänner und Diplomaten waren der ewigen armenischen Frage überdrüssig; setzte sie doch immer weitere Kreise gegen ihre empörende Passivität in Bewegung.

Der Friedenskongreß 1900 und der Sozialistenkongreß 1902 nahmen Entschließungen an, in denen beklagt wurde, daß Europa seine Verpflichtungen gegenüber Armenien versäume. Papier, nichts als Papier.

Die jungtürkische Partei, die für „Freisinn, Einigkeit und Fortschritt" kämpfte, vertrieb 1908 Abdul Hamid. Durch einen Staatsstreich kam er jedoch wieder ans Ruder, und in der kurzen Zeitspanne seiner Macht brachte er 20000 Armenier um. Das Programm der Jungtürken bestand darin, daß alle Nichttürken und vor allem die Armenier geknechtet werden sollten, und in ihrer Unterdrückungsarbeit gingen die Jungtürken viel planmäßiger und methodischer vor als die Alttürken. Bereits vor dem Weltkriege hatten sie beschlossen, die armenische Bevölkerung zu „verdünnen". Im Schutze des Weltkrieges gingen sie nun daran, „das Vaterland von der verfluchten Rasse zu befreien und alle Armenier im türkischen Reiche auszurotten, so daß auch nicht eine lebende Seele entwische". „Die Regierung werde selbst die nötigen Winke zur Anstellung der Massaker geben."

4000 Soldaten wurden nach Zeitun in Cilicien geschickt, um die gesamte armenische Bevölkerung dort — 20000 Menschen — in Sümpfe und in die Wüste hinauszuführen. In Konstantinopel wurden 600 angesehene Armenier — Schulleute, Ärzte, Schriftsteller, Anwälte, Redakteure, Geistliche — verhaftet und nach Kleinasien „verschickt". Acht davon kamen zurück. Damit waren die Köpfe, die Führer ausgetilgt.

Und dann brachen Greuel los, wie sie in der Geschichte nicht

ihresgleichen haben. Von Cilicien, Anatolien und Mesopotamien
wurden die Armenier auf ihren Todesmarsch in die Wüste hinausgetrieben. Diejenigen, die nicht niedergemacht oder erschossen
wurden, starben vor Hunger. Ihr ganzes Hab und Gut rissen die
Türken an sich. Die Armenier wurden in großen Zügen zusam-
mengetrommelt und über das Gebirge hinweg in die arabische
Wüste gejagt. Alle Männer und Halbwüchsigen wurden beiseite-
geführt und niedergemacht. Junge Mädchen wurden auf Auk-
tionen ausgeboten — drei Mark für ein nicht vergewaltigtes
Mädchen, 75 Pfennige für eine Genotzüchtigte. Banden von Kur-
den überfielen und plünderten, mißhandelten, mordeten, ver-
gewaltigten.

Von 18000 aus Kharpat und Sivas erreichten 350 Aleppo. Von
19000 aus Erserum blieben elf am Leben. Flecktyphus wütete
unter ihnen. Leichengestank lag über den Todeszügen.

An vielen Orten brauchte man nicht einmal den Vorwand der
Deportierung, sondern ließ sie in ihrer Heimat niederschlachten.
Oder man fand andere „Auswege", setzte die Armenier zu Hunderten auf Flöße im Tigris. Wenn diese in Mossul angetrieben
kamen, waren sie leer, während der Strom von Leichen und Men-
schengliedern wimmelte. In der Kermak-Klamm schlachteten
Soldaten 25000 Frauen und Kinder ab.

Armenische Soldaten, die im türkischen Heere mitgekämpft
hatten, wurden hinter die Front geführt und von ihren türkischen
Kameraden erschossen.

Der türkische Innenminister telegraphierte im September 1915
an die Polizei in Aleppo: „Ohne auf Gefühl und Gewissen zu
achten, muß mit dem Dasein der Armenier Schluß gemacht
werden".

1916 wurde die „Nacharbeit" verrichtet. Die Konzentrationslager wurden geleert. In dem einen scharrte man 55000 ein, die
man hatte verhungern lassen. Am Euphrat verschwanden 60000.
Bei Mossul wurden 19000 umgebracht, an einem anderen Orte
20000.

Die Nachrichten davon riefen in Europa glühende Empörung
hervor. Die Alliierten machten große Worte und versprachen
dem armenischen Volke Genugtuung, Freiheit und Selbständig-

keit, wenn sie sich der Entente anschlössen. Armenische Freiwillige strömten herbei und kämpften mit hervorragender Tapferkeit. Über 200000 opferten ihr Leben für die Sache der Entente. 70000 Armenier halfen den Engländern in Mesopotamien und Baku. 200000 Armenier dienten in der russischen Armee; die armenischen Truppen in Palästina gewannen die besondere Anerkennung des Generals Allenby; und Poincaré versprach dem Erzbischof der armenischen Katholiken in Cilicien offiziell: er werde dafür Sorge tragen, daß sie „die Segnungen des Friedens und der Freiheit genießen sollten".

Nach der russischen Revolution rückten die Türken in Russisch-Armenien ein, um die „verfluchte Rasse" auch dort auszurotten.

Im Mai 1918 erklärte sich Armenien als unabhängige Republik mit 350000 Einwohnern auf einem Gebiet von 9000 qkm. Die Türken hielten den Frieden auf ihre Weise: sie rissen Baku an sich und töteten gegen 30000 Armenier.

Nach dem Zusammenbruch der Türkei brachten die Armenier ihr Land wieder unter ihre Gewalt. Die Alliierten, die ihnen dieses Land versprochen hatten, schickten keine Truppen. Aber — wie Nansen bemerkt — „es gab keine Ölquellen in Armenien". Die Türken eroberten das Land zurück. Aufs neue waren die Armenier verraten.

Die armenische Frage wurde in der ersten Völkerbundssitzung behandelt. Es fielen große Worte, und schöne Vorschläge wurden gemacht. Es kam aber kein Ergebnis zustande. Armenien ersuchte um Aufnahme in den Völkerbund, wurde jedoch abgewiesen.

Es war davon die Rede gewesen, daß die Vereinigten Staaten das Mandat für Armenien übernehmen sollten. Doch Amerika zog sich vom Völkerbund zurück, und andere Staaten hatten keine Lust, das Mandat anzunehmen. So konnte Armenien nicht einmal den Schutz eines Mandatsgebietes erhalten. Die Mächte ließen die Türken das armenische Land ruhig besetzen. Das für die Entente vergossene Blut vergalten diese den Armeniern mit Papier und einer wertlosen Karte über 87000 qkm.

Die neue armenische Republik Eriwan entging dem Geschick des übrigen Armeniens, indem sie sich 1921 als Sowjetrepublik erklärte und sich der Kontrolle Moskaus unterstellte. Die Westmächte, die ihre Verpflichtungen vergessen und ihr Versprechen gebrochen hatten, machten den Armeniern einen Vorwurf daraus, daß sie ihre Rettung bei Moskau suchten und das Sowjetsystem annahmen.

Mit der Vertreibung der Griechen aus Kleinasien im September 1922 hob der letzte Akt der armenischen Tragödie an. Völlig mittellos landeten die entkommenen Armenier in Griechenland, Bulgarien, Syrien und Russisch-Armenien.

Unter den Verfolgungen 1915—16 haben die Türken von 1 845 450 Armeniern eine Million hingemordet. Insgesamt sind anderthalb Millionen Armenier umgekommen. Auf türkischem Boden sind sie praktisch gesprochen völlig ausgerottet.

1930 lebten in der armenischen Republik und in Rußland 1,4 Millionen Armenier und in Ländern über drei Erdteile verstreut ungefähr 700 000 Flüchtlinge. 200 000 Frauen und Kinder waren in türkischen und kurdischen Harems gelandet.

Und was hat der Völkerbund getan? In der ersten Sitzung hieß es, daß etwas unternommen werden müsse, „um der grauenhaften armenischen Tragödie so bald wie möglich ein Ende zu machen". Auf der nächsten Sitzung wurde von der Notwendigkeit gesprochen, den Armeniern „eine nationale Heimat" zu schaffen, und auf der dritten wurde dies wiederholt.

Auf der Friedenskonferenz in Lausanne 1922—23 erhob Lord Curzon nochmals diese Forderung und nannte die armenische Frage „einen der größten Skandale der Welt".

Doch das Lausanne-Abkommen wurde ohne ein Wort von der „nationalen Heimat" der Armenier unterzeichnet. Der Friede wurde geschlossen, als ob Armenien nicht existierte.

1924 richteten der Führer der Konservativen, Baldwin, und der Führer der Liberalen, Lord Asquith, an den Mann der Arbeiterregierung einen warmen Appell, den Armeniern einen größeren Betrag zur Unterstützung ihrer Flüchtlinge zu bewilligen. Es besteht kein Zweifel, meint Nansen, daß Macdonald dieser Aufforderung nachgekommen wäre. Aber er wurde gestürzt, und Baldwin kam an die Macht. Nun mußte doch etwas geschehen? Die Regierung Baldwin weigerte sich, das geringste für die

Armenier zu tun. „Verwirrt fragt man sich: welche Absicht hat dieser Appell denn gehabt? Nur Worte ohne ernstlichen Willen?"

Und der Völkerbund — besitzt auch der kein Gefühl für Verantwortung? Indem er seinen Oberkommissar für Flüchtlinge nötigte, sich trotz wiederholter Weigerung der armenischen Flüchtlinge anzunehmen, hat der Völkerbund andere davon abgehalten, eine wirksame Hilfe zu organisieren; mußte man doch annehmen, daß der Völkerbund eine solche Sache nicht aufnehmen könnte, ohne sie durchzuführen.

Wehe dem armenischen Volke, daß es in die europäische Politik hineingezogen wurde! Besser wäre es gewesen, sein Name wäre nie von einem europäischen Diplomaten genannt worden. Doch das armenische Volk hat die Hoffnung noch nicht aufgeben können. Es harrt noch immer.

Nachdem Nansen mit dem Sachverständigenausschuß 1925 in Armenien umhergereist war und die durch Bewässerung und Trockenlegung kultivierbaren Gebiete untersucht hatte, fand er, daß alle vorgelegten Pläne durchführbar wären und ins Werk gesetzt werden müßten. Die Urbarmachung der Sardarabawüste würde jedoch zuviel Geld und Zeit beanspruchen und müßte deswegen aufgeschoben werden. Die Kultivierung der beiden anderen vorgeschlagenen Gebiete sei hingegen leichter durchzuführen. 33000 Hektar könnten in fruchtbares Land verwandelt werden und wenigstens 25000 Menschen Scholle und Heimat geben. Dabei ging man davon aus, daß die armenische Regierung 15000 Flüchtlinge aufnehmen würde. 20 Millionen Mark würden dazu erforderlich sein und müßten durch eine Anleihe beschafft werden. Der Wert des Neulandes überstieg jedoch die Höhe der Anleihe bei weitem; auch erklärte sich die armenische Regierung bereit, alle Steuern und Abgaben der Siedler zur Schuldentilgung zu benutzen; außerdem bot die russische Regierung Garantie an.

„Es liegt auf der Hand", sagt Nansen, „daß die Urbarmachung dieses Gebietes für die Entwicklung Armeniens von großer Bedeutung ist. Das wird das Volk aufmuntern und neue Tätigkeit und Unternehmungslust anregen; das wird der Anfang sein zu weiterer Kultivierung und zur Schaffung neuer Industrien beitragen, die wiederum dem Volke Arbeit geben werden; dies wird ein wichtiger Schritt zum Wiederaufbau einer ‚nationalen Heimat‘ sein, den die westlichen Großmächte dem armenischen Volke einmal ums andere versprochen und wozu sie sich tatsächlich verpflichtet haben. Hier könnte man vielleicht durch die Entwicklung des fruchtbaren Landes diesem unglaublich mißhandelten Volke endlich ein einigermaßen gesichertes Dasein schaffen. Deshalb glaubten wir auch mit gutem Grunde, daß die Regierungen der Großmächte dem Plane freudig zustimmen würden, gibt er ihnen doch Gelegenheit, wenigstens einige ihrer Verpflichtungen den Armeniern gegenüber zu erfüllen.“

Doch es kam anders. Der Völkerbundsrat und der Finanzausschuß fanden den Plan nicht hinreichend gesichert. Am 16. September 1926 begnügte sich deshalb der Rat damit, seine Sympathie darzutun und seine Unterstützung in Aussicht zu stellen, falls reiche Armenier die notwendigen Mittel vorstreckten.

Die Gewährung der erforderlichen Garantien, die die europäischen Regierungen geben sollten, scheiterte am Widerstande der englischen Regierung, so daß die Anleihe nicht gezeichnet werden konnte.

Da schlug Nansen eine Anleihe von sechs Millionen Mark zur Ansiedlung der Flüchtlinge vor; er hoffte, die armenische Regierung könnte Bewässerung und Trockenlegung allein bewerkstelligen. Einige reiche Armenier hatten ein Drittel der notwendigen Summe zugesichert; doch konnten sie sich mit den bolschewistischen Behörden nicht über Bedingungen und Garantien einigen; darauf wurde das Angebot zurückgezogen.

Die deutsche Regierung, die gegenüber Armenien keine Verpflichtungen besaß, versprach Kredit für eine Million Goldmark, und die Regierungen von Griechenland, Luxemburg und Norwegen erklärten sich bereit, geringere Beträge zu gewähren. Doch die Ententemächte widersetzten sich Nansens Vorschlag, und so mußte der Plan vorläufig aufgegeben werden.

1927 schlug Nansen endlich dem Völkerbundsrat vor, die Arbeit für die Heimführung der armenischen Flüchtlinge aufzugeben. Zwar hätten die Siegermächte ihnen Freiheit und eine unabhängige Heimat hoch und heilig gelobt, doch nun seien sie nicht mehr gewillt, für die Einlösung dieses Gelöbnisses Opfer zu bringen, und es sei

Verwehte Spuren . Zeichnung von Nansen

Mit Klein-Eva im Garten . Zeichnung von Nansen

des Völkerbundes unwürdig, an einer Aufgabe festzuhalten, die er nicht lösen wolle. Er bat darum, ihn seines Amtes als Kommissar des Völkerbundes zu entbinden. Aber da sprang der eine nach dem anderen auf und bat Nansen, nicht aufzugeben, und der Rat beschloß einstimmig, Nansen zu bitten, er möge an die Mitglieder des Völkerbunds eine eindringliche Aufforderung ergehen lassen, zur Durchführung seines Planes die erforderlichen Gelder zu beschaffen. Obgleich Nansen das Ergebnis wenig erhebend fand, glaubte er 1928 doch noch, etwas tun zu können. 1929 blieb ihm jedoch nichts anderes übrig, als dem Völkerbund mitzuteilen, daß er nicht imstande sei, die Anleihe aufzubringen; darum stelle er dem Völkerbund anheim, sich mit dieser Angelegenheit nicht länger zu befassen. Diesem „Vorschlag" stimmten die Kommission und die Völkerbundsversammlung zu.

Nansen war über die unbarmherzige Passivität der Großmächte tief enttäuscht, niedergeschlagen und verbittert. Er scheute sich nicht, gegen den Völkerbund harte Worte zu gebrauchen. So schreibt er im Kapitel „Eriwan, lebe wohl!":

„So viel Kampf, so viel Not und Leid und Elend und immer und immer wieder so wenig Erfolg. Leid soll ja die Menschen läutern. Aber gibt es denn auf der ganzen Erde ein Volk, das wie dieses gelitten hat und trotzdem nicht zugrunde gegangen ist! — Und wozu all das? Um zum Schluß verraten zu werden — und zwar von denen, die ihm teure und heilige Versprechungen im hohen Namen der Gerechtigkeit gegeben haben?

Ihr Politiker, ihr Staatsmänner, wenn ihr euch doch wenigstens die hohen Worte sparen und die Menschen nicht des letzten Glaubens berauben wolltet, daß es in der Geschichte der Völker etwas gibt, was trotz allem heilig ist!"

Sein Kampf für die armenischen Flüchtlinge war trotzdem nicht völlig ergebnislos. Vielen Armeniern verhalf er zurück zur heimatlichen Erde. 1928 beschaffte er Mittel zur Überführung von 70 000 Armeniern, bei einer Ausgabe von 200 Mark pro Mann. Einen anderen Lichtblick in seiner Arbeit für die Armenier erlebte er kurz vor seinem Tode, als er eine Vereinbarung über die Heimführung von 12 000 armenischen Flüchtlingen unterzeichnen konnte.

* * *

Nach den türkischen Metzeleien 1915—16 flüchteten gegen 100000 Armenier nach Syrien, das 1919 französisches Mandat wurde. Die französische Regierung und mehrere Wohltätigkeitsorganisationen, vor allem Near East Relief, wandten große Summen auf, um die Armenier nach Cilicien zurückzuführen mit dem Ziel vor Augen, einen unabhängigen armenischen Staat zu gründen. Aber 1922 nach der Niederlage der Griechen flohen die Armenier von Cilicien zurück nach Syrien.

Zwischen den Flüchtlingen und der ansässigen Bevölkerung kam es zu Streitigkeiten; die Zahl der Flüchtlinge war ja unverhältnismäßig hoch. An wenigen Orten bei Alexandrette, Aleppo und Beirut hatte man sie in Lager gesperrt. Hier lebten nun die Flüchtlinge in großem Elend. Hunger und Seuchen mähten Tausende dahin. Die Schwierigkeit bestand für die französischen Behörden darin, daß es aussichtslos schien, eine dauernde Ordnung zu finden. Die Ansiedlung der hellenischen Flüchtlinge in Griechenland nach Nansens Plan wies den Weg. Der französische Oberkommissar für Syrien lud den Völkerbund zur Zusammenarbeit mit den örtlichen Behörden ein und brachte eine ähnliche Ordnung wie die in Griechenland zustande. Major J. Johnson vom Internationalen Arbeitsbüro wurde nach Syrien gesandt. Dieses Büro diente seit 1924 als ein Glied in Nansens Arbeit für Flüchtlinge.

40000 Armeniern mußte geholfen werden. Die Regierungen in Libanon und Syrien und Wohltätigkeitsorganisationen versprachen 58000 Pfund Sterling. Das genügte, um 10000 Menschen anzusiedeln. Die Gesamtsiedlung würde 135000 Pfund erfordern. 1926 wurde die Zusammenarbeit zwischen Frankreich, Nansens Organisation im Völkerbund, seinem Armenienausschuß und dem Roten Kreuz eingeleitet.

Besonders schwierig war es, den über 200000 Frauen, Mädchen und Kindern Rettung zu bringen, die gefangengenommen, vergewaltigt und dann in türkischen und arabischen Harems verschwunden waren. Diese bedauernswerten Frauen hatten Grauenhaftes durchgemacht. Die Ehre, ihnen die erste Hilfe gebracht zu haben, kommt der Dänin Karen Jeppe zu. Karen Jeppe, „die Mutter der Armenier", hatte schon seit 1903 unter Waisenkindern in Armenien gearbeitet. Ihr hochherziges Wirken hat Tausenden von Armeniern, vor allem Frauen und Kindern, das Leben gerettet.

Aber das Elend war zu groß, um von einem Menschen bewältigt werden zu können. Noch 1921 wurden über 90 000 armenische Kinder gesucht und gefunden. Trotzdem waren weitere 75 000 in Anatolien und Arabien nicht zu erreichen. Vielen von ihnen hat endlich Nansens Organisation Rettung gebracht.

In seinen beiden Büchern „Betrogenes Volk" und „Vom Kaukasus bis zur Wolga" hat Nansen alle seine Erlebnisse zusammengefaßt.

Vor allem das erste Buch ist ein erschütternder Ruf an die Menschheit; es glüht vor Schmerz, Mitleid und Willen zum Helfen.

Die Kinder auf dem Puckenhof

In Nansens Archiv liegen Stöße von Dankschreiben, vor allem aus Rußland — von einigen der vielen, denen er geholfen hat — von der Universität in Charkow eine Mappe aus Leder, Gold und Seide, mit Dank für seine Unterstützung der russischen Wissenschaftler. Da sind Schreiben von Institutionen und Verbänden, denen er im Kampf gegen die Hungersnot beigestanden hat, und mitten unter diesen umfangreichen Mappen steckt ein Schreibheftblättchen, worauf ein Achtjähriger mit großen russischen Bleistiftbuchstaben in ukrainischer Sprache für Nansens „Anstrengungen" dankt. Und da liegen auch 15—20 Briefe von Kindern eines Fürsorgeheims in Bayern. „Mehrere Wochen hindurch haben die Kinder", so schreibt der Leiter des Heimes, „mit Ihnen und Ihrem Werk in einer Begeisterung gelebt, wie sie nicht schöner und reiner sein konnte." Nicht für Nahrung und Hilfe danken sie, sondern für seine Erzählungen von der Nordpolreise, vor allem von Nansens und Johansens Skiwanderung gegen Norden und von dem Winterlager auf Franz-Joseph-Land. Die Abschnitte, die es ihnen besonders angetan haben, erzählen sie wieder und illustrieren sie am Rand mit Zeichnungen in rot und blau. Einer von ihnen will, wenn er groß ist, nach Franz-Joseph-Land fahren und mit den Füchsen, die Nansens Thermometer stahlen, abrechnen. Er wird es schon finden, meint er. Wenn Nansen und Johansen auf die nächste Nordpolfahrt gehen, möchte er gar zu gern mit dabei sein und ihnen beim Erforschen des Poles helfen.

Die Kinder sind selbst darauf verfallen, an Nansen zu schreiben. Jeder Brief ist eine selbständige Arbeit. Sie haben sich mit äußerstem Fleiß ans Werk gemacht, und im Antwortbriefe lobt sie Nansen für die schöne Schrift und weil sie die Situationen so erstaunlich gut erfaßt haben.

Der Schulleiter bittet Nansen, es nicht übelzunehmen, daß die Jungen soviel von Bärenschinken, Walroßfleisch und Speck schreiben. Der eine malt sich aus, wie Nansen und Johansen im Zelt sitzen und Schinken essen, so daß das Bärenfett von den Wangen nur so herabtrieft — ein anderer schreibt: „Ich wollte, ich wäre dabeigewesen; mir ist manchmal das Wasser im Munde zusammengelaufen." Der Schulleiter erinnert daran, daß diese Kinder in den Kriegsjahren von dünner Suppe und getrockneten Kohlrüben gelebt hätten, und daß in der Anstalt Schmalhans immer noch Küchenmeister sei. Alle seien vom Kriege hart betroffen. Einige hätten den Vater verloren, anderen sei er als Krüppel zurückgekehrt. Viele Väter seien jahrelang in Gefangenschaft gewesen, andere geisteskrank geworden oder dem Verbrechertum anheimgefallen; überall Hunger, Krankheit, Auflösung, Verfall! Die Kinder müssen die Folgen tragen.

Es freute den großen Kinderfreund von Herzen, daß seine Fahrt mit Schlitten und Kajak vor 28 Jahren die vom Kriege gezeichneten Kinder auf dem Puckenhof in eine Begeisterung versetzte, „wie sie größer und reiner nicht hätte sein können".

NANSEN ERHÄLT DEN NOBELPREIS

Am 10. Dezember 1922 hatte sich im Festsaal des Nobelinstitutes zu Oslo ein glänzendes Publikum eingefunden, mit dem König und dem Kronprinzen an der Spitze. Eine besondere Feierlichkeit lag diesmal über dem Hause. Wohl nie hatte die Verleihung des Nobel-Friedenspreises größere Freude hervorgerufen, vor allem in Norwegen; war doch der Preisträger dieses Jahres ein Norweger — Fridtjof Nansen.

Im Vorschlag zur Verleihung des Preises an Nansen wurde hervorgehoben, daß Nansen versucht hatte, die öffentliche Meinung zu mobilisieren, um Millionen von Menschenleben zu retten — daß es ihm gelungen war, die Nächstenliebe zu einer Weltmacht zu erheben.

Eben war er von Griechenland zurückgekommen, wo er die größte Volksumsiedelung der Geschichte organisiert hatte. Eine halbe Million Kriegsgefangener hatte er heimgeführt, zwei Millionen russischen, armenischen und griechischen Flüchtlingen Hilfe gebracht, Millionen von Menschen in Rußland dem Hungertode entrissen. Wo war ein Mann, der des Preises würdiger wäre!

Bei der Übergabe des Preises sprach der Vorsitzende des Nobelkomitees, Professor F. Stang aus, was alle dachten:

„Wenn wir versuchen, uns einen Überblick über diese gewaltige Arbeit zu verschaffen, stockt der Gedanke, wie immer angesichts allzu riesiger Zahlen. Einen hungernden Menschen — einen, der wie ein Wrack an einer Straßenecke liegt und langsam zugrunde geht — das können wir fassen; da reicht unser Gefühl aus und wird zu Mitleid. Einen Flüchtling, eine Schar von Flüchtlingen mit Kindern und ihrem Hab und Gut auf einem

Schubkarren — das vermögen wir uns zur Not noch vorzustellen. Aber Millionen, die wie Wild von Land zu Land gejagt werden, die Rauchsäulen ihrer brennenden Häuser hinter sich — und vor sich die Leere, eine Zukunft, der sie hilflos ausgeliefert sind — da stockt der Gedanke. Das gibt keine Bilder mehr — nur Zahlen, unfaßliche Zahlen. Wohltätigkeit im kleinen — unseren Landsleuten, anderen Landesteilen gegenüber, das liegt in unserer Reichweite; das fassen wir. Doch eine Arbeit, die sich zum Ziel setzt, Millionen Menschen von Elend und Tod zu erretten — das gibt so gewaltige Ausmaße und eine so verwirrende Vielfältigkeit von Einzelheiten, daß wir innehalten und die Gedanken ruhen lassen. Es ist eine Aufgabe der Zukunft, dieser Arbeit hier ihren Platz in der Weltgeschichte zuzuweisen. Wir Zeitgenossen vermögen lediglich einige Betrachtungen darüber anzustellen.

Welche Kräfte haben dieses gewaltige Werk vollbracht? Der Staatsapparat vielleicht? Sind die Gefühle der Politiker und Staatsmänner erwacht, und haben sie sich auf so großartige Weise kundgetan?

O nein, die Quellen liegen tiefer. An die Völker selbst, an die tiefsten und breitesten Schichten ist der Ruf ergangen. Die öffentliche Meinung der Welt hat man wachzurufen versucht. Unter Nichtachtung aller politischen Rücksichten mußte der Kampf geführt werden, über alle Schranken hinweg, hinter denen sich Staaten, Klassen und Individuen verschanzten, mußten Gedanken und Gefühle geleitet werden, hinab in den tiefsten Urgrund des Menschen, an dem keine Staatskunst etwas zu ändern vermag.

Oft wird an die verborgensten Gefühle der Menschen appelliert, und nicht zum wenigsten ruft die Politik sie an. Doch die Gefühle, an die sie sich wendet, sind meist die, welche entzweien: Volksegoismus, Klassenbewußtsein, Mißtrauen, Machtgier. Es gibt auch Zeiten, in denen die Politik die Kräfte in uns aufruft, die Länder und Klassen vereinigen — Kräfte, welche die Menschheit im tiefsten verbinden. Doch oft geschieht das nicht. Das Bedeutendste an dieser Arbeit, vor der wir stehen, ist für mich dies, daß hier ein Mann in den Urgrund alles Menschengefühls hinabgegriffen — daß er das zu entwickeln versucht hat, was tief verwurzelt in uns allen ruht — das Gefühl nämlich, daß wir Menschen ein Geschlecht sind, sosehr es auch in Staaten und Gesellschaftsschichten zerspalten sein mag. Wie Nansen in einer Rede sagte, hat er die Nächstenliebe in den Dienst seiner Arbeit stellen wollen. Und das ist geglückt. Schnell ist es nicht gegangen, und das Ziel ist noch keineswegs erreicht. Gegen Eis und Kälte hat der warme Strom ankämpfen müssen. Trotzdem ist er so weit vorgedrungen, daß die Arbeit, deren Träger er ist, zu einem Ereignis in der Geschichte der Menschheit geworden ist.

In jahrelangem Kampfe haben Organisationen und Einzelmenschen Stück für Stück eine Bahn brechen müssen durch alle Hindernisse hindurch, die sich zwischen die Opfer des Unglücks und ihre Errettung stellte. Und an der Spitze von allen zeichnet sich das Bild eines Mannes. Was hat nicht auf seinen Schultern gelegen! Was hat seine Arbeit nicht gefordert an Organisationsfähigkeit, an Energie und Unternehmungskraft, an Selbstverleugnung und Geduld! Und was hat nicht dieser Mann durchlebt, der Europas Not aus nächster Nähe und mit dem Gefühl der Verantwortung gesehen hat!

Wir erblicken ihn heute unter uns, und viele Erinnerungen strömen auf uns ein. Hinter ihm liegt ein Leben, das wir alle in Gedanken mitgelebt haben. Am stärksten vielleicht hat auf uns gewirkt, wie er einmal ums andere sein Leben für eine Idee eingesetzt und die anderen dazu gebracht hat, ihm zu folgen."

Stang erwähnt die große Fahrt in Nacht und Eis und erinnert daran, wie der Glaube an den Strom ihn und die „Fram" ans Ziel gebracht hat.

„Dasselbe sehen wir in unseren Tagen. Wieder hat ein Unterstrom, an den nur wenige geglaubt haben, Nansen vorwärts getragen — der tiefe Strom des Menschengefühls, der unter der Eisschicht fließt, mit dem sich Staaten und Individuen umgeben. An diesen Strom hat Nansen geglaubt, und durch diesen Glauben hat sein Werk gesiegt."

Nansen erwiderte darauf: „Was Professor Stang ausgesprochen hat, ist so allzuviel, nicht was die ausgeführte Arbeit, sondern was meinen Anteil betrifft. Wenn diese Arbeit Anerkennung verdient, so ist das in erster Linie der Hilfe zu verdanken, die Organisationen und Einzelmenschen mir haben zuteil werden lassen. Vor allem möchte ich hier den Völkerbund nennen, dann das internationale Komitee des Roten Kreuzes in Genf und das amerikanische Rote Kreuz; auch andere Sektionen des Roten Kreuzes muß ich erwähnen, besonders die schwedische; weiterhin die deutsche Regierungsorganisation, die bei der Beförderung half und die — Sowjetregierung, die für den Gefangenentransport von der Grenze aus sorgte. Eine Reihe einzelner Persönlichkeiten haben mir wertvollen Beistand geleistet, und von denen, die draußen im Felde arbeiten, haben mehrere ihr Leben eingesetzt.

Zum Schluß einige Worte über die Arbeit selbst. Es war eine humanitäre Arbeit, um die Wirkungen des Krieges zu lindern — nicht aber, um den Krieg selbst zu verhindern. Dies sollte wohl eigentlich das Ziel der Friedensarbeit sein. Man hat den Völkerbund dafür kritisiert, daß er für Linderung arbeite anstatt vorzubeugen. Doch unsere Arbeit hat gewiß auch Bedeutung für die Verhütung künftiger Kriege, indem sie dazu beigetragen hat, Brüderlichkeit und Nächstenliebe zu säen. Wenn wir uns in Europa umschauen, sind wir uns dann nicht darüber einig, daß der heutige Zustand furchtbar ist und für die Zukunft wenig Gutes verspricht? Die Gefühle, auf die wir zuerst stoßen, scheinen Haß zu sein, Egoismus und Mißtrauen zwischen Klassen und Völkern. Der Große Krieg, der der letzte Krieg sein sollte — wo sind nun alle die klingenden Worte? Ich glaube, dieser Krieg hat mehr als irgendein früherer bewiesen, daß Krieg niemals zu etwas Gutem führt, auch nicht für den Sieger. Und trotzdem gibt es Irregeleitete, die vom nächsten Kriege sprechen, obgleich sie wissen müssen, daß dieser Krieg die völlige Vernichtung, den Untergang Europas bedeutet.

Wir sind auf dem Wege zurück zur Barbarei. Wer durch Thrazien reist und ganze Völker mit ihrem Hab und Gut auf der Landstraße sieht, der muß das Gefühl erhalten, daß wir in die Zeit der Völkerwanderung zurückgefallen sind. Wir sind so weit zurückgesunken, daß wir ganz ruhig von der Vertilgung ganzer Volksstämme reden können. Im Wolgagebiet sterben ganze Gemeinden aus. Wir müssen zurück, nicht zur Barbarei, sondern zu der alten christlichen Urtugend: zum Brudergefühl. Das war der Kernpunkt, den Alfred Nobel vor Augen hatte. Was wir jetzt am bittersten brauchen, ist opferwillige, aktive Menschenliebe, die wiederaufbauen kann, was der Krieg niedergerissen hat. Rettung ist schwer zu finden; doch der Völkerbund gibt uns Hoffnung. Versagt auch der, dann ist alles vorbei. Doch ich glaube nicht. daß er versagen wird. Ich glaube, daß er eine große Zukunft hat, Es muß doch gelingen, uns zu den Vereinigten Staaten der Menschheit emporzuarbeiten.

Wenn ich heute hier stehe, dann muß ich zugeben, daß ich gehofft hatte, wieder zu meiner Wissenschaft zurückzukehren. Ich fühle aber, daß ich noch allzuwenig getan habe, und diese große Belohnung nagelt mich an die Arbeit fest, die ich begonnen habe."

Der Nobelpreis betrug in jenem Jahr 122000 Kronen. Die eine Hälfte dieses Betrages verwandte Nansen zur Errichtung der zwei landwirtschaftlichen Versuchsstationen in Rußland, die die Bauern mit moderner Landbestellung mit Maschinen vertraut machen sollte, und die andere Hälfte zur Arbeit für die griechischen Flüchtlinge. Der dänische Buchhändler Chr. Eriksen gab Nansen eine ebenso hohe Summe, die zu demselben Zwecke gebraucht wurde.

Chr. Eriksen, der sein ganzes Barvermögen für Nansens Hilfsarbeit hingab, tat dies in der Hoffnung, daß andere reiche Männer seinem Beispiel folgen würden. Keiner folgte dem Beispiel. Die breiten Schichten des Volkes waren es, die zu Hilfe kamen, oft die Ärmsten, die sich einen Groschen vom Munde absparten.

Nansens eigentliche Erwiderung auf die Verleihung des Nobelpreises ist die Rede „Friede", die er eine Woche später hielt. Diese enthält sein Programm. Mit dem Bilde des „sterbenden Galliers" gibt er uns ein ergreifendes Symbol der Nachkriegszeit.

„Auf dem Kapitol in Rom steht eine Marmorstatue, die mir in ihrem schlichten Pathos als die schönste erscheint. Es ist der ,sterbende Gallier'. Er liegt zu Tode verwundet auf dem Schlachtfelde hingestreckt. Der sehnige Körper, gehärtet durch Arbeit und Kampf, neigt sich entkräftet dem Untergange zu. Das Haupt mit dem struppigen Haar senkt sich; der starke Nacken ist gebeugt; die grobe, kräftige Arbeitshand, die eben noch das Schwert schwang, stützt sich nun auf die Erde, um mit einer letzten Anstrengung den sinkenden Leib aufzuhalten.

Er wurde fern von der Heimat in den Kampf getrieben für Götter, die er nicht kannte. Da traf ihn das Schicksal. Nun liegt er hier und verblutet still. Das Kampfgetümmel um ihn herum erreicht nicht mehr sein Ohr. Der verschleierte Blick ist nach innen gekehrt. Vielleicht sieht er im letzten Klarblick die Heimat der Kindheit, wo das Leben einfach und glücklich war — das Heimatdorf, umkränzt vom gallischen Wald.

Ja, so sehe ich die leidende Menschheit — so sehe ich Europas leidende Völker auf den Schlachtfeldern verbluten nach Kämpfen, die größtenteils nicht ihre eigenen waren.

Machtgier, Imperialismus, Militarismus sind in Berserkerwut über die Erde gerast. Die goldene Ernte liegt zerstampft unter eisernen Füßen — die Erde liegt verwüstet, die Gesellschaft kracht in ihren Fugen. Die Völker aber beugen ihre Köpfe in stummer Hoffnungslosigkeit. Das Kampfgeschrei lärmt noch um sie herum; aber sie vernehmen es kaum mehr. Der Blick sucht zurück zu den einfachen, ursprünglichen Lebenswerten, die hinter dem verlorengegangenen Paradiesgarten versperrt liegen. Die Weltseele ist sterbenskrank. Der Mut ist gebrochen, die Ideale verblichen, der Lebenswille ist tief verwundet. In der Ferne schwelen die Rauchwolken nach Brand und Vernichtung. Der Glaube an die Morgenröte lebt nicht mehr."

In dieser Versammlung, in der Politiker und Diplomaten in langen Reihen vor ihm sitzen, fragt er: „Wo können wir das Heil finden? Bei den Politikern? Ja, sie meinen es vielleicht gut, jedenfalls viele von ihnen. Aber nicht mehr Politik braucht die Welt, nicht neue politische Programme — die Welt hat allzu viele davon. Letzten Endes geht doch der Kampf der Politiker auf nichts anderes aus als auf Macht.

Vielleicht bei den Diplomaten? Sie meinen es vielleicht auch ganz gut; sie sind nun aber einmal eine sterile Rasse und haben den Menschen mehr Böses gebracht als Gutes." Er erinnert sie an Oxenstiernas berühmtes Wort an seinen Sohn: „Du solltest nur wissen, mit wie wenig Weisheit die Welt regiert wird."

„ . . . das Gemeinwohl Europas ist ein Ball in den Händen gewissenloser Spekulanten — politischer Spekulanten, Geldspekulanten, von Dummköpfen und geistig Unfähigen, die nicht begreifen, wohin es führt.

Mißtrauen vergiftet das Verhältnis der Völker zueinander. Ohne Vertrauen aber gibt es keinen Frieden, nur immer wieder Krieg — ohne Blutvergießen vielleicht und doch blutig genug." Nansen glaubte nicht an die Politiker der einzelnen Länder. Die Rettung liegt in der Zusammenarbeit aller Nationen ehrlichen Willens. Ja, er glaubte an den Völkerbund. Er hob hervor, was dieser mit seiner Vermittlung und Ordnung heikler zwischenstaatlicher Konflikte, mit seiner Hilfsarbeit für Kriegsgefangene und Flüchtlinge bereits ausgerichtet habe. Sein Glaube an den Völkerbund gab ihm den „Glauben an die Morgenröte".

Bei der Verleihung des Friedenspreises an Briand, Chamberlain und Stresemann im Dezember 1926 sprach Nansen wieder im Nobelsaal.

Wieder hielt er Musterung über den Zustand der Welt.

„Nie wieder Krieg!" hatte Briand in Locarno gerufen. Nicht Nächstenliebe hatten diese Worte diktiert, sondern die harte Notwendigkeit. „Der Krieg hat uns gelehrt, daß ein gemeinsames Schicksal uns zusammenknüpft. Wollen wir uns wieder erheben, kann das nicht im Streit gegeneinander geschehen, sondern nur in Zusammenarbeit."

„Nie wieder Krieg!" ruft nun auch Nansen. Sechs Jahre lang hat er auf den grauenhaften Spuren des Krieges gearbeitet. Er weiß, was Krieg bedeutet. „Der Krieg wird durch Menschenwillen herbeigeführt. Er ist unsere S c h a n d e. Mit verständiger Politik müßte es ein leichtes sein, dem Krieg ein Ende zu machen."

Mit seiner ganzen Kraft hat er die zehn letzten Jahre seines Lebens für Verständnis und Versöhnung der gegeneinander aufgepeitschten Völker gekämpft. Sein Leben ist ein genügender Beweis dafür, daß es nicht des Krieges bedarf, um Helden wachsen zu lassen. Welcher Kriegsheld dürfte es wagen, sich mit dem Friedenshelden Fridtjof Nansen zu messen! Sein Ruhmesglanz ist nicht erkauft mit dem Leben und Leiden von Millionen Unschuldiger; sein echtes Heldentum hat Unzähligen Rettung — ja, man kann wohl ohne Übertreibung sagen: hat der ganzen Menschheit Licht gebracht. Schon als j u n g e r Mann wurde er als das

Ideal des nordischen Helden verehrt. Die Taten seines Alters haben dieses Ideal vertieft; der kühne Sportsheld ist zum Höhenmahner gewachsen — zum großen Menschen — zum Verkünder der Menschenliebe durch die Tat. Und mehr noch: Fridtjof Nansen ist zum Inbegriff geworden einer Ordnung der Völker, der Menschen untereinander, bei der nicht die sinnlose Gewalt entscheidet, sondern das liebevolle Verstehenwollen und die gesunde Vernunft. Bei der Einäscherung Nansens sprach der Universitätsrektor Sem Saeland: „In dieser Versöhnungsarbeit sehen wir den Keim zu einem neuen Völkergeist und Völkerrecht, zu einer Entwicklung, die vielleicht einmal in der Zukunft seinem Leben eine größere Bedeutung geben wird, als wir heute zu überschauen vermögen. Nicht umsonst ist er der größte Bürger der Welt genannt worden."

NANSEN IN GENF

„Ein Führer unter den Staatsmännern der Welt."
Ph. N. Baker.

Von Genf schrieb im September 1930 ein norwegischer Journalist über Nansen: „Man vermißt ihn dieses Jahr am Genfer See, im Versammlungssaal, in den Korridoren, auf der Promenade. Er war eine Genfer Sehenswürdigkeit, nach dem Mont Blanc die stolzeste.

In früheren Jahren konnte es geschehen, daß ich ihn morgens um acht Uhr auf dem Quai Wilson traf. Kerzengrade und federnd kam er von seinem kalten Bad zurück. Der erste Mann im Bad, der erste Mann am Arbeitstisch. Die Krempe seines großen grauen Hutes wippte in der Sonne. Ein Athlet, mit strammen Muskeln wie ein Herkules, schöner gebaut als Apoll von Belvedere. Sein ganzes Wesen atmete Stärke. —

Die Büste von ihm, die einzige im Völkerbund, ist in der Bibliothek des Sekretariats aufgestellt. Für keinen anderen sind soviel Gedächtnisreden gehalten worden — über seine Unerschrockenheit, seine offene Menschlichkeit, sein rastloses Wirken.

Es gab Politiker in Genf, die Nansen lästig fanden; aber er eroberte die Herzen. Er war außerordentlich populär. Amerikanische Damen auf der Galerie flüsterten seinen Namen, wenn er in den Saal hereingeschritten kam. Wenn er auf die Rednerbühne sprang, brauste ihm Beifall entgegen.

Er war ein Meister, durch die Stärke seines Argumentierens, durch eindringliche Überredung und durch unverdrossene Ausdauer, seinen Willen durchzusetzen; aber in dem spitzfindigen Puzzlespiel, Politik genannt, war er merkwürdig unbeholfen. Als

Politiker ist er in Genf niemals ganz ernst genommen worden. Leute, die ihn sonst hochschätzten und bewunderten, konnten ihn von oben herab behandeln, wenn er sich in ihr Spiel mischte."

Und dann bemerkt der Journalist folgendes: „Nur durch die Begrenzung des Mannes gelangen wir zu seinem Kern".

Was der norwegische Journalist unter „Begrenzung" und „Kern" versteht, geht aus seinen zusammenfassenden und urteilenden Worten hervor:

„Er war kein Häuptling in Norwegen, hatte keine Sendung zu erfüllen, gehörte nicht zu den großen Geistern. — Es ist schwer, in seinen politischen Anschauungen und seinem Lebensplan einen Zusammenhang zu finden. Sein Leben besteht aus losgerissenen Episoden, Einsätzen, vereinzelten riesenhaften Kraftanstrengungen."

Für einen oberflächlichen Beobachter mag diese Beurteilung einen Schein von Richtigkeit besitzen. Die Allseitigkeit der Begabung Nansens, die Kraft, auf so vielen und verschiedenen Gebieten vorzustoßen, schufen einen Lebenslauf mit so vielen Windungen und Verschlingungen, daß sowohl er selbst als auch andere den Eindruck von „losgerissenen Episoden" haben mochten. Doch blicken wir tiefer, dann finden wir einen wundersamen Zusammenhang. Seine riesenhaften Einsätze verdecken gern die Tatsache, daß Nansen in erster Linie Wissenschaftler war, der nichts anderes wünschte, als seine Kraft ungestört für seine wissenschaftliche Arbeit zu verwenden. Das Volk sah in Nansens Polarforschung vor allem die glänzenden Sportleistungen. In Wirklichkeit stellten sie die ersten großen Siege der Wissenschaft auf diesem Gebiete dar. Das Wesentliche der ‚Fram'-Fahrt war die Meeresforschung. Während der langen Zeiträume, in denen Riesenaufgaben seinen vollen Einsatz verlangten, war dennoch sein ganzes Trachten und Sehnen auf wissenschaftliches Forschen gerichtet. Aber selbst unter dem ungeheuren Druck der Arbeit für das Hilfswerk brachte er es fertig, an seinen wissenschaftlichen Aufgaben weiterzuarbeiten.

„Sie behandelten ihn von oben herab, wenn er sich in ihr Spiel mischte." Das mag geschehen sein. Inzwischen hat sich der Gesichtswinkel wesentlich verschoben — jetzt blicken sie von unten her zu ihm auf.

Zwar hat Nansen von sich selbst geäußert: „Ich bin kein Politiker"; doch Lord Robert Cecil, selbst einer der großen Führer
des Völkerbundes, erklärt von diesem Nicht-Politiker, er sei einer
der wenigen skandinavischen Staatsmänner gewesen, die Welt-
berühmtheit erlangten und in der vordersten Reihe des Völkerbundes standen. Nach Nansens Tode sprach Lord Cecil sogar
einmal aus, Nansen sei ein „großer Diplomat" gewesen. Mit dieser
Charakteristik hätten sich wohl zu Lebzeiten Nansens nicht alle
Diplomaten einverstanden erklärt.

Der norwegische außenpolitische Sachverständige Professor
J. Worm-Müller urteilte 1930: „Außenpolitisch gesehen ist Nansens Tod das größte Unglück, das unser Land treffen konnte."

Nansen war einer der wenigen, die allen Ernstes versuchten,
die von Wilson vertretenen Gedanken zu verwirklichen. Björnson
hat das Wort Politik definiert als „höchste Form der Menschenliebe". Als Symbol des Politikers einer solchen Auffassung wird
Nansens gerade und unerschrockene Gestalt in die Geschichte
der zwischenstaatlichen Beziehungen eingehen. Wo jemand Unrecht litt, war er zur Stelle und sorgte für Abhilfe. Wenn die
Delegierten im September zusammenkamen, hieß es: „Hoffent-
lich hat Nansen seit dem letztenmal nicht wieder eine neue kleine
Nation entdeckt!"

„Die Generation, die Wilson, Cecil und Branting gekannt hat",
sagt Baker, „wird in Nansen einen der großen Schöpfer des Völkerbundes sehen. Sein Einsatz in den ersten verzweifelt kritischen
Tagen hat vielleicht mehr als der irgendeines anderen dazu beigetragen, daß der Gedanke des Völkerbundes eine Zeitlang zur
Wirklichkeit wurde. Zehn Jahre hindurch hat Nansen die größte
Arbeit vollbracht, die jemand im internationalen Leben geleistet
hat. Mit völliger Selbstlosigkeit ging er ans Werk, mit einer Kraft
und Gründlichkeit, die er bei seiner wissenschaftlichen Arbeit geübt hatte, und mit einem moralischen Mute, der seinem physischen
Mute gleichkam.

Jederzeit war Nansen bereit, Dinge vorzutragen, die der Er-
örterung bedurften, selbst wenn es sich nicht um leichte oder
dankbare Aufgaben handelte — wie z. B. bei der Aufnahme Al-
baniens in den Völkerbund, bei der Behandlung der empfindlichen

Mandatsangelegenheiten, des Sklavenhandels in Kleinasien oder des Korfu-Konfliktes; überall, wo es galt, die kleinen und schwächeren Völker gegen die Großmächte zu schützen und die Menschenrechte zu verteidigen, sprang er in die Bresche."

Nansen unterstützte Lord Cecil tatkräftig bei seiner Forderung, daß die Verhandlungen in der Vollversammlung, im Rat und den Ausschüssen in aller Öffentlichkeit vor sich gehen sollten. Bei der Gründung des Völkerbundes gab es manche wirre Gedanken und Vorschläge über dessen Zweck und Einrichtung. Männer wie Cecil, Motta und Nansen vertraten von Anfang an die Auffassung, daß die Versammlung eine parlamentarische Institution sein müsse, und zwar unter der Kontrolle der Öffentlichkeit. Stets war Nansen ein entschiedener Gegner des Geistes und der Methoden der alten Geheimdiplomatie gewesen. Der Völkerbund sollte das Gewissen der Welt sein, der erste wachsame Wächter des Rechtes. Da durfte es keine geheimen Sitzungen und privaten Verhandlungen hinter verschlossenen Türen geben. Bereits bei der ersten Völkerbundstagung hatten Komitees mit geschlossenen Sitzungen begonnen. Mit Nansens Unterstützung setzte Lord Cecil durch, daß auch die Komitees öffentlich tagten. Als 1926 der Eintritt Deutschlands in den Völkerbund bevorstand, für den Nansen sich mit aller Macht eingesetzt hatte, sollte erst dies und jenes von verschiedenen Seiten in sogenannten „Teegesellschaften" vorbereitet werden. Da schlug Nansen kräftig zu und machte diesem Getuschel hinter den Teetassen ein rasches Ende.

Energisch wies Nansen die Theorien zurück, daß die Großmächte das entscheidende Wort im Völkerbund haben müßten. Schon vor der Gründung des Völkerbundes hatte er den Anschluß der neutralen und der kleinen Staaten eifrig befürwortet; ohne sie könnte kein wirklicher Völkerbund zustande kommen. Im Völkerbunde wurde er zum Führer der kleinen Staaten, der Anwalt ihres Rechtes und der Verkünder ihrer Bedeutung.

Ph. N. Baker, der Völkerbundssekretär, behauptet: kein Mann und keine Nation haben eine so wichtige Rolle gespielt wie Nansen und Norwegen.

Nansen hatte den großen Vorteil, daß er sozusagen der ständige Vertreter seines Volkes im Völkerbunde war. Er konnte stets auf

Polhögda

Nansens Wohnsitz in Polhögda

Nansens Arbeitszimmer

Die große Halle in Polhögda

unbedingtes Vertrauen und Unterstützung seines Volkes und seiner Regierung rechnen. Zugleich besaß er die Unabhängigkeit, die darin lag, daß er weder Mitglied der Regierung, des Stortings noch irgendeiner politischen Partei war. Er war gewählt kraft seiner Persönlichkeit, nicht kraft eines Amtes. Er war Nansen und nichts anderes; aber das war genug.

Baker sagt: es gibt Leute, die mit ihm jahrelang zusammengearbeitet haben und sich seiner nicht als einer der großen politischen Gestalten bei Sitzungen und Debatten entsinnen können. Vielleicht vergessen sie aber, wie geschwind sie sich an Nansen wandten, sobald sie wünschten, daß wirklich etwas getan werden sollte.

Welche Eigenschaften soll denn ein Politiker haben? Geschmeidigkeit, Tüchtigkeit bei Debatte und Verhandlungen, Urteilskraft, Weisheit und Mut?

Baker räumt ein, daß Cecil den Tatenmenschen Nansen an Geschmeidigkeit übertraf. Nansen war vielleicht nicht so anpassungsfähig wie diese „Geschmeidigen". Er selbst hat einmal einem englischen Freund und Mitarbeiter die köstlichen Worte gesagt: „Die Leute meinen, mit mir sei es schwer umzugehen. Aber das ist ganz falsch. Laßt mich nur meinen Weg gehen, dann bin ich das umgänglichste Geschöpf."

Es ist schon wahr: leicht war er nicht von dem Weg abzubringen, den er einmal gewählt hatte. Seine Entscheidungen waren das Ergebnis eingehender Untersuchungen und Erwägungen, mochte es sich um die Durchquerung Grönlands von Osten nach Westen handeln, was viele klugen Leute für Tollheit ansahen — oder um die Eroberung des Nordpols mit Hilfe des Eisstromes, wovon die größten Polarautoritäten abrieten — oder um irgendein anderes ernstes und wichtiges Problem. Er besaß die hohe Sehergabe des großen Wissenschaftlers und die durchdringende Gründlichkeit des Fachgelehrten beim Untersuchen. Hatten ihn die Untersuchungen zu einem Ergebnis geführt und hatte er seine Wahl getroffen, dann war er sicher, und mit Gemütsruhe ging er auf die Verwirklichung des Gedankens los, unbeirrbar und den Einwendungen aller Autoritäten zum Trotz.

Geschmeidigkeit war eine Eigenschaft, die seinem Wesen,

seinem Charakter nicht entsprach und die er auch nicht brauchte. Dies hinderte ihn aber nicht, auf Gebieten, in denen er nicht bewandert war, Rat und Vorschläge offen entgegenzunehmen.

Vielleicht wird man sich an ihn nicht als den großen Redner erinnern. Das Ideal der üblichen Redekunst war er nicht. Die fließende Rede, glitzernd von Geist und Witz, mit der wohlberechneten Modellierung von Stimme, Mienenspiel, Gesten und „Pointen" — nein — so etwas konnte man nicht an ihm bewundern. Aber seine Rede am 17. Mai 1905 oder seine Gedenkrede über Roald Amundsen hat sich bei denen, die sie hören durften, tief ins Gedächtnis eingegraben. Wer seine Rede am 21. September 1921 im Völkerbund gehört hat, als er die Regierungen zur Hilfe für die Hungernden an der Wolga zu bewegen suchte, wird den Eindruck der Worte und des Mannes nie vergessen. Ja, hinter den Worten stand ein Mann. Das war Redekunst der Persönlichkeit, weit mehr als Redekunst der Worte. Und wenn alle Worte vergessen sind, wird seine Gestalt emporragen als die Verkörperung des Geistes und des Gedankens, der den Völkerbund verwirklichen sollte.

Er war ein Mann, wie wir uns einen Mann wünschen und nun, wo er nicht mehr ist, sehen wir die Voraussetzung zur Verwirklichung des Völkerbundsgedankens darin, daß die Führer der Völker Männer sein müssen mit dem Charakter, dem Mut und der Wahrheitstreue eines Nansen.

Deutschlands Delegierter in Genf, Graf Bernstorff, erkannte die überlegene Bedeutung von Nansens Wirken. Nansen hatte immer hervorgehoben, daß der Völkerbund einen großen Fehler begangen habe, indem er Deutschland aussperrte. Er legte sich hart ins Zeug, um den Eintritt Deutschlands zu erzwingen. Darüber verhandelte er mit Bernstorff persönlich, und bei seiner Aussprache mit dem deutschen Reichskanzler Marx im Jahre 1924 überzeugte er diesen davon, daß Deutschland sich nicht länger abseits halten dürfe, und von dieser Stunde an war Deutschlands Haltung dem Völkerbund gegenüber eine andere.

Poincaré erklärte, Frankreich besäße ein Recht zur Ruhrbesetzung, und behauptete, die Kriegstribute gingen nur die ehemaligen Kriegsmächte etwas an. Doch da sagte Nansen kräftig seine Meinung. Er wies darauf hin, daß die Kriegstribute drauf und dran seien, ganz Europa in eine unübersehbare Krise zu stürzen. Und die Ruhrbesetzung — sei das etwa der Erfolg der schönen Reden über Brüderlichkeit, Liebe und Völkerversöhnung? — Dieser Schritt könne nur neuen Haß säen. Es wäre besser gewesen, die Mittel des Völkerbundes anzuwenden statt brutaler Gewalt. „In dieser drückenden und sich ausbreitenden Finsternis wartet die Welt auf einen Lichtstrahl von Genf."

Als Deutschland ein ständiger Ratssitz eingeräumt werden sollte, verlangten ein paar andere Staaten auch einen und wurden von England und Frankreich darin unterstützt. Es waren die „vier Großen", die Sieger des „Versailler Friedens", die über die Sitze im Rate verfügten, ohne sich nach der Völkerbundsversammlung zu richten.

Auf der folgenden Sitzung beschlossen Schweden, Holland und Norwegen, gemeinsam vorzugehen, und Nansens kühnes und unerschrockenes Auftreten tat das seinige, daß die Souveränität des Völkerbundes behauptet wurde. Der Rat durfte nicht zum Tummelplatz der Streitigkeiten zwischen den einzelnen Machtgruppen werden. Nansens kühne Rede am 9. September 1926 erntete demonstrativen Beifall.

In seiner Rundfunkrede am 1. Juni desselben Jahres schwenkte er mutig das Banner der neuen Zeit:

„Soll Europa gerettet werden, müssen wir alle unsere Kräfte aufbieten, um die Entwicklung in neue Bahnen zu lenken. Was wir brauchen, ist eine moralische Umwertung der Lebenswerte, auch die der Völker untereinander. Europa ist durch gemeinsames Schicksal auf Gedeih und Verderb verbunden. Wenn wir uns nicht von dem falschen, engstirnigen Nationalegoismus freimachen können — wenn wir uns nicht von der offenen und versteckten Gewaltpolitik abwenden, graben wir uns selbst unser Grab. Die internationalen Beziehungen müssen auf den moralischen Gesetzen aufgebaut werden, die wir für den Menschen als bindend erkennen, auf Ehrlichkeit und Wahrheit. Lüge bleibt Lüge, mag sie auch tausendmal und von Millionen Menschen nachgebetet — mag sie auch zum Nationalheiligtum erhoben werden. Die Rettung liegt darin, daß auch die Staatspolitik dem alten Gebot nachzuleben trachtet: Liebe deinen Nächsten wie dich selbst. Erst dann haben wir die Brücke erreicht, die zu der neuen Zeit führt."

Die Ordnung und Kontrolle der Mandatsgebiete stellte eine der wichtigsten und schwierigsten Aufgaben des Völkerbundes dar. Die Mandatsgebiete waren ehemalig türkische Länder in Kleinasien und die früheren deutschen Kolonien in Afrika und dem Stillen Ozean, im ganzen vierzehn Länder mit zwanzig Millionen Menschen. Die Siegermächte hatten die Gebiete bereits vor der Gründung des Völkerbundes untereinander verteilt. Später wurde es eine Aufgabe des Bundes, über die Mandatsverwaltung Aufsicht zu führen. Das Mandatssystem stellt ein Kompromiß dar zwischen den Anhängern der alten Annexionspolitik und denen, die in der Entwicklung der Mandatsgebiete zu selbständigen Staaten unter internationaler Kontrolle „eine heilige Aufgabe der Zivilisation" sahen. Diese Mandatsgebiete stellten ein heikles Problem dar.

Nansen warf sein ganzes Gewicht zugunsten der primitiven Völker in die Waagschale und arbeitete unablässig dafür, daß die in Mandate verwandelten Kolonien auch unter voller Kontrolle des Völkerbundes verwaltet würden. Der Völkerbund allerdings besaß den Mandatsverwaltern gegenüber keine anderen Machtmittel als die der öffentlichen Meinung. Diese galt es zu mobilisieren, und Nansen hat sich nicht gescheut, mit kühner Rede auch bei den hohen Herren Anstoß zu erregen. Er war nicht bange, Vorschläge zu machen, die selbst England gradezu herausforderten. Nansen war der Auffassung, daß eine zufriedenstellende Ordnung des Mandatssystemes eine Grundbedingung für den Weltfrieden sei. Wer sein Buch über die Eskimos gelesen hat, weiß, welch tiefe Sympathie er für die primitiven Völker hegte. Darum war er im Völkerbund auch stets ihr Verteidiger.

Feinde des Völkerbundes behaupteten, das Mandatssystem sei lediglich Heuchelei — eine neue abgefeimte Methode, um Deutschland seiner Kolonien zu berauben. Für Nansen war es eine der wichtigsten Aufgaben, zu verhindern, daß diese Beschuldigung zur Wahrheit würde. Darum richtete Nansen in einer Rede den ernsthaften Appell an die Großmächte, das Vertrauen der Welt nicht zu mißbrauchen und nie wieder hinter verschlossenen Türen Mandatsangelegenheiten zu behandeln.

„Wenn Nansens hohe, kerzengerade Gestalt sich im Völkerbunde zeigte", sagt Staatsminister Mowinkel, „ging gleichsam eine Bewegung durch alle: das ist Nansen!"

Ein Journalist, der eben in Genf angekommen war, fragte einen Delegierten, ob Nansen eingetroffen sei. „Nein", war die Antwort. „Wenn Nansen kommt, werden Sie es gleich merken; da wird hier nämlich andere Luft."

Ein Norweger im Völkerbundssekretariat bekennt: Nansens Persönlichkeit war so reich und charmierend, daß alle, die ihn kannten, ihn liebgewinnen mußten. Er war froh, wenn er nach einem Tag voller Mühe und Arbeit nicht noch zu einer steifen Diplomatengeselligkeit gehen mußte, sondern mit ein paar Menschen, die er schätzte, in einer stillen Wirtschaft zu Abend essen konnte. Ob das Wirtshaus „fein" oder sehr einfach war, darum kümmerte er sich nicht. In trautem Kreise machte er es sich ordentlich gemütlich und war gern bereit, Geschichten zu erzählen oder Menschen und Ereignisse mit lustigen „Randbemerkungen" zu versehen. Dann und wann konnte er mit seinem ungeheuren Wissen geradezu verblüffen. Doch Wichtigtuerei verabscheute er. Das gab es bei ihm nicht.

Ein anderer Norweger, der Delegierte Dr. Aas berichtet: „Ich glaube, daß Nansen sich in unzeremoniellem Zusammensein mit einigen guten Bekannten am wohlsten fühlte. Und den meisten ist es wohl so gegangen: je näher sie ihm kennenlernten, desto mehr gewann er. Er war in jeder Weise ein rechter Mann, dabei äußerst menschlich und geradezu in seinem ganzen Wesen. Es fehlte wahrlich nicht daran, daß er Staatsmännern und anderen ‚großen Männern' seine Meinung in unzweideutigen Worten zu verstehen gab; doch hatte man dabei nie das Gefühl, daß er in seiner Kritik schonungslos sei. Im Gegenteil. Er kannte offenbar seine Pappenheimer und verstand es, sowohl ihre guten Seiten zu beurteilen als auch ihre weniger angenehmen. Mein Eindruck war der, daß Nansen bei der Beurteilung von Menschen eine stark ausgeprägte intuitive Gabe besaß. Er hatte es heraus, ihnen ihre unechten Löckchen und die falschen Federn herauszuzupfen. Dabei erkannte er jedoch gern ihre positiven und guten Eigenschaften an; niemals schüttete er das Kind mit dem Bade aus.

Nun wo er tot ist, wird seine Gestalt, die in Wirklichkeit so realistisch eingestellt war, gewiß von Sagen umsponnen werden wie keine andere in der Geschichte des Völkerbundes."

Beim Tode Fridtjof Nansens schrieb Ph. N. Baker: „Mehr noch als seine einzelnen Handlungen übte seine ganze Persönlichkeit den bedeutenden Einfluß aus. Sein klarer und ehrlicher Blick für das, was die Welt in unserer kriegsmüden Zeit brauchte — sein festes Vertrauen auf die Unterstützung seines Volkes beim Kampf fürs Recht — seine Fähigkeit, durch sein bloßes Beispiel andere zu ermutigen — sein Glaube an den guten Willen und die guten Absichten der Menschen — all das machte ihn zu einem Führer unter den Staatsmännern der Welt. Durch seine Führerschaft hat er dem Völkerbunde Dienste erwiesen, die niemand ermessen kann. Er half beim Aufbau seiner Institutionen; mehr als ein anderer hat er jedoch die Ziele aufgestellt und den Traditionen Form gegeben, die die Seele des Völkerbundes sind. In der Geschichte dieser ersten kritischen Jahre wird er als der große schöpferische Staatsmann hervorragen."

Was seine Hilfsarbeit über alle Grenzen hinweg für die internationale Politik bedeutet hat und noch bedeutet, wird erst mit der Zeit deutlicher hervortreten. Und wollen wir die Rüstungs- und Mißtrauenspolitik überwinden, die die Welt verzehrt und sie in eine unübersehbare Krise zu stürzen droht, dann müssen wir und unsere Staatsmänner von dem Geist der Versöhnung und Zusammenarbeit durchdrungen werden, in dem Nansen sein Werk der Hilfe und Menschenliebe vollbracht hat.

EIN LEBENDES DENKMAL

Der Fridtjof Nansen-Gedächtnisfond

Kurz vor seinem Tode wurde Nansen vom Völkerbund für weitere zehn Jahre zum Kommissar für Flüchtlinge ernannt.

In mehreren Ländern wurde der Wunsch laut, Nansen ein „lebendes Denkmal" zu errichten, und zwar durch die Stiftung des „Nansen-Friedensfonds", der unter der Verwaltung des Völkerbundes die Arbeit für Frieden und Zusammenwirken fördern und zur Hilfe bei Fällen großen Unglücks bereitstehen sollte.

Dieser Gedanke ist in begrenzter Form verwirklicht worden. Als sich der Todestag Nansens zum erstenmal jährte, erließ der Völkerbund folgenden Aufruf:

„Dr. Fridtjof Nansen ist zehn Jahre lang der hohe Kommissar des Völkerbundes gewesen, zuerst betraut mit der Heimsendung der Kriegsgefangenen und später mit dem Schutz und der Hilfe für Flüchtlinge. Diese zehn Jahre hindurch hat er seine Zeit und Kraft dem Völkerbunde gewidmet. Durch seine unermüdliche Arbeit und dank seines Mutes, seiner Ausdauer und Fähigkeit als Organisator ist es ihm gelungen, fast eine halbe Million Kriegsgefangener, Angehöriger von mehr als dreißig Nationen heimzuführen. —

Seine unermüdlichen Anstrengungen haben seine Kraft und Gesundheit untergraben. Als Dr. Nansen starb, war seine Arbeit für den Völkerbund noch nicht zu Ende geführt. Noch gibt es eine große Anzahl Flüchtlinge, die aus sozialen, wirtschaftlichen und rein menschlichen Gründen des Schutzes und der Hilfe be-

dürfen. Um diese Arbeit zum Abschluß zu führen, ist ein neuer
Fond erforderlich, und die zehnte Versammlung des Völkerbundes
hatte Dr. Nansen bevollmächtigt, diese Geldmittel durch eine
Weltsammlung zu beschaffen. Der Aufruf zur Sammlung sollte
im Laufe des Sommers 1930 von Dr. Nansen veröffentlicht werden; doch der Tod riß ihn allzufrüh aus unserer Mitte.

Da wir überzeugt sind, daß Nansens Arbeit für die Menschheit
weitergeführt werden sollte, haben die Unterzeichneten sich entschlossen, den Aufruf zu dieser Sammlung zu erlassen. Die Vollendung seines Werkes wird das einzig würdige Denkmal dieses
Wohltäters der Menschheit sein.

Nansen war ein Friedensheld und mit Zuversicht fordern wir
die friedliebenden Völker der zivilisierten Welt auf, zu diesem
Gedächtnisfond beizusteuern."

Der Aufruf war unterzeichnet von dem französischen Außenminister Briand, von Lord Cecil, dem englischen Außenminister
Henderson, dem deutschen Außenminister Curtius, dem italienischen Außenminister Grandi, dem tschechoslowakischen Präsidenten Masaryk, dem griechischen Ministerpräsidenten Veni-
zelos und dem norwegischen Staatsminister Mowinckel.

Zur Vollendung von Nansens großem Werke errichtete der
Völkerbund „Das Internationale Nansenbüro" und setzte die
Weltsammlung für „Nansens Gedächtnisfond" in Gang, der als
„lebendes Denkmal" den Namen des großen Samariters von Geschlecht zu Geschlecht tragen wird, solange es Not und Leidende
und hilfreiche Liebe unter den Menschen geben wird.

NANSEN AN DIE JUGEND

Ein Leben wie das Nansens, ein Tatenleben, ein Heldenleben, wird stets stark auf die Jugend wirken. Auch in seiner Gestalt, seinem Wesen, seinem Wort besaß er eine wunderbare Macht, seinen Gedanken, seinem Willen Ausdruck zu geben. Junge Menschen, die ihn sahen und ihn reden hörten, werden den Eindruck seiner Worte und seiner Persönlichkeit nicht vergessen. Er konnte „Dinge tun", aber auch „Dinge sagen".

Die Studenten der St. Andrews-Universität in Schottland wählen nach altem Brauch ihren „Lord Rector" selbst. 1925 wählten sie Fridtjof Nansen. Damit erhielt zum ersten Male ein Ausländer diese Auszeichnung. Über diese Ehrenbezeugung freute er sich ganz besonders, weil die Jugend sie ihm erwies. In seiner Rektorrede sprach er über den Abenteuergeist (Spirit of adventure). Darin erzählte der nun Fünfundsechzigjährige von seinem Leben, seinen Fahrten, Abenteuern und legte alles vor sie hin, was er an Erfahrungen und Lebensweisheit gewonnen hatte.

Er führte Carlyles Wort an, daß die Erfahrung sich furchtbar teuer bezahlen ließe, dafür aber ein Lehrmeister sei wie kein anderer.

„Haltet euch daran, junge Freunde. Hört auf Autorität und Alter. Ihr könnt sehr viel von denen lernen, die älter sind als ihr; doch verlaßt euch mehr auf eure eigenen Augen und haltet sie offen.

Eine Wahrheit, die du mit deinen eigenen Augen entdeckst, sei sie auch unvollkommen, ist zehn Wahrheiten wert, die du von anderen erhältst; denn diese hat nicht nur dein Wissen erweitert, sie hat auch deine Fähigkeit, zu sehen, geschärft. —

Die Zeit, in der wir leben, ist eine gefährliche See, heißt es. Ich sollte meinen, es müsse eine äußerst interessante Reise sein. Ein Akt des Schauspiels ist vorbei; ein neuer beginnt gerade nun.

Ja, es ist so. Dieses Meer ist schwierig zu befahren. Viele werden vielleicht Schiffbruch erleiden; um so mehr bleibt für jeden von euch zu tun, der aus dem rechten Stoff gemacht ist.

Du bist in die Welt gekommen, um dein Teil zu tun und es gut zu tun, wo du dich auch befindest. Vieles ist wert, ausgeführt zu werden. Auch für euch, junge Freunde, ist mehr als genug zu tun.

Wir haben in der letzten Zeit viel vom Niedergang der Kultur des Abendlandes gehört; es soll mit ihr bergab gehen, heißt es. Unter anderem weist man auf den beunruhigenden Mangel an Schöpferkraft, Ursprünglichkeit und Fruchtbarkeit des europäischen Gehirnes hin, was vor allem in unserer zeitgenössischen Kunst und dem Mangel an überragenden Persönlichkeiten zum Ausdruck kommen soll. Aber laßt euch nicht irre machen. Werdet nicht Pessimisten. Dieses Gerede von Verfall ist nichts Neues. Wir sollen aber auch nicht allzu stolz auf die Kultur unserer Zeit sein — auf die vielen großen Erfindungen und Entdeckungen." Er beleuchtet den Unterschied zwischen alter, echter Kultur und moderner Zivilisation durch ein Zwiegespräch zwischen Sokrates und Marconi, das damit endet, daß Sokrates fragt: „Aber wie können die Menschen da Zeit haben zu dem, was unendlich wichtiger ist als Kino, Rundfunk und vieles andere — nämlich selbst zu denken?"

„Nein, wir haben keinen Grund zum Prahlen — wir wollen bescheiden sein. —

Doch — wenn sich auch die Rasse in der letzten Zeit nicht physisch verbessert hat, so haben sich doch unsere Gedanken entwickelt. Unsere Ethik und Moral haben sich weit über den primitiven Zustand erhoben — jedenfalls die des Einzelmenschen, wenn auch nicht so hoch, wie manche gern glauben; keineswegs aber, wenn diese Einzelmenschen sich zu Gruppen zusammenschließen. Die Nationen haben kaum begonnen, eine wirkliche Moral zu entwickeln. Sie sind nicht viel mehr als ein Rudel von Raubtieren. Die Tugenden des einzelnen, wie Bescheidenheit, Selbstlosigkeit, Nächstenliebe, Solidaritätsgefühl, werden noch immer allzuoft als lächerliche Torheit angesehen, sobald man im Ernst dazu auffordert, sie in der Politik anzuwenden."

Er führt Beispiele aus dem Völkerbunde an.

Als es galt, Deutschland in den Völkerbund einzugliedern, eine Voraussetzung für Europas Zukunft, „da sahen wir, wie eine Nation nach der anderen der gemeinsamen Aufgabe Hindernisse in den Weg stellte, und sie taten dies mit einer Verachtung für alles Anständige, wie wir es nicht für möglich gehalten hätten. Nur an ihr eigenes Interesse dachten sie, anstatt an das der ganzen Welt."

Und er erinnert an den herzlosen Widerstand, der gegen die Hilfsmaßnahmen für die Millionen Hungernder und Sterbender in Rußland entfacht wurde.

„Ich sage euch: es ist etwas faul am Zustande der Welt. Noch bleibt viel Raum für Verbesserungen.

Der Prüfstein wahrer Kultur sollte das Solidaritätsgefühl sein."

Er warnt vor übertriebenem Nationalismus und Klassenkampf.

„Doch sollen wir uns auch vor übertriebenem Internationalismus hüten. Dieser wischt die charakteristischen Unterschiede zwischen den Völkern, Nationen und Kulturen aus, die das Leben schön und reizvoll machen und den Ansporn zu neuem Denken bilden."

Trotz des wenig ermutigenden Bildes, das er enthüllt, brauchen wir nicht Pessimisten zu werden. „Trotz allem ist die Welt jung, wir leben im Frühling, aus dem ein neuer Sommer geboren wird.

Was wir Entwicklung heißen, vollzieht sich in großen Wellenzügen; befindest du dich im Wellental, so hast du doch die Möglichkeit, dich auf den Wellenkamm vor dir wieder zu erheben. Das Wichtige im Menschenleben ist nicht so sehr, wo wir stehen, sondern in welcher Richtung wir uns bewegen. Und bedenkt, daß es nicht die Bühne ist, die deine Handlung groß oder klein macht. Es ist deine Sache, deine eigene Rolle zu gestalten.

Ist die Welt aus den Fugen gegangen, so ist es an euch, sie wieder einzurenken — sie zu einer Stätte zu machen, in der es sich besser leben läßt. Die alten ausgetretenen Wege führen nicht weiter. Es ist Zeit, nach neuem Lande Ausschau zu halten. Wir brauchen euch, junge Freunde, brauchen frische Augen, die die einfachen, elementaren Dinge sehen, brauchen junge Kräfte, die bereit sind, neue Wege zu erproben, Gefahren auf sich zu nehmen, das Ungewisse zu wagen.

Meine berühmten Vorgänger Barrie und Kipling haben hier zu euch über „Mut und Unabhängigkeit" gesprochen, jene Himmelsgaben für die Lebensreise, die wir heute mehr denn je brauchen. Diese sind unendlich mehr wert als euer ganzer Rundfunk und alle technischen Errungenschaften zusammen. Aber noch einer dritten Gottheit bedarf es im Bunde: Der Abenteuerlust, des Tatendranges. Von diesem Geist der Tat will ich heute zu euch sprechen.

Der Geist der Abenteuerlust — was ist er anderes als unser rätselhaftes Sehnen danach, etwas zu unternehmen, das Leben mit mehr auszufüllen als mit unserem täglichen Trott ins Büro, ins Geschäft und wieder nach Hause? Das ist unser unablässiger Drang, Hindernisse und Gefahren zu überwinden, das Verborgene zu schauen — von der Landstraße ab in neue Wälder vorzudringen; — der Ruf des Unbekannten ist's, das Verlangen nach dem Lande dahinter, die göttliche Macht, tief verwurzelt in der Menschenseele — die Triebfeder zu unseren größten Taten — das Vorwärtsstreben des menschlichen Gedankens, der seine Flügel ausspannt, ohne die Grenzen seiner Freiheit zu kennen.

Im Leben der Männer, die etwas vollbracht haben — die wir die großen nennen — werden wir finden, daß eben diese Abenteuerlust, dieses Verlangen nach dem Unbekannten sie gelockt, sie gezogen und auf ihrem Wege vorwärtsgezwungen hat. —

Zwar ist das Leben der meisten von uns gewöhnlichen Sterblichen eine Fahrt von Hafen zu Hafen längs einer ziemlich sicheren Küste. Es gibt wohl Klippen und Schären, doch wir haben zuverlässige Karten und Kursvorschriften, und sollte uns etwas Unvorhergesehenes zustoßen, können wir vor Nacht stets den nächsten Hafen anlaufen. Aber — wenn auch viele sich mit dieser Art zu segeln abfinden müssen, so ist doch Küstenfahrt nicht nach unserem Geschmack. Unsere Vorväter, eure und meine, drückten sich nicht an den Küsten herum. Mit ihrer unbezwingbaren Abenteuerlust setzten sie Segel nach fernen Ländern, und keine Furcht vor Gefahren vermochte sie zurückzuhalten — das Unbekannte zog und rief sie über die Meere. Ohne die Abenteuerlust unserer Rasse hätte die Geschichte sich anders entwickelt und nicht zum Besseren. —

Die Entwicklung und Zukunft eures eigenen Volkes und der ganzen Menschheit werden von einigen von euch Jungen abhängen, die unverzagt neue Wege gehen. — Ich bin davon überzeugt, daß die großen Ereignisse der Welt von der Abenteuerlust und dem Tatendrang einzelner abhängen, die die Gelegenheit beim Schopfe packen.

Die Abenteuerlust aber hat einen Halbbruder, Herrn Unverantwortlich, einen unbeständigen, impulsiven und streitsüchtigen Kerl, der sich leicht langweilt und es ermüdend findet, lange bei einer Sache auszuhalten und deswegen immer auf etwas Neues erpicht ist — wie ein Kind, das ständig neue Spielsachen haben will. Diesen Herrn Unverantwortlich darf man nicht mit der Abenteuerlust, dem Tatendrang verwechseln. Es ist nicht die Art der Abenteuerlust, stets auf Veränderung aus zu sein. Im Gegenteil, sie will das Begonnene zu Ende führen. Hast du erst etwas unternommen, dann gib die echte Abenteuerlust nicht auf — es mag biegen oder brechen — bis die Arbeit getan ist — und gut getan ist. Wahre Größe wird nie ohne Geduld und Fleiß erreicht. „Genie ist die unerschöpfliche Fähigkeit, sich nie geschlagen zu geben", sagte Carlyle. Versuche Herrn Unverantwortlich im Zaume zu halten und erwäge jeden Schritt aufs genaueste. Mache deine Vorbereitungen sorgfältig, sie können nie sorgfältig genug sein. Kein Raten, kein Ungefähr. Doch, wenn du dich an eine Sache machst, dann lege deine ganze Kraft hinein. Setze alle Segel. Kein Schwanken. Selbstvertrauen ist das erste Geheimnis des Erfolges. Das Steuer fest angepackt, wenn du über Stag gehst. Auf unserer Lebensreise kommen wir an viele Kreuzwege, und die Erprobung eines Mannes besteht darin, wie er sich an diesen Kreuzwegen verhält. Manche Leute können nicht zu einem Entschluß kommen. Sie schwanken, möchten alle Wege offenhalten, und indem sie stets rückwärtsschauen, kommen sie nirgends hin. Der Wanderer vom rechten Schlage mag lange abwägen, doch dann entscheidet er sich für einen Weg, und den hält er inne. Dieser Wanderer wird an ein Ziel gelangen. Für ihn gibt es nur die Straße geradeaus und kein Zurück.

Ich habe die gepriesene „Rückzugslinie" stets als eine Falle für zielbewußte Menschen angesehen.

Ich will euch ein Geheimnis bei den sogenannten Erfolgen, wie sie vielleicht mein Leben aufweist, verraten und hier glaube ich, kann ich euch wirklich einen guten Rat geben: Ich verbrannte meine Schiffe, brach die Brücken hinter mir ab. Da vergeudet man keine Zeit mit Rückwärtsschauen; man hat ja genug damit zu tun, vorauszublicken. Für dich und deine Leute gibt's dann keinen anderen Weg als Vorwärts. Du mußt dich hindurchschlagen oder untergehen. —

Die erste große Aufgabe im Leben ist, sich selbst zu finden, und dazu braucht man Einsamkeit und Beschaulichkeit — wenigstens von Zeit zu Zeit.

Ich sage euch, das Heil wird nicht aus dem Jagen und Lärmen der Großstädte kommen. Das kommt von einsamen Stätten. Die großen Reformatoren der Geschichte kamen aus der Wüste. —

Viele Menschen haben nicht einmal Zeit, darüber nachzudenken, was sie für den Zweck ihres Lebens ansehen. Ja, was meint ihr, sei euer Lebenszweck?

Sucht ihr das Glück? Glaubt mir, Freunde, es nützt nichts, danach zu suchen. Die Hauptsache ist, daß du dein Bestes tust und von allen anderen „unentbehrlichen Dingen" unabhängig bleibst. Mein Gott, wie unnötig sind doch in Wirklichkeit viele dieser „Bedürfnisse". Beschwert nicht euren Flug mit all dem Tand, den man heute für „Lebensnotwendigkeiten" hält. Die Last vergrößern, heißt sich selbst die Schwingen beschneiden.

Oh, Jugend, Jugend! welch wunderbares Wort.

Unbekannte Reiche vor euch, verborgen hinter Morgennebeln.

Und wenn ihr hinauszieht, tauchen neue Inseln auf, Berggipfel ragen aus dem schwindenden Nebel hervor, der eine hinter dem anderen und warten darauf, von euch bestiegen zu werden. Neue, dichte Wälder, die erforscht werden wollen, breiten sich vor euch aus, endlose Gefilde, die zur Fahrt einladen. Frei wie der Vogel unterm Himmel könnt ihr die Welt durchstreifen. Wie herrlich ist's, den Tag heraufdämmern zu sehen und zu wissen, daß noch eine lange Reise durch neue Länder vor uns liegt.

In steilem Schwunge flammt der Mut dem Licht entgegen!

Ihr lacht der Gefahren. Der frohe Glaube und das Selbstvertrauen der Jugend stehen am Steuer. Der Sturm kann euch nichts anhaben.

Seht doch! Weit voraus über Nebel und Gischt erhebt sich das Traumland! Wir alle haben ein Traumland in unserem Leben zu suchen. Was können wir mehr verlangen?

Es ist an uns, den Weg dahin zu finden. Ein langer Weg, ein mühseliger Weg vielleicht, doch die Stimme ruft, und wir müssen folgen. —

Ja, wir müssen dieser Stimme folgen, die in uns ruft. Sie wird die Wirklichkeit von morgen bauen."

Nansen war ein Held, ein Held des Friedens, dessen Heldentum dasjenige aller Kriegshelden überstrahlen wird. Es ist nur natürlich, daß die Jugend und alle, die noch im Herzen jung sind, Nansens Bild als Ideal in sich tragen werden — als Ideal des Helden, des künftigen Menschen. Doch dieses Ideal zu besitzen, kann nicht gleichbedeutend sein mit Schwärmerei und kritikloser Verherrlichung; sein Bild in sich tragen, heißt seinem Ruf folgen. Dieser Ruf ertönt klar und unmißverständlich in seiner Rede „Friede"!

„Jeder von uns kann Mitkämpfer werden — kann mitwirken, ein neues Geschlecht zu erwecken, Nächstenliebe und ehrlichen Friedenswillen zu pflanzen — Arbeitswillen und Arbeitsfreude den Menschen zurückzugeben — ihnen den Glauben an die Morgenröte zu bringen."

Das ist sein Vermächtnis. Es verpflichtet.

DER KÜNSTLER

Der alte Sehiertz, der Kunstmaler in Bergen, bei dem Nansen zeichnete, sagte in vollem Ernste: „Werfen Sie die Wissenschaft über Bord und werden Sie Künstler; denn das sind Sie."

Er war über seinen Lebensweg selbst im Zweifel — Wissenschaft oder Kunst? Er entschied sich dafür, Diener der Wissenschaft zu werden; zum Entgelt wurde die Kunst seine Dienerin.

Künstlergabe verleiht hellsichtige Augen. Durch Wort, Linie, Farbe zaubert sie die Stimmung des Erlebens hervor — vom Wald, von den Bergen, vom Meere, den Eisgefilden, von der Einsamkeit und Stille — wie von der Spannung des Tatenlebens — von gestrafften Muskeln und pochenden Pulsen.

Nansens Naturgefühl und seine scharfe Beobachtungsgabe zeigt sich in den lyrischen Schilderungen der Reisebücher, in den Aquarellen aus der Umgebung von Bergen und vom Eismeer, in den Illustrationen, Zeichnungen und Lithographien. Ebenso war er in der Phototechnik wohl bewandert, teils auch in der Typographie; er konnte in die Druckerei hinuntergehen und den Buchdruckern zeigen, wie die Schwärze herzustellen sei, die er haben wollte. Mit der gleichen bezeichnenden Gründlichkeit machte er sich mit der Technik der Lithographie vertraut.

In den Bergenjahren illustrierte er seine wissenschaftlichen Abhandlungen selbst; doch dauerte es lange, bis er sich getraute, seine Bücher selbst zu illustrieren. Er überließ seine Skizzen Berufskünstlern, die dann die Illustration seiner Werke besorgten. Aber „Nebelheim" (1911), „Freiluftleben" (1916) und „Unter Robben und Bären" (1924) sind von ihm eigenhändig illustriert.

In Lysaker lebte er in der inspirierenden Nachbarschaft von

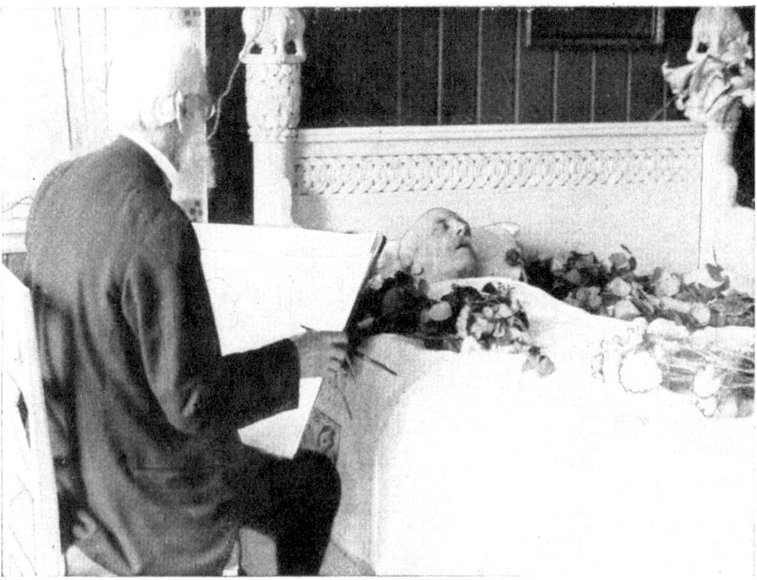

Werenskiold zeichnet den Freund auf dem Totenlager

Nansens Begräbnis am 17. 5. 1930

Der tote Nansen

Zeichnung von Olaf Gulbransson für den Simplicissimus

Norwegens größten Künstlern. Sein Freund, der Maler Erik Werenskiold, überzeugte ihn, daß das Zeichnen in größerem Format leichter und wirkungsvoller ist. Mit der Zeit wurde ihm das Zeichnen eine liebe Erholungsbeschäftigung. Wurde er am Abend mit der beaufsichtigenden Frage überrascht: „Sitzt du noch da und arbeitest?" erwiderte er: „Nein, nein, ich zeichne nur."

Werenskiold wollte, daß er ausstellen sollte; doch dazu war er nicht zu bewegen. Sein Debut kam deswegen erst nach seinem Tode und wurde von Werenskiold und Revold veranstaltet. Diese Ausstellung war für das breite Publikum sicher eine große Überraschung. Da hingen Bilder aus den Jahren in Bergen, von der „Viking"-Fahrt, der Fram-Reise — und große Lithographien aus den letzten Jahren — Selbstporträts, Bilder von Jagden und Skifahrten und von Eisbären in ihrem Reich.

Themen vom Eismeer, dem Schauplatz seiner Jugendtaten, haben ihm wohl besonders am Herzen gelegen. Die Polarstimmungen verlieren mit den Jahren nicht an Kraft — im Gegenteil, das Geschaute verdichtet sich in ihm und sucht nach Auslösung, bis der monumentale Ausdruck errungen ist.

Er fühlte sich von der Kunst stets stark angezogen, besaß auch Verständnis für das Neue und verhalf ihm zum Durchbruch. Als einer der ersten kaufte er Bilder von Edvard Munch und förderte mehrere Künstler.

Musik übte er nicht aus, aber er liebte Musik — vor allem Evas Gesang. Beim Anblick des Nordlichtes wünschte er, musikalische Schöpferkraft zu besitzen.

ZU HAUSE

Als sein Häuschen „Godthaab" in der Schwarzbucht zu klein wurde, baute sich Nansen in Lysaker, knapp zehn Kilometer von Oslo entfernt, ein neues Heim — „Polhögda". Dieses Heim ist nach seinem Tode norwegisches Nationaleigentum geworden. Er war sein eigener Architekt gewesen und hatte es selber entworfen und gezeichnet.

„Polhögda" liegt versteckt in dichtem Kiefernwald. Vom Altan und noch mehr vom Turmdache hat man einen wundervollen Ausblick über Oslo und den Fjord.

Das ganze Haus atmet Nansens Wesen. Es ist ein schönes Heim voll erlesener Kunstwerke. Auch Eva Nansens Malkunst ist da vertreten, während Nansen für seine eigenen Aquarelle und Zeichnungen nur einen bescheidenen Platz gewählt hat.

Seine drei Arbeitsräume sind gedrängt voll von Büchern, Bildern, Schriften, Karten, Manuskripten. Zuweilen mußten sogar die Gastzimmer für die Arbeit beschlagnahmt werden. Das ganze scheinbare Chaos war jedoch in seinem Gehirn übersichtlich geordnet und katalogisiert. Als er krank lag, gab er genau Auskunft, wo Bücher und Manuskripte zu finden seien — zweites Zimmer, oberstes Regal rechts, elftes Buch von links. Zu seinem vierten Arbeitsraum aber, dem Allerheiligsten, war es nicht so leicht vorzudringen. Der lag oben im Turm. Hier brauchte er nur den Kopf vom Schreibtisch zu erheben, dann blickte er über den Fjord und die blauen Höhenzüge. Um frische Luft zu schöpfen, bedurfte es nur eines Sprunges die Eisentreppe hinauf aufs Turmdach. Da saß er gern — bisweilen auch mit seinen Arbeiten — und sonnte sich. Er liebte es, sich von der Sonne ordentlich braten zu lassen. Doch da oben im Turme wollte er nicht gestört sein; das war kein Empfangsraum oder Büro, sondern einzig und allein Arbeitszimmer. Das Haustelephon da hinauf ins „Allerheiligste" durfte nur in dringenden Fällen benutzt werden. Bloß Klein-Evchen, Livs Tochter, wagte ohne Bedenken hineinzurufen: „Hier bin ich mit dem Schlitten, Großvater." Da kam Großvater augenblicklich und zog mit Klein-Evchen auf Schlittenfahrt. Der Großvater hatte aber auch mehr frische Luft und Bewegung nötig, als er sich die letzten Jahre gönnte. Kräftige Ausarbeitung in freier Natur war stets seine Gesundheitsquelle gewesen. In den Wald, hinauf ins Gebirge mußte er dann und wann; da zog er die Lungen voll frischer Luft und kehrte frisch und gesund zurück zu seiner Arbeit, die nie ein Ende nehmen wollte. In den letzten Jahren aber lastete eine solche Arbeitsbürde auf seinen Schultern, daß er oft die Nacht zu Hilfe nehmen mußte und sich kaum Zeit ließ, einen Spaziergang von einigen Minuten durch seinen „Urwald" zu machen.

In seiner ganzen Lebenshaltung war Nansen äußerst einfach, ja spartanisch. Morgens stand er frühzeitig auf und gleich begann die Arbeit. Er aß wenig; von Kindheit auf hatte er sich daran gewöhnt, von Essen und Trinken soweit wie möglich unabhängig zu sein. Bekam er seinen Teller mit Sauermilch und Zwieback, dann war er schon zufrieden. Mit Spirituosen war er sehr vorsichtig. Wie er die „stärkende Kraft" des Alkohols einschätzte, bewies seine Verproviantierung zur Durchquerung von Grönland, wobei auch nicht ein Tropfen Alkohol zugelassen wurde. Dabei war er keineswegs ein Prinzipienreiter und lehnte in trautem Freundeskreise ein Glas Wein nicht ab; auch mochte er gern einmal voll Behagen ein Pfeifchen schmauchen.

Ebenso kleidete er sich stets einfach. Er hing geradezu an seinen alten Kleidern. Oben auf dem Boden standen Reihen alter, verdienter Stiefel, die jährlich zweimal geputzt wurden. Nur einen Luxus leistete er sich: feine Wollwaren von bester englischer Qualität — und die wurden gestopft und immer wieder gestopft. Wir erinnern uns, wie er und Johansen in der Winterhütte auf Franz-Joseph-Land in ihrem Schlafsack sitzen und sich stundenlang ausmalen konnten, daß sie in einem Geschäft voller feiner, molliger Wollsachen umhergingen und das Beste für sich aussuchten.

Zu Hause fühlte er sich erst ordentlich wohl, wenn er in seinem alten Zeug arbeiten konnte. Als einmal die ganze Familie darüber entsetzt war, daß er in einer alten, schlimm aussehenden Jacke ausgegangen war, sagte das alte Dienstmädchen: „Nansen ist elegant und wenn er in Lumpen geht", — und das war ein wahres Wort.

Genügsamkeit und Ordnungsliebe traten stark an ihm hervor. Mit Bewilligungen für unnötigen Kleinkram konnte er sehr sparsam sein; doch wenn es galt, wirklich zu helfen und etwas Nützliches auszurichten, dann sah er den Taler nicht an. Dann gab er ohne zu kargen — und ohne daß andere davon erfuhren —, gab so reichlich, daß oft seine ganz stattlichen Einnahmen kaum ausreichten.

Für viele Arbeiten und Handreichungen nahm er keine Bezahlung. So hat er die gesamte Hilfsarbeit innerhalb und außerhalb des Völkerbundes unentgeltlich geleistet.

Der Vater Nansen, der unter seiner drückenden Arbeitslast so wenig Zeit für seine Familie hatte, war ungewöhnlich kinderlieb; das wußten alle Kinder, die in seine Nähe kamen.

Aus seiner ersten Ehe stammten fünf Kinder. Die zweite, die er 1919 mit Frau Sigrun Munthe einging, blieb kinderlos. Die vier ältesten sind große, starke und begabte Menschen geworden. Der Jüngste, Aasmund, von Natur gleich gut ausgerüstet, wurde von einer schleichenden Krankheit befallen, die in Gehirnentzündung überging und ihn 1913 im Alter von zwölf Jahren dahinraffte. Was das Vaterherz für den kranken Sohn gefühlt hat, davon legt das Tagebuch ein ergreifendes Zeugnis ab.

Wenn er nach Aasmunds Tod in den Wald hinausflieht — allein mit seinem Kummer, da ist Aasmund bei ihm; er sieht ihn, hört ihn und spricht mit ihm. Es ist so schwer für den Vater, sich damit abzufinden, daß sein geliebter Junge, diese reine, zarte Seele nicht leben darf.

Am Neujahrstage 1913 schreibt er seinem Freund, der ihm am nächsten stand, Moltke Moe, einen Brief, der von seiner Freundschaft und Vaterliebe beredtes Zeugnis ablegt:

Lieber Moltke!

Wenn ich die merkwürdige Jahreszahl zum erstenmal schreibe, so muß es natürlich sein, um Dir ein richtig gutes und lichtes neues Jahr zu wünschen und Dir von ganzem Herzen für Deine Freundschaft und alles im vergangenen Jahre zu danken.

Hier hat es in der letzten Zeit nicht gut gestanden. Aasmunds Krankheit hat sich als Gehirnentzündung herausgestellt, und da besteht nicht viel Hoffnung. Armer Junge, er ist so rührend gut, lieb und geduldig, trotzdem er oft arge Schmerzen hat. Zwischendurch aber ist es wieder gut, und da ist er so von Herzen vergnügt, daß ich nicht verstehen kann, daß er nicht wieder gesund werden soll. Die letzte Woche seit dem Weihnachtsabend ist er so merkwürdig wohlauf gewesen, daß ich wirklich wieder angefangen habe, ein wenig Hoffnung zu schöpfen — und blicke nun etwas lichter in die Zukunft. Jedenfalls geht es ihm augenblicklich gut, und er findet das Leben wundervoll. Ich mußte ihm versprechen, Dich vielmals zu grüßen und Dir für die Bücher zu danken, über die er sich sehr gefreut hat. Du hättest sehen sollen, wie er im Bette vor Freude hüpfte. Er ist so sonderbar gut, der Junge, sein ganzes Leben immerzu lieb und nett; ich kann mich nicht eines unartigen Wortes von ihm entsinnen. Ich weiß nicht, wie ich es ertragen soll, ihn zu verlieren.

Willst Du bitte Deiner Mutter und Deinen Schwestern meinen Neujahrswunsch überbringen, und dann

viele Grüße von

Deinem Freunde

Fridtjof.

Aus dem Tagebuch vom 1. März 1913.

„Heute vormittag ist Aasmund still und friedlich gestorben, wie er gelebt hat. Nach den vielen Schmerzen und den heftigen Krampfanfällen der letzten Tage, als er bewußtlos lag, wurde er heute morgen ruhig, und dann ebbte es aus, mit langsameren und langsameren Zügen, bis er in die große Stille hinüberglitt. Mein lieber, liebster Junge, immer warst du nett und gut, nur schöne Erinnerungen hab ich von dir. So unsagbar rührend gut und lieb, wie du warst. — Ich habe niemand gekannt, der dir gleicht. Dein letzter Gedanke war, was du deinen Geschwistern schenken könntest, wenn du wieder gesund würdest. Warst du zu gut und fromm, um zu leben? Du mein innig geliebter Junge — wie unsäglich weh tut der Verlust."

Zwei Jahre später, am 4. April 1915, schreibt er:

„Eine bessere und reinere Seele hat nicht gelebt. Und so starbst du. — Wäre ich es doch gewesen und du hättest leben können, um der Welt zu zeigen, was ein guter Mensch ist —"

Was er am Krankenbett seines Sohnes und später in Gedanken an ihn gelitten hat, muß tiefe Spuren in ihm hinterlassen haben. Seine Empfindsamkeit aber wuchs zu tätigem Mitgefühl.

Er hat buchstäblich sein Leben bei der großen Hilfsarbeit dahingegeben, die der letzte und schönste Abschnitt seines Lebens wurde.

Das letzte Bild des Hungerfilms von 1922 stellt ein Kind dar, das jemandem zulächelt und winkt, den man nicht sieht. Dieser Jemand ist Fridtjof Nansen.

LETZTE TAGE UND TOD

Bis zu seinem letzten Lebensjahre schien Nansen von Alter und Arbeit merkwürdig unberührt. Ein halbes Jahr vor seinem Tode, als ich ihn das letztemal sah, atmete sein Wesen und seine Gestalt noch Kraft und Lebensfrische. Er hatte einen prachtvollen Körper und ein reich ausgerüstetes Gehirn mitbekommen. Sein unablässiges Arbeiten an sich selbst führte zu einer selten harmonischen Entwicklung, zu einem wundervollen Zusammenspiel von Körper, Geist und Seele. Sein ganzes Wesen trug den Stempel von Stärke, Geistigkeit, Wille und Charakter.

Sein Gehirn war bis zuletzt rege und reich an Ideen. Für seine Unternehmungslust, für die Pläne, die ihn bewegten, hätte er eines biblischen Alters bedurft. Um so stärker mußte er die kurze Lebenszeit ausfüllen, die dem Menschen beschieden ist.

Im Alter, wo die meisten sich zur Ruhe zurückziehen, hat er eine Reihe von Aufgaben auf sich genommen, gegen die die zwölf Arbeiten des Herkules leicht erscheinen. Und diese ungeheure Last ist sogar über seine Riesenkräfte gegangen. Dazu kamen die für ein empfindsames Gemüt furchtbaren Erlebnisse, der Anblick des entsetzlichen Leids, oft ohne helfen zu können, dazu der ohnmächtige Kampf gegen Dummheit, Haß und Grausamkeit, die dieses Leid verursachten. Er rieb sich auf, gönnte sich kaum Erholung. Wenn er sich in den späteren Jahren selten einmal von der Arbeit losriß und ins Gebirge fuhr, vergaß er seine Jahre, den Mangel an Übung und mutete sich Anstrengungen zu, die für sein überbeanspruchtes Herz kaum Erholung bedeuteten.

Von der letzten Skifahrt berichtet Worm-Müller, daß Nansen müder gewesen sei als sonst. Er, der immer an der Spitze marschierte, blieb nun soweit zurück, daß sein Begleiter umkehren mußte. Unten am Talhange stand Nansen bei einer Birke und stützte sich auf seinen Skistock. Er sagte nichts, in seinem Gesicht aber zeigte sich ein Ausdruck von Resignation. Das war Neujahr 1930.

Im Februar erkrankte er an Venenentzündung im Fuße. Ein Blutpfropf in der Lunge hätte ihn beinahe das Leben gekostet. Er genas und machte sich allmählich wieder an seine Arbeit. Am 13. Mai saß er gegen 5 Uhr nach dem Tee draußen auf dem Altan, genoß den Sonnenschein und den Anblick der blühenden Bäume im Garten und unterhielt sich mit der Frau seines Sohnes Odd. Plötzlich sank sein Kopf auf die Brust. Sie sprang hinzu und richtete ihn auf. Er war tot.

An Bord der „Fram" schrieb er in seinem Tagebuch über den Tod:

„Es kommt ein Tag groß und stille, öffnet die gewaltige Pforte zum Nirwana, und du wirst hinübergetragen ins Meer der Ewigkeit."

Sein Wunsch, daß dieser Tag groß und still kommen möchte, ist erfüllt worden.

Die Kunde von seinem Tod schlug ein wie ein unerwarteter Blitz. Trotzdem man wußte, daß Nansen ernstlich krank gewesen sei, war man unvorbereitet. Man wollte nicht glauben, daß er nicht mehr sei, der Stärkste, der Unentbehrlichste.

Selten oder nie ist Landestrauer in solchem Maße eine aus Liebe geborene Trauer gewesen.

Der 17. Mai, der Nationalfeiertag, wurde der Tag seiner Beisetzung. Vor fünfundzwanzig Jahren hatte er in Christiania die Festrede gehalten, die Botschaft von der bevorstehenden Freiheit gebracht.

Nun, 1930, gab nicht Nansens vorgesehene Rede dem Tage die Weihe, sondern die ganze Summe seines Lebens.

Auf der Treppe der Universität zwischen Säulen stand der Sarg aufgebahrt, eingehüllt in Norwegens Flagge.

Ein Menschenmeer füllte den Universitätsplatz. Ein ergreifender Anblick war der Vorbeimarsch der Kinder aller Schulen Oslos am Katafalk. Lautlose Stille herrschte. Die Fahnen neigten sich, die Augen suchten die Bahre. Die Schritte wurden kürzer und behutsamer.

Um ein Uhr dröhnte eine schwere Kanonensalve von der Akershusfestung. Darauf zwei Minuten Stille. Jeder Laut verstummte. Autos und Straßenbahnen hielten inne. Die Fußgänger blieben stehen und die entblößten Häupter beugten sich. Die letzten Worte des Staatsministers an der Bahre klangen aus in dem schönen Gedicht von Anders Hovden:

> Mitt liv eg gjev med hugheilt mot,
> Og alt som heiter mitt.
> (Mein Leben schenk ich ungeteilt,
> und alles, was ich bin und hab'.)

Das Nationallied „Ja, vi elsker dette landet" durchbrach die Stille. Ernst und innig sang die Menschenmenge.

Eines der schönsten norwegischen Volkslieder gab Nansen auf seiner letzten Fahrt das Geleite. Ein schier unendlicher Zug folgte ihm zur Ruhestätte.

*   *
*

Das ist Fridtjof Nansens Saga, ein großes, leuchtendes Kapitel in der Geschichte Norwegens.

Nansen war das Gewissen Europas, sein Leben ist ein Trost für uns, die Bestätigung der Macht des Guten, der Wahrheit und der Liebe, und uns allen, die an die Wiedergeburt Europas glauben, wird er als Leitstern voranleuchten.

INHALT

DIE WICHTIGSTEN BÜCHER
UND ABHANDLUNGEN FRIDTJOF NANSENS:

1883. Eisbären und Eisbärenjagd an der Küste Grönlands.
Der Nordpol und das Polareis.
Über ganzwollene Kleidung.

1884. An der grönländischen Ostküste entlang.
Eine Skifahrt von Voß nach Christiania und zurück.

1885. Anatomie und Histologie des Nervensystems der Myzostomen.

1886. Vorläufige Mitteilung über Untersuchungen des histologischen
Baues des Zentralnervensystems bei Ascidien und Myxine
glutinosa.

1885–86. Bärenjagd im Eismeer.

1886–87. Das Aquarium in Neapel.
Skilauf in Telemarken.

1887. Quer durch Grönland.
Nervenelemente, ihre Struktur und ihr Zusammenhang im
Zentralnervensystem. Doktor-Dissertation.
Über das dritte Auge der Wirbeltiere, das Stirnauge.
Das Treibeis, seine Bildung und seine Wanderung.
Die zoologische Station in Neapel.
Die Naturgeschichte der niederen Tiere und Pflanzen.

1888. Grönlands Inlandeis.
Die Bewohner Grönlands.

1890. Auf Schneeschuhen durch Grönland.
Plan einer neuen Polarexpedition.

1891. Eskimoleben.
Zum Nordpol.

1892. Die künftige Nordpolexpedition und ihre Ausrüstung.
Wissenschaftliche Ergebnisse der Durchquerung Grönlands.
Die besten Skitypen und Bindungen.

1894. Entwickelung und Körperbau des Walfisches.

1897. In Nacht und Eis.

1898. Wie der Nordpol erreicht werden soll.

1899. Die Untersuchungen der Hydrographie des Polarbeckens während
der „Fram"-Expedition.
Die Oberflächenspannung der Flüssigkeiten.

1900. Vom Totwasser.
Charakter und Idealität.

1900–06. Die wissenschaftlichen Ergebnisse der Polarexpedition 1893
bis 1896.

1904. Der Hase der Färöer und der weiße Winterpelz der Tiere.

1905. Die Ursachen der Meeresströmungen.
Oszillation der Strandlinien.

1906. Nordische Meere.

1907. Nordpolar-Probleme.

1908. Wissenschaft und Moral.

1910–11. Nebelheim.

1910. Hvitmannaland.

1911. Norweger in Amerika.
Die Grenzen der Fahrten und Entdeckungen der Wikinger.

1912. Die Jagd nach dem Südpol.
Das Bodenwasser und die Abkühlung des Meeres.
Der Golfstrom und die Zirkulation des Meeres.

1913. Der Ursprung des Golfstromes.

1914. Das Recht und die Aufgaben der kleinen Nationen.
Durch Sibirien.

1915. Die Gewässer um Spitzbergen.

1916. Freiluftleben (Tagebuchblätter).
Temperaturschwankungen des nordatlantischen Ozeans und in
der Atmosphäre.

1917. Die Stellung und die Aufgaben des Nordens in und nach dem
Weltkrieg.

1918–19. Amerikanischer Idealismus.

1918. Krieg und Vaterland.

1919. Aufruf zum Besten Wiens und Deutsch-Österreichs.
Der Völkerbund und die Landesverteidigung.
Wechsel in der Sonnenwirkung und dem Klima der Erde.

1920. Die Entdeckung Spitzbergens.
Eine Fahrt nach Spitzbergen.

1921. Das frühere Klima Spitzbergens.

1922. Hilfe für das hungernde Rußland.

1923. Rußland und der Friede.

1924. Die deutsch-französische Lage.
Die Erforschung des Polargebiets mit Hilfe des Luftschiffs.
Friede und Friedenspolitik.
Unter Robben und Eisbären.

1925. Die Norweger in Grönland.
Das armenische Volk.
Die ozeanischen Probleme der noch unbekannten Nordpolar-Gegenden.
Klima-Veränderungen in der Geschichte des Nordens.

1926. Nationalismus und Schiedsgerichts-Abmachungen.
Klima-Veränderungen ingeschichtlicher und nachglacialer Zeit.
Der östliche Nordatlantik.

1927. Die wissenschaftliche Notwendigkeit arktischer Forschung.
Durch Armenien.
Die Erdrinde, ihre Oberflächenform und ihr isostatisches Gleichgewicht.
Vorschlag für ein Zelt aus Segeltuch mit Schneepackung für Polarstationen.
Die nordische Zusammenarbeit.
Über den Kaukasus zur Wolga.
Die Arbeit für Kriegsgefangene und Flüchtlinge.

1930. Die Gleitfähigkeit der verschiedenen Holzarten auf Schnee.

In Zusammenarbeit mit Björn Helland-Hansen:

1909. Die jährlichen Schwankungen der Wassermassen im norwegischen Nordmeer in ihrer Beziehung zu den Schwankungen der meteorologischen Verhältnisse, der Ernteerträge und der Fischereiergebnisse in Norwegen.